BIRGIT JENNEN

PUTINS MARIONETTEN

WIE GEHEIME NETZE IN DER DEUTSCHEN WIRTSCHAFT UND SICHERHEITSDIENSTEN UNS AN RUSSLAND AUSLIEFERN

DEUTSCHER
WIRTSCHAFTSBUCH
VERLAG

Bibliografische Information der Deutschen Nationalbibliothek
Die Deutsche Nationalbibliothek verzeichnet diese Publikation in der Deutschen Nationalbibliografie; detaillierte bibliografische Daten sind im Internet über dnb.dnb.de abrufbar.

Wir freuen uns auf eure Anregungen und Fragen
info@deutscherwirtschaftsbuchverlag.com

Wichtiger Hinweis
Die im Buch veröffentlichten Empfehlungen wurden von Verfasser und Verlag erarbeitet und geprüft. Der Inhalt dieses Buches beruht ausschließlich auf den persönlichen Erfahrungen des Autors und erhebt keinen wissenschaftlichen Anspruch. Die benutzten Begrifflichkeiten sind wertfrei. Eine Garantie kann dennoch nicht übernommen werden. Ebenso ist die Haftung des Verfassers bzw. des Verlages und seiner Beauftragten für Personen-, Sach- und Vermögensschäden ausgeschlossen.

Originalausgabe
1. Auflage 2025

Deutscher Wirtschaftsbuch Verlag GmbH, Christoph-Rodt-Straße 11, 86476 Neuburg an der Kammel
www.deutscherwirtschaftsbuchverlag.com

Auch wenn eine gendergerechte Sprache wünschenswert ist, gibt es aus Sicht des Verlages bisher keine befriedigende, gut lesbare Lösung. Der leichten Lesbarkeit zuliebe haben wir des Öfteren von der Doppelung männlicher und weiblicher Formen Abstand genommen. Selbstverständlich liegt es uns fern, dadurch einen Teil der Bevölkerung zu diskriminieren.

Redaktion: Matthias Michel
Satz: Satzwerk Huber, Germering
Korrektorat: Christine Rechberger
Cover- und Umschlaggestaltung: www.b3k-design.de, © 2025 Andrea Schneider & diceindustries
Illustration: picture alliance | CHROMORANGE / Bilderbox
Druck: GGP Media GmbH, Pößneck
Printed in Germany

ISBN Print: 978-3-69066-081-5
ISBN E-Book (PDF): 978-3-69066-083-9
ISBN E-Book (EPUB, Mobi): 978-3-69066-082-2

Inhalt

Prolog
Fehlende Puzzleteile, hässliche Kochlöffel und zu viele Zufälle

Das Job-Angebot kam überraschend, in jeder Hinsicht. Ich war nicht auf der Suche, und kaum etwas hätte mir ferner gelegen, als für einen russischen Staatsdienst zu arbeiten. RT DE (früher Russia Today) oder jemand, der zumindest vorgab, für das russische Staatsfernsehen zu arbeiten, bot mir unvermittelt eine Stelle an: als Reporterin in Festanstellung. Warum ich? Zum Kreml hatte ich gewiss keinen besonderen Draht, und die Vorstellung, russische Propaganda in Deutschland zu verbreiten, widersprach ungefähr allem, was ich bislang als Journalistin geschrieben hatte. Ich lehnte dankend ab.

Doch es gibt eine Vorgeschichte, und die begann im Bundestag.

Es war während der Corona-Zeit, als die Abgeordneten einen Untersuchungsausschuss einberufen hatten, der die politischen Hintergründe der Pleite des Münchner Zahlungsdienstleisters Wirecard beleuchten sollte. Stundenlang hörte ich mir die Aussagen von Zeugen an, die alle nur gutgläubig gewesen zu sein schienen. Aber je mehr ich hörte, desto weniger klar wurde die Geschichte. Vieles klang glaubwürdig, aber, wie man es auch drehte und wendete, nichts passte zusammen, das Gesamtbild war schräg. Es erschien mir wie ein Puzzle aus verschiedenen Motiven, jedes für sich irgendwie stimmig, in der Zusammenschau aber ein konfuses Durcheinander. Es fehlten die richtigen Verbindungsteile. Dann drehte ich eines der Puzzlestücke einfach mal um – und plötzlich wurde mein eigenes Leben schräg.

Ich hatte von einem Informanten vertraulich ein Papier bekommen, eine Ermittlungsakte aus Österreich. Eine Passage darin stieß mir merkwürdig auf. Ausgerechnet der Eigner jener Sicherheitsfirma, die für die sichere Kommunikation der Bundesregierung verantwortlich war, verkehrte mit den engsten Kreisen des Wirecard-Managers Jan Marsalek, der nach seiner Flucht von Interpol weltweit gesucht und in Russland vermutet wurde. War die Vertraulichkeit von Gesprächen und Verhandlungen der Kanzlerin und ihrer Minister gefährdet?

Dafür, dachte ich, würden sich bestimmt das Bundesinnenministerium und die zuständige Aufsichtsbehörde des Bundesamtes für Informationstechnik (BSI) interessieren. Als der Linken-Abgeordnete Fabio De Masi (heute BSW) bei der Bundesregierung nachfragte, hieß es, dazu lägen keine Erkenntnisse vor und für das BSI sei »ein unbestimmtes Näheverhältnis« zu Marsalek kein Anlass für eine Überprüfung der Geschäftsbeziehungen zur besagten Sicherheitsfirma. Es war Freitagabend, der Untersuchungsausschuss des Bundestages ging zu Ende. De Masi hatte inzwischen Gelegenheit, auch Angela Merkel über das Sicherheitsrisiko zu informieren. In Sachen Kommunikationssicherheit, ließ sie wissen, verlasse sie sich auf die Experten des BSI.

Während sich Bundesregierung und Sicherheitsbehörden in Stillschweigen hüllten, wurde es bei mir plötzlich laut. Eine Geschichte zu den Verbindungen zwischen Marsalek und der Sicherheitsfirma – die erste dazu überhaupt – war gerade auf den Draht gegangen, als bei mir zu Hause beim Hochfahren meines Notebooks plötzlich mit einem Knall das Ladekabel durchbrannte. So etwas kann passieren. Dumm war nur, dass ich in Urlaub fliegen wollte und auf mein Corona-Testergebnis wartete, das auch am nächsten Tag über mein Smartphone nicht mehr auffindbar war und von einem Ordner zum anderen zu wandern schien.

Kurz vor dem Abflug am Montagmorgen vom Flughafen Berlin Brandenburg ging dort plötzlich dann gar nichts mehr. Als ich den Sicherheitsmann vorsichtig fragte, wie lange die Gepäckkontrolle denn noch dauern würde, antwortete er mit starrer Miene, das sei alles sehr ernst, die Polizei ginge einem Sprengstoff-Alarm nach.

Das Pärchen vor mir wurde gründlich gefilzt. Kurz zuvor hatte ich mich mit den beiden noch unterhalten und nicht den Eindruck gewonnen, dass sie vorhatten, den neuen Berliner Flughafen in die Luft zu jagen. Nun erklärten sie mir, dass ihre Bluetooth-Kamera allerlei unerwünschte Signale auffange, Sprengstoff hätten sie auf jeden Fall nicht dabei. Irgendwann sah das dann auch die Polizei so.

Kaum auf Menorca angekommen, ging es genau so weiter. Die Autovermietung hatte mir einen nagelneuen Wagen gegeben. Dank Automatikgetriebe und seiner sonstigen Ausstattung war er leicht zu bedienen und tat genau, was er sollte. Doch am nächsten Morgen machte der kleine Ford keinen Mucks mehr.

In Gedanken ging ich die Ereignisse der vergangenen vier Tage seit Veröffentlichung des Artikels durch und fragte mich, wie wahrscheinlich es wäre, dass einem in so kurzer Zeit so viele Dinge widerfuhren? Explodierende Kabel, E-Mails, die sich selbstständig machen, Bluethooth-Kameras, die bei einer Kontrolle Signale auffingen? Und nun das Auto? Alles für sich genommen nicht wild, aber in der Häufung?

Ich ahnte bereits, was die Frau, die sich am Telefon der Autovermietung meldete, mir sagen würde, wenn ich ihr von dem Ford berichten würde, der nicht mehr startet: »Das kann gar nicht sein, der Wagen ist nagelneu und funktioniert einwandfrei.« Ich würde sie wohl kaum überzeugen können, das Auto checken zu lassen, wenn ich ihr nun Geschichten von Angela Merkels Handy erzählen würde, einem untergegangenen deutschen Zahlungsdienstleister und russlandaffinen Geschäftsleuten. Zumal ich mich selbst fragte, ob ich mir das alles nur einbildete. Zufälle gibt es nun mal, bisweilen häufen sie sich, diesmal eben nach der Veröffentlichung eines Artikels über mögliche Sicherheitslücken, die auf Russland hinzuweisen schienen.

Ob das Auto wohl mit Softwaresteuerung ausgestattet sei, fragte ich am Telefon. Die Frau war spürbar genervt. Ich sei die zweite Mieterin, die dieses Auto fahre, eines der neuesten Modelle, auf dem letzten Stand der IT-Technik. Das sollte mich beruhigen, aber in diesem Moment wünschte ich mir ein betagtes Modell, keinen letzten Stand der IT-Technik, einfach nur Schaltgetriebe und Handbremse zum Ziehen. Das schien mir gerade sicherer und zuverlässiger – fälschlicherweise, wie sich später herausstellen sollte.

Zurück in Berlin ließ mich die Wirecard-Geschichte nicht los. Immer mehr Details kamen ans Licht, dubiose Geldtransaktionen und Geschäftsleute mit engen Verbindungen nach Russland. Ich fragte mich, wie es möglich war, dass sich über Jahrzehnte unter den Augen der deutschen Sicherheitsbehörden unbemerkt ein solches Netzwerk hatte entfalten können. Ich sammelte weitere Puzzlestücke, um ein klareres Bild davon zu bekommen, warum immer wieder Russland auftauchte, wenn es um die Tätigkeit von Wirecard ging oder um die sensiblen Bereiche der deutschen Sicherheit. Warum schien niemand der Sache nachzugehen?

In den Unterlagen zu Wirecard stieß ich auf einen Zeugen, der behauptete, 15 Jahre lang mit dem Konzern zu tun gehabt zu haben. Er sei persönlich bedroht worden und die dafür Verantwortlichen, so meinte er, »stehen in Verbindung mit den Sicherheitskreisen«. Er wurde nie von den Parlamentariern befragt, sodass ich mich wunderte: Was ist hier los?

Mittlerweile hatte ich mir ein sicheres Proton-Postfach zugelegt, weil ich eine Nachricht von einem Informanten erwartete, ein weiteres Ermittlungsdokument aus Österreich.

Während ich den Russlandverbindungen in Österreich und den Verbindungen in die deutsche Sicherheitspolitik nachging, beschäftigte mich erneut ein Auto, diesmal mein eigenes aus der Vorzeit der vernetzten Mobilität. Meine Tochter musste von einer Geburtstagsfeier abgeholt werden, aber als ich zu dem Wagen kam, stand der Kofferraum offen und die Batterie war leer. Anscheinend war jemand durch den Kofferraum gestiegen und hatte das Licht angeschaltet. Zwei Tage später rief mein Nachbar mich abends an, das Licht im Auto brenne schon wieder. Derselbe Trick. Und diesmal fehlte auch etwas aus dem Kofferraum. Ich vermisste einen auffälligen, mit Blumenschmuck bemalten Deko-Holzlöffel, ein echtes

Unikat und hässlich wie die Nacht, weshalb ich ihn schon lange entsorgen wollte.

Ich gehe eigentlich immer denselben Weg von der S-Bahn nach Hause, an kleinen Vorgärten mit niedrigen Steinmauern entlang. Ein paar Wochen später lag mein einmalig hässlicher Holzlöffel auf einer dieser Steinmauern wie auf einem Präsentierteller.

Wann ist ein Zufall kein Zufall mehr?

Der Zufall bescherte mir schließlich einen unangenehmen Gast. Ein junger Bulgare hatte mein Ferienhaus in Brandenburg gebucht. Er gab vor, in der Gegend zu arbeiten. Als er abreiste, war der Wohnraum mit Konfetti übersät, die Stehlampe zerbrochen und die Decken und Wände so verrußt, als ob mein Feriengast die Tage bei geöffneter Kaminofentür in einer Rauchwolke verbracht hätte. Kurz: Das Ferienhaus war verwüstet.

Aus Neugierde schaute ich mir sein Profil im Internet an. Mit einer russischsprachigen IT-Sicherheitsberaterin hatte er in England eine Immobiliengesellschaft geführt. Gut ein Jahr später berichtete die Presse, dass Jan Marsalek in jener Zeit – nach seiner Flucht zwischen August 2020 und Februar 2023 – einen russlandnahen Spionagering von Bulgaren in England beauftragt haben soll, Zielpersonen, darunter Journalisten, in ganz Europa zu verfolgen.[1] Der Zufall schien es nicht gut zu meinen.

Plötzlich erschienen mir meine Recherchen in einem neuen Licht: Russland hatte im Februar 2022 einen Krieg in Europa angezettelt, Deutschland steckte in einer Energiekrise. Die Frage, warum die deutschen Sicherheitsbehörden und die deutsche Politik die Gefahren, die von Russland für Europa ausgingen, jahrelang unterschätzt hatten, stellte sich mit neuer Brisanz.

War Russlands Einfluss auf die deutsche Wirtschaft in Wirklichkeit vielleicht viel größer, als die Politik es wahrhaben wollte? Und wenn ja, wie hatte es dazu kommen können? Warum musste erst ein Krieg in Europa ausbrechen, bevor auch wir einsahen, dass die Sorgen unserer Nachbarländer und Bündnispartner berechtigt waren, die schon lange vor Russlands Aggression gewarnt hatten? Viele solcher bislang beiseitegeschobenen Fragen standen plötzlich im Raum.

Während ich immer tiefer in die Recherchen zu diesem Thema eintauchte, fügte sich in dem Puzzle um Russlands Macht und Deutschlands Wirtschaft ein Teil zum anderen, und ein großes Bild wurde sichtbar.

Am Ende schrieb ich dieses Buch über Deutschlands Wirtschaftsverbindungen nach Russland, russisches Schwarzgeld und eine zerrüttete deutsch-amerikanische Sicherheitspartnerschaft. Aus vermeintlich wirtschaftsstrategischen Gründen ließ sich die Bundesrepublik gegen Verbündete in Stellung bringen und abhängig machen von russischen Geldströmen.

In den folgenden Kapiteln wird es um diesen Prozess und dessen Entwicklungsgeschichte gehen. Ausgehend und immer wieder zurückkehrend zu den skandalösen Ereignissen um den deutschen Finanzdienstleister Wirecard, bewegt sich diese Ereignis- und Recherchegeschichte auf den Feldern der Wirtschaft, ihrer Finanzmärkte und der Banken, der deutschen Sicherheitsapparate, der Nachrichtendienste und natürlich der Politik. Auf verschiedenen Ebenen enthüllt sich so ein Panorama von vielerlei Beziehungen, die in die Irre gingen. Anhand der Kriminalgeschichte von Wirecard wird der Frage nachgegangen, warum sich Politik und Wirtschaft derart willig in die Abhängigkeit locken ließen und dabei die Sicherheitsinteressen preisgaben, die sie in unser aller Interesse beachten sollten. Die Erzählung wird notwendigerweise zunächst die Details vorstellen, aber ihre Zusammenhänge werden sich von Kapitel zu Kapitel immer deutlicher zu einem Bild zusammenfügen – wie bei einem Puzzle.

An dieser Stelle möchte ich betonen, dass viele der in dieser Erzählung vorkommenden und namentlich genannten Personen unwissentlich oder im guten Glauben handelten, zur Verständigung beizutragen, um eine Brücke für Deutschland nach Russland zu bauen. Mein Ziel ist nicht, Menschen an den Pranger zu stellen oder ihnen unrechtmäßiges Handeln zu unterstellen. Es geht mir darum, eine Struktur offenzulegen, die getragen wurde von einzelnen Akteuren, die sich wissentlich oder unwissentlich von Putin und seinen Freunden einbinden ließen. Die in diesem Buch geäußerten Einschätzungen basieren auf langjähriger Recherche, zahlreichen Interviews mit Abgeordneten, Experten, Behörden- und Unternehmensvertretern sowie einer umfassenden Auswertung von Unterlagen aus dem Wirecard-Untersuchungsausschuss und staatsanwaltschaftlichen Ermittlungspapieren. Sie geben meine Sicht der Entwicklungsgeschichte wieder, erheben keinen Anspruch auf Vollständigkeit oder juristische Bewertung.

Ich beschreibe im Folgenden, wie ein Wirtschaftskonflikt zwischen Deutschland und den USA das Klima im westlichen Sicherheitsbündnis zwei Jahrzehnte lang vergiftete und die Bundesrepublik blind für die Sicherheitsrisiken einer eng mit Russland verwobenen Wirtschaft werden ließ. Schon zur Millenniumswende, als Deutschland sich in der Amtszeit von Gerhard Schröder Russland zuwandte, wuchsen mit dem Ringen um neue Märkte in Ost und West die Spannungen in der Außen- und Sicherheitspolitik. (Kapitel 1)

Deutschland öffnete damals nicht nur die Schleusen für russisches Gas, sondern hielt auch die Tür offen für Schwarzgeld, das die neureiche russische Elite außer Landes bringen wollte. Über internationale Geldwäschekartelle flossen Milliarden nach Europa und in das europäische Finanzsystem. Die Deutsche Bank, die damals im US-Investmentbanking ihr Glück suchte, wurde zu Putins Bank und geriet vonseiten der USA unter Druck. Der ungehinderte Fluss schwarzer russischer Milliarden in das europäische Finanzsystem löste einen neuen Kalten Krieg auf dem Finanzmarkt aus. Die USA erklärten den internationalen Kampf gegen Geldwäsche. (Kapitel 2)

Inmitten dieser Entwicklung wurde nahe München der Zahlungsdienstleister Wirecard gegründet, der es mit den aus den USA herüberschwappenden Compliance-Regeln nicht so genau nahm. Der Konzern expandierte mit dem geldwäscheanfälligen Glücksspielgeschäft ins Ausland und steuerte, ähnlich wie die Deutsche

Bank, den US-Markt an. Die aus den USA und Großbritannien daraufhin eingehenden Geldwäschewarnungen Wirecard betreffend liefen ins Leere. Nur, warum? Wenn es um die Wirtschaft ging, spielte Deutschland nach eigenen, europäischen Regeln, die Klagen aus den USA und Großbritannien prallten an den deutschen Gesetzeshütern ab. Der Konzern konnte ungehindert wachsen. (Kapitel 3)

Das Buch geht also auch der Frage nach, wie es möglich war, dass Deutschland die Gefahr nicht erkannte, die mit einer eng mit Russland verflochtenen Wirtschaft einherging. Befördert wurde die Anbindung an Putins Russland durch eine neue deutsche Sicherheitspolitik, genannt »vernetzte Sicherheit«, die der Wirtschaft und ihren Akteuren seit 2006 eine größere Rolle auch in der deutschen Sicherheitsarchitektur einräumte. Als Putin längst sein eigenes Land und die Wirtschaft autokratisch und mit Gewalt führte, wurden die wirtschaftlichen Bande, die Deutschland und Russland zusammenschweißten, noch stärker. (Kapitel 4)

Als Russland schließlich 2014 mit der Annexion der Krim einen Krieg in der Ostukraine anzettelte, hatte die Wirtschaft ein so großes Gewicht in der Politik und in der deutschen Sicherheitsarchitektur gewonnen, dass sie weitgehend freie Hand hatte, die größte Volkswirtschaft Europas noch enger an Putins Reich zu binden. Während Wirtschaft und Sicherheit dazu strikt voneinander getrennt werden sollten, traten inmitten des Ukraine-Konflikts derweil die Akteure der Wirtschaft 2014 sogar als sicherheitspolitische Vermittler der Bundesregierung in Moskau auf. Großkonzerne wie Siemens und VW pflegten die wirtschaftlichen Beziehungen zu Russland nach 2014 weiter und führten die Sanktionspolitik des Westens ad absurdum. (Kapitel 5)

Viele Akteure waren nach 2014 unterwegs, die sich bemühten, die Brücken zu Russland trotz westlicher Sanktionspolitik nicht abreißen zu lassen – insbesondere zu Putins Leuten in der Regierung und dem Sicherheitskader. Auch hier nahm Wirecard, genauer gesagt der Wirecard-Manager Jan Marsalek, eine zentrale Rolle ein. Mit seiner Hilfe wurden die deutsch-russischen Beziehungen über das neutrale Österreich ausgebaut, neue Zahlungswege wurden erschlossen, die halfen, den Handel trotz Sanktionspolitik weiter aufrechtzuhalten. (Kapitel 6)

Sogar im damaligen internationalen Krisen-Hotspot Libyen mischte der deutsche Wirecard-Manager nun mit. Mit einer Miliz und russischer Hilfe versuchte er mutmaßlich, eine Grenzschutztruppe aufzubauen, um den Flüchtlingsstrom nach Europa kontrollieren zu können. (Kapitel 7)

Während vonseiten der Bündnispartner der Druck in Europa wuchs, die Brücken in der Wirtschaft und im Sicherheitsbereich abzubauen, die nach Russland führten, verteidigte eine wirtschaftsnahe Clique das Netzwerk, das über Österreich in den russischen Sicherheitsapparat hineinreichte. (Kapitel 8)

Neuen politischen Aufwind erlebten Russlands Freunde schließlich mit der Wahl von Donald Trump zum US-Präsidenten im Jahr 2016. Transatlantische Allianzen wurden nun geschmiedet und Wirecard rückte gefährlich nah an die Regierungsspitze in Deutschland heran. (Kapitel 9)

Erst mit dem Ausbruch des Ukraine-Krieges wurden die Brücken, die über die Wirtschaft nach Russland führten, von der Bundesregierung aufgegeben. (Resümee)

Deutsche Sicherheitsdienste und staatliche Institutionen schienen jahrelang blind gegenüber den Gefahren zu sein, die durch eine enge Verflechtung mit Russlands Freunden für die deutsche Sicherheit ausgingen. Das Ergebnis war eine Spaltung zwischen Deutschland und den USA in der Sicherheitspolitik, die mit der zweiten Amtszeit von Donald Trump mehr denn je zutage getreten ist. Dieses Buch beschreibt die Hintergründe dieser Spaltung, benennt einige der zentralen Akteure – und entzaubert den Mythos, vom fairen Makler zwischen Ost und West, den Deutschland so lange gepflegt hat.

Kapitel 1
Zukunft im Zwiespalt
Der Westen gewinnt den Kampf der Systeme und verliert den Zusammenhalt

Ich blicke zunächst 36 Jahre zurück – in eine Zeit des Aufbruchs, in der die ersten, entscheidenden Weichen gestellt wurden, die Deutschlands Russlandpolitik für Jahrzehnte prägen sollten. Es war der Moment, als die Mauer fiel und sich die politische Weltordnung grundlegend verschob. Deutschlands Selbstverständnis wurde neu definiert: als wiedervereinigte Nation, als transatlantischer Bündnispartner, der sich ein Stück weit aus den engen Bindungen der Nachkriegszeit zu lösen begann. Deutschland wollte eigene Wege gehen – und schlug in der Russlandpolitik einen selbstbewussten und wie die folgenden Kapitel zeigen werden, auch eigensinnigen Kurs ein.

November 1989: James Woolsey sitzt in seinem Apartment in Wien und schaut Fernsehen. Auf CNN laufen die Nachrichten. Erst vor sechs Tagen hat er die Leitung der US-Delegation übernommen, die dafür sorgen soll, dass die Sowjets die Anzahl ihrer schweren Waffensysteme in Europa verringern. Er blickt zum Fernseher und schreibt später seiner Frau: »Da passiert was wirklich Interessantes an der Berliner Mauer.«

CNN zeigt einen Mann, der mit einem schweren Hammer gegen die harte Betonmauer schlägt. Ein paar mit Graffiti beschmierte Stücke splittern ab. Junge Menschen klettern auf die Mauer. Woolsey schreibt weiter: »Ich freue mich auf dich und die Jungs. Ich dachte, wir können Skifahren gehen, und es wäre schön, wenn wir alle für ein paar Tage nach Prag fahren würden. Ich möchte, dass die Jungs sehen, wie ein echter stalinistischer Staat aussieht.«[2]

Woolsey hat in der Zeit des großen Umbruchs eine steile Karriere gemacht. Unter Präsident Ronald Reagan hat er an den START-Verhandlungen mit der Sowjetunion zur Reduzierung strategischer Atomwaffen teilgenommen, nun soll er für George H. W. Bush den Vertrag über konventionelle Streitkräfte in Europa fixieren. Ein paar Jahre später, 1993, wird ihn der frisch gewählte Bill Clinton zum Chef des amerikanischen Auslandsgeheimdienstes CIA ernennen.

An Weihnachten 1989 kommen Woolseys Frau und die drei Söhne wie geplant aus den USA nach Europa, um gemeinsam von Wien nach Prag zu fahren. Die Straßen sind voller junger Menschen, die Transparente hochhalten und eine neue Zukunft herbeisehnen. Es ist ein milder Winter, Kinder und junge Leute haben sich auf der Karlsbrücke versammelt und machen sich auf den Weg über die Moldau in die Altstadt. Woolseys Jungs mischen sich unter sie. Es wird Gitarre gespielt, manche singen, andere rufen: »Wir werden es schaffen!« Die Tschechoslowakei ist an diesem Weihnachten längst kein stalinistischer Staat mehr, wie Woolsey seiner Familie erklärt hat. Die Samtene Revolution breitet sich auf den Straßen aus. Daran erinnert sich der frühere CIA-Chef gern, wenn er später nach seiner Zeit in Europa gefragt wird.

Dasselbe gilt für seinen Beitrag zur Wiedervereinigung Deutschlands. Die Gespräche, die er zur Abrüstung in Europa führt und die letztlich im KSE-Vertrag münden, sind schwierig, auch weil Moskau ein vereintes Deutschland nicht in der NATO belassen will. Auch Frankreich fürchtet sich vor einem starken Deutschland. Doch die Amerikaner wollen die Einheit des NATO-Sicherheitsbündnisses wahren, und wenn Deutschland es wünscht, soll es wiedervereint werden. Das ist die Politik von US-Präsident George H. W. Bush, der nun, da der Kalte Krieg sich dem Ende nähert, eine neue Weltordnung ausgerufen hat.

Um ans Ziel zu kommen, trickst Woolsey auch mal. Am Verhandlungstisch lässt er seine Position nicht klar erkennen. Die Partner mögen es nicht, vom »größten Hund am Tisch herumgeschubst« zu werden, wie er es ausdrückt. Doch im Hinterzimmer streut er unter den NATO-Repräsentanten seine Vorstellungen, die so in die Verhandlungen einfließen. Und schließlich stimmen alle zu, die Franzosen ebenso wie die Briten und die Sowjets. »Wenn das alles zusammenfällt, das richtige Timing und die richtige Reihenfolge der Ereignisse, dann kommt man auf ein vereintes Deutschland.«[3] Das ist Woolseys Geschichte der deutschen Wiedervereinigung.

Zehn Jahre später, am 18. März 2000, nahm Woolsey erneut Einfluss auf den Lauf der deutschen Geschichte. In einem Artikel im *Wall Street Journal* erklärte er in unmissverständlicher Deutlichkeit: »Ja, meine kontinentaleuropäischen Freunde, wir haben euch ausspioniert.«[4] Kein Herumdrucksen, keine Rücksicht auf Empfindlichkeiten. Gemeint war der Einsatz des NSA-Abhörsystems Echelon gegen die europäischen Verbündeten. Woolsey war nach wie vor ein harter Brocken auf dem internationalen Parkett, ein Hardliner der US-Außen- und Sicherheitspolitik – kein Wunder, hatte er doch unter dem überzeugten Antikommunisten Ronald Reagan in den Jahren des Kalten Krieges Karriere in der Verteidigungspolitik gemacht, als Aufrüstung und Stärkezeigen als das Maß der Dinge galten.

Zehn Jahre nach dem Ende des Kalten Krieges sah Woolsey eine neue große Gefahr aus dem Osten, die den Westen bedroht: »Fünfundvierzig Jahre lang haben die USA gegen den Drachen [den Kommunismus] gekämpft. Jetzt ist er endlich tot, aber wir befinden uns in einem Dschungel voller giftiger Schlangen.«[5] Die giftigen Schlangen, das waren nach seinem Verständnis Gefahren, die von Schurkenstaaten ausgingen und von russischen Waffen, die ihren Weg in den Nahen Osten fanden, ebenso vom organisierten Verbrechen – und auch Deutschland werde aus diesem Dschungel bedroht.

Auch diesen Kampf wollten die Amerikaner führen – und nahmen die Korruption in Russland wie in Deutschland ins Visier. Schon in der Mitte der 1980er-Jahre, in Zeiten der Perestroika, als sich die Sowjet-Diktatur aus der Lenkung der Wirtschaft zurückzog und eine neue Elite die kommunistischen Pfründen zwischen sich und dem organisierten Verbrechen aufteilte, florierten in Russland Korruption und Gewalt.

Weltweit verbreitet war die Praxis der Bestechung von Amtsträgern. Anders, so war man zumindest in Deutschland überzeugt, waren im Ausland keine lukrativen Aufträge zu bekommen, gerade auch aus Russland. Fünfundvierzig lange Jahre hatten vor allem die USA den Kapitalismus gegen den Kommunismus verteidigt und schließlich den Sieg im Kampf der Wirtschaftssysteme errungen. Nun sollte Russland die Tür in den Westen geöffnet werden. Aber wie weit? Die Amerikaner waren skeptisch. Misstrauen herrschte in weiten Teilen des Westens, vor allem mit Blick auf die sich entwickelnde Kleptokratie in der ehemaligen Sowjetunion.

In Deutschland sah man die Dinge weniger kritisch. Hier wähnte man sich am Beginn einer neuen Zeitrechnung. Das nächste Jahrhundert – besser noch das nächste Jahrtausend – sollte im Zeichen eines friedlichen und vereinten Deutschlands und Europas stehen. Die Weichen in Mitteleuropa waren auf das Zusammenwachsen von Ost und West gestellt, der Wille zu Frieden und Kooperation in ganz Europa war die Leitlinie deutscher Außen- und Wirtschaftspolitik. Die Zeit, in der der Kontinent von zwei Supermächten und ihren jeweiligen Interessen förmlich zerrissen worden war, sollte endgültig vorbei sein.

Am 31. Dezember 1999 übernahm Wladimir Putin, zunächst kommissarisch, als Präsident die Macht. Er verkörperte eine neue Politikergeneration, galt als Reformer, kündigte eine »Diktatur des Gesetzes« an, wollte in Russland »aufräumen« und das Land modernisieren. Vor dem Mauerfall hatte er fünf Jahre lang in einem Plattenbau in der Radeberger Straße in Dresden gelebt und als Offizier der Residentur des KGB in der heutigen Landeshauptstadt gearbeitet. Später würde Putin sagen, dass der Zerfall der Sowjetunion die »größte geopolitische Katastrophe des 20. Jahrhunderts«

für ihn gewesen sei. Doch mit Putin wuchs die Hoffnung, dass die jahrzehntelange Ost-West-Spaltung endgültig Geschichte werden würde. Die Feindbilder des Kalten Krieges sollten für alle Zeit verschwinden, mit Russland würde eine Friedensordnung auf Basis von Demokratie und wirtschaftlichem Wachstum aufgebaut werden. Die Sorgen Europas wegen seiner östlichen Grenzen würden ein Teil der vergehenden Geschichte des 20. Jahrhunderts sein.

Die wirtschaftliche Zukunft der Bundesrepublik schien in diesen Jahren indes reichlich ungewiss. Die Welt hatte sich aufgeteilt in »New Economy« und »Old Economy«. Deutschlands Industriestruktur, die Wachstum und Beschäftigung in der Nachkriegszeit gesichert hatte, schien nicht mithalten zu können mit dem, was sich in den Garagen und Kellern im Silicon Valley entwickelte. Das war zumindest das Bild, das von Deutschland in der angelsächsischen Presse gezeichnet wurde.

Am 3. Juni 1999 versah der *Economist* einen Artikel zur Wirtschaftslage des Landes mit dem sprechenden Titel »The sick man of the euro«, angelehnt an den Ausspruch von Zar Nikolaus I., der das Osmanische Reich 1852 als »kranken Mann am Bosporus« identifiziert hatte, dessen Niedergang Europa gefährlich werden könne. »Die soziale Marktwirtschaft, die in Deutschland nach dem Zweiten Weltkrieg weiterentwickelt wurde, [...] ist so stark wie nie zuvor unter Druck«, schrieb das britische Wirtschaftsmagazin nun mit ähnlichem Hintergedanken. Das Wachstum stocke und das drängendste wirtschaftliche Problem in Europa sei die Frage, wie man die deutsche Wirtschaft wiederbeleben könne. »Die Zahlen«, resümierte der *Economist* wenig optimistisch, »sprechen eine düstere Sprache.«[6]

Die technologische Führung, die Deutschland zum globalen Exportmodell gemacht und »Made in Germany« zu einem Gütesiegel hatte werden lassen, wurde längst von den neuen globalen wirtschaftlichen Champions in Frage gestellt. Im Silicon Valley wurden fast täglich neue Unternehmen gegründet, die die Ordnung der Dinge im weltumspannenden, grenzenlosen Netz revolutionieren wollten.

Deutschland wollte nicht den Anschluss verlieren und baute mit SAP, Infineon, Siemens und der Deutschen Telekom globale Player im IT-Sektor auf. Auch hierzulande existierte eine Gründerszene, ja, sie boomte für hiesige Verhältnisse Ende der 1990er-Jahre geradezu. Aber sie hing am Tropf des US-Finanzsektors, der angelsächsischen Venture-Capital-Fonds, Investmentbanken, Rating-Agenturen und Finanznachrichtenagenturen. Eine eigene Finanzarchitektur für Risikokapital hatte Deutschland nicht. Die deutschen Banken waren zu klein und die Branche zu zersplittert, um mit den großen US-Investmentbanken wie Goldman Sachs konkurrieren zu können und der neuen Gründerszene das nötige Kapital zu sichern.

Die Jahrtausendwende: Zwischen Finanzkrise im Westen und Neustart im Osten

Deutschlands Hoffnung auf ein schnelles Wachstum der Tech-Szene erlebte im Frühjahr 2000 ein jähes Ende. Am 10. März hatte die US-Technologiebörse Nasdaq noch Höchststände erreicht, doch schon drei Tage später wurde es ruppig. Während der Chiphersteller Infineon sein Börsendebüt feierte, sackten die Kurse vieler anderer deutscher Unternehmen erdrutschartig ab. SAP verlor mehr als 5 Prozent, Siemens sogar 8 Prozent. Ein Beben bahnte sich an. Unternehmen, die bislang aufgrund einer einfachen Dotcom-Endung an den Finanzmärkten das Hundertfache ihres Buchwertes wert waren, notierten plötzlich nur noch im Pfennig- oder Cent-Bereich. Die Party mit den astronomischen Wachstumsprognosen war erst einmal vorbei. So hatten gefeierte Gründer wie Thomas und Florian Haffa (EM.TV) mit geschönten Bilanzzahlen die Anleger getäuscht. Es war der Todesstoß für den »Neuen Markt«, mit dem Deutschland von den angelsächsischen Venture-Capital-Firmen unabhängiger werden wollte. Investoren, die vor Kurzem Geld sogar in kleine Start-ups gesteckt hatten, zogen sich jetzt selbst aus vielversprechenden Digital-Unternehmen zurück. Viele der Firmen, auf die Deutschland für das anbrechende Tech-Zeitalter gesetzt hatte, verschwanden von einem Tag auf den anderen.

Zur Jahrtausendwende herrschte eine Mischung aus Sorge, den Anschluss an die wirtschaftliche Entwicklung im Westen zu verlieren, und Goldgräberstimmung mit Blick auf den unerschlossenen Osten. Da kam der Besuch Putins, der im Juni 2000 in Begleitung von mehr als hundert Regierungs- und Parlamentsmitgliedern sowie Vertretern der Wirtschaft nach Berlin reiste, gerade recht. Ein »Neustart« in den deutsch-russischen Beziehungen sollte es werden. Das Fundament sollte eine Zusammenarbeit in der Wirtschaft sein. Deutschland wolle eine führende Rolle bei der Modernisierung Russlands übernehmen, erklärte Bundeskanzler Gerhard Schröder, der in Russland einen neuen Wachstumsmotor für die schwächelnde Konjunktur erblickte.

Die Chemie zwischen beiden Ländern schien zu stimmen. Und noch mehr die zwischen den beiden Regierungschefs. Sie scherzten miteinander wie alte Kumpel. Putin lud Schröder im Anschluss zum Weihnachtsfest nach Moskau ein. Als Schröder dann im April 2001 für einen Wirtschaftsdialog mit Russland in Putins Geburtsstadt Sankt Petersburg reiste, war der Kreml-Chef für ihn bereits zum »Symbol des neuen Russlands« geworden, einer, der »seine Zukunft im europäischen Raum der gemeinsamen Werte, des Rechts und der Wirtschaft« sehe. Seinem russischen Partner sicherte der Kanzler zu: »Wir Deutsche – und Europa insgesamt – wollen Russland auf diesem Weg, wo immer wir können, nach Kräften helfen.«[7]

In Zeiten, in denen die angelsächsische Presse der deutschen Wirtschaft den Niedergang prophezeite, versprach Russland einen riesigen Wachstumsmarkt und gesicherte Beschäftigung. Man stand in den Startlöchern, um zu modernisieren, was Jahrzehnte brachgelegen hatte. Und von den USA wollte man sich nun auch stärker emanzipieren. Die *New York Times* kommentierte im Juni 2000: »Dass eine Ära vorbei ist, ist klar.« Der »letzte Vorhang für die jahrzehntelange alliierte Vormundschaft« über Deutschland nach dem Krieg sei nun gefallen. »Weniger offensichtlich sind jedoch die Ausrichtung und das Gleichgewicht einer Beziehung, die durch das Ende des Kalten Krieges ins Wanken geraten ist.«

Ein enger Vertrauter Schröders beschrieb die Lage in dem Artikel so: »Auf der einen Seite steht eine überwältigende Supermacht und auf der anderen Seite ein aufstrebendes Europa, das lernt, seine Interessen zu artikulieren. Das ist die heikle Gleichung, mit der wir nach dem Kalten Krieg konfrontiert sind.«[8]

Am 11. September 2001 flogen zwei von islamistischen Terroristen gekaperte Passagiermaschinen in die Zwillingstürme des World Trade Center in New York. Der Angriff tötete Tausende Menschen. Die westliche Welt wurde in Schock und Schrecken versetzt, US-Präsident George W. Bush rief den Krieg gegen den Terror aus, der die Sicherheitspolitik des Westens von nun an dominierte. Deutschland unterstützte zwar den Partner im Kampf gegen den Terrorismus, doch in eine gemeinsame Außen- und Sicherheitspolitik nach Maßgabe der US-Amerikaner ließ sich die Bundesrepublik nicht mehr einbinden. Sie wollte eigene Wege gehen.

Zwei Wochen später, am 25. September 2001, trat Putin mit einer historischen Rede vor die gewählten Vertreter des vereinten Deutschlands. Erstmals in der Geschichte sprach ein russisches Staatsoberhaupt im Bundestag von der Bereitschaft seines Landes zur Demokratie, von den kulturellen und wirtschaftlichen Bindungen beider Länder und vom Wunsch nach einem neuen Verbündeten. Es war eine Rede, die einen Neuanfang markieren sollte. Über Parteigrenzen hinweg erntete Putin Applaus und stehende Ovationen.

Dabei war der Unterton, der in seiner Rede schon damals mitschwang, eigentlich gar nicht zum Jubeln. Mit Blick auf die USA sagte der Kreml-Chef: »Heutzutage werden Entscheidungen manchmal überhaupt ohne uns getroffen. Wir werden dann nachdrücklich gebeten, sie zu bestätigen. […] Wir sollten uns fragen, ob das normal ist, ob das eine echte Partnerschaft ist.« Um dann zu verdeutlichen: »Zwischen Russland und Amerika liegen Ozeane, zwischen Deutschland und Russland liegt die große Geschichte.«[9]

Die Rede drückte ein tiefes Misstrauen gegen die USA aus, und folglich war klar, wo die künftigen Spannungen liegen würden. Der Kalte Krieg war längst noch nicht überwunden. Das Feindbild, das Kreml und Weißes Haus voneinander hatten, prägte nach wie vor den Umgang miteinander. Vor allem in Kreisen der Sicherheits- und Nachrichtendienste wirkte es weiter.

Spannungsfeld Nr. 1: Sicherheitspolitik

Deutschland war zwar ein Verbündeter der USA, aber dass sich das Verhältnis merklich abgekühlt hatte, war spürbar. Die Krise trat deutlich zutage, als sich Schröder im Wahlkampf 2002 offen gegen eine Beteiligung Deutschlands an einem Krieg gegen den Irak aussprach. Dem wütenden US-amerikanischen Verteidigungsminister Donald Rumsfeld, der auf der Münchner Sicherheitskonferenz im Februar 2003 noch versuchte, den europäischen Partner auf Linie Washingtons zu bringen, erwiderte der damalige Außenminister Joschka Fischer trocken: »I am not convinced.«

Im Zuge der UN-Resolution zum Irakkrieg wuchsen die Spannungen in der Sicherheitspolitik. Ein Briefwechsel des damaligen Chefs des Bundesnachrichtendienstes, August Hanning, der den BND von 1998 bis 2005 führte, dokumentiert die Reibereien. Der BND hatte treu und redlich Informationen über angebliche Massenvernichtungswaffen des Irak an die USA weitergeleitet. In seiner Nachricht an den CIA-Kollegen George Tenet wies Hanning diesen jedoch ausdrücklich darauf hin, dass die Quelle »Curveball« nicht verlässlich und mit Vorsicht zu behandeln sei. Das hielt US-Außenminister Colin Powell nicht davon ab, die angebliche Expertise dieses »Kronzeugen« in seiner historischen Rede vor dem UN-Sicherheitsrat 2003 einzubauen, um eine Mehrheit für die Kriegsresolution gegen den Irak zu erreichen.[10]

Die deutschen Dienste waren »sauer« über dieses Vorgehen der USA, erinnert sich der damalige Geheimdienstkoordinator der

Bundesregierung und spätere BND-Chef Ernst Uhrlau.[11] Hanning hatte die Bundesregierung 2003 vor einer Beteiligung am Irak-Krieg gewarnt, der, wie er später erklärte, zu Chaos in der Region führte.[12] Für ihn sei schon 2001 – nach einer CIA-Anfrage – erkennbar gewesen, dass die USA einen Militärschlag gegen den Irak planten und dafür BND-Informationen nutzen wollten. »Der Druck, den die CIA ausübte, war enorm«, erinnert sich Hanning später im Gespräch mit der *Welt.*[13]

Als nicht nur Schröder kurz nach Putins Amtsantritt eine ungewöhnliche Nähe zum neuen Machthaber im Kreml aufgebaut hatte, sondern die deutschen Nachrichtendienste ebenfalls näher an Russland heranrückten, traten Spannungen auch in dieser Hinsicht deutlich zutage. Während die britischen und amerikanischen Dienste weiterhin auf Abstand zur Führung des russischen Inlandgeheimdienstes FSB blieben, war Deutschland zusammen mit Österreich unter dem damaligen Innenminister Ernst Strasser um eine Beziehung auf Augenhöhe bemüht. Das rote Telefon des Berner Clubs, ein informeller Zusammenschluss westeuropäischer Geheimdienste, über das sich die Chefs der Inlandsdienste besprachen, klingelte häufig, wenn Russland eine internationale Sicherheitskonferenz organisierte, erinnert sich der damalige österreichische Nachrichtendienstchef Gert-René Polli.

Immer wieder versuchten die Briten, die europäischen Partner dazu zu bewegen, Distanz zu wahren und nicht mit der Spitze der Dienste zu Treffen zu erscheinen – Deutschland kümmerte das nicht. Schon als Russland 1999 eine große Sicherheitskonferenz in Sankt Petersburg abhielt, zu der zahlreiche westliche Partner geladen waren, nahm aus Westeuropa neben der Schweiz allein Deutschland mit Uhrlau auf der Ebene der Leitungsfunktion teil. Polli, der als Vertreter Österreichs gelegentlich mit der deutschen Delegation verkehrte, glaubte, die russischen Dienste seien grundsätzlich »argwöhnisch« von britischer Seite beobachtet worden, denn London pflegte ihnen gegenüber ein »sehr klares Feindbild«.[14] Aus Berliner wie auch Wiener Sicht sollte nun aber genau dieses alte Feindbild endlich überwunden werden. Das Verhalten der Briten und Amerikaner gegenüber Russland schien ihnen nicht mehr zeitgemäß zu sein, Deutschland suchte die Verständigung.

Schon bevor Putin Ende 1999 als Nachfolger des zurückgetretenen Boris Jelzin an die Macht kam, hatte man im Kanzleramt also auf Arbeitsebene Kontakte zu Russlands Geheimdiensten gepflegt, wie sich der damalige Staatsminister Bernd Schmidbauer, der in den 1990er-Jahren für die Koordinierung der Geheimdienste zuständig war, später erinnerte. »Sehr langfristige« und »sehr tragende« Kontakte seien für die »bilateralen Beziehungen zu Russland« schon in seiner Zeit entstanden.[15]

Mit Putins Wahl zum Präsidenten am 26. März 2000 hatte auch BND-Chef Hanning schnell den Kontakt zu Russlands Inlandsgeheimdienst FSB aufgebaut, der zuvor von Putin geleitet worden war und bekanntlich vor dem Fall des Eisernen Vorhangs die Bezeichnung KGB trug. Zu DDR-Zeiten hatte Hanning als Geheimschutzbeauftragter der bundesdeutschen Dienste in der Ständigen Vertretung in Ostberlin die Freilassung politischer Häftlinge mitorganisiert, die in ostdeutschen Gefängnissen saßen. Berührungsängste zu den osteuropäischen Sicherheitsdiensten plagten ihn kaum, als mit Putin ein ehemaliger Geheimdienstchef die politische Führung Russlands übernahm.

Am 22. März 2000, vier Tage vor Putins Wahl und mitten im Tschetschenienkrieg, machte Hanning sich auf den Weg zum russischen Hauptquartier Mosdok und von dort in die abtrünnige Kaukasusrepublik. Kurz vor Hannings Ankunft war Putin mit einem Kampfflugzeug in Grosny gelandet, um die russischen Streitkräfte zu besuchen. Der Besuch des BND-Chefs stand dem in seiner Signalwirkung in nichts nach. Auch wenn der BND später glaubhaft versicherte, Deutschland habe Russland nicht im Tschetschenienkrieg unterstützt,[16] so schien der Auslandsnachrichtendienst die Nähe zu Putins Geheimdiensten zu suchen. Von russischen Streitkräften und dem FSB ließ Hanning sich damals in das Krisengebiet eskortieren.[17] Die Reise war nach einem Besuch Uhrlaus beim FSB-Chef Nikolaj Patruschew vereinbart worden. Wie Putin war auch Patruschew einst in der DDR stationiert gewesen, sprach fließend Deutsch und suchte eine Verbindung zu Deutschland.

Dass das der CIA nicht gefallen konnte, liegt auf der Hand.

Ex-BND-Chef Hanning beschrieb das deutsch-amerikanische Verhältnis in Sicherheitsfragen im Untersuchungsausschuss zum NSA-Abhörskandal Jahre später wie folgt: Die USA seien der Elefant und Deutschland das Pony. Die Zusammenarbeit mit den Amerikanern sei »nicht einfach«. Die USA seien zwar der wichtigste Verbündete in Sicherheitsfragen, bei der Kooperation müsse man aber »aufpassen«, dass nationale Interessen und Deutschlands Souveränität, die nationale Selbstbestimmung, geschützt blieben. Die Interessen beider Länder in der Sicherheitspolitik seien nicht immer identisch. Allerdings, fügte er hinzu, sei das Pony manchmal schneller als der Elefant.[18]

Spannungsfeld Nr. 2: Wirtschaftsspionage

Für die Distanz, die Anfang der 2000er-Jahre zwischen den USA und der deutschen Regierung spürbar wurde, war auch einer der größten Wirtschaftsspionage-Skandale der europäischen Geschichte verantwortlich. Der britische Journalist Duncan Campbell hatte dem Europaparlament in einem umfassenden Bericht dargelegt, wie die Briten und die NSA mithilfe eines globalen Überwachungssystems Telefongespräche, Faxe und E-Mails über Satelliten abgehört hatten. Auch sensible Daten von europäischen Unternehmen waren von Echelon, so der Name des Systems, betroffen.[19] Dies schien zu bestätigen, was man beim Verfassungsschutz bereits vermutet hatte: dass die Amerikaner ihre Partner ausspionierten, um der eigenen Industrie einen Vorteil zu verschaffen. Der europäische Flugzeugbauer Airbus Industries, der gegründet worden war, um von den USA unabhängiger zu werden, hatte bereits 1994 beklagt, dass ein Großauftrag mit Saudi-Arabien geplatzt sei, weil sich die NSA eingeschaltet und Informationen an den US-Konkurrenten Boeing geleakt hatte. Der Vorwurf konnte allerdings nie bewiesen werden.

Dass die Amerikaner in Europa Abhörstationen betrieben, war indes kein Geheimnis. Wie riesige weiße Pilze ragten die Radome, die Radarkuppeln im bayerischen Bad Aibling in die Höhe. Peilrichtung: Ost-Südost – Russland, Irak, Serbien. Als bekannt wurde, dass die Anlage auch dem Ablauschen von deutschen Wirtschaftsinformationen diente, war Bayerns damaliger Ministerpräsident Edmund Stoiber nach eigenen Worten »überrascht und empört«. Er beschwerte sich beim US-Botschafter und auch der damalige Geheimdienstkoordinator Uhrlau intervenierte.

Es musste hektische Aktivitäten gegeben haben, berichtete der Sicherheitsexperte Erich Schmidt-Eenboom später.[20] Die USA sollten sich aus der Anlage in Bad Aibling zurückziehen, wurde gefordert. Doch diese Ansicht wurde vom amerikanischen Partner nicht geteilt, für die Krisengebietsüberwachung im Nahen Osten war, so hieß es, die Lauschstation in Bad Aibling zu wichtig, als dass sie aufgegeben werden könne.

In dieser Zeit meldete sich James Woolsey mit seinem mittlerweile berühmten Namensartikel im *Wall Street Journal* zu Wort und gestand ein, dass die NSA Unternehmen bespitzele. Wie eine Entschuldigung klang, was er mitteilte, aber nicht. »Stellt euch auf den Boden der Tatsachen. Sicher ist die europäische Technologie in wenigen Gebieten der amerikanischen überlegen, aber, um dies so nett wie möglich zu sagen, die Zahl dieser Gebiete ist sehr, sehr, sehr klein. Die meiste europäische Technologie lohnt den Aufwand gar nicht, sie zu stehlen.«[21]

Das saß. Aber wenn es darum ging, die Wogen in Deutschland zu glätten, dann gelang dies ganz offensichtlich nicht. Denn Woolsey machte vor allem auch unmissverständlich klar, dass die USA Schmiergeldzahlungen deutscher Unternehmen im Ausland im Visier hatten. »Warum besticht ihr?«, fragte er. »Es liegt nicht daran, dass eure Unternehmen von Natur aus korrupter sind.« Vielmehr liege es am System des wirtschaftlichen Dirigismus, also der staatlichen Einflussnahme auf die Wirtschaft. »Es ist so viel einfacher, weiterhin Bestechungsgelder zu zahlen.« Die Schmiergeldpraxis bezeichnete er gar als »national culture« in Europa.

Im Kern verteidigten die USA zur Jahrtausendwende den amerikanischen Kapitalismus mit Mitteln der Nachrichtendienste. Dass es dabei nicht immer nur allein um Sicherheitsinteressen ging, lag auf der Hand. Wie die deutschen, so wollten natürlich auch amerikanische Firmen weltweit und vor allem nach Russland expandieren. Schon 1998 hatte Washington den International Anti-Bribery Act erlassen, wonach die strengen US-Anti-Korruptionsregeln auch ausländische Firmen in den USA bei Schmiergeldzahlungen unter Strafe stellten. Konzernen drohten damit hohe Geldstrafen, Managern sogar Haftstrafen, wenn sie mit unlauteren Mitteln Aufträge im Ausland an Land zu ziehen versuchten. Schmiergeldzahlungen waren in jenen Jahren eine gängige Praxis, vor allem wenn es um die Expansion nach Russland ging. Die russische Wirtschaft war ein Überbleibsel des Kommunismus. Vetternwirtschaft und Korruption waren auch unter den Staatsdienern in den Behörden allgegenwärtig. Es war ein offenes Geheimnis in den Wirtschaftsverbänden, dass in Russland die Uhren anders tickten: Wer mit Beamten oder dem Kreml Geschäfte machen wollte, müsse den Amtsträgern schon mal was in die Tasche stecken, hieß es hinter vorgehaltener Hand in den Verbänden der deutschen Industrie. Bakschisch zu zahlen, galt als Kavaliersdelikt. Zur Jahrtausendwende sollte sich das nun aber ändern. Die Amerikaner erwarteten von ihren internationalen Partnern, allen voran von den deutschen Behörden, dass sie sich dem Kampf gegen Korruption anschließen und wie sie Jagd auf Unternehmen machen würden, die gegen ihre Compliance-Standards verstießen.

Wie Woolseys Ankündigung in deutschen Führungsetagen, etwa bei Siemens, ankam, wo gut sechs Jahre später der größte Schmiergeldskandal der deutschen Geschichte aufgedeckt wurde, lässt sich nur erahnen. Zusammen mit deutschen Behörden verhängten die US-Börsenaufsicht SEC und das US-Justizministerium schließlich eine Rekordstrafe gegen den deutschen Industrieriesen. Siemens hatte, wie es in der SEC-Anklage hieß, ein weltumspannendes Netz »beispiellos in Umfang und Reichweite« aufgebaut, um mittels Schmiergeldzahlungen im Ausland zu expandieren.

Doch längst nicht jeder glaubte Woolsey, wenn er behauptete, die Amerikaner würden deutsche Firmen nicht zu ihrem eigenen wirtschaftlichen Nutzen ausspähen. Der Verdacht der Wirtschaftsspionage stand im Raum.

Das Europäische Parlament verabschiedete Anfang September 2001 mit großer Mehrheit den Abschlussbericht zum Echelon-Skandal. Der Berichterstatter des Parlaments, der bayerische EU-Abgeordnete und Verfassungsexperte Gerhard Schmid, wurde in seiner Rede deutlich: Er sprach von einem »unfreundlichen Akt«, einem »Skandal zwischen Verbündeten« und »Cowboymentalität«. Was die Bestechungsvorwürfe angehe, so Schmid, müsse erwähnt werden, dass US-Firmen dieselben Methoden anwenden würden.[22] Die Resolution des EU-Parlaments wurde sechs Tage vor den Terroranschlägen vom 11. September auf das World Trade Center erlassen. 2002 wurde Schmid die Bayerische Verfassungsmedaille in Gold für besondere Verdienste um die deutsche Verfassung verliehen und zwei Jahre später das Bundesverdienstkreuz.

Während in Kreisen des Verfassungsschutzes das Misstrauen wuchs, dass die Amerikaner Daten, die sie sammelten, nicht nur zur Terrorabwehr, sondern auch für wirtschaftliche Zwecke nutzen könnten, weitete der Bundesnachrichtendienst die Zusammenarbeit mit den USA beim Austausch von Daten nach den Terroranschlägen vom 11. September 2001 jedoch noch aus. Der BND lieferte fortan umfassende Informationen an die USA – darunter, wie sich später zeigte – unwissentlich auch Daten über europäische Unternehmen wie EADS Airbus.

Nach dem 11. September geriet vor allem auch der Finanzsektor ins US-amerikanische Visier. Der Kampf gegen den Terror führte dazu, dass die USA die internationalen Finanzströme gezielter kontrollieren und nachverfolgen wollten. Im Rahmen des Terrorist Finance Tracking Program (TFTP) gewährte die Society for Worldwide Interbank Financial Telecommunication (Swift) den USA später umfassend Zugang zu europäischen Finanzkommunikationsdaten. Dazu zählten Absender, Empfänger sowie die Höhe der Summen, die EU-Banken international transferierten. CIA, FBI und das US-Finanzministerium konnten im Rahmen des internationalen Kampfes gegen den Terror damit jeder größeren internationalen Zahlung nachgehen. Vizepräsident der Swift-Beratungsgesellschaft Booz Allen Hamilton wurde 2002 übrigens James Woolsey, der bekanntlich auch die Schmiergeldpraxis deutscher Konzerne im Blick hatte.

Deutschlands Solidarität mit den USA nach den Terroranschlägen vom 11. September 2001 konnte nicht darüber hinwegtäuschen, dass besonders in Bayern die Sorge groß war, dass deutsche Firmen ausspioniert werden könnten.

Der bayerische Verfassungsschutz und das zuständige Innenministerium beobachteten nach dem Echelon-Skandal das Treiben der Amerikaner genauer und trieben zusammen mit der Wirtschaft die Spionageabwehr voran.

»Wirtschaftsspionage ist Realität«, fasste der damalige Staatssekretär des bayerischen Innenministeriums, Hermann Regensburger, in einem Newsletter der Industrie- und Handelskammer Nürnberg im Oktober 2001 die Situation aus bayerischer Sicht zusammen. Auch westliche Staaten setzten ihre Geheimdienste für Spionage zugunsten der eigenen Wirtschaft ein. »Gerade Bayern mit seinen bedeutenden Wirtschaftsunternehmen in den Bereichen Luftfahrt, Rüstung, Wehrtechnik, Computertechnik/-software, mit seinen Forschungs- und Entwicklungsbereichen von High-Tech-Unternehmen [...] [ist] besonders gefährdet.«

Der durch Ausspähen entstehende Schaden sei für die Firmen und ihre Wettbewerbsfähigkeit »gar nicht hoch genug« anzusetzen. Als Folge der Zunahme staatlicher Spionage habe der Verfassungsschutz seine Arbeit intensiviert. »Wirtschaftsspionage kann nur in einem engen Zusammenspiel von Wirtschaft und Verfassungsschutz wirksam abgewehrt und bekämpft werden.« Das Landesamt für Verfassungsschutz nehme diese Aufgabe »sehr ernst«.[23]

Regensburger hatte damit ein Tabu gebrochen: Er hatte nicht, wie üblich, Russland oder China für Wirtschaftsspionage in Deutschland verantwortlich gemacht, sondern ganz offen die USA und das von ihnen betriebene »weltumfassende Abhörsystem« angeprangert.

Unterstützt wurde die Initiative laut Regensburger von Bayerns langjährigem Innenminister Günther Beckstein. Und dessen einstiger Büroleiter für Sicherheitsfragen, Klaus-Dieter Fritsche, war als damaliger Vize des Verfassungsschutzes und anschließend als Koordinator der Nachrichtendienste im Bundeskanzleramt darauf bedacht, Deutschlands Souveränitätsrechte zu verteidigen. Fritsche erklärte im NSA-Untersuchungsausschuss, dass es schon früh Hinweise für den Verdacht auf US-Wirtschaftsspionage gegeben habe, woraufhin die Zusammenarbeit mit den Amerikanern »angepasst« worden sei.

Misstrauen und verschobene Grenzen – Fazit

Um das Jahr 2000 schien sich die Grenze des Möglichen fast täglich zu verschieben. Fortschritt durch Technik hatte jahrzehntelang das Selbstverständnis in den Wirtschaftsetagen geprägt. Diesen Wettbewerbsvorsprung wollte man sich auch in Zeiten einer Tech-Revolution nicht nehmen lassen. Man wollte mitmischen in den neuen Märkten im Osten wie im Westen. Doch die Welt hatte sich verändert und Deutschland hatte den Ruch eines industriellen Auslaufmodells, dessen Zukunft am seidenen Faden hing. Die deutsche Industrie drängte mit Elan in Richtung Osten, wo das künftige Wachstum entstehen sollte – als Motor der Weltwirtschaft im kommenden Jahrzehnt.

Von Briten und Amerikanern wollte man sich in der Wirtschaftspolitik nicht gängeln lassen, schon gar nicht, wenn es um die wirtschaftliche Zukunft des Landes und die Anbindung an Russland ging. Die neue Welt war multipolar, davon war man überzeugt, und die Türen in diese neue Welt wollte sich Deutschland auch von der amerikanischen Supermacht nicht versperren lassen. Je mehr sich die Bundesregierung Russland zuwandte, umso größer wurde das Misstrauen innerhalb des Verteidigungsbündnisses. Der von den USA ausgerufene Kampf gegen Korruption schien da nur ein Mittel zu sein, Deutschland und Russland im Wettbewerb um neue Märkte auszubremsen. Die Furcht, von den USA in der Wirtschaft ausspioniert zu werden, griff um sich. Konkurrenzdenken zersetzte die transatlantische Partnerschaft. »Die heute übliche Wirtschaftsspionage mag nicht mehr durch die militärische Spannungslage ausgelöst und gesteuert sein, sondern von wirtschaftlichen und technologischen Forderungen, auch wenn es keine Feindbilder mehr gibt«, beschrieb der ehemalige BND-Präsident Hans-Georg Wieck später das Spannungsfeld im westlichen Verteidigungsbündnis in einem Interview, das er auf seiner Webseite veröffentlichte. Und er fügte hinzu: »Das mag den Beobachter überraschen – aber der wirtschaftliche Wettbewerb hat an Bedeutung gewonnen.«

Wieck hatte den Auslandsnachrichtendienst zu Zeiten der Wende geführt und wusste, wohin die deutsche Sicherheitspolitik steuerte. »Abwehr von Spionage befreundeter Nationen gegen das eigene Land ist eine nationale Pflicht, die auch wahrgenommen wird.« Denn: »Die starke Stellung der deutschen Wirtschaft auf dem internationalen Markt beruht auf ihrer hohen technologischen Wettbewerbsfähigkeit, und nicht auf der Wettbewerbsfähigkeit der Arbeitskosten und der Preisgestaltung.«

Zusammengefasst lässt sich schlussfolgern, die deutschen Sicherheitsdienste machten es sich zur Aufgabe, US-Spionage konsequent abzuwehren, um nichts weniger als die wirtschaftliche Zukunftsfähigkeit des Landes zu sichern. Mit den Mitteln der Nachrichtendienste sollte Deutschland nun seine Wirtschaftsinteressen gegenüber den USA verteidigen.

Das war das Mindset, das mit Putins Amtsantritt in Deutschland zur Millenniumswende herrschte. Eine von Wirtschaftsinteressen geleitete Sicherheitspolitik vergiftete das Klima unter den Bündnispartnern. Putin dürfte dies als Steilvorlage gedient haben, um über die deutsche Wirtschaft Einfluss auf den Kurs der deutschen Sicherheitspolitik zu nehmen. Was ihm durchaus zu gelingen schien. Der Ausbau der wirtschaftlichen Beziehungen blieb zwei Jahrzehnte lang das unangefochtene Mantra der deutschen Russlandpolitik – selbst für die Sicherheitsdienste. Dafür bot der Kreml-Chef Deutschland, wonach die Wirtschaft des Landes lechzte: billiges russisches Gas und Milliarden von russischem Schwarzgeld, das nach Europa fließen würde. Ein Konflikt über Gas und Geldwäsche war damit schon im Jahr 2000 zwischen Deutschland und den USA vorprogrammiert.

Kapitel 2
Kalter Krieg am Finanzmarkt
Männerfreundschaften und eine deutsch-russische Allianz für russisches Geld und billiges Gas

Auf einer rostroten Troika, einem von drei Pferden gezogenen Schlitten, sitzt breit lachend Bundeskanzler Gerhard Schröder, neben ihm lehnt zurückhaltend lächelnd der neue Kreml-Chef. Im Januar 2001 sind Schröder und seine damalige Gattin Doris Schröder-Köpf zu Besuch in der einstigen Zarenresidenz Kolomenskoje für ein Treffen mit den Eheleuten Wladimir Putin und Ljudmila Alexandrowna Putina. Die Bilder gehen um die Welt.

Dem Präsidenten sei wichtig, mit dem Kanzler ein neues Vorgehen in der Schuldenpolitik zu vereinbaren, hat der Kreml vor dem Besuch verlautbaren lassen. Würde Deutschland auf die Rückzahlung von Krediten aus Sowjetzeiten bestehen, bedeute das den Ruin für Russland. Moskau schlägt daher einen Deal vor: Als Ausgleich für die ausstehenden Altschulden wolle man der deutschen Industrie in Russland unter die Arme greifen.[24]

Putin öffnete der deutschen Wirtschaft die Tür in sein Reich, dafür sollte die Bundesrepublik auf einen Teil der Schulden verzichten und helfen, das Devisenproblem des Landes zu lösen. Im Jahr 2000 war Russland fast blank. Die Reichen brachten ihre Rubel ins Ausland, sie suchten einen sicheren Hafen für ihr Geld, das unversteuert einen Weg nach Europa suchte.

Kurz vor dem Machtwechsel im Kreml waren US-Ermittler auf Milliarden gestoßen, die aus Russland über dunkle Kanäle in andere Staaten geschleust wurden. Sie gingen von bis zu 15 Milliarden Dollar aus, die von russischen Geschäftsleuten mit Verbindungen zur Mafia oder zum Kreml illegal in den Westen transferiert wurden. Und ein Ende war nicht in Sicht, im Gegenteil. »Je tiefer wir graben, desto mehr finden wir«, wurde ein Ermittler zitiert. Die Herkunft des Geldes blieb ebenso im Unklaren wie die Drahtzieher hinter den Geschäften.[25] »Geldwäsche für den Jelzin-Clan?«, mutmaßte der *Spiegel* dazu schon im Sommer 1999. Das mag so gewesen sein, aber später zeigte sich, dass unter Putins Führung noch etliche weitere Milliarden in den Westen fließen würden.

Mit Putins Amtsantritt hatten die USA den internationalen Kampf gegen Geldwäsche ausgerufen. Die Geldflüsse, die aus Russland nach Europa, vor allem nach Deutschland und über Umwege in die USA strömten, wurden genauestens verfolgt. Mit dem Machtwechsel im Kreml bahnte sich damit ein neuer Kalter Krieg gegen russisches Schwarzgeld an, ausgetragen auf dem europäischen Finanzmarkt.

Die rasante Entwicklung immer neuer und schwer zu durchdringender Finanzinstrumente schien Tür und Tor zu öffnen für unerwünschte Eindringlinge, die man nicht in die Herzkammer des amerikanischen Kapitalismus, den Finanzmarkt, lassen wollte. Mit dem Kampf gegen Geldwäsche verteidigten die USA nichts weniger als das weltweite Finanzsystem. Dieser Kampf richtete sich nun nicht nur gegen Russland und seine neureiche Elite, die russisches Geld und Putins Einfluss in den Westen trug. Auch die Geschäftspartner in Europa, Banken und Unternehmen, die mit Russland Business machen wollten, gerieten in das politische Spannungsfeld.

Die Sorge, dass mit russischem Schwarzgeld auch Putins Vasallen ihren Weg nach Europa finden könnten, um westliche Strukturen zu untergraben, war nicht ganz unbegründet. Die neureichen Milliardäre, die ihr Geld im Westen anlegen wollten, hatten ihr Vermögen in den sich auflösenden sowjetischen Kadern gemacht und sich die kommunistischen Reichtümer mit russischen Mafiabossen geteilt. Da war die Gefahr groß, dass mit der Öffnung der Wirtschaftsblöcke nicht nur der Handel florierte, sondern auch das Geld von kriminellen Banden und dem russischen Geheimdienst einen Weg in den Westen finden würde. Korruption und Geldwäsche drohten sich breitzumachen.

Doch davon wollte Putin nichts wissen. Von den Amerikanern wollte er sich nicht Transparenz und gute Geschäftsführung lehren lassen, sondern selbst die Kontrolle über die reichen Oligarchen übernehmen, die für ihn Russlands Einfluss in der Welt mehren sollten. Mit seinem Amtsantritt war der Kampf gegen Geldwäsche, in den auch hierzulande viele, gerechtfertigt oder nicht, hineingezogen wurden, zum Politikum geworden. »Follow the Money« war die Devise der Amerikaner, wenn es darum ging, Russlands Einfluss in Europa, insbesondere auch in Deutschland, zu kontrollieren. Deutschland sollte sich dem von den USA ausgerufenen Vorgehen anschließen. Wachsamkeit wurde von deutschen Aufsichtsbehörden gefordert, die dem Geld, das nach Europa strömte, nachgehen sollten. Doch das Gegenteil geschah, im Kampf gegen Geldwäsche ging man getrennte Wege. Die Herkunft des Geldes, ob es am russischen Fiskus vorbei im Geschäft mit der russischen Mafia verdient worden war oder aus den Kassen von Putins Geheimdienstkader stammte, schien deutsche Behörden kaum zu interessieren. Die Türen für russisches Geld standen sperrangelweit offen. Auch Deutschland wollte sich von den USA nicht in die Wirtschafts- und Russlandpolitik hineinreden lassen. Die politischen Weichen waren seit Putins Treffen mit Schröder im Juni 2000 auf Neustart und Öffnung der Märkte gestellt. Wandel durch Handel sollte die deutsch-russischen Beziehungen prägen. Beim Ausbau der Geschäfte wollte die Wirtschaft freie Hand haben. Wer mit den superreichen russischen Milliardären ins Geschäft kam, durfte nicht danach fragen, ob ihre Gelder daheim legal versteuert wurden oder nicht. Während die

US-Geldwäschejäger dem russischen Geld folgten, stellten sie fest, dass unter Putins Führung komplexe System in Europa entwickelt wurden, die allein der Geldwäsche dienten. Schon 2006 wurde das internationale Recherchenetzwerk Organized Crime and Corruption Reporting Project (OCCRP) gegründet, das mit hiesigen Medien zusammenarbeitete, von der US-Regierung, wie sich später zeigte, mitfinanziert wurde und russischen Geldwäschekartellen nachging. Was im Laufe der Jahre ans Tageslicht kam, war alarmierend: Nicht nur russisches Geld floss in Milliardensummen über deutsche Banken »gewaschen« in das Finanzsystem und die USA, auch Putins Freunde und dessen Geheimdienstleute konnten diese Kanäle für ihre Zwecke nutzen, ohne dass deutsche Behörden eingriffen. So spaltete der von den USA ausgerufene Kampf gegen Geldwäsche nicht nur Russland und die USA, sondern entzweite die westlichen Bündnispartner selbst. Ein jahrzehntelanger Konflikt mit den USA im Umgang mit russischer Geldwäsche war vorherbestimmt.

Unter »Geldwäsche« versteht man allgemein das Einschleusen kriminell erworbener Vermögenswerte in den legalen Wirtschaftskreislauf unter Verschleierung der wahren Herkunft. Eigentlich sind die Regeln ziemlich klar: Nach geltendem Recht dürfen Banken, Institutionen und Unternehmen keine Beträge aus kriminellen Straftaten transferieren, auszahlen oder anlegen. Im internationalen Vergleich ist Deutschland jedoch ein Geldwäscheparadies. Im letzten Schattenfinanzindex (2025) rangiert Deutschland auf Platz 6 von insgesamt 141 Ländern und ist damit weit vorn im Ranking der Finanzzentren, die es Kriminellen besonders einfach machen, illegales Geld zu waschen oder anzulegen. Besser stehen allerdings auch die USA nicht da. Im Gegenteil, sie belegten den ersten Platz. Schließlich stehen auch in den USA die Türen für Schwarzgeld etwa im Steuerparadies Delaware offen, wo Unternehmen mannigfaltig Schlupflöcher für die Anlage ihrer Gelder nutzen können.

Geldwäsche zahlt sich aus, nicht nur für Kriminelle, ebenso profitieren davon auch die Wirtschaft und der Staat. Denn auch Schwarzgeld-Milliarden kurbeln die Wirtschaft an. Und der Staat kassiert in Form diverser Steuern wie der auf Kapitalerträge und Unternehmensgewinne, wenn Schwarzgeld trickreich in den regulären Wirtschaftskreislauf eingespeist wird.

Das United Nations Office on Drugs and Crime schätzt das weltweite Geldwäschevolumen auf etwa 700 Milliarden bis 1,9 Billionen Euro pro Jahr.[26] Für Deutschland hat die Martin-Luther-Universität Halle-Wittenberg das jährliche Volumen auf 100 Milliarden Euro taxiert. Zum Vergleich: Das ist über ein Fünftel des Bundeshaushalts, und wir sprechen hier nur von einer Schätzung auf Basis dessen, was bekannt ist. Verlässliche Zahlen gibt es naturgemäß nicht. »Empirisch erforscht ist weder der Umfang noch die Struktur der Geldwäsche«, so Transparency International in einem Bericht zur Geldwäschebekämpfung in Deutschland.[27]

Zu den am häufigsten genannten Unternehmensdelikten zählen laut einer Studie der Wirtschaftsberatung PricewaterhouseCoopers (PwC) im Jahr 2022 dagegen Korruption und Bilanzbetrug.[28] Der Verdacht liegt nahe, dass hinter manchem Bilanzbetrug und auch Compliance-Verstoß eine schwarze Kasse und ein Geldgeschäft mit Kriminellen stecken. Die fehlende und einseitige Problemanalyse führe jedoch dazu, dass die Verfolgung von Geldwäsche hierzulande nahezu unmöglich sei und viele der besonders schädlichen und ertragreichen Straftaten weitgehend unbestraft blieben, so Transparency International.

In ihrer Bandbreite sind weder die Auswirkungen noch die Hintergründe der russischen Geldwäsche bislang erfasst oder erforscht worden. Der Schaden, der für Deutschlands wie auch der internationalen Sicherheit aufgrund lascher Geldwäschekontrollen entsteht, ist jedoch immens. Denn es deutet viel darauf hin, dass russisches Geld nicht nur die Wirtschaft beider Blöcke ankurbeln sollte, sondern dass die Öffnung für diesen Geldfluss von Anbeginn eine sicherheitspolitische Dimension hatte und Putin und seine Freunde darüber langfristig politischen Einfluss im Westen gewinnen wollten – was ihm allem Anschein nach auch gelang.

Das Geld, das Gas und die Ex-Geheimdienstler: Der Beginn einer deutsch-russischen Freundschaft

Der Agent »Arthur«, wie er zu DDR-Zeiten unter Stasi-Chef Erich Mielke genannt wurde, spielte bis zum Ausbruch des Ukraine-Krieges eine entscheidende, vielleicht sogar die zentrale Rolle in den deutsch-russischen Wirtschaftsbeziehungen. Mielke hatte seinen Agenten, mit bürgerlichem Namen Matthias Warnig, als »Offizier im besonderen Einsatz« vor der Wende nach Düsseldorf entsandt, wo er westdeutsche Konzerne bespitzelte. Er sammelte Informationen oder entwickelte Kontakte zu Unternehmen wie BASF, Thyssen oder Krupp. Und auch die damaligen großen deutschen Banken, die Dresdner, Commerzbank und Deutsche Bank soll er im Visier gehabt haben. Warnigs Ausflug in die westdeutsche Industrie und Bankenszene fand ein abruptes Ende, als der Bundesverfassungsschutz ihm auf den Fersen war, sodass er sich kurz vor dem Mauerfall gezwungen sah, in den Osten zurückzukehren. Nach der Wende brachen turbulente Zeiten für ehemalige Stasi-Leute wie Arthur an. Manche gaben die Spionage vollends auf, andere arbeiteten im Privaten den Diensten weiter zu – einige den deutschen, andere den russischen und manche beiden zugleich.[29] Am 20. Mai 1990, nur zwei Tage nach der Unterzeichnung des Staatsvertrages zwischen der Bundesrepublik und der Deutschen Demokratischen Republik über eine gemeinsame Wirtschafts-, Währungs- und Sozialunion, an deren Verhandlungen Warnig mitgewirkt hatte, wechselte er in die Privatwirtschaft und ging zur Dresdner Bank nach Frankfurt. Was für ein Wandel! Von nun an konnte er von Deutschland nach Russland reisen, ohne dass der Verfassungsschutz ihn stoppte. Er schien einen Freifahrtschein zu haben. Schon im Oktober 1991 zog Warnig nach Sankt Petersburg, um dort für seinen Arbeitgeber eine Dependance aufzubauen. Wer ins Bankgeschäft in Russland einsteigen wollte, brauchte eine Lizenz und gute Kontakte. An den entscheidenden Hebeln saß seit kurzer Zeit Wladimir Putin, der für Auslandsbeziehungen und Investitionen in seiner Heimatstadt zuständig war. Ob sich die Wege der beiden bereits während Putins Zeit in Dresden kreuzten, ist umstritten. In Sankt Petersburg wurde der Draht zwischen beiden auf jeden Fall eng. Warnig bat bei Putin um eine Audienz und wartete dafür acht Stunden in dessen Vorzimmer.[30] Wer hier die Richtung vorgab, war danach klar. Für den Deutschen war das Treffen dennoch ein Erfolg. Die Dresdner Bank konnte im Dezember 1991 eine Repräsentanz eröffnen und später als eines der ersten europäischen Geldhäuser die ganze Bandbreite der Bankdienstleistungen in Russland anbieten. In Putins Datscha am Ufer des Komsomolzen-Sees verbrachten die beiden nun gelegentlich gesellige Stunden, Putin sprach fließend Deutsch, Warnig Schulrussisch, und so schwatzten sie über vieles, was sie verband.

Die einen nennen diese Verbindung schlicht Freundschaft, andere würden sagen, sie war gefährlich. Zwar trafen sich beide, als sie offiziell nicht mehr im Dienst von KGB und Stasi standen, aber für Putin galt, »so etwas wie ehemalige Agenten gibt es nicht«.[31] Geheimdienstler wissen, was zählt: Loyalität, Macht und das Geschäft mit dem Geld. Und um letzteres ging es vielleicht von Anfang an. Warnigs Name tauchte schon in den 1990er-Jahren auf einem in Sankt Petersburg endenden Faxanschluss auf: »Intercommerz Warnig«. Putins damalige Ehefrau soll laut Recherche der Tageszeitung *Die Welt* das Faxgerät der Firma gelegentlich für private Korrespondenz genutzt haben.[32] Die Firma war von Warnigs erster Ehefrau 1994 im hessischen Rödermark gegründet worden. Was die Firma tat, welche Geschäfte hier abgewickelt werden sollten, ist bis heute im Dunkeln. Wer nach Belegen für den im Handelsregister ausgewiesenen Gewerbezweck suchte, den Handel von Rohstoffen zwischen Russland und Deutschland, musste frustriert feststellen, dass für diese oder eine andere Tätigkeit kaum Nachweise auffindbar waren.

Allerdings wurden später drei Stiftungen in Liechtenstein, die Ospray Foundation, Rubinstar Stiftung und Riverdale Foundation, als neue Eigner des Unternehmens registriert. Solche Stiftungen waren damals ein gängiges Konstrukt, um die Spuren zu Hinterleuten oder illegale Zahlungen zu verschleiern. Was immer Sinn und

Zweck des Unternehmens war, die Beziehung zwischen Warnig und Putin entwickelte sich weiter. Putin ging nach Moskau, stieg in die Immobilienabteilung des Kremls ein und die Karriereleiter hoch, bis er zum Chef des Inlandsnachrichtendienstes (FSB) ernannt wurde. Als Putin 2000 zum mächtigsten Mann Russlands gewählt wurde, wurde im Laufe der Jahre aus dem Geschäft mit dem Geld das große Geschäft mit russischem Gas.

Die Dresdner Bank lieh Gazprom Geld, platzierte Anleihen des Unternehmens am Kapitalmarkt und vereinbarte mit der Gazprombank ein Joint Venture für die Ausgabe von Emissionszertifikaten. Sie wurde zu einem der aktivsten Kreditinstitute auf dem russischen Markt. Geld und Gas konnten fließen – und Warnig mischte in zentralen Funktionen von Anfang an mit. Er stieg in den Aufsichtsrat der Bank Rossija ein, die als Privatbank firmierte und nach Putins Amtsantritt immens an Einfluss gewann. Zudem übernahm er ein Mandat im Kontrollgremium von Russlands zweitgrößter Staatsbank VTB. Gleichzeitig führte er auf deutscher Seite bis 2006 den Aufsichtsrat der Investmentbank Dresdner Kleinwort und war Mitglied der Arbeitsgruppe Wirtschaft und Finanzen des deutsch-russischen Petersburger Dialogs.

Und beim deutsch-russischen Prestigeprojekt Nord Stream, einem Gemeinschaftsprojekt mit dem russischen Energieriesen Gazprom, übernahm er die Geschäftsleitung der Betreibergesellschaft und zog mindestens 18 Jahre lang im Hintergrund die Strippen in der deutsch-russischen Energiepolitik. Die Idee einer Ostseepipeline wurde im Rahmen des Petersburger Dialoges entwickelt und infolge des Atomausstiegs der damaligen rot-grünen Bundesregierung zwischen Putin und Schröder politisch besiegelt. Nach dem Ende seiner Kanzlerschaft übernahm Schröder den Aufsichtsratsvorsitz der Nord Stream AG und wurde zum politischen Cheflobbyisten eines Projekts, das Deutschland und die USA jahrzehntelang entzweite.

Petersburger Dialog: Russlands Allianz mit der deutschen Wirtschaft

Zum vertieften Austausch beider Staaten hatten Schröder und Putin bereits 2001 den Petersburger Dialog ins Leben gerufen. Eigentlich sollten die verschiedenen Arbeitsgruppen der Verständigung der Zivilgesellschaften beider Länder dienen. Von russischer Seite nahmen jedoch in den zentralen Gremien der jährlichen Treffen fast keine freien Vertreter teil, sondern kremlnahe Entsandte. Mit dabei waren etwa der Industriemagnat Oleg Deripaska, der Putin-Vertraute Wladimir Jakunin oder Andrej Kostin, der Banker von Russlands zweitgrößter Staatsbank. Tonangebend waren auf deutscher Seite in der Arbeitsgruppe Wirtschaft und Finanzen vor allem die beiden Vorstandsmitglieder des Ost-Ausschusses der Deutschen Wirtschaft, Burckhard Bergmann (damals Vorstandsvorsitzender von E.ON-Ruhrgas) und Tessen von Heydebreck (damals im Vorstand der Deutschen Bank).

So wurde aus dem Petersburger Dialog ein Vehikel des Kremls für eine Allianz von Gas und Geld.

Als das Dialogforum geplant wurde, hoffte die Bundesregierung noch, damit den Frieden in Europa sichern zu können. Doch die Marschroute wurde in Moskau diktiert. Als eines der ersten Projekte wurde eine Energiepartnerschaft anvisiert. Mindestens genauso wichtig war die Verständigung über die künftige Kooperation bei Finanzdienstleistungen. Dies wurde auf besondere Weise vorangetrieben, nicht öffentlich, nicht sichtbar, aber deshalb nicht weniger folgenreich.

Die Energiepartnerschaft mit Russland führte direkt zurück in die Jahre des Kalten Krieges, die Deutschland eigentlich hinter sich lassen wollte. Schon in den 1960er- und 1970er-Jahren hatte der Ost-Ausschuss der Deutschen Wirtschaft den Bau einer Gaspipeline mit der Sowjetunion vorangetrieben. Die Industrie (Mannesmann) lieferte Röhren, im Gegenzug erhielt Deutschland Gas. Ausgehandelt hatte das Geschäft die Ruhrgas AG direkt mit dem Kreml. Finanziert wurde es von einem Konsortium westdeutscher Finanzkonzerne, angeführt von der Deutschen Bank.

Mitten im Kalten Krieg war damit eine Allianz des Kremls mit Deutschlands Industrie und Banken entstanden. Gleich nach Putins Amtsantritt trieb der Ost-Ausschuss diese – wie er es nannte – »Win-Win-Win-Allianz« mit einem neuen Gasröhrenprojekt weiter voran. Im Arbeitsprogramm des Petersburger Dialogs hieß es 2003, »zentral« für die Beziehungen beider Staaten sei die Entstehung einer »Ostsee-Pipeline«. Auch der Finanzbereich sollte weiterentwickelt werden. Zudem sollte die deutsche Wirtschaft Russland helfen, sein »Imageproblem« zu lösen – womit nichts anderes gemeint war als die grassierende Korruption.

Dazu wäre eine gemeinsame Strategie zur Korruptionsbekämpfung dringend notwendig gewesen. Dieser Gedanke wurde aber nicht konsequent verfolgt. Aus dem deutschen Angebot, das miese Bild Russlands in aller Welt zu verbessern, um Investoren anzulocken, wurde schließlich eine groß angelegte Desinformationskampagne des Kremls mithilfe deutscher Unternehmen.

Ein Architekt der Partnerschaft des Petersburger Dialogs war »Mr. Russland«, wie die *Frankfurter Allgemeine Zeitung* Klaus Mangold, den Vorsitzenden des Ost-Ausschusses zwischen 2000 und 2010, einst hofierend nannte. Als ich ihn zu seiner Rolle befragte, distanzierte er sich von der *FAZ*-Titulierung. Mangold, zu jener Zeit Vorstandsmitglied bei Daimler, geriet später unter anderem mit Negativschlagzeilen in die Öffentlichkeit, in denen über fragwürdige Geschäfte und Kontakte nach Russland berichtet wurde. So tauchte sein Name 2017 im Zuge der Veröffentlichung der »Paradise Papers« auf: In den Unterlagen sind zahlreiche Fälle dokumentiert, bei denen einige der reichsten Menschen und größten Konzerne der Welt Gelder von Offshore-Firmen erhielten, die in sogenannten »Steuerparadiesen« residierten und unter Verdacht standen, der Tarnung von Steuerbetrug zu dienen oder der Verschleierung von sonstigen dunklen Geschäften.

2003 und 2010 soll Mangold laut *tagesschau.de* der Empfänger von Geldern gewesen sein, die mutmaßlich von einem Konto auf der Isle of Man herrührten, das dem russischen Oligarchen Boris Beresowski zugeschrieben wurde.[33] Als ich ihn auch dazu befragte, erklärte er, keine Kenntnis zu haben, als »Begünstigter einer Firma auf der Isle of Man geführt« worden zu sein, Beresowski habe er lediglich gekannt.

Putins Liebling: Die Deutsche Bank

Für den freien Fluss von Gas und Geld und den Ausbau der Wirtschaftsbeziehungen brauchte Russland Zugang zum internationalen Finanzsystem. Doch mit Argusaugen kontrollierten die USA jede große Geldsumme, die über das internationale Zahlungssystem Swift, an das auch die russischen Banken angeschlossen waren, transferiert wurde. Wegducken half nicht. Die strengen internationalen Geldwäschekontrollen drohten, Moskaus reiche Geschäftsleute, die ihre Rubel am Fiskus vorbei ins Ausland schaffen wollten, vom globalen Finanzsystem abzukoppeln. Ohne Zugang zum Swift-Bankensystem war kein Banktransfer möglich, da die Institute allein über die Transaktionsdaten kommunizierten. Und nach den sogenannten Know-Your-Customer-Regeln waren Banken verpflichtet, alle Bankkunden zu identifizieren. Schwarzgeld, Schmiergeld und Spionagesold waren im internationalen Banktransfer somit leicht aufspürbar. Es brauchte versierte Banker, internationale Kanäle und ein Geflecht von Firmen, Finanzdeals und Kreditinstituten in und außerhalb Europas, damit Russlands Wohlhabende im Allgemeinen und Putins Freunde im Besonderen ihre Geldgeschäfte abwickeln konnten.

Im Juni 2008 reiste Deutsche-Bank-Chef Josef Ackermann nach Moskau zu Gesprächen mit Putin. Es waren harte Zeiten für die Finanzbranche, speziell für die Deutsche Bank. Der Vorstandschef, der das Frankfurter Institut in die Liga der großen US-Investmentbanken hatte hieven wollen, musste zusehen, wie die ambitionierten Pläne des stolzen Geldhauses im Strudel der amerikanischen Immobilienkrise platzten.

In Moskau lief es besser. »Gut« verstanden habe er sich mit Putin, beschrieb Ackermann sein Verhältnis zum Kreml-Chef später. Putin habe seinen Rat geschätzt. Man duzte sich. Die geschäftliche Partnerschaft war perfekt. Laut Ackermann war es Putins ausdrücklicher Wunsch, dass das Frankfurter Haus Russlands Geschäftsbank wurde. »Die Deutsche Bank ist meine Bank«, hatte der Präsident ihm mitteilen lassen, wie Ackermann sich später in einem ZDF-Gespräch erinnerte. Niemand anderes als die Bundeskanzlerin habe ihm diese Botschaft übermittelt.

Die Deutsche Bank sollte eine zentrale Rolle beim Ausbau der Wirtschaftsbeziehungen zwischen Deutschland und Russland spielen. »Und die Rolle haben wir auch gespielt«, erklärte Ackermann in der ZDF-Dokumentation.[34] Was Putin sich davon erhoffte, hatte er nach dem Gespräch in Moskau gleich unmissverständlich klargemacht. Die Deutsche Bank solle für Russland eine »Finanzbrücke« werden.[35] Die Erkenntnis, dass dies einen beispiellosen Finanzkonflikt auslösen würde, sollte nicht lange auf sich warten lassen.

Wenige Wochen später gab es einen Finanz-Supergau. Die US-Investmentbank Lehman Brothers ging im September 2008 bankrott, alle Dämme schienen zu brechen. Der weltweite Finanzfluss war gestoppt, die Banken misstrauten sich gegenseitig, liehen einander kein Geld mehr, die Kapitalmärkte befanden sich im freien Fall. Es drohte der totale Zusammenbruch des weltweiten Finanzsystems. Ackermann machte später öffentlich, »überrascht« gewesen zu sein, dass die USA Lehman hatten pleitegehen lassen und damit in Kauf nahmen, dass sich die Krise so zuspitzte. Der Deutsche-Bank-Chef wertete die Geschehnisse als Marktbereinigung, was in anderen Worten heißt, dass es wohl darum ging, schwache Konkurrenten aus dem Markt zu drängen. Das war das Mindset, als die Frankfurter stärker ins Russland-Geschäft einstiegen.

Tatsächlich wurde die Deutsche Bank in den folgenden Jahren zu einer Art Finanzbrücke für Russland – und zwar einer ganz besonderen, nämlich in den von den USA streng regulierten Finanzmarkt. Schon 2007 hatte die Bank mit der estnischen Filiale der

Danske Bank eine Kooperationspartnerschaft abgeschlossen. Ein Jahr später flossen über die kleine Außenstelle Gelder aus dem russischen Grau- und Schwarzmarkt über die Deutsche Bank in die USA. Sie wurde damit Teil eines der größten russischen Geldwäschesysteme in Europa; bis ins Jahr 2015 wurden so 230 Milliarden Dollar weltweit transferiert. Das Gros der Gelder – rund 150 Milliarden Dollar –, so erläuterte der Banker Howard Wilkinson, der den Schwindel aufdeckte, sei über die Deutsche Bank geflossen.[36] Damit war Deutschlands größte Privatbank zum Türöffner für Transaktionen von russischem Schwarzgeld in den Westen geworden.

Aufgeflogen ist das System in Estland: Wilkinson waren Ungereimtheiten in der Zweigstelle der Danske Bank aufgefallen. Eine der Firmen, die seine Bank als Kunde führte, kam ihm dubios vor: die Lantana LLP. Das Kürzel steht für »Limited Liability Partnership«. LLPs sind eine Unternehmensform in Großbritannien und den USA, die gern zur Geldwäsche genutzt werden, weil sich mit ihnen leicht die wahren Eigner verschleiern lassen – und damit die Nutznießer. Der Banker schaute sich Lantana genauer an. Die Firma hatte laut Eintrag im Handelsregister kein Kapital. Über ihr Konto liefen aber binnen fünf Monaten rund 500 Millionen Dollar. Über drei Ecken erfuhr er, dass Lantana angeblich enge Verbindungen zum russischen Inlandsgeheimdienst FSB hatte.

Je tiefer er recherchierte, desto mehr Briefkastenfirmen kamen zum Vorschein. Verdächtig war auch: Rund 90 Prozent der abgewickelten Zahlungen der Danske Bank Estland stammten von nicht-estnischen Kunden, meist kamen sie aus Russland und ehemaligen Sowjetrepubliken.

Ein Großteil der Gelder floss dabei von vier russischen Banken in Moskau auf Konten, die von der US-Tochter der Deutschen Bank geführt wurden. Als Konzern mit internationaler Reichweite hatte die Deutsche Bank Zugang zum amerikanischen Zentralbanksystem, was nur Geldhäusern gewährt wird, die unter strenger Finanzaufsicht stehen. Auch zwei andere US-Banken, JP Morgan Chase und die Bank of America dienten als Türöffner, allerdings wickelten sie ein deutlich geringeres Volumen ab. Sobald die Gelder die US-Filiale passiert hatten, waren sie sauber und konnten im weltweiten Finanzsystem verteilt werden. Russisches Schwarzgeld konnte so in Dollar oder anderen Devisen angelegt, FSB-Gelder konnten ins Ausland transferiert, »Spenden« an ausländische Politiker ausgezahlt werden. Kurzum: Russland konnte über das Konstrukt bequem sein illegales Business abwickeln. Die Deutsche Bank war zum zentralen Hub in Europa für das Einschleusen russischer Gelder in den weltweiten Kapitalmarkt und die USA geworden.

Es ist bemerkenswert, dass die Deutsche Bank die kleine Tochter der Danske Bank in Estland als Partner wählte. Lasche Kontrollen und schwache Aufsichtsbehörden machten das Baltikum damals zu einem Geldwäscheparadies für Oligarchen, Waffenschieber und den FSB. Schon 2004, als Estland und Lettland gerade der EU beigetreten waren, war es ein Leichtes, in diesen Ländern auf eine Bankfiliale zu stoßen, die die EU-Regeln gegen Geldwäsche schludrig anwandte. Die estnische Niederlassung der Danske Bank warb gar damit, es mit der Aufsicht nicht so genau zu nehmen.

Die meisten Finanzunternehmen mieden daher die Kooperation mit estnischen Instituten. Nicht so die Deutsche Bank. Sie selbst trug auch kein großes Rechtsrisiko, sodass sie sich bis heute damit verteidigen kann, dass sie nicht verpflichtet war, die Kunden in Estland zu prüfen. Formal agierte sie als sogenannte Korrespondenzbank, die nur Geschäfte für ein anderes Geldhaus abwickelt und damit keine juristische Verantwortung für die Kunden trägt. Die Prüfpflicht der Kunden obliegt nach EU-Recht der kontoführenden Bank, das Rechtsrisiko und damit die finanzielle Gefahr einer hohen Strafe lagen also allein bei der Danske Bank.

Juristisch hatten sich die Frankfurter in diesem Fall also lediglich einer Ordnungswidrigkeit schuldig gemacht, weil sie auffällige Transaktionen gar nicht oder zu spät gemeldet haben. Sie berichteten den Behörden erst im Juli 2018 – um Jahre verspätet – von dem Geldwäscheverdacht. In 600 Fällen hatte man es versäumt, eine verdächtige Transaktion zu melden. Aber auch diese späte Mitteilung war längst nicht vollständig. Eine Ende 2018 durchgeführte interne Untersuchung förderte etwa 1,08 Millionen Transaktionen mit der Danske Bank zwischen 2008 und 2015 zutage.[37] Diese ungeheure Zahl lässt Zweifel aufkommen, ob tatsächlich allein bürokratisches Versagen für die blamable Panne verantwortlich war oder ob es sich nicht vielmehr um systematisches Wegsehen handelte. Das Verfahren gegen die Deutsche Bank in Frankfurt wegen Beihilfe zur Geldwäsche indes wurde infolge ihrer Funktion als Korrespondenzbank Ende 2020 eingestellt. Mangels hinreichenden Tatverdachts. Gleichwohl musste die Bank ein Bußgeld von 13,5 Millionen Euro zahlen: wegen der verspäteten Meldung der Verdachtsfälle.[38]

Die Deutsche Bank versäumte des Öfteren, bei Geldwäscheverdacht aktiv zu werden. Die Meldungen erfolgten oft erst, nachdem der Schwindel bereits aktenkundig war. Auf Korruption angesprochen, meinte Ackermann nach seinem Abschied, so etwas gebe es bei der Deutschen Bank nicht. Kein Geschäft sei es wert, die Reputation des Unternehmens zu gefährden. Das sei die Linie gewesen, die er auch immer intern kommuniziert habe.[39]

Priorität hatte danach der Schutz des guten Rufes. Doch selbst wenn Ackermann ernsthaft um das Image der Bank besorgt war, vor Schwarzgeld und Geldwäsche schützt eine Politik des guten Rufes nicht. Seine Linie konnten karrierebewusste Angestellte auch so verstehen, dass das Management alles toleriert, was die Reputation nicht gefährdet. Solange keine Geldwäschemeldung rausging, gab es kein Problem, auch wenn so unter fragwürdigen Umständen erwirtschaftete Millionen im europäischen Finanzsystem legalisiert wurden. »Unter Führung von Herrn Ackermann hat sich die ehemals seriöse Deutsche Bank in eine kriminogene Zockerbude verwandelt«, meint gar Wolfgang Hetzer, ein ehemaliger Abteilungsleiter des Europäischen Amtes für Betrugsbekämpfung (OLAF).[40]

Der damalige Präsident des Bundeskriminalamtes, Jörg Ziercke, wusste 2008 auf der BKA-Herbsttagung zu berichten: »Das Hauptproblem, Art und Umfang von Wirtschaftskriminalität darzustellen, liegt darin, dass Wirtschaftsdelikte meist nicht zur Anzeige gebracht werden.«[41] Delikte könnten nur durch Kontrollen aufgedeckt werden. »Die polizeilichen Zahlen zeigen daher nur einen kleinen Ausschnitt des tatsächlichen Phänomens«, fügte er hinzu. »Schätzungen der Wirtschaft zufolge beträgt das Dunkelfeld bis zu 80 Prozent.« Die Gründe für die hohe Quote nicht aufgedeckter Fälle seien, so Ziercke, »hinlänglich bekannt«. Dazu zählte der BKA-Chef die Furcht betroffener Unternehmen vor Image- und Reputationsverlusten: »Die interne Schadensbegrenzung steht an erster Stelle.«

Kreuzzug gegen Shortseller

Auf der Herbsttagung gab Ziercke eine Marschrichtung für die Ermittlungsbehörden vor, die zunächst wenig mit den oben angesprochenen Problemen zu tun hatte. Das Bundeskriminalamt und die Bundesanstalt für Finanzdienstleistungsaufsicht (BaFin), die die Banken und weitere Kapitalmarktakteure in Deutschland kontrolliert, sollten sich nach der Finanzkrise 2008 verstärkt dem Problem des Insiderhandels und der Marktmanipulation widmen. Die Strafverfolgungsbehörde ging auf Spurensuche nach sogenannten Shortsellern, die auf fallende Kurse setzten. BKA-Leute hatten angebliche Netzwerke ausfindig gemacht, die gezielt deutsche Unternehmen an den Finanzmärkten unter Druck setzten. Ein Katalog von Indikatoren zur Erkennung von Marktmanipulation und Insiderhandel wurde erstellt, mit deren Hilfe man Informationen zu »neuen Modi Operandi« zu gewinnen hoffte. Es sollten Arbeitsgruppen gebildet werden, um Netzwerkstrukturen mittels »Deliktsfacetten« und »Täter- und Opfertypologien« ausfindig machen zu können. Auch »Auslandsbezüge insbesondere bei international agierenden Unternehmen« wurden untersucht. Zudem wurde gefordert, dass sich Aufsichts- und Strafverfolgungsbehörden mit Vertretern der Wirtschaft austauschen sollten. Das war es, was Ziercke für die »richtigen strategischen Schwerpunkte« bei der Bekämpfung der Kapitalmarktkriminalität hielt.

Das gesteigerte Interesse, Finanzmarktakteuren das Handwerk zu legen, die Informationen in die Welt setzen, um bestimmte Unternehmen und deren Aktienkurs unter Druck zu setzen, überrascht auch noch in der Rückschau viele Jahre danach. Mit Blick auf die Zahl mutmaßlicher und tatsächlicher Korruptionsfälle wäre es naheliegend gewesen, dass die Ermittler ihr Augenmerk auf die Struktur und Arbeitsweise russischer Geldwäsche- und Korruptionsnetze gerichtet hätten.

Denn schon lange machte sich auch in Deutschland Korruption breit. Das BKA hatte bereits 2005 in seinem Bundeslagebericht feststellen müssen, dass die registrierten Korruptionsfälle um 93 Prozent im Vergleich zum Vorjahr nach oben geschossen waren. 2008 war die Zahl polizeilich gemeldeter Straftaten rund um Bestechlichkeit erneut um 38 Prozent gegenüber dem Vorjahr auf rund 9600 Fälle gestiegen. Schmiergelder flossen nach Erkenntnissen der Kriminalisten vor allem an Mitarbeiter von Behörden oder an Führungskräfte von Unternehmen.

Nicht zuletzt wegen der hohen Dunkelziffer von damals geschätzt 80 Prozent erwartete das BKA zudem einen weiteren Zuwachs von Korruptionsanzeigen. Natürlich waren die Ermittlungsbehörden bemüht, Korruption in Deutschland zu bekämpfen. Aber die Strafermittlungsbehörden schienen, anders als die US-Partner, keine Brisanz feststellen zu können und es der Unternehmensführung zu überlassen, für die Einhaltung der Regeln zu sorgen. Wirklich ernst schienen Zierckes Leute die eigenen Erkenntnisse der gestiegenen Fallzahlen ohnehin nicht zu nehmen. Der Anstieg der Fälle, so meinte das BKA, sei kein Indiz dafür, dass Korruption auf dem Vormarsch sei, sondern lediglich auf eine gesteigerte Sensibilität in der Öffentlichkeit zurückzuführen.

Was das BKA in seinem Lagebericht allerdings nicht ausführte, war, dass die gestiegene Zahl der Fälle in Deutschland auch darauf zurückzuführen war, dass die USA der grassierenden Korruption und

Geldwäsche international den Kampf angesagt hatten und juristisch verstärkt gegen westliche Unternehmen und Banken vorgingen, bei denen der Verdacht begründet schien, dass Gelder versickerten und über Bilanztricks russisches Schwarzgeld nach Europa und in den europäischen Finanzmarkt geschleust wurde. Deutsche Unternehmen und ihre Geschäfte gerieten im Zuge dessen verstärkt ins Visier. Und wer genau hinsah, wurde bei einigen Firmen schnell fündig, stieß auf zweifelhafte Bilanzen, Gelder, deren Ursprung unerklärlich war, und Rechnungen, die falsch ausgestellt waren.

Die Häufung solcher Fälle Anfang der 2000er-Jahre und die Richtung, aus der das Geld kam, hätte auch für erfahrene deutsche Ermittler den Verdacht aufkommen lassen können, dass zweifelhafte russische Investoren einen Einstieg in deutsche Firmen mittels Schwarzgeldes planten. Doch aufgrund der zerstückelten Zuständigkeiten der Geldwäschebehörden taten sie sich schwer, im Ausland agierenden Geldgebern auf die Spur zu kommen, sodass der Ursprung der Gelder in der Regel im Dunkeln blieb.

2008 war der Kalte Krieg am Finanzmarkt voll entbrannt, der nun auch deutsche Konzerne erfasste, die auf den Weltmarkt drängten. Unternehmen, denen ein US-Verfahren wegen Bestechung, Bilanzbetrug, Steuerhinterziehung oder Untreue drohte, gerieten an den Finanzmärkten unter Druck. Solche Meldungen ließen den Aktienkurs binnen weniger Stunden einbrechen. Und das passierte nicht selten. Shortseller, die nichts anderes tun, als auf sinkende Aktienkurse und schlechte Nachrichten zu wetten, konnten leicht eine Abwärtsspirale in Gang bringen. Ein plötzlicher Kurseinbruch kann existenzbedrohend für ein Unternehmen werden, wenn er dazu führt, dass das Vertrauen der Aktionäre wegbricht und sie sich in Scharen zurückziehen. Meist reichte nur eine vage Spekulation darüber, dass in den USA derart gelagerte Ermittlungen liefen, oder die Anzeige eines Investors, dass Bilanzen manipuliert waren, oder ein Manager, der der Untreue bezichtigt wurde, um die Kurse purzeln zu lassen.

Ziercke resümierte 2008 in seiner Rede: »Meldungen über Insidergeschäfte, Marktmanipulationen und andere illegale Vorgänge an der Börse, kriminelle Transaktionen, gefälschte Bilanzen und Korruptionsskandale dominieren derzeit die Medien.« Kaum ein strafbarer Bereich rief seiner Meinung nach derart »ambivalente und zugleich emotionale Diskussionen« hervor wie die Wirtschaftskriminalität. »Jetzt erleben wir kollektive Entrüstung.« Als wichtiges Motiv dafür vermutete der damalige BKA-Chef, »dass die Wirtschaft das Fundament nicht nur unserer nationalen, sondern auch der internationalen Gesellschaftsordnung ist«.

Sein Fazit: »Auch die Strafverfolgungsorgane bewegen sich in diesem Spannungsfeld«, sie seien »Teil dieser Diskussion, weil ein klarer ordnungspolitischer Rahmen nur so viel wert ist, wie der Staat gewillt und in der Lage ist, ihn durchzusetzen und Verstöße konsequent zu ahnden«.

Heute wissen wir: Der deutsche Staat war in jenen Wochen und Monaten gewillt, gegen Marktmanipulation und Insiderhandel vorzugehen, aber deutlich weniger entschlossen, bei dem von US-Seite angesagten Kampf gegen Korruption und Geldwäsche mitzuziehen.

Rückblickend muss gesagt werden: Die Debatte zur Bekämpfung von Wirtschaftskriminalität wurde vor allem geo- und wirtschaftspolitisch geführt. Welches »Spannungsfeld« hatte Ziercke im Blick? Seine Ermittler dürften sich weder als heimliche Unterstützer noch als Rächer des »Turbokapitalismus« betrachtet haben. Ging es hier vielleicht um Spannungen mit den USA im Wirtschaftssektor? »Aufgabe der politischen Entscheidungsträger ist es, nüchtern zu analysieren, was von dem Begriff Wirtschaftskriminalität erfasst sein soll und welche Rolle den Strafverfolgungsorganen bei der Bewältigung der klassischen und im Zuge der Finanzmarktkrise zu prognostizierenden Wirtschaftskriminalität zukommen soll«, erklärte der Chef des Bundeskriminalamts. Kurz: Die Prioritäten der Sicherheitsbehörden wurden politisch definiert.

Wie sich eine solche Prioritätensetzung auf die Arbeit der Ermittlungsbehörden auswirkt, ist leicht an der Praxis abzulesen. Während für die Verfolgung etwa von Shortsellern eigene Ermittlergruppen eingesetzt wurden und zusätzliches Personal bereitgestellt wurde, um Strategien zu entwickeln, fristete der Kampf gegen Geldwäsche in Deutschland jahrzehntelang ein Schattendasein. Die zuständigen Behörden waren personell unterbesetzt, trotz beachtlich hoher Fallzahlen wurde die Personaldecke nicht aufgestockt. Die mangelhaften Strukturen in der Geldwäscheermittlung wurden nicht grundsätzlich reformiert, eine funktionstüchtige Geldwäschekontrolle fehlte, die Geldwäschewächter hinkten damals wie heute notorisch den Tätern hinterher. Die Gesetzgebung errichtete für die Einleitung eines Verfahrens und für die Verurteilung so hohe Hürden, dass es zu Verurteilungen und zur Verfolgung von Geldwäschedelikten kaum kommt. Dass dieses schleppende Vorgehen deutscher Behörden gegen Geldwäsche seit der Millenniumswende politisch motiviert war, steht, wenn man Ziercke Worten folgt, außer Frage. Eine erschreckende Entwicklung.

Politische Prioritäten sollten bei der Verfolgung von Kriminellen, von Korruption und Geldwäsche für die Ermittlungsbehörden keine Rolle spielen. Die erste Maßnahme eines Rechtsstaates muss sein, kriminelle Strukturen in Gesellschaft, Wirtschaft und Politik bei aufkommenden Hinweisen konsequent zu bekämpfen. Das ist die grundlegende Aufgabe der Sicherheits- und Aufsichtsbehörden. Doch nicht nur das BKA, auch die BaFin, die für Geldwäscheprävention im Finanzsektor zuständig ist, schien auf einem Auge nahezu blind zu sein.

Zu den »Möglichkeiten und Grenzen der Überwachung des Kapitalmarktes« referierte auf der BKA-Herbsttagung 2008 auch der für die Wertpapieraufsicht zuständige BaFin-Direktor Karl-Burkhard Caspari. Seine Devise lautete: »Flagge zeigen! Hier müssen alle – Staatsanwaltschaften, Polizeibehörden sowie BaFin – schnell und entschlossen handeln.« Er verwies auf den Umstand, dass damals Marktmissbrauch und Insiderhandel lediglich als Ordnungswidrigkeit verfolgt wurden, aber kaum strafrechtlich. »Das ist bedauerlich, sollte sich aber in absehbarer Zeit ändern.«

Und tatsächlich wurden Finanzmarktdelikte alsbald strafrechtlich behandelt – inklusive Haftstrafen. Geldwäschefälle liefen derweil in der Praxis darauf hinaus, dass die versäumte Geldwäscheverdachtsmeldung als Ordnungswidrigkeit mit geringen Bußgeldstrafen geahndet wurde.

Ein ungeheures Ungleichgewicht angesichts der Tatsache, dass Korruption und Geldwäsche in der Regel oft einhergehen mit organisierter Kriminalität, Drogen- und Menschenhandel und damit immensen gesamtgesellschaftlichen Schaden anrichten. Dagegen zielen Marktmanipulation und Insiderhandel meistens auf persönliche Bereicherung. Nur in wenigen Fällen werden dadurch kriminelle Organisationen finanziert. Im Gegenteil: Die Shortseller, die sich auf die Schwachstellen deutscher Unternehmen konzentrierten, halfen in vielen Fällen, die kriminellen und korrupten Strukturen in hiesigen Firmen aufzudecken.

Wie die neue Marschroute auf der anderen Seite des Atlantiks angekommen war, zeigte sich zwei Jahre später. 2010 erfolgte in den USA eine regelrechte Klagewelle. Nachdem Siemens zwei Jahre zuvor im Schmiergeldskandal noch einen Vergleich mit dem Justizministerium in Washington sowie der US-Finanzaufsicht SEC erzielt hatte und der Skandal damit ad acta gelegt werden sollte, rollten die amerikanischen Behörden das Verfahren nun plötzlich noch einmal auf. Ein Jahr später klagte das Justizministerium erstmals auf Basis des US-Antikorruptionsgesetzes acht Siemens-Manager persönlich wegen Bestechung an. 2010 saß zudem Daimler auf der Anklagebank. Dem Unternehmen wurde Bestechung von Amtsträgern in mehr als 20 Ländern vorgeworfen, unter anderem in Russland. Daimler einigte sich schließlich mit den US-Behörden auf ein Bußgeld in Höhe von 185 Millionen Dollar. Der Konzern zeigte sich kooperativ, die Daimler-Niederlassungen in Deutschland und Russland hatten ihre Schuld eingestanden.

Vor allem für die Deutsche Bank wurde es ab 2010 ruppig. In Frankfurt standen plötzlich Ermittler vor der Tür, die einem Verdacht auf schwere Steuerhinterziehung beim Handel von CO_2-Zertifikaten und Geldwäsche nachgingen. Die zuständigen Manager der Deutschen Bank wurden schließlich vom Landgericht Frankfurt wegen Steuerhinterziehung zu Geldstrafen und ein Manager auch zu einer Haftstrafe verurteilt. Ein Geldwäsche-Urteil wurde in diesem Zusammenhang nicht erlassen.

Ein Jahr später deckten internationale Ermittler den sogenannten Libor-Skandal auf. Bis zu 20 internationale Banken hatten den Referenzzinssatz manipuliert, zu dem sich die Institute gegenseitig Geld liehen, damit ihr eigenes Marktrisiko minimiert und gleichzeitig in der weltweiten Finanzbranche viele Milliarden Dollar Schaden angerichtet. Von allen beteiligten Instituten musste die Deutsche Bank später in den USA und Großbritannien mit Abstand die höchste Strafe zahlen, sie wurde von den Aufsichtsbehörden zu einer Zahlung von 2,5 Milliarden Dollar verdonnert.

Spätestens 2010 war also klar, dass Compliance-Verstöße aller Art auch in Deutschland und Europa geahndet wurden. Das US-Justizministerium, die SEC, das Department of Financial Services des Bundestaates New York und selbst die Umweltbehörde EBA hatten deutsche und europäische Unternehmen und ihre Compliance-Politik engmaschig im Visier.

Das Vorgehen der USA im Bereich »Compliance« sei »problematisch« gewesen, denn hier »mischten sich edle und unedle Motive«, kommentierte August Hanning später im NSA-Prozess die US-Politik jener Jahre. Wollte der einstige BND-Chef damit durch die Blume sagen, dass die USA Compliance-Verstöße in Übersee verfolgten, um eigene wirtschaftliche Interessen durchzusetzen? »Natürlich sind wir alle gegen Bestechung und Korruption, aber wenn die US-Dienste den Auftrag haben, speziell die europäischen Unternehmen sich anzuschauen und die eigenen Unternehmen nicht anzuschauen, dann haben Sie natürlich eine Gemengelage, die […] für die europäische und deutsche Interessenlage nicht besonders günstig ist.« Er sehe schließlich auch, »was da so passiert in dem Bankensektor«, erklärte Hanning. Da mache man sich schon »seine Gedanken, warum und wieso und weshalb«.

Hier zeigten sich wieder die Wirtschaftsrivalitäten, die nicht nur das Klima innerhalb des westlichen Sicherheitsbündnis vergifteten, sondern auch die deutschen Sicherheitsleute augenscheinlich auf die Bremse treten ließen, wenn deutsche Unternehmen mit Compliance-Verfahren aus den USA konfrontiert wurden. Bei der Zusammenarbeit mit den USA müsse man ein »kritisches Auge« darauf haben, dass die nationalen Interessen und die Souveränität, das heißt das Recht des Landes, nach eigenen Gesetzen zu handeln, gewahrt blieben, so Hanning weiter. Und er bemängelte, »die deutsche Politik hat natürlich zugeschaut, wie amerikanische Hoheitsrechte im Siemens-Konzern und im Daimler-Konzern ausgeübt wurden«. Da habe es keine große Kritik gegeben, auch wenn das »ein substanzieller Eingriff in deutsche Hoheitsrechte« gewesen sei.

Auffällig war, dass Daimler – in den USA immerhin zu einer Millionenstrafe verurteilt – entsprechend der europäischen Rechtslage von der deutschen Justiz verschont blieb. Die Staatsanwaltschaft Stuttgart, die die Ermittlungen leitete, stellte das Verfahren ohne Strafzahlung ein. Auch wenn wirtschaftliche Eigeninteressen ein treibendes Motiv der US-Behörden gewesen sein mögen, war weniger die Compliance-Politik der USA problematisch als vielmehr die Tatsache, dass Deutschland diese Verstöße nicht selbst konsequent ahndete. Natürlich ist der Schutz der nationalen Souveränität die Aufgabe eines jeden Rechtsstaates. Aber Recht auf nationale Selbstbestimmung sollte nicht so weit gehen, dass der Staat bei Korruption und Geldwäsche nicht so genau hinschaut, nur weil die Kritik von außen kommt. Dann wird der Staat zum Verteidiger von Korruption und Schwarzgeld und der Geldwäsche im großen Stil wird Tür und Tor geöffnet.

Putins Milliardenbrücke in den Finanzmarkt

Dass die Deutsche Bank unter Ackermann zu Putins Bank des Vertrauens geworden war, bedeutete in der Praxis: Sie machte Geschäfte und unterhielt Beziehungen zu Vertrauten Putins und Vertretern der russischen Regierung. Dabei pflegte sie gute Beziehungen zur zweitgrößten Staatsbank, der VTB. Diese Verbindung war brisant. Geführt wurde die Bank damals wie heute von Andrej Kostin, einem Vertrauten Putins, der in den 1980er-Jahren ähnlich wie dieser im KGB seine Karriere aufgebaut hatte.[42] Der ehemalige FSB-Chef Patruschew hatte seine Söhne bei der VTB untergebracht. Wirtschaftlich und personell wurde die Verbindung der beiden Geldhäuser nach der Finanzkrise enger. 2010 gewährte die Deutsche Bank der russischen Staatsbank einen Millionenkredit.

Mit der Hilfe und Expertise der Deutschen Bank strebte Kostin schließlich in das von US-Banken dominierte komplexe Investmentbanking.

Kostins Sohn, der erste Erfahrungen im Investmentbanking bei der Deutschen Bank in London gesammelt hatte, übernahm die stellvertretende Leitung der Moskauer Deutsche-Bank-Filiale. Dort verantwortete er das Investmentbanking mit russischen Kunden, bis er 2011 im Alter von 32 Jahren in Moskau bei einem Autounfall tragisch ums Leben kam.

Im selben Jahr stieg eben jene Moskauer Filiale im großen Stil in eine besondere Form des Investmentbankings ein. Die Deutsche Bank bot ihren russischen Kunden sogenannte Mirror-Trades an, Spiegeltransaktionen. Das ist ein kompliziertes Konstrukt, dessen Zweck auf den ersten Blick kaum sinnvoll erscheint. Der Auftraggeber kauft und verkauft gleichzeitig das gleiche Wertpapier. Solche Transaktionen sind grundsätzlich nicht illegal. Doch bei Geldwäscheermittlern klingeln die Alarmglocken, wenn sie davon hören. Denn wirtschaftlich machen solche Trades keinen Sinn, im Gegenteil, es fallen unnötige Handelsgebühren an.

Mirror-Trades sind eine Art Blaupause für Geldwäsche. Sie dienten russischen Geschäftsleuten und Putins Freunden zu dem Zweck, Rubel über ein Aktiengeschäft am Finanzmarkt auf ein Dollar- oder Eurokonto im Ausland zu schleusen. Das funktionierte wie folgt: Ein russischer Geschäftsmann zahlte sein Schwarzgeld in Rubel auf ein Konto ein und wies den Russland-Desk der Deutschen Bank an, damit international handelbare Aktien oder Anleihen zu kaufen. Parallel verkaufte das Unternehmen über eine andere Firma in London die gleiche Menge Wertpapiere an die Bank gegen Dollar, Euro oder Pfund. Das Geld war nun in einer leicht handelbaren Währung scheinbar legal in einem Wertpapierportfolio außerhalb Russlands angekommen und konnte von hier aus frei in die Welt weitertransferiert werden. Über den An- und Verkauf von Wertpapieren konnte russisches Schwarzgeld von Moskauer Geschäftsleuten also problemlos in die Londoner City, das Herz des europäischen Investmentbankings, fließen. Und einmal mehr: Die Deutsche Bank fungierte als Finanzbrücke aus Russland in den internationalen Finanzmarkt, in das US-dominierte Investmentbanking.

Bis zu 10 Milliarden Dollar sollen zwischen 2011 und 2015 mittels solcher Mirror-Trades von Russland über die Deutsche Bank in London oder New York in den internationalen Finanzmarkt eingeschleust worden sein. Putins Cousin soll sie ebenso genutzt haben wie kriminelle Banden.[43]

Angefangen hatte diese besondere Art des Geschäfts mit einer kleinen russischen Firma namens Financial Bridge, die über die Deutsche-Bank-Filiale in Moskau Aktiengeschäfte für ihre Kunden abwickelte. Später wurde einer der Eigner der Firma, der sich nach London abgesetzt hatte, nachdem ihm das Geschäft zu heiß geworden war, tot in der Nähe seines Hauses aufgefunden. Ein genauer Blick auf die Kunden der Firma könnte helfen, den Todesfall zu erklären. Financial Bridge erledigte die Geldgeschäfte für eine kriminelle Gruppe, den »Brothers' Circle« – einen Clan von Kriminellen, der wegen Drogenschmuggels und Menschenhandels schon damals bei etlichen internationalen Ermittlern auf der Beobachtungsliste stand. Financial Bridge war zudem an einer kleinen russischen Bank beteiligt: der Promsberbank in der Nähe von Moskau, in deren Aufsichtsrat Putins Cousin saß und die in Verdacht stand, vom FSB kontrolliert zu werden.[44]

Verantwortlich für das Geschäft mit den Mirror-Trades soll der Moskauer Deutsche-Bank-Chefhändler gewesen sein. Er wurde später von der Deutschen Bank entlassen, die ihn für die umstrittenen

Transaktionen verantwortlich machte. Er war, so meint Meike Schreiber, Büroleiterin der *Süddeutschen Zeitung* in Frankfurt, der »Ansprechpartner für die Geldwäschekunden« und »eine Schlüsselfigur«. Dies solle aber nicht davon ablenken, »dass die Deutsche-Bank-Führung auch eine große Verantwortung trägt für dieses Geldwäscheschema«.[45]

Der Banker sagte später, dass mindestens 20 Kollegen, darunter auch Manager aus London, über die Wertpapiergeschäfte in Moskau informiert gewesen seien und die Compliance-Abteilung über die Transaktionen ebenfalls Bescheid gewusst habe. Der Bericht der Wirtschaftsprüfer von Deloitte kam später zu dem Schluss, dass die von der Compliance-Abteilung durchgeführten Prüfungen ab 2012 »schwere Mängel« aufwiesen.

Die Schludrigkeit bei der Geldwäscheprüfung überrascht, denn just 2012 hatte die Deutsche Bank hochkarätige Schützenhilfe bei der Bekämpfung solcher Probleme bekommen. Der ehemalige Chef des Bundesnachrichtendienstes, Ernst Uhrlau, heuerte zwei Monate nach seiner Pensionierung bei der Deutschen Bank an, um den Frankfurtern zu Fragen der globalen Sicherheit beratend zur Seite zu stehen. Vor seiner Zeit als BND-Chef war Uhrlau Geheimdienstkoordinator im Bundeskanzleramt, Polizeipräsident in seiner Geburtsstadt Hamburg sowie Präsident des Landesamtes für Verfassungsschutz in der Hansestadt gewesen. Man sollte vermuten, dass die Deutsche Bank mit einem so versierten Berater in Fragen der internationalen Sicherheit nun gut gegen Geldwäscheaktivitäten aufgestellt sein musste und im Russland-Geschäft mehr Sorgfalt an den Tag legen würde. Doch die Schwachstellen schienen sich in der Folge sogar noch auszuweiten.

Uhrlaus Nachfolger beim Bundesnachrichtendienst, Gerhard Schindler, versuchte das heikle Thema des russischen Schwarzgeldes nach seinem Antritt Ende 2011 auf die politische Tagesordnung zu setzen – wurde jedoch sogleich von der Politik in die Schranken gewiesen. In einer vertraulichen Sitzung des Wirtschaftsausschusses des Bundestages wies er auf die hohen Schwarzgeldsummen aus Russland bei zyprischen Banken hin.[46] Der BND hatte »systematische Faktoren« in Bezug auf in Zypern angelegtes russisches Geld aus Geldwäsche und Schwarzgeld ausfindig gemacht. So seien etwa 40 Prozent der Nettogeldabflüsse aus Russland Schwarzgeld oder »aus Geldwäsche entstanden«. Allein 2012 seien rund 40 Milliarden Dollar aus Russland abgeflossen, davon ein großer Teil nach Zypern. Und der BND-Präsident zog daraus weitergehende Schlüsse: »Das russische Schwarzgeld in Zypern gibt uns zu denken.«

Das war in der schwarz-gelben Koalition von Angela Merkel offenbar völlig anders. Die Bundesregierung schien von den Milliarden des russischen Schwarzgeldes, das sich seinen Weg über Zypern in die EU und nach Deutschland bahnte, gar nichts wissen zu wollen. »Erkenntnisse zu konkreten Konten mit nicht legalen Einlagen liegen der Bundesregierung nicht vor«, schrieb der damalige CDU-Staatssekretär des Bundesfinanzministers, Steffen Kampeter, auf eine Anfrage der Fraktion Die Linke, was man über Schwarzgeldkonten bei zyprischen Banken wisse.[47] Auch Reformauflagen für die Geldwäschekontrolle, die damals von den internationalen Geldgebern im Rahmen der Griechenlandrettung für Zypern diskutiert wurden, fanden keine Unterstützung. »Die Bundesregierung macht sich diesen Entwurf nicht zu eigen«, so der Staatssekretär.

Berlin sah also nach zunächst scharfer Kritik keinen Bedarf mehr für schärfere Geldwäschekontrollen in Zypern. Gut ein Jahr später übernahm Josef Ackermann, der mittlerweile die Deutsche Bank verlassen hatte, den Vorstand und somit das Krisenmanagement der in Schieflage geratenen Bank of Cyprus, über die jahrelang Russlands Millionen ins Ausland liefen.

Auch die Deutsche Bank kam 2013 nicht umhin, eine interne Revision einzuleiten, und musste prompt Probleme bei den Geldwäschekontrollen feststellen. Technischer Natur waren diese offensichtlich nicht, denn die Warnmechanismen der Bank funktionierten tadellos: Die Anti-Geldwäsche-Software der Deutschen Bank hatte Geschäfte mit der Firma Financial Bridge als »Hochrisiko-Transaktionen« gemeldet. Zwischen 2011 und 2015 spuckte das Programm rund 108 Warnungen zu Mirror-Trades aus. Das hätte doch eigentlich die Compliance-Prüfer der Bank dazu bewegen sollen, sich die Geschäfte genauer anzusehen oder zumindest eine Geldwäscheverdachtsmeldung an die Aufseher herauszugeben. Stattdessen passierte wenig. Das fragwürdige Geld floss ungestört in die Londoner City und genauso ungestört weiter in die weite Welt.

Jeder, der schon einmal ein Bankkonto eröffnet hat, weiß, wie streng die Identitätsprüfung bei einer Kontoeröffnung für gewöhnlich durchgeführt wird. Der Kunde muss sich nicht nur amtlich legitimieren, auch seine Vermögensverhältnisse werden in der Regel über die Schufa geprüft. In der Moskauer Filiale der Deutschen Bank liefen die Dinge anders. Entgegen geltenden Regeln wurde dort die Kundenprüfung mangelhaft bis gar nicht durchgeführt, etwa ob die Kunden bereits in Geldwäsche oder sonstige kriminelle Geschäfte verwickelt waren. Die Moskauer Zweigstelle konnte nicht einmal eine vollständige Liste ihrer Kunden vorlegen. Die Kontrollen hatten sich bei der Kontoeröffnung auf eine Selbstauskunft beschränkt. Niemand stellte weitere Fragen, berichteten dortige Mitarbeiter.[48]

Die Compliance-Führung der Deutschen Bank stellte der Moskauer Filiale derweil ein befriedigendes Zeugnis ihrer Arbeit aus, die (weitgehend nicht vorhandenen) Geldwäschekontrollen waren dabei allerdings gar nicht ernsthaft ein Thema. Als die umstrittenen Mirror-Trades 2015 aufflogen, ging VTB-Chef Kostin in einem Interview mit dem *Handelsblatt* in die Offensive. Das »harte Vorgehen« der Amerikaner sei »eine Überreaktion« auf die etwas »unschönen Vorkommnisse« bei der Moskauer Filiale. Dadurch sei die Deutsche Bank nun gezwungen worden, das Russland-Geschäft zusammenzustreichen. Europas Bankensektor würde von den USA zudem durch immer neue Bankregeln »gekillt«. An der engen Verbindung zur Deutschen Bank wollte Kostin auch nach dem Auffliegen der Machenschaften nicht rütteln. Er beteuerte: »Die Deutsche Bank ist meine Lieblingsbank«, und untermauerte sein finanzpolitisches Engagement in Deutschland mit der Ankündigung, die Europazentrale der VTB-Bank von Wien nach Frankfurt zu verlegen.[49]

Die Deutsche Bank bediente in jener Zeit einen vielversprechenden Kunden, Donald Trump, der im Juni 2015 angekündigt hatte, als Präsidentschaftskandidat in den USA anzutreten. Schon in den 1990er-Jahren hatte die Bank ihm mit Krediten ausgeholfen, als er im Casino- und Immobiliensektor seine Fortune suchte. Im Laufe der Jahre gingen einige seiner Casino-Projekte Pleite und als Trump im Zuge der Finanzkrise 2008 einen Großkredit für ein Mega-Hotelprojekt nicht mehr zurückzahlte, kam es zum Rechtsstreit und Bruch mit der Deutschen Bank. Der hinderte Deutschlands größte Privatbank allerdings nicht, dem Immobilieninvestor, der in den USA nur noch schwer Geldgeber fand, 2011 erneut einen Kredit zu gewähren. In Zeiten, in denen Trump in den USA von der Finanzseite Gegenwind drohte, war es ihm also möglich, mithilfe der Deutschen Bank zu wachsen und mit seinem Immobilienimperium Einfluss zu gewinnen. Der US-Journalist Craig Unger untersuchte später in seinem Buch *Trump in Putins Hand* Verbindungen zu obskuren russischen Finanzquellen, die mutmaßlich schon in den 1990er-Jahren zur russischen Mafia und den dortigen Geheimdiensten führten und beschrieb wie seit Putins Amtsantritt 2000 die russische Geschäfts- und Geheimdienstwelt versuchte, tief in die Washingtoner Lobbyisten-Szene von Immobilienentwicklern einzudringen.[50] Trump machte später keinen Hehl daraus, Putin schon seit Langem zu kennen[51], 2013 erklärte er in einem Interview, Putin einmal zuvor getroffen zu haben. Jede Andeutung von Unredlichkeit wies er jedoch stets entschieden zurück. Jahre später, inzwischen Präsident der Vereinigten Staaten, stellte er sich demonstrativ an die Seite Putins, meinte sie seien beide Opfer einer »falschen Hexenjagd« geworden, Putin habe mit ihm »verdammt viel durchgemacht.«[52] Denn Russlands Geldflüsse in die USA hatten die US-Geldwäschejäger des FBIs auf den Plan gerufen, die nach Trumps Präsidentschaftswahl 2016 Moskaus mutmaßliche Einflussnahme auf den Wahlkampf untersuchten.[53] Zwar wurde Trump im Abschlussbericht der Sonderermittlung keine direkte Verwicklung in eine mögliche Wahlmanipulation nachgewiesen, doch seine langjährigen Geschäftsbeziehungen zur Deutschen Bank rückten ebenso in den Fokus, wie deren Verbindungen zur russischen Staatsbank VTB – jener Bank, bei der bis 2011 der Sohn von VTB-Chef Kostin in London als Managing Direktor tätig war.

2016 löste das Volumen russischer Gelder, welches über die Deutsche Bank in das US-Finanzsystem floss, auch bei der Bank of America Alarm aus. Ein Expertenteam der Bank flog am 11. Januar nach London, um sich bei der Deutschen Bank vor Ort ein Bild der Compliance-Politik zu machen und der Frage nachzugehen, wie es möglich war, dass solch große Summen einfach durchlaufen konnten.[54] Man traf sich vor Ort mit dem Leiter des Business-Intelligence-Teams, der »erhebliche Herausforderungen« beklagte, die sein Team bei der sogenannten Due-Diligence-Prüfung zu bewältigen hätte. Die Sitzung wurde jedoch durch einen Manager der Deutschen Bank unterbrochen.[55] Er teilte den Prüfern der Bank of America mit, dass sie nicht befugt seien, mit irgendjemandem in London zu sprechen, und bat sie, zu gehen.

Die Bereitschaft, bei der Geldwäschekontrolle mit den amerikanischen Banken zusammenzuarbeiten, schien also gering zu sein. Schon bald tauchte die Deutsche Bank auch in den »FinCEN-Files« als größter Umschlagsplatz für potenzielle Geldwäsche in Europa auf. Über die Hälfte der insgesamt zwei Billionen Dollar schweren verdächtigen Transaktionen, die die US-Finanzermittler zwischen 1999 und 2017 identifiziert hatten, lief demnach über die Deutsche Bank.[56] FinCEN steht für Financial Crimes Enforcement Network, das rund 2100 Geldwäscheverdachtsmeldungen zu internationalen Banken gesammelt hat.

Für ihre Rolle bei den umstrittenen Mirror-Trades wurde die Deutsche Bank schließlich von britischen und US-Behörden zu Zahlungen von Vergleichsstrafen in Höhe von insgesamt 587 Millionen Euro verurteilt. Die Summe sei von den vorhandenen Rückstellungen für Rechtsrisiken weitgehend abgedeckt, erklärte die Deutsche Bank in Frankfurt. Für ihre Kooperation mit der Danske Bank und wegen anderer Delikte brummte das New Yorker Department of Financial Services der Bank 2020 eine Strafe von 150 Millionen Euro auf. Im

Zusammenhang mit der Veröffentlichung der »Panama Papers« wurde die Deutsche Bank zu einer Strafe wegen mangelhafter Meldung potenzieller Geldwäschefälle verdonnert.

Tief blicken ließ der Millionen Dollar Vergleich, den das Geldhaus unter anderem für die personelle Verbindung zur russischen Administration zahlte.[57] Die US-Behörde argumentierte, die Beschäftigung von Verwandten russischer Amtsträger und der gleichzeitige Aufbau von Geschäftsbeziehungen mit ihnen sei ausreichend für die Begründung eines Bestechungsdelikts. Das war eine weite Auslegung des Rechts. Die Strafe spiegelte allerdings wider, wo wohl der Kern des Problems lag. Deutschlands größte Privatbank schien die Nähe zu Putins Einflussträgern nicht zu scheuen.

Die Liste der US-Verfahren gegen die Deutsche Bank ließe sich fortsetzen. Auch Russlands Zentralbank verhängte übrigens 2015 eine Strafe gegen die Frankfurter Banker: Diese belief sich auf 300.000 Rubel, damals umgerechnet knapp 5000 Euro. Die weltweit geringste Geldwäschestrafe für eine Bank.[58]

Auffällig war, mit welcher Härte die USA vorgingen, während in Deutschland in vielen Fällen, in denen die Deutsche Bank oder auch andere Konzerne mit Russland und Putins Freunden ins Geschäft gekommen waren, entweder gar keine Ermittlungen eingeleitet wurden oder, wenn doch ermittelt wurde, die Verantwortlichen straffrei ausgingen. Der Bankangestellte der Moskauer Filiale der Deutschen Bank, der die Mirror-Trades vor Ort für die Kunden durchgeführt hatte, lebte unbescholten und wohlhabend auf Bali. Angeklagt wurde er in Deutschland nie, ihm wurde lediglich gekündigt, wogegen er klagte, da die Compliance-Abteilung, wie er meinte, über sein Tun im Bilde gewesen sei. Die Beteiligung der Deutschen Bank an Russlands großem Geldwäschekartell über die Danske Bank wurde lediglich mit einer Ordnungsstrafe wegen verspäteter Geldwäschemeldung geahndet. Ermittlungen gegen einzelne Mitarbeiter wurden mangels hinreichenden Tatverdachts eingestellt.

Erst im September 2018 forderte die BaFin die Deutsche Bank nach mehreren Bankenskandalen in ganz Europa auf, ihre Vorkehrungen gegen Geldwäsche zu verstärken.[59] Die Bank sei auf der Grundlage von § 51 Abs. 2 Satz 1 des deutschen Geldwäschegesetzes angewiesen, notwendige Schutzmaßnahmen zu implementieren und die allgemeinen Sorgfaltspflichten einzuhalten. Auf dieser Basis hätte die Finanzaufsicht bereits zehn Jahre früher gegen die wachsende Zahl von Geldwäscheverdachtsfällen vorgehen und auf eine effektive Geldwäschekontrolle hinarbeiten können.

Im Dickicht der Zuständigkeiten – Fazit

Jahrelang hatte es in Deutschland zahlreiche Hinweise auf groß angelegte organisierte Geldwäsche gegeben, doch die Strafverfolgungsbehörden auf Bundes- und Landesebene erhoben in den seltensten Fällen eine Anklage. Geldwäschesysteme sind komplexe Konstrukte, die global agieren und Schlupflöcher nutzen. Die Kooperation auf internationaler wie auf europäischer Ebene hinkt der Entwicklung weit hinterher. Die EU hat kaum Handhabe, bei Unternehmen oder Banken Ermittlungen einzuleiten oder Strafen zu verhängen. Zuständig für internationale Geldwäsche ist in Deutschland der Bundesnachrichtendienst. In der Praxis haben jedoch meist andere Bundes- oder sogar Landesbehörden die Federführung. Für die Geldwäschekontrolle in Deutschland sind gleich mehrere Stellen verantwortlich: das Bundeskriminalamt, die beim Zoll angesiedelte Spezialeinheit Financial Intelligence Unit (FIU), die BaFin für den Finanzsektor, während die Bundesländer für die Geldwäschekontrollen im Nicht-Finanzsektor verantwortlich sind, etwa für den Immobilien- und Glücksspielbereich.

Mehr als 300 unterschiedliche Aufsichtsbehörden auf Bundes-, Landes- und Kommunalebene sind mit Aufklärung und Prävention befasst – das erweckt den Eindruck, als wäre Deutschland gut aufgestellt. Doch der Eindruck täuscht. Die zersplitterten Zuständigkeiten machen die Verfolgung von Geldwäsche kaum möglich. Die Institutionen blockieren sich oft selbst oder schieben sich gegenseitig die Verantwortung zu. Wenn es überhaupt zu Ermittlungen kommt, machen diese oft schon an den Grenzen der Bundesländer halt.

Wirft man einen Blick auf die Fallzahlen von Geldwäsche, sticht eine Auffälligkeit heraus. Jahrzehntelang bewegten sich die von den Polizeibehörden gemeldeten Fälle von Geldwäsche in Deutschland auf einem stabil hohen Niveau, zwischen 2011 und 2019 schwankten sie zwischen 7500 und 11.500. Im Jahr von Russlands Angriff auf die Ukraine meldeten Polizeibehörden dann rund 22.600 registrierte Geldwäschefälle, mehr als doppelt so viele wie in den jeweiligen Jahren zuvor.[60] Das lässt darauf schließen, dass Russland für einen Großteil der Geldwäscheaktivitäten in Deutschland verantwortlich ist. Mit der Verschärfung der Sanktionen rückten die Geschäftspraktiken von Russlands Reichen augenscheinlich stärker ins Visier der hiesigen Ermittler. Bis dahin waren Geldwäscheverfahren in Deutschland eine Ausnahme.

An Hinweisen mangelte es indes nicht. Bei der Meldestelle der FIU traf jährlich eine sechsstellige Zahl von Verdachtsmeldungen zu Geldwäsche und Terrorfinanzierung ein, 2024 rund 265.708. In nur wenigen Fällen gingen die Ermittlungsbehörden den Meldungen jedoch nach. Jahrzehntelang haben westliche Industriestaaten Milliardäre, Oligarchen und Konzerne mit Intransparenz angelockt und umworben, meinen Martina Neuwirth vom Thinktank VIDC (Vienna Institute for International Dialogue and Cooperation) und David Walch vom Aktivistennetzwerk Attac.[61] Nun sei es ihnen selbst fast unmöglich, das Vermögen der von ihnen sanktionierten russischen Oligarchen im Ausland aufzuspüren.

Einen großen Geldwäscheprozess mit entsprechendem Urteil hat es in Deutschland in den vergangenen Jahren nicht gegeben. Meist waren es kleine Delikte, die zu einer Verurteilung führten. Dabei liefen die großen internationalen Geldwäschekartelle alle auch über deutsche Banken und Firmen.

Bis zur Reform des Geldwäschegesetzes 2021 war ein zentrales Problem, dass für eine Anklage eine Vortat aus einem eng definierten Straftatenkatalog belegt werden musste. Diese Regelung blockierte oft eine strafrechtliche Verfolgung. Die Definition der Vortat wurde mittlerweile zwar weiter gefasst, immer noch muss aber ein Anfangsverdacht für eine Vortat belegt werden, um zu einem Urteil zu kommen.[62] Nach geltendem Recht wäre es also grundsätzlich möglich, von Deutschland aus ein internationales Netz für Geldwäscher aufzubauen; solange keine Vortat nachgewiesen wird, kann niemand dafür belangt werden. Deutschland ist – man muss es wohl so sagen – ein Glücksfall für Kriminelle, die schmutzige und unversteuerte Millionen sauberwaschen wollen.

Gesetzliche Freiräume machen es möglich, dass sich bislang kaum ein Manager wegen organisierter Geldwäsche vor Gericht verantworten musste. »Der Skandal um Wirecard, die durch Datenleaks ans Licht gekommenen systematisiert aufgebauten Laundromaten unter Einbindung deutscher Banken [...] haben gezeigt, dass es auch bei der Bekämpfung in Deutschland noch viel Luft nach oben gibt«, erklärte die ehemalige Europäische Staatsanwältin Anna-Elisabeth Krause-Ablaß.[63]

Der Münchner Zahlungskonzern Wirecard, der jahrelang im Verdacht stand, Geldwäschern gedient zu haben, ist meiner Ansicht nach der skandalträchtigste Fall, bei dem Geldwäschewarnungen immer wieder in den Behörden versandeten. Im folgenden Kapitel wollen wir uns deshalb im Detail mit einem der größten Finanzskandale Europas und seinen Hintergründen beschäftigen.

Kapitel 3
Wirecard: Geldwäsche im großen Stil?
Wie ein dubioses Unternehmen zum Global Player aufsteigen konnte

Der blaue Firmenschriftzug war schon aus der Ferne zu sehen. Mitarbeitern und Besuchern, die in der Wirecard-Zentrale in der Gemeinde Aschheim im Münchner Speckgürtel täglich ein und aus gingen, täuschte die Fassade die Normalität eines Start-ups der New Economy vor. Später gestand die Sekretärin der Geschäftsführung im Wirecard-Untersuchungsausschuss des Deutschen Bundestages, dass sie in den sechs Jahren, in denen sie dort arbeitete, kaum wusste, was genau das Unternehmen machte. Sie habe nur im Vorzimmer vom Vorstandschef gesessen und Entertainment, Kindergeburtstage und Karten für Opernbälle organisiert, »unvorstellbar« sei das alles gewesen.

Das Wort »unvorstellbar« habe ich x-mal im Untersuchungsausschuss gehört: von Abgeordneten, Reportern und manchmal von Zeugen, die sich, wie ich, nicht vorstellen konnten, dass eine Milliardenpleite wie diese möglich war, dass sich eine Bilanzsumme von 1,9 Milliarden Euro plötzlich in Luft auflöste. Als ich dann aber die Entstehungsgeschichte des Konzerns recherchierte, wurde einiges klarer; der Aufstieg und Fall des Konzerns schien eine logische Folge der Ziele und Entwicklung deutscher Außenwirtschaftspolitik zu sein, die unter Gerhard Schröder begann. Deutschland sollte global wachsen – und Wirecard wurde als Paradebeispiel für diese Strategie gepriesen: Seht her, wir Deutschen können FinTech, international aufgestellt und mit rasanten Umsatzsteigerungen.

Deutschland hatte sich vorgenommen, von den USA und ihrem Finanzmarkt unabhängiger zu werden, und Wirecard sollte dafür den Weg bahnen, wurde als unabhängiger Zahlungsdienstleister und deutsches Vorzeigeunternehmen der Tech-Revolution gehypt. Die Politik hatte Amerika im Visier, die deutsche Wirtschaft wollte nach Russland in unerschlossene Märkte expandieren – und siehe da: Wirecard tat genau das. Und wie wir mittlerweile aus der Beweisaufnahme des U-Ausschusses und des Münchner Prozesses gegen den Ex-Wirecard-Vorstand Markus Braun und andere erfahren haben, nahm das Unternehmen es bei seinen Aktivitäten augenscheinlich mit dem Recht nicht so genau, schon gar nicht mit der amerikanischen Compliance-Kultur, die die USA nach der Jahrtausendwende in Europa zu etablieren versuchten. Das Ende ist bekannt: Der Konzern ging pleite, Anleger verloren Hunderte Millionen Euro.

Damit nicht genug. Die Grünen-Abgeordnete und spätere Familienministerin Lisa Paus fasste das Ergebnis der parlamentarischen Aufklärung im Juni 2021 so zusammen: Nach Anhörung zahlreicher Zeugen und der Lektüre zigtausender Seiten an Unterlagen sei klar, dass Wirecard nicht nur ein Bilanzbetrug, sondern ein Skandal von viel größerer Tragweite war. »Wir hatten in Deutschland ein Zahlungsunternehmen, das seit über zehn Jahren immer wieder unter Geldwäscheverdacht stand. Dennoch wusste bis zur Insolvenz kein einziger deutscher Beamter, wer eigentlich für die Geldwäscheaufsicht bei der Wirecard AG zuständig ist.« Die »Ignoranz« der Kontrolleure bezeichnete sie als »himmelschreiend«. Dadurch entstand nach ihrer Ansicht der Eindruck, in Deutschland könne jeder Kriminelle unbehelligt Millionen durch Geldwäsche verdienen.

Tatsächlich war schon zehn Jahre vor dem Auffliegen des Bilanzskandals bei der Staatsanwaltschaft München eine Reihe von Anzeigen auf Geldwäscheverdacht eingegangen, bereits 2010 hatten

Wirtschaftsprüfer gravierende Mängel bei der Geldwäschekontrolle des Konzerns festgestellt. Und zahlreiche Verdachtsmeldungen liefen im Laufe der Jahre bei der deutschen Anti-Geldwäsche-Einheit FIU (Financial Intelligence Unit) ein. Doch all die Hinweise versandeten. Die Abgeordnete Paus schlussfolgerte: »Wirecard war auch ein Geldwäscheskandal.«[64]

Die Staatsanwaltschaft hat dazu mittlerweile ein Ermittlungsverfahren eingeleitet, zur Anklage ist Geldwäsche bislang aber nicht gekommen. Viele Indizien, auf die ich in diesem Kapitel detailliert eingehen werde, sprechen nach meiner Ansicht allerdings dafür.

Stunden- und manchmal tagelang saß ich im Untersuchungsausschuss, um die politischen und behördlichen Hintergründe des Falles zu verstehen und darüber zu berichten. Doch auch nach all den Vernehmungen von Zeugen und unzähligen Gesprächen mit Abgeordneten und Experten hatte ich keine Erklärung dafür, wie es möglich gewesen war, dass ein Konzern sich in Deutschland so lange der Strafverfolgung entziehen konnte, trotz erdrückend vieler Hinweise auf Gemauschel. Während die Wachstumsgeschichte des einstigen Börsenlieblings perfekt ins Passepartout der deutschen Außenwirtschaftspolitik passte, schien niemand in der Politik oder bei den Behörden verantwortlich zu sein für das, was sich in der hiesigen Finanzszene entwickeln konnte.

Wie ging all das zusammen? Wirecard wirkte damals wie heute wie ein undurchdringliches Labyrinth, in dem man sich nur verlieren konnte, wenn man sich hineinwagte. War es wirklich nur kriminelle Energie gewesen, die diesen mutmaßlichen Betrug möglich gemacht hatte, der von Staatsseite hätte verhindert werden können und vor allem hätte verhindert werden müssen?

Ich verfolgte die Entwicklungsgeschichte von den Anfängen im Jahr 1999 bis zum Ende 2020, sie war begleitet von einem jahrzehntelangen Konflikt mit den amerikanischen und britischen Behörden, insbesondere den Geldwäschejägern. Ich studierte die Unterlagen des Untersuchungsausschusses, um das Businessmodell von Wirecard zu verstehen.

In internen Mails tauschten sich die Manager des Konzerns mit Compliance-Mitarbeitern und Sales-Leuten aus, PowerPoint-Präsentationen erläuterten Zahlungsprojekte, Excel-Tabellen listeten die Händlerkunden auf, Verträge mit externen Zahlungsdienstleistern offenbarten den Rahmen der Geschäftsbeziehungen. Je tiefer ich einstieg, umso klarer wurde mir, dass das Labyrinth, also das Verschleiern und Verwirren, selbst Sinn und Zweck des Systems zu sein schien.

Wirecard, so legen meine Recherchen nahe, war tatsächlich nicht einfach nur ein Bilanzskandal, sondern möglicherweise ein ausgeklügeltes System, um Zahlungswege und den Ursprung von Geldern zu verbergen. Es schien der Logik von Geldwäsche zu folgen, dem Einspeisen, Verschleiern und Integrieren von illegalen Einnahmen in den Wirtschaftskreislauf.

Immer wieder stieß ich im Lauf meiner Recherche auf seltsame Verbindungen, die nach Russland führten. So war mir ein Papier zugespielt worden, in dem schon 2010 von »Gibraltar-Konten« und »Hinterleuten« zu lesen war. In dem Dokument war die Rede von »illegalen Geldflüssen« und einer mysteriösen »R-Verbindung« zur europäischen Glücksspielbranche. Ging es bei »R« um Russland? Sollten illegale Gelder aus dem Osten über Spielbuden nach Europa geschleust werden? Plötzlich schienen die Verwicklungen des Wirecard-Managers Jan Marsalek in die fragwürdigen Vorgänge Sinn zu ergeben. Der Österreicher, im Wirecard-Vorstand zuständig für den Vertrieb, wird von Staatsanwaltschaften in München und Wien als ein zentraler Architekt des Systems betrachtet. Aus Sorge, in den USA wegen seiner Verbindungen zum Glücksspielsektor von den Behörden festgehalten zu werden, vermied er jahrelang die Einreise in die Vereinigten Staaten.

Wenige Tage, bevor Wirecard offiziell seine Pleite eingestehen musste, setzte Marsalek sich ab. Westliche Ermittler gingen schnell davon aus, dass er in Russland abgetaucht war. Der Österreicher steht weit oben auf der Most-Wanted-Liste von Interpol. Aus gutem Grund: Mittlerweile liegen Indizien vor, dass Marsalek in einen russischen Spionageskandal verstrickt war.[65] »Erstmals gibt es Hinweise, dass er Helfer in Deutschland hatte«, schrieb die *Süddeutsche Zeitung* über Marsalek. Er soll Kontakte gepflegt haben, die in der Kriminellenszene »laundry guys« genannt werden, also Geldwäschetypen.[66] Als ich seine Anwältin zu den Vorwürfen möglicher Spionage und Geldwäscheverwicklungen befragen wollte, bekam ich keine Antwort. Was immer an den Vorwürfen dran ist: Fest steht, Marsalek konnte jahrelang unbehelligt agieren.

Ich wühlte mich tiefer in die Materie, erinnerte mich an ein Treffen mit einer Quelle. Der Mann hatte in den Nullerjahren in Spanien einen eigenen Zahlungsdienst gemanagt und darüber Einblick in Wirecards Geschäftspraktiken erlangt. Weil sie ihm schon damals dubios vorkamen, zeigte er sie bei deutschen Behörden an. Seine Geschichte war so bizarr, dass ich mich fragte, wer hier eigentlich alles mitmischte. So erzählte er mir nicht nur, wie schon in den Anfangsjahren das komplexe Wirecard-System mit den Auslandspartnern funktionierte, sondern auch, dass er in seinen frühen Jahren als Übersetzungshilfe an einem Treffen zwischen Schröder und Putin teilgenommen und sein Onkel zu jener Zeit beim amerikanischen Geheimdienst gearbeitet habe.

Auch wenn die Aussagen hier und da aufgebauscht gewesen sein mögen, beeindruckte er mich mit Insiderwissen, seine Darstellungen schienen nicht nur Hirngespinste zu sein. Was also war hier los? War Wirecard vielleicht ein zentrales Puzzlestück im Kalten Krieg im Finanzmarkt gewesen, bei dem die USA gegen Geldwäsche russischer Millionen im europäischen Zahlungsverkehr vorgingen? Sollte über Wirecard Schwarzgeld im großen Stil in den streng regulierten westlichen Finanzsektor geschleust werden? Wenn dem so war, dann könnte Wirecard die größte Geldwaschmaschine gewesen sein, die jemals an einer europäischen Börse notiert wurde und Russen zu Diensten war.

Im Zuge der Recherche stellte sich mir zwangsläufig eine noch brisantere Frage: Wieso sind die zuständigen deutschen Sicherheitsbehörden nicht eingeschritten, sondern ließen den Konzern groß werden, während westliche Bündnispartner längst Alarm schlugen? War es möglich, dass der Aufstieg des Unternehmens, das schließlich sogar DAX-Würden erreichte, das Produkt eines Wirtschaftskonfliktes war, bei dem Deutschland und die USA miteinander um Märkte in Ost und West rangen und bei der Geldwäschebekämpfung getrennte Wege gingen? Wirecard könnte demnach das am härtesten umkämpfte Terrain im Kalten Krieg am Finanzmarkt gewesen sein, in dem die USA nicht nur gegen Russland, sondern auch gegen deutsche Firmen vorgingen, die aus ihrer Sicht zu nah an Russland heranrückten. Ein Konflikt, der auf beiden Seiten mit den Mitteln der Sicherheitsdienste ausgetragen wurde und das westliche Sicherheitsbündnis jahrzehntelang spaltete? Lauter Fragen, denen ich mich jahrelang widmete, die mich bis heute nicht loslassen und denen ich im Folgenden in der Historie des Konzerns und der Analyse des Businessmodells nachgehen will.

Eine Gründung mit Systemfehler

Die Anfänge von Wirecard reichen ins Jahr 1998 zurück, als ein fünfköpfiges Expertenteam der Sicherheitsfirma Securitas Internet Systems GmbH eine Software für mobilen Handel entwickelte. Für diese Software gründeten Detlev Hoppenrath und Peter Herold 1999 eine eigene Firma, die – damals noch auseinandergeschriebene – *Wire Card* mit Sitz im Münchener Stadtteil Lehel, übrigens nur zwölf Kilometer entfernt vom damaligen BND-Hauptsitz in Pullach. Wie beim BND ging es in der Anfangszeit von Wire Card um Sicherheit. Man plante etwas Besonderes, ein Sicherheitstool, das großen Handelsketten dienen sollte, um bei Online-Transaktionen die Ausfallrisiken prüfen zu können.

Dass es bislang an Zahlungssystemen im Online-Handel mangelte, hatte man natürlich auch in den USA längst gemerkt. Dort verfolgte der Deutsch-Amerikaner Peter Thiel ein ähnlich vielversprechendes Projekt: Zusammen mit anderen gründete er 1998 den

Online-Bezahldienst PayPal. Und auch er hatte die Sicherheit im Blick. PayPal sollte mit einem Algorithmus ausgestattet sein, der »ungewöhnliche Kontoaktivitäten« identifizierte, womit der Dienst auch zur Betrugsbekämpfung eingesetzt werden konnte. Als nach 2001 die Verfolgung von Geldern zur Terrorunterstützung für die CIA immer wichtiger wurde, gründete Thiel mit anderen gleich noch die Datenanalyse-Firma Palantir, die von den US-Nachrichtendiensten genutzt wurde.

Nach dem Platzen der Spekulationsblase der New Economy und dem 11. September 2001 schlug auch Wire Card ein neues Kapitel auf. Die Software-Schmiede wäre dem Crash vieler Start-ups fast zum Opfer gefallen, erinnerte sich Ex-Vorstandschef Markus Braun später im Wirecard-Prozess. Der Österreicher schien damals der Richtige zu sein, um ein kleines Wunder zu vollbringen: inmitten der Finanzkrise einem kleinen Zahlungsdienstleister Geld und Größe einzuhauchen. Braun war ein erfahrener Unternehmensberater, der seine Karriere bei Contrast Management Consulting in Wien begonnen hatte und 1998 nach München zur Unternehmensberatung KPMG gegangen war. Für die Beratung hatte er im Oktober 2000 ein Krisenmanagement bei der »Ur-Wirecard« übernommen, wie er die Gründungsgesellschaft später nannte,[67] bei der er kurz darauf anheuerte. Die Firma hatte schon einige Finanzierungsrunden durchlaufen. Private Investoren und Venture-Capital-Fonds waren anfangs bereit gewesen, dem Start-up Millionen zuzuschießen. Doch die Software-Entwicklung war ins Stocken geraten und mit der Finanzkrise 2001 drohte das Aus. Wire Card brauchte neue Geldgeber und zahlungsfähige Kunden.

Im Oktober 2001 kam ein Unternehmer auf Braun zu. Der war im Pornogeschäft tätig und hatte einen Finanzdienstleister aufgebaut, die EBS (electronic billing systems AG) die ihr Geld mit Zahlungsabwicklungen für sogenannte Dialer verdiente, die den Pornokonsum pro Minute abrechnen konnten. Wer die Geldgeber des EBS-Konglomerats waren, ist aufgrund der komplexen, verschachtelten Unternehmensstruktur bis heute schwer nachzuvollziehen.

Der Unternehmer schlug Braun vor, Wire Card in sein Firmengeflecht zu integrieren. Gründungsvater Hoppenrath wollte die Übernahme noch abwenden, doch vergeblich, Wire Card schlitterte in die Insolvenz. Braun nannte den Schachzug später fachmännisch »übertragene Sanierung«.[68] Mit der Insolvenz war die Firma entschuldet und ihre Vermögenswerte konnten von der EBS nun umso leichter gegen den Willen des Gründers übernommen werden.

Wire Card lieferte die Technologie und EBS die Kunden, was sich gut ergänzt habe,[69] kommentierte Braun im Prozess den Zusammenschluss. Wer alles zu den neuen Kunden zählte, ist nicht bekannt. Nur eines ist klar: Ein Großteil kam aus dem Hochrisikosektor, etwa dem Pornogeschäft, einem Kundenstamm, der es bevorzugte, inkognito zu bleiben. Es ergab sich eine Art toxische Verbindung aus Hochrisikokunden der EBS und einer Sicherheitssoftware, die den Interessen der Kunden dienen sollte. Ihnen wurde eine versierte Finanzplattform mit interner Risikoanalyse und Clearing Center geboten, die es ermöglichte, Transaktionen auf Risiken hin zu prüfen und Geld entsprechend den Bedürfnissen der Kunden zu transferieren. So war 2002 ein deutscher Zahlungsdienstleister entstanden, der – anders als sein US-Pendant PayPal – sich augenscheinlich nicht darauf konzentrierte, dubiose Geschäftspartner fernzuhalten, sondern der sich im Gegenteil darauf auszurichten schien, dieser Kundschaft einen Zahlungsdienst zu offerieren, der eine diskrete Abwicklung von Geldgeschäften ermöglichte.

Vier Jahre nachdem Braun bei Wire Card ins Management eingestiegen war, gelang ihm mithilfe der EBS-Holding ein weiterer Deal. Wire Card fusionierte 2005 mit dem an der Börse gelisteten Call-Center InfoGenie Europe AG, das zum EBS-Imperium gehörte. Die zwei Firmen waren damals eigentlich dem Untergang geweiht, ihre Kapitalausstattung war so dürftig, dass wohl keines der beiden Unternehmen allein überlebt hätte. Im Zuge der Finanzkrise waren die Anteilsscheine von InfoGenie auf das Niveau eines Pennystocks gefallen; aufgrund der dünnen Kapitaldecke drohte dem Unternehmen der Rauswurf aus der Börsenliga und damit das Aus. Auch für Wire Card sah es nicht besser aus, das Start-up war defizitär, wie Braun im Prozess sagte, doch man hatte Sachkapital, dessen wahrer Wert schwer zu ermitteln war. Damit übernahm der Konzern nun die glücklose InfoGenie AG und stieg im Zuge der Verschmelzung in den Prime Standard der Frankfurter Börse ein. Günstiger Nebeneffekt: Wire Card musste sich für den Einstieg aufs Börsenparkett keiner nervenaufreibenden und internationalen Standards folgenden Börsenzulassungsprüfung stellen, die dem Unternehmen den Zugang zum Finanzmarkt hätte versperren können. Das Finanzproblem war nun also gelöst. Deutsche Kleinanleger wurden Wire-Card-Aktionäre.

In einer Zeit, als mit dem Ende des Neuen Marktes, der ersten deutschen Tech-Börse, selbst vielversprechende Dotcom-Unternehmen keine Geldgeber mehr fanden, war Braun damit ein Coup gelungen, der ihm den Vorsitz des fusionierten Unternehmens sicherte und den Zahlungsdienstleister über die Börse nun unabhängig von US-Venture-Kapital machte. Und auch Braun konnte sich am Wohlstand erfreuen, er hatte ein ansehnliches Vermögen angehäuft. In den Nullerjahren erwarb er im noblen Wiener Gemeindebezirk Hietzing eine Villa, das einstige Heim einer russischstämmigen Geschäftsfrau,[70] deren Ex-Ehemann in Russland wegen Geldwäsche verurteilt worden war. Der Österreicher verfolgte in jenen Jahren ambitioniert seine Vision, Wirecard sollte »eines der weltweit führenden Unternehmen für Echtzeit-Zahlungsabwicklung und Risikomanagement« werden, das eine »konsequente Fortsetzung der Internationalisierung« anstrebe, wie im Geschäftsbericht 2005 zu lesen war.

2006 wurde das Unternehmen umbenannt in *Wirecard AG*, zog kurz darauf in den neuen TecDAX ein und wuchs mit dem Kapital deutscher Kleinanleger. Und so konnte Braun schon ein Jahr später im Geschäftsbericht verkünden, dass das Unternehmen viele neue Kunden vor allem im Ausland dazugewonnen habe. Von 7000 international akquirierten Klienten war die Rede. Der Konzern übernahm Zahlungsdienstleister und Händlerportfolios im Ausland, die den

Wert des Konzerns steigerten. Mit jeder Übernahme stieg das Vertrauen der Investoren und damit auch die Notierung der Aktien. Wirecard wurde schnell zum Börsenliebling.

Der deutsche Zahlungsdienstleister steuerte die großen internationalen Wachstumsregionen an, zuerst die USA als Hauptmarkt, schon bald sollte Asien zum Wachstumstreiber der Aschheimer werden, und später liebäugelte das Management sogar mit dem riesigen chinesischen Markt. Mit Wirecard etablierte sich in Deutschland ein IT-Zahlungsdienst, der das Zeug hatte, ein echter globaler Champion zu werden, einer, der es mit den Großen der Tech-Szene aufnehmen konnte und wusste, wie der Puls am Finanzmarkt schlug.

Negativmeldungen und Zweifel am Geschäftsmodell dämpften zwar schon in den Aufbaujahren immer wieder die Euphorie der Anleger, einmal fiel der Aktienkurs innerhalb eines Tages um ein Drittel seines morgendlichen Wertes. Doch so schnell wie die Sorgen aufkamen, schienen sie auch wieder zu verfliegen – und Wirecard erklomm immer neue Höchststände an der Börse. Schließlich stieg der Zahlungsdienstleister 2018 in die Top-Liga der damals 30 DAX-Konzerne auf, mit einer Marktkapitalisierung größer als die Deutsche Bank, sodass man bei Wirecard später sogar mit dem Gedanken spielte, das stolze deutsche Geldhaus zu übernehmen.

Wer sich jedoch die offiziellen Bilanzkennzahlen anschaute, blickte nicht durch. Die Firmen und Kundenportfolios, die Wirecard im Laufe der Jahre im Ausland übernahm, schienen eine Sammlung von Briefkastenfirmen zu sein. Die Aschheimer zahlte dafür große Summen, sodass viel Geld aus dem Konzern immer wieder ins Ausland abfloss.

Dabei zog es die Aschheimer vor allem in Länder, von denen man weiß, dass sich Steuersünder in ihnen wohlfühlen, weil sich Schwarzgeld dort deponieren lässt und die dortigen Behörden es mit internationalen Geldwäscheregeln nicht so genau nehmen.

Bereits 2005 hatte Wirecard Töchter in Dubai (die CardSystems Middle East FZ-LLC) und Zweigniederlassungen auf Mauritius und

Gibraltar. Ausgerechnet die Dependance auf Gibraltar war für das Risikomanagement des Konzerns verantwortlich; ein Jahr später hatte sie gleich noch eine Niederlassung auf den British Virgin Islands. Und für die Expansion in den riesigen asiatischen Markt wurde 2007 die Wirecard Asia Pacific auf den Philippinen gegründet, zufällig jenes Land, das ganz oben auf der grauen Liste der Hochrisikoländer in Asien für Geldwäsche zu finden ist.[71]

Die Wirecard-Manager D. K. und R. T., die das Auslandsgeschäft in den Nullerjahren mit entwickelten, führten laut Medienberichten zum Teil selbst Firmen außerhalb Deutschlands und verkauften diese oder auch Kundenportfolios an Wirecard. Bereits 2004 musste sich D. K. vor dem Obersten Gericht der kanadischen Provinz Ontario im Zuge einer undurchsichtigen Fusion zweier Internetcasinos aus Zypern und den britischen Turks- und Caicosinseln verteidigen; zu einem öffentlichen Urteil kam es nicht, da das Verfahren in einem Schiedsverfahren verhandelt wurde.[72] Rund 43 Millionen Euro zahlte Wirecard dann im Jahr 2007 für die Übernahme einer Firma namens Trustpay, die erst im Mai desselben Jahres aus der Kapitalgesellschaft Blitz-7-210 hervorgegangen war und später umbenannt wurde.[73] Dabei legten die Aschheimer 42 Millionen Euro mehr auf den Tisch, als das Eigenkapital in den Bilanzen offiziell hergab. Daniel Bauer, Chef der Schutzgemeinschaft der Kapitalanleger (SdK), ging nach einer Analyse des Systems davon aus,[74] dass der Kaufpreis schließlich auf Konten in Steuerparadiesen etwa der Schweiz oder den British Virgin Islands gelandet sei. Er ist nicht der einzige, dem die dubiosen Zahlungsflüsse von Wirecard aufgefallen sind. Schon in den frühen Jahren regten sich Zweifel innerhalb der Branche, welche Geschäfte und Kunden über Wirecard abgewickelt wurden. Ein Journalist erinnerte sich an eine Unterhaltung, die er in den Jahren zwischen 2006 und 2008 mit einem Wirecard-Konkurrenten führte, der ihm das Wirecard-Segment so beschrieb: »Gambling und Porno, das wollen Sie gar nicht wissen. Wenn bei uns die Ampeln zweimal auf Rot stehen, dann fahren die los. Solche Transaktionen sind das.«[75] Ob Wirecard damals auch russische Kunden bediente, ist nicht bekannt und aufgrund der undurchsichtigen Auslandstrukturen schwer zu durchschauen, vorstellbar aber wäre es. Denn gerade Russlands Reiche, die in den Nullerjahren ihr Geld am russischen Fiskus vorbei über Briefkastenfirmen in Steueroasen nach Europa oder den USA transferieren wollten, suchten in Europa einen Zahlungsdienstleister, der diskret Gelder transferieren konnte. Wer mit einem geschulten Auge die Geschäftsberichte von Wirecard damals studierte, hätte möglicherweise nachverfolgen können, wem der Konzern diente und aus welchen Quellen die Gelder stammten, die das Wachstum trieben. Nach jahrelangen Recherchen bin ich der Meinung: Niemand wollte es damals genau wissen, nicht in der Finanzbranche, nicht in den Aufsichtsbehörden und nicht in der Politik. Es galt den Traum vom deutschen Super-FinTech-Konzern am Leben zu halten.

Der Einstieg in den US-Markt

Wirecard steuerte anfangs vor allem die USA an. 2005 hatte es eine Niederlassung in Kalifornien, die allerdings nicht merklich zum Umsatz beizutragen schien. Ein Meilenstein war die Übernahme der XCOM Bank AG 2006, mit der man gleichzeitig die deutsche Banklizenz und damit die Kreditkartenzulassung erwarb, was einer Universalbank-Ermächtigung gleichkam. Der damit verbundene Zugang zu Mastercard und Visa ermöglichte dem deutschen Start-up den Eintritt in den streng regulierten US-Markt, wo man vor allem im Glücksspielsegment expandierte. Dass dies zu Spannungen führen würde, war wohl absehbar.

Glücksspiel gilt seit jeher als Einfallstor für Geldwäsche. Hohe Summen können darüber in den legalen Wirtschaftskreislauf eingespeist werden, ohne dass der Ursprung der Gelder und eine Geschäftstätigkeit nachgewiesen werden müssen. In Casinos und Wettbüros wird oft mit großen Summen Bargeld gearbeitet. Woher das Geld kommt, ist kaum nachverfolgbar. Bargeld kann im Spielverkehr eingespeist werden und als Gewinn legal ausgezahlt werden. Das Online-Glücksspiel ermöglichte nun auch noch einen blitzschnellen Transfer von Buchgeld über Landesgrenzen und den Atlantik hinweg.

Im selben Jahr, in dem die Aschheimer den Einstieg ins US-Geschäft feierten, trat ein neues Glücksspielgesetz in Kraft, der Unlawful Internet Gambling Enforcement Act. Das FBI ging nun nicht nur national, sondern auch international massiv gegen Zahlungsanbieter von Online-Glücksspielen vor. Wieder einmal, wie schon 1998 mit dem Anti-Korruptionsgesetz (International Anti-Bribery Act), hatten die Vereinigten Staaten ein Gesetz erlassen, von dem sie erwarteten, dass es auch auf der anderen Seite des Atlantiks, nicht zuletzt in Deutschland, befolgt werden würde.

Gleichzeitig tauchten in Deutschland auf Finanzportalen erste Meldungen von anonymen Bloggern über mutmaßlich dubiose Firmenkäufe auf, die das Geschäftsmodell von Wirecard im Kern infrage stellten. Diejenigen, die vermuteten, dass die US-Behörden mit ihrer Antikorruptions- und Compliance-Politik im Zusammenspiel mit Shortsellern Deutschlands Start-up-Szene ausbremsen wollten, sahen sich bestätigt. In ihren Augen sollte ein aufstrebendes junges Unternehmen von einer ausländischen Macht im Keim erstickt werden. Denn Wirecard schien auf Kurs zu sein, vor allem im vielversprechenden US-Markt. Im Juni 2008 kündigte das Unternehmen eine Partnerschaft mit einem amerikanischen Bezahldienstleister an, zu dessen Kunden Microsoft zählte. Für die US-Investmentbank JPMorgan Chase war Wirecard damit ein Top-Pick im europäischen Software-Sektor.

Zweifel an Wirecards Geschäftsmodell waren allerdings angebracht. Der Bezahldienst hatte sich just in jener Nische niedergelassen, die für Tricksereien anfällig war; er war nicht nur im Casinogeschäft tätig, das bei Geldwäschern besonders angesagt war. Zu allem Überfluss planten die Aschheimer für ihre zwielichtigen Kunden aus dem Glücksspielsektor auch noch virtuelle Pre-paid-Kredit- und Debitkarten auszugeben, sodass spielend leicht große

Summen im Ausland ausgezahlt werden konnten, ohne dass der Ursprung der Gelder durch Dritte zurückverfolgbar war. Solche Pre-paid-Kreditkarten seien perfekt um illegale Gelder zu waschen, erklärte später die ehemalige CIA-Beamtin Sonya Lim. Lim, die jahrzehntelang in Europa und Asien als Undercover-Agentin tätig war und US-Spionageeinheiten führte, ist der Meinung, dass Wirecards Plattform so ausgestaltet worden war, dass darüber russisches Schwarzgeld transferiert werden konnte.[76] Die Staatsanwaltschaft München hat den Vorwurf bislang weder zur Anklage gebracht, noch wurde er bislang belegt. Auch meine Anfragen an die Anwälte von Braun und dem flüchtigen Jan Marsalek blieben dazu unbeantwortet. Der Rechtsbeistand des ehemaligen Finanzchefs des Konzerns wies den Vorwurf wie auch andere im laufenden Verfahren vorgebrachte Anschuldigungen zurück.

Die Verfolgung russischer Geldströme war ein Spezialgebiet der CIA. Unter Putin war das Geflecht von Kartellen und Finanzkonstrukten immer komplexer und undurchsichtiger geworden und US-Ermittler richteten daher ihr Augenmerk darauf, welche Schlupflöcher russischer Geldwäsche in Europa offenstanden, die mit Unterstützung Deutschlands geschlossen werden sollten. Russland sei es gelungen, »jeden Riss« im westlichen Bündnis zu seinem Vorteil zu nutzen, sagte die frühere CIA-Agentin später. Der Wirecard-Skandal habe »peinliche Fehler« westlicher Nachrichtendienste offenbart. Deutsche Behörden hätten ein Auge zugedrückt, obwohl Hinweise auf zweifelhafte Praktiken bei Wirecard längst vorlagen – so die Ex-Agentin unter Verweis auf entsprechende Medienberichte.

Ein Jahr nach der Einführung des neuen Glücksspielgesetzes, 2007, hatte der amerikanische Secret Service steigende Umsätze im Kreditkartenhandel ins Visier genommen. Am 24. Juni 2008 stellte dann die Schutzgemeinschaft der Kapitalanleger (SdK) auf ihrer Hauptversammlung öffentlich Wirecards Bilanzierung in Frage. Der Kurs brach um 30 Prozent ein. »Innerhalb von Wirecard herrschte Endzeitstimmung«, erinnerte sich ein Ex-Wirecard-Mitarbeiter:

»Alle dachten, das war's jetzt, weil die Vorwürfe so massiv waren und immer klarer wurden.«[77]

Die Anlegerschützer warfen dem Kreditkartenabwickler vor, Bilanzen zu frisieren und Umsätze sowie Erträge aus der Abwicklung von Online-Wettgeschäften zu verschleiern. Wirecard taumelte. Dabei hatte Braun das Unternehmen gerade erst auf einen stabilen Wachstumspfad geführt und die ausgerufene Expansionsstrategie schien zu fruchten. Im Jahresabschluss 2007 verkündeten Braun und sein operativer Geschäftsleiter stolz, ihr Betriebsergebnis sei um 78 Prozent gewachsen und das Pre-paid-Kreditkartengeschäft werde von den Kunden »hervorragend« angenommen.

Nachdem die SdK die Bilanzierung und das Vertrauen der Anleger in die Wirecard-Erfolgsgeschichte angekratzt hatte, wurde die Staatsanwaltschaft München binnen kurzer Zeit aktiv. Doch merkwürdigerweise nicht gegen Wirecard, sondern gegen die Kritiker – kein Einzelfall, wie sich später zeigte. Am 29. Juli 2008 erklärte der damals zuständige Oberstaatsanwalt, dass ein Ermittlungsverfahren wegen möglichem Insiderhandel und Marktmanipulationen gegen den SdK-Vize Markus St. eröffnet worden sei. Der SdK-Mann war es gewesen, der die Wirecard-Machenschaften an die Öffentlichkeit getragen hatte. Die Aschheimer erstatteten Anzeige, woraufhin die Staatsanwaltschaft aktiv wurde.[78] Prompt erholte sich die Wirecard-Aktie. Die WestLB hatte den Titel mit »Buy« bestätigt und die Bedenken als unbegründet dargestellt.

2010 rollte auf Wirecard dann aber eine ganze Welle von Anzeigen zu, die auf Ermittlungen in den USA zurückgingen. Der Secret Service und das FBI hatten einen deutschen Geschäftsmann ins Visier genommen, der in einem Luxusapartment in Florida lebte. Der Berliner soll als Immobilienmakler firmiert haben und der registrierte Vertreter von 424 Briefkastenfirmen gewesen sein, über die zwischen 2007 und 2010 rund 70 Millionen Dollar illegaler Pokergelder transferiert worden seien.[79] Später räumte er ein, an unlizenzierten Geldtransfers in den USA beteiligt gewesen zu sein; er habe aber nicht gewusst, von wem das Geld gekommen sei.

Die Vorwürfe verbreiteten sich in Windeseile in deutschen Finanzportalen. Das in den USA gegründete und auf Finanzbetrugsfälle spezialisierte deutsche Financial-Intelligence-Portal GoMoPa (Goldman, Morgenstern & Partners) berichtete über den Fall und veröffentlichte einen Auszug aus der US-Anklageschrift, die behauptete, dass Gelder mittels eines Vehikels über die Wirecard Bank AG nach Florida transferiert worden seien.[80]

Auch die deutsche Presse widmete sich den Vorgängen, schlug jedoch einen anderen Ton an. Das *Handelsblatt* zitierte einen Frankfurter Analysten, der fest davon ausging, »dass die Aktie von Wirecard seit Monaten manipuliert« werde. Es sei offensichtlich, dass »Short Seller mit der Wirecard-Aktie Jojo spielen«.[81]

Tatsächlich waren die Anleger hellhörig geworden. Bei der Staatsanwaltschaft ging unterdessen die Anzeige eines Privatinvestors ein sowie eine unter Pseudonym eingereichte Anzeige wegen Geldwäsche und eine weitere wegen Marktmanipulation, die nach eigener Aussage der ehemalige SdK-Funktionär Tobias Bosler erstattet hatte, nachdem ein amerikanischer Geschäftsmann ihm bei der Wirecard-Party auf dem Oktoberfest erklärt habe, was er ohnehin vermutete: dass Wirecard krumme Dinger drehen würde.

Auch ein Schreiben der Kreditkartenfirma Mastercard kursierte im Netz, aus dem hervorging, dass Finanztransaktionen »falsch kodiert« worden seien, um illegale Transaktionen umzurouten. »Mastercard ist bekannt geworden, dass Händler, die einen Vertrag für Zahlungsabwicklung mit Wirecard vereinbart haben, illegale […] Aktivitäten unterstützen«, hieß es in dem Schreiben, zu dem sich Mastercard gegenüber Journalisten damals nicht äußern wollte, seinen Inhalt aber auch nicht dementierte.

Das war ein Warnschuss für die Aschheimer. Gerade erst hatte sich der Konzern von den Skandalmeldungen erholt, der Aktienkurs näherte sich im Januar 2010 wieder dem Vorkrisenniveau. Die neuen Berichte gefährdeten den Erholungskurs und drohten, den Konzern erneut in Existenznot zu bringen. Das Mastercard-Schreiben legte nahe, dass mithilfe von Wirecard Gelder so frisiert wurden, dass ihre Herkunft nicht mehr erkennbar war und dass US-Behörden Mastercard bereits darauf aufmerksam gemacht hatten, dass solche Transaktionen illegal seien.

Die Geschäftspraktiken der deutschen Start-up-Hoffnung wurden von US-Seite infrage gestellt. Und wie reagierte die Münchner Staatsanwaltschaft, bei der laut GoMoPa bereits eine Geldwäscheverdachtsanzeige gegen die Wirecard Bank eingegangen war?[82] Sie leitete ein Verfahren gegen Unbekannt ein und ermittelte »umfangreich«, wie eine Sprecherin mir später erklärte. Ein Rechtshilfeersuchen in die USA sei aber nicht erforderlich gewesen. Auch an Mastercard trat sie nicht heran. »Ob die veröffentlichten Mastercard-Dokumente echt waren oder nicht, spielte für die mögliche Strafbarkeit einer Geldwäsche keine Rolle«, meinte die Sprecherin.[83] Zwar hatte ein Staatsanwalt in einem internen Vermerk 2010 die Auffassung vertreten, es sei für das Verfahren »von großem Interesse, inwieweit dieses Schreiben echt ist und ggfs. tatsächlich Probleme in der Kundenbeziehung zwischen Wirecard und Mastercard bestehen«. Aber diese Einschätzung setzte sich offensichtlich nicht durch.

Auch vor Ort bei Wirecard wurden keine Ermittlungen eingeleitet. Im Januar 2012 wurde das Verfahren eingestellt, weil »ein Tatnachweis nicht zu führen war«, wie die Sprecherin der Staatsanwaltschaft auf meine Anfrage später erklärte. Eine Anklage wegen Geldwäsche oder Marktmanipulation war damit vom Tisch.[84]

Der Shortseller Bosler versuchte in jener Zeit, die Ermittler wachzurütteln. In seiner unter Pseudonym verfassten Anzeige erklärte er im Detail, wie nach seiner Recherche das Wirecard-System damals in den USA funktionierte: Um nach der Gesetzesänderung zu verschleiern, dass die Gelder aus illegalen Pokerspielen stammten, würde Wirecard die Transaktionscodes manuell umkodieren: Statt 7995 für Casinos/Poker habe Wirecard beispielsweise den Code 5992 für Blumenläden angegeben. Diese Branchen-Codes werden von den Kreditkartengesellschaften abgefragt, um den Verwendungszweck zu prüfen. Mastercard habe so nicht erkennen können, dass es sich um verbotenes Glücksspiel handelte.

Unweigerlich kam es so jedoch zu auffälligen Merkwürdigkeiten wie etwa den gewaltigen Summen, die von Wirecard in der Floristenbranche abgerechnet wurden. Schon 2010 soll mittels in dieser Art verschleierter Transaktionen eine Milliardensumme in die USA geschleust worden sein. Bosler mahnte die Ermittler in einem mir vorliegenden Schreiben vom 8. Februar 2010 zur Eile, weil »hektisch« versucht werde, zu vertuschen, dass Wirecard und deren Verantwortliche aktiv an internationalem Geldwäschebetrug beteiligt seien. Immer wieder rief er bei der Staatsanwaltschaft an, um sich nach dem Stand des Verfahrens zu erkundigen. Doch inzwischen war der Shortseller mit seinen Handelsaktivitäten längst selbst ins Visier der Ermittler geraten.

Die Münchner Strafverfolger verfügten also bereits 2010 über umfassende Hinweise, die Ansätze geboten hätten, den Betrug frühzeitig aufzudecken: Der Münchner Staatsanwaltschaft lag eine Geldwäscheverdachtsmeldung vor, die Bedenken von Mastercard waren bekannt und Investoren hatten der Staatsanwaltschaft in der bayerischen Landeshauptstadt Insiderwissen zu Wirecard-Geschäftspraktiken übermittelt.

Eine Erklärung für die zurückhaltende Gangart der Behörden könnte ein mit »Tatplan« betiteltes Schreiben liefern, das den Wirecard-Anwälten per Fax zugeleitet worden sein soll und von diesen an die Staatsanwaltschaft weitergeleitet worden war. Das Papier, das mir im Zuge der Recherche exklusiv zugespielt worden war, erweckte auf den ersten Blick den Anschein, als sei es von einer Gruppe von Shortsellern verfasst worden, die eine konzertierte Aktion plotteten, um Wirecard am Finanzmarkt in die Knie zu zwingen. Diese Gruppe, so war dem Schreiben zu entnehmen, schien in Kontakt mit dem US-Geheimdienst zu stehen. Im Detail war zu lesen, wer wann und wo bei welcher staatlichen Behörde eine Anzeige, Beschwerde oder einen Bericht gegen Wirecard einreichen sollte. Auffällig war, dass die Ausführungen mit Informationen gespickt waren, die eigentlich nur aus den Kreisen der Polizei selbst kommen konnten. »Anonyme Anzeige wegen Geldwäsche gegen WV [Wirecard-Vorstand]. StA [Staatsanwalt] und BaFin, FBI und Secret Service über die Anzeige informieren. Gibraltar! Zeitfenster: sofort, Einreichung 1. Aktivwoche«, hieß es etwa.

Wer konnte wissen, dass der Ex-Anlegerschützer Bosler eine pseudonyme Anzeige wegen Geldwäsche gegen Wirecard eingereicht hatte, dass die BaFin und die Staatsanwaltschaft mehrere Hinweise bekommen hatten und der amerikanische Secret Service involviert gewesen sein soll? Öffentlich bekannt war zu diesem Zeitpunkt nur, dass ein in Florida lebender Berliner Kaufmann vom FBI festgenommen worden war.

Der zuständige Kriminalhauptkommissar glich die im »Tatplan« genannten Personen mit dem Ermittlungsstand der bayerischen Polizei ab und bemerkte Übereinstimmungen aus einem anderen Verfahren zur Marktmanipulation. Es war nicht zu übersehen: Viele der Informationen deckten sich auffallend mit dem Informationsstand und der Einschätzung der Polizei. Dem aufmerksamen Hauptkommissar fiel noch etwas auf: Auf dem von den Anwälten an die Staatsanwaltschaft weitergeleiteten Fax fehlte der Absender. Wenige Stunden später schickten die Anwälte das mutmaßliche Originalschreiben der Täter an die Staatsanwaltschaft – nun hatte der Täterfahrplan eine Absendernummer.

Während das Schriftstück bei dem Beamten Misstrauen weckte, war davon bei der Staatsanwaltschaft wenig zu merken. Am 6. Mai schrieb der damals zuständige Staatsanwalt in einem mir ebenfalls vorliegenden Aktenvermerk: »In Rücksprache mit dem KHK [Kriminalhauptkommissar] […] wurde entschieden, nicht an die Kreditkartengesellschaft heranzutreten.« Zur Begründung hieß es: Es sei »zu fürchten«, dass eine solche »Anfrage publik« werde und man wohl an die »relevanten beteiligten Staaten« verwiesen werden würde. Der Duktus des Vermerks suggeriert mir, dass die Staatsanwaltschaft bemüht zu sein schien, Wirecards Ruf zu schützen und die USA auf Abstand zu halten.

Man muss sich noch einmal den Kontext vergegenwärtigen, in dem der Fall damals behandelt wurde. Wirecard hatte sich zu einem vielversprechenden nationalen Champion im hart umkämpften

IT-Sektor gemausert. Während das Wachstum der US-Konzerne wie Google, Facebook und Amazon kein Halten kannte, geriet das deutsche Start-up-Wunder jedoch immer wieder durch Shortseller und US-Ermittlungen in Existenznot. Schon 2008 hatte die Polizei unter BKA-Präsident Jörg Ziercke Ermittlungsgruppen eingerichtet, die Marktmanipulationen durch Shortseller nachgingen, mit dem Ziel, Finanzmarktakteure zu identifizieren, die Firmen gezielt unter Druck zu setzen schienen. Die Strafverfolgung sah sich damals, wie Ziercke während der BKA-Herbsttagung 2008 deutlich gemacht hatte, als ein staatlicher Akteur, der sich in einer internationalen Gesellschaftsordnung bewegte (siehe Kapitel 2). Und die Bereitschaft der deutschen Sicherheitsdienste, in dieser internationalen Konstellation mit den Amerikanern im Zahlungsverkehr zusammenzuarbeiten, schien 2010 einen Tiefpunkt erreicht zu haben. Das BKA teilte damals mit, dass ein von den USA forcierter »Abgleich der Swift-Daten« im Kampf gegen den Terrorismus aus »hiesiger Sicht« nicht den Aufwand rechtfertige. Der *Spiegel* schrieb: »BKA hält Bankdaten-Transfer in die USA für unsinnig.«[85]

Dabei sollte man sich auch vor Augen führen, dass deutsche Unternehmen 2010 massiv am Finanzmarkt unter Druck gerieten: Nicht nur die junge Börsenhoffnung Wirecard stand im Visier von US-Behörden und Shortsellern, auch gegen die Deutsche Bank wurde ermittelt. Und damit geriet ein zweites Unternehmen der Finanzbranche bei den Anlegern unter Druck. Hinzu kam im selben Jahr die Klage aus den USA gegen Daimler. In einigen Kreisen verbreitete sich die Meinung, die Amerikaner zockten uns mal wieder ab.

Derweil ging die Staatsanwaltschaft München mit Nachdruck gegen die Wirecard-Kritiker vor, gegen die Ex-Anlegerschützer Bosler und St. sowie jenen von der Polizei identifizierten Ring von Shortsellern, der angeblich mittels eines »Tatplans« danach trachtete, den deutschen Zahlungsdienstleister am Finanzmarkt niederzumachen. 160 Polizeibeamte, zwölf Staatsanwälte und sieben BaFin-Beamte filzten 48 Büros und Privaträume in Deutschland und Österreich. Mehr als 30 Zielpersonen hatte man im Visier.

Im Zuge der polizeilichen Ermittlungen kam es wieder zu merkwürdigen Leaks. Den vermeintlichen Drahtzieher des Shortsellerrings, SdK-Vorstand Markus St., erreichte ein anonymes Schreiben, aus dem er von seiner bevorstehenden Verhaftung erfuhr. Das Schreiben enthielt Details, die nur aus Kreisen der Ermittler stammen konnten. Darin war nicht nur der korrekte zeitliche Ablauf der geplanten Verhaftung zu erfahren, sondern auch das staatsanwaltschaftliche Aktenzeichen (306 Js 30808/07) stimmte, »wohlgemerkt das Aktenzeichen eines bis zu diesem Zeitpunkt geheimen Verfahrens«, wie die Grünen in einer parlamentarischen Anfrage an die bayerische Landesregierung aus dem Jahr 2013 kritisch anmerkten.

Als bekannt wurde, dass die Informationen der Ermittlungen durchgestochen worden und bei Markus St. gelandet waren und der Beklagte sich damit an die Staatsanwaltschaft München I wandte, gab ein Aktenvermerk vom 14. September 2010 vor: »Notfalls muss die Unwahrheit gesagt werden.« Wieso musste hier »notfalls die Unwahrheit« gesagt werden? Es sollte verhindert werden, so erklärte das Landesjustizministerium später dazu, dass dem Beklagten durch Nachfragen ermittlungsrelevante Informationen zu der geplanten Festnahme zuteilkämen.

Aufgeklärt wurden letztlich weder die Indiskretion noch deren Begleitumstände. Eine Anzeige der Staatsanwaltschaft gegen Unbekannt wegen versuchter Strafvereitelung und Verletzung von Dienstgeheimnissen führte zu keinem Ergebnis. Doch ein Muster wird erkennbar: Bis Wirecard abgewickelt wurde, kam es in entscheidenden Momenten immer wieder zu Leaks aus Ermittlerkreisen, die die Staatsanwaltschaft auf Distanz zu den Klägern gehen ließ und die juristische Position der Aschheimer stärkte, sodass das laufende Verfahren zu ihren Gunsten entschieden wurde.

Die Ermittlungen der Polizei gegen die Wirecard-Kritiker schlugen in der Öffentlichkeit hohe Wellen, der *Spiegel* titelte: »Razzia blamiert Anlegerschützer«.[86] Zwei Jahre später wurde jedoch deutlich, dass der groß angelegte Vorstoß gegen ein mutmaßliches Netz von Shortsellern im Großen und Ganzen ein Fehlschlag war. Viele Anschuldigungen fielen, wie der *Spiegel* 2012 berichtete, im Laufe des Verfahrens weitgehend in sich zusammen.[87] Nur gegen vier von dreißig Tatverdächtigen erhob die Staatsanwaltschaft am Ende Anklage. Die beiden angeblichen Anführer der Aktion, Markus St. und Bosler, wurden im Frühjahr 2012 beide zu Geld- und Haftstrafen verurteilt, kamen aber nach Anrechnung der Untersuchungshaft sofort frei.

2010 hätte für Wirecard ein Neuanfang werden können, um nach einem holprigen Start das Unternehmen auf eine gesunde Basis zu stellen. Der Chief Operating Officer, der seit November 2005 im Vorstand den Vertrieb leitete, und mutmaßlich ein Baumeister des Hochrisikogeschäfts im Ausland gewesen sein soll, stieg 2010 aus.

Die BaFin hatte damals bereits Wirtschaftsprüfer von KPMG beauftragt, sich das Compliance-Management der Wirecard Bank genauer anzuschauen. In ihrem Bericht stellten die Wirtschaftsprüfer »erhebliche Mängel« bei internen Geldwäsche-Checks fest. Die Kundenakquise nahm laut KPMG-Experten »nicht im ausreichenden Maße« Rücksicht »auf das Geldwäscherisiko«, vor allem, weil »die Wirecard Bank AG Unternehmen aus den Hochrisikobranchen Internethandel und Online Gaming/Gambling als ihre Kunden-Zielgruppe definiert hat«. Weiter mahnten die Prüfer in ihrer Stellungnahme: Andere Banken nähmen in der Regel erst gar nicht solche Kunden an oder unterzögen sie permanenter Intensivüberwachung.

Jetzt wäre es möglich gewesen aufzuräumen, sich von den Hochrisikokunden zu lösen und die Geldwäschekontrolle grundlegend umzukrempeln, um den Kritikern den Wind aus den Segeln zu nehmen. Doch es kam anders.

Jan Marsalek, ein Putin-Fan, übernimmt das Ruder

2010 übernahm ein junger Mann die Leitung des dubiosen Auslandsgeschäfts in der Wirecard-Zentrale, der bis heute als ein zentraler Strippenzieher des Milliardenskandals gilt: Jan Marsalek. Der

Österreicher hatte 2000 als IT-Spezialist bei der Firma angefangen und sah nach dem Abgang des Operationsleiters seine Chance gekommen. Vorstandschef Braun schätzte seine Fähigkeiten und Marsalek stieg als Vertriebschef in den Vorstand ein. Er übernahm die Verantwortung für den operativen Zahlungsverkehr und wurde zum neuen Mastermind des Konzerns. Einen Kurswechsel hatte das Management dem jungen Vorstand augenscheinlich nicht ins Aufgabenheft geschrieben, denn der neue Chief Operating Officer setzte die Linie der vergangenen Jahre einfach fort und legte sogar noch nach. Er übernahm die Verantwortung für den Hochrisikosektor, die Wachstumsstory nahm in Asien nun richtig Fahrt auf.

Vieles, was über Marsalek verbreitet wird, klingt abenteuerlich, zuweilen unwirklich und konstruiert, nach einer Legende. So auch die vom langjährigen Wirecard-Mitarbeiter Jörn Leogrande in seinem Buch erzählte Geschichte über die Anfänge von Marsaleks steiler Karriere. Demnach hatte dieser sich das Programmieren selbst beigebracht, verfügte über keinerlei einschlägige Berufserfahrung und besaß weder Abitur noch einen Führerschein. Schon in jungen Jahren hatte Marsalek mit seinem Elternhaus in Wien gebrochen und soll ganz ohne fremde Hilfe sein Glück in der digitalen Welt gesucht haben.[88]

Tatsächlich ist nicht viel über die frühen Jahre des talentierten IT-Spezialisten bekannt, nicht einmal seine Mutter konnte Auskunft über seine frühen beruflichen Stationen geben, als *Spiegel*-Reporter bei ihr nachfragten.[89] Als er 2000, ein Jahr nach dem Bruch mit der Familie und dem Abbruch der Schule, bei Wirecard anheuerte, galt er als ein erfahrener Programmierer, der schon eine eigene Firma gegründet hatte. Allerdings kennt niemand den Namen dieses Unternehmens, es ist, wie so vieles in seinem Leben, eine Leerstelle. Marsalek vermied auch stets, öffentliche Profile im Internet anzulegen. Niemand scheint zu wissen, was er vor Wirecard getan hat, ebenso wenig ist bekannt, wer ihn heutzutage schützt und warum. Es lässt sich jedoch mit einiger Gewissheit sagen, dass Marsalek ein Faible für Geheimdienste hatte.

Das Bundesgymnasium Klosterneuburg in Österreich, das er besuchte, warb damit, mit modernster Ausrüstung Talente im technischen Bereich zu fördern, und verfügte über Partnerschulen in Deutschland, Cambridge und Washington. So war Marsalek bereits früh mit IT in Berührung gekommen. Er war ein Talent in vielerlei Hinsicht, eloquent, waghalsig, er konnte gut mit Menschen, besaß große kognitive Fähigkeiten, wie Markus Braun ihm später im Münchener Strafprozess bescheinigte. Er hatte alles, was man für eine steile Karriere brauchte, aber er war, wie seine Mutter dem *Spiegel* gegenüber erklärte, auch ein »präpotenter Zampano«, ein Prahler, der es schrill mochte.[90]

Ganz nach der Devise seines Chefs setzte Marsalek bei Wirecard auf schnelles Wachstum, er konzentrierte sich auf jene Geschäftsfelder, die hohe Dynamik versprachen. Das Russland-Geschäft hatten die Aschheimer schon früh entdeckt, im Geschäftsbericht 2012 schwärmten sie von den »atemberaubenden Zuwachsraten« der mobilen Internetnutzung in Putins Reich. Seit circa 2011 unterstützten sie etwa auch die Österreichisch-Russische Freundschaftsgesellschaft (ORFG) mit einem Jahresbeitrag von 10.000 Euro, erinnerte sich der langjährige Generalsekretär der Gesellschaft später in einer österreichischen Zeugenvernehmung.[91] Man habe Kontakte zu russischen Unternehmen gesucht, um Geschäftsbeziehungen anzubahnen, erklärte Braun im Münchener Prozess später die Verbindung. Das sollte nun ein Spezialgebiet von Marsalek werden. Der Wirecard-Boss habe gewollt, dass sich neben ihm auch Marsalek in der ORFG engagierte, erinnerte sich der Generalsekretär in der Befragung.[92] Dass Marsalek ein Faible für Russland hatte, steht mittlerweile außer Frage. Der Österreicher kokettierte später gelegentlich mit seiner Nähe zu dem Land, gab sich vor Kollegen als Putin-Fan aus und ließ sich Einladungen zu Veranstaltungen in Moskau zuschicken, bei denen der Kreml-Chef höchstpersönlich auftrat. Seine Zuwendung ging schlussendlich so weit, dass er in einem Spionagering für Russland mitgemischt haben soll.[93]

Doch als Spitzel wird man bekanntlich nicht geboren, man wächst in die Rolle hinein. Und Marsaleks Rolle, egal wie man sie definiert, entwickelte sich augenscheinlich mit der Wachstumsgeschichte von Wirecard. Als er 2010 die Leitung des operativen Zahlungsverkehrs übernahm, war es zunächst nicht die Führungsetage, die bei Wirecard den Ausbau des Russland-Geschäfts vorantrieb, sondern Vertriebsleute, unter anderem aus Asien, suchten für einen deutschen Großkunden einen Partner in Russland. Doch Wirecards Möglichkeiten waren begrenzt, die Aschheimer hatten keine Lizenz, um selbst Transaktionen vor Ort abwickeln zu können. Denn wer im russischen Finanzsektor Fuß fassen wollte, brauchte gute Beziehungen zu Moskau. Der Ausbau solcher Kontakte wurde schließlich zur Chefsache von Jan Marsalek.

2013 hatte der Österreicher einen Kontakt, der ihm den Zugang zur russischen Administration sicherte – und damit jene Türen zu Sicherheitsleuten öffnete, die für den Ausbau des russischen Zahlungsverkehrs wohl notwendig waren. Wirecard bemühte sich damals, für die Moskauer Metro ein Kartensystem einzuführen. Marsalek lernte laut *Spiegel*-Recherchen eine junge Russin kennen, Natalia Z., die in Moskau für die Partnerfirma Bytemax arbeitete. Die Frau, die zuvor als Erotikdarstellerin ihr Geld verdient haben soll, hatte nicht nur angeblich beste Kontakte in die Verwaltung, sondern bald auch zu Marsalek. Zwischen beiden soll sich dem Magazin zufolge eine Liebschaft entwickelt haben. Als sogenannte Honigfalle habe sie demnach für russische Geheimdienstkreise den Köder ausgeworfen, um Marsalek anzulocken.[94]

Und wie es nun mal läuft in Beziehungen, in denen Liebe und Macht kaum voneinander zu trennen sind, entstand damit eine Verbindung, die den Mächtigen des Verbundes zu nutzen schien. Im September 2013 unternahmen sie eine Reise in die tschetschenische Hauptstadt Grosny, wie der *Spiegel* berichtete, offenbar um sich mit Verwandten des Diktators Ramsan Kadyrow zu treffen,[95] bekannt auch als »Putins Bluthund«. Kadyrows Clan hatte dem Bericht zufolge rund 100 Millionen Dollar auf Konten in Hongkong geparkt und suchte nach einer Möglichkeit, das Geld gewaschen in einen sicheren Hafen nach Westeuropa zu bringen.

Natalia Z. soll Marsalek als denjenigen vorgestellt haben, der das Problem lösen könne. Sollten Geldwäschetransaktionen der Klebstoff werden, der den Wirecard-Manager mit Putins Vasallen verband? Seit einem Jahrzehnt hatte Wirecard für Hochrisikokunden Geschäfte in Asien abgewickelt, Marsalek war geübt im Umgang mit schwierigen Genossen. Asien schien längst zu einer Anlaufstelle für jene geworden zu sein, die Schwarzgeld im Ausland parken wollten, um es bei nächster Gelegenheit nach Europa zu schleusen. Ob Marsalek damals für Putins tschetschenischen Clan eine Transaktion organisierte, ist nicht bekannt. Fest steht aber, dass der russische Inlandsgeheimdienst FSB schon 2015 Marsaleks Reiseroute von Moskau nach Asien genauestens verfolgte, sodass nicht auszuschließen ist, dass er damals für den Kreml in Asien Geldtransaktionen ausführte. Für beide Regionen hatte Marsalek persönlich die Federführung übernommen. Das Asiengeschäft florierte unter seiner Leitung. Ein langjähriger Wirecard-Geschäftspartner aus dem Glücksspielsektor, Henry O., der später in Litauen einen Zahlungsdienstleister führte, soll den Konzern bei der Suche nach Übernahmezielen in Asien beraten haben, insbesondere in Indien,[96] und laut *Handelsblatt*-Informationen als »Brückenkopf« gedient haben.[97]

Die Aschheimer übernahmen zwischen 2010 und 2015 rund ein Dutzend dubioser Zahlungsdienste im Ausland im Wert von mehr als einer halben Milliarde Euro. Regelmäßig wurden so zweistellige und zuletzt sogar dreistellige Millionenbeträge über Wirecards Bilanzen verschoben. Die Bilanzsumme wuchs rasant. Für die Anleger schien die Wachstumsstory intakt zu sein. Der Aktienkurs kletterte zwischen 2010 und 2015 von einem Rekordhoch zum anderen. Der Kundenstamm hatte sich mit Marsalek im Vorstand innerhalb von fünf Jahren auf 22.000 Bestandskunden fast verdoppelt. Doch was in den Jahresberichten rosig klang, war eine Mär.

Wirecard und die Russland-Experten

Interne Wirecard-Mails, aus der Führungsetage, die mir im Zuge der Recherche zugespielt wurden, sind Indiz dafür, dass nicht alles so gut lief, wie das Management vorgab. Offenkundig genervt schrieb der damalige Wirecard-Finanzvorstand Burkhard Ley im Februar 2016 eine Mail an Marsalek, die brühwarm wiedergab, was ihm gerade übermittelt worden war: »Wurde glasklar gesagt, dass der geistige Vater des Deals (der uns dieses Jahr ohne Änderung 3 Mio. Verlust bringt) *Golubew* ist.« Und weiter, übrigens alles kleingeschrieben, was ich aber aus Gründen der Lesbarkeit geändert habe: »Werde gerne zurückkommen zu dem, was wir bei seiner Einstellung mal besprochen hatten, der ist einerseits sehr gut, sollte aber anderseits nicht allein agieren, sondern jemanden an seiner Seite haben, sonst ist das nicht zielführend. Vielleicht unterschreiten wir dann auch die 9 Mio. Verlust seiner Aufbautätigkeit dieses Jahr.« Und in »gefühlt mindestens 10 US-Staaten« bräuchte man dann vielleicht auch nicht mehr so viele Mitarbeiter.

Wie so vieles bei Wirecard ist auch diese Mail nur schwer zu entschlüsseln. Als ich Ley dazu befragte, erklärte er über seinen Anwalt, es ging um »nichts mehr und nichts weniger« als eine defizitäre Geschäftsbeziehung zu einer Berliner Firma. Doch der Duktus der Mail scheint mir über einen Einzelfall hinauszugehen und erlaubt Einsicht in das skurrile Innenleben eines Konzerns, in dem nichts war, wie es schien, und in dem Gesetze galten, die nur Eingeweihte verstehen konnten. Die Mail gibt Einblick in den Modus Operandi zweier Männer, die wohl wegweisend für den Verlauf der Geschehnisse waren. *Golubews* richtiger Name ist mir bekannt, aber aus rechtlichen Gründen soll er hier nicht genannt werden. Als ich ihn über LinkedIn anschrieb, reagierte er nicht.

Ich frage mich, was – falls es nicht sarkastisch gemeint war – »sehr gut« an der Arbeit des Russen gewesen sein soll, der dem Unternehmen scheinbar Millionenverluste und Arbeitsaufwand in den USA bescherte.

Lag *Golubews* Stärke vielleicht im Ausbau von Beziehungen und Deals für und mit Bürgern seines Heimatlandes? Der IT-Spezialist hat eine einschlägige Vita. An der russischen Staatlichen Technischen Universität Magnitogorsk im Ural hatte er Computerwissenschaften studiert. 2013 fing er bei Wirecard im Vertrieb an und stieg als IT-Spezialist schnell die Karriereleiter hinauf. Ende 2014 übernahm er, wie in seinem LinkedIn-Profil Anfang 2024 zu lesen war, das Management des operativen Zahlungsverkehrs und damit die Organisation des komplexen internen wie externen Systems in Aschheim. *Golubew* managte die Zahlungsabwicklung für jene Händler, die in Asien einen Zahlungspartner in Europa suchten, und regelte auch den Umgang mit den Geldwäschekontrollen. Er kannte sich mit allen möglichen technischen Tricks und Trends der Szene aus, mit Gateways und BIN-Codes, die man programmieren und blockieren konnte, damit die Gelder nicht über Umwege in unliebsame Hände kamen und etwa internationale Geldwäschejäger auf den Plan riefen. In dieser Funktion agierte er unmittelbar unter Marsaleks Ägide, eingebunden in dessen engstes Umfeld.

Eine Wirecard-Mitarbeiterin fragte Marsalek in einem Chatverlauf später, welche Rolle *Golubew* im Konzern eigentlich spiele. Ein Kollege aus England war neugierig geworden. »Er will ja wissen, wie er *Golubews* Rolle einordnen soll usw.« Halb im Scherz und wohl auch ein bisschen im Ernst schrieb Marsalek auf Englisch zurück: »*Golubew* is the boss.« Dann noch: »THE BOSS«, um dann folgen zu lassen: »Because he's Russian«, also, »weil er ein Russe ist«.[98]

Russland-Expertise war offensichtlich ein Asset bei Wirecard. Die Aschheimer beschäftigten aus der staatlichen russischen IT-Schmiede in Magnitogorsk einen weiteren IT-Spezialisten, der wusste, wie man internationale Zahlungskanäle für Hochrisikokunden entwickelt. Dieser war für den Zahlungsverkehr in Dubai zuständig, ebenso für das US-Geschäft. Denn Fingerspitzengefühl war gefragt, besonders nach 2014, als durch das von der US-Regierung mitfinanzierte Recherchenetzwerk OCCRP ein riesiges russisches Geldwäschekartell, dem »Russian Laundromat« (russischer Waschsalon) aufgedeckt wurde,[99] durch das die Finanzkanäle, die nach Europa führten, auch ins Visier der europäischen Regulierer gerieten.

Notfalloperation Asien

Im Winter 2014 herrschte bei Wirecard reges Treiben, das Asiengeschäft musste plötzlich grundlegend neu strukturiert werden. Die EU-Länder bereiteten damals neue Rechtsakte vor, um nach Russlands Annexion der Krim härter gegen Geldwäsche vorgehen zu können. Immer noch war der Glücksspielsektor in Europa lückenhaft reguliert; für den, der suchte, bot er eine Hintertür, um illegale Gelder in den Markt zwischen Lissabon und Tallin zu transferieren. Um die Folgen der Regulierung von Spielhallen und Casinos musste sich Wirecard insofern jahrelang nicht wirklich sorgen. Mithilfe von hochdotierten Anwälten war es gelungen, jedes Verfahren, das aus den USA nach Deutschland überschwappte, hierzulande abzuwenden. Doch mit Putins aggressivem Vorgehen in der Ukraine sollten die juristischen Hintertüren nun auch in Europa geschlossen werden.

In dieser Zeit weitete sich das Wirecard-Support-Netz deutlich aus. Den Aschheimern standen nicht mehr nur Rechtsanwälte für Gerichtsverfahren zur Seite, sie konnten jetzt auch auf die Unterstützung ehemaliger oder aktiver deutscher Politiker setzen. Schon im Frühjahr 2014 half laut Norddeutscher Rundfunk die auf Glücksspielregulierung spezialisierte Münchner Anwaltskanzlei Hambach & Hambach, ein Treffen zwischen Schleswig-Holsteins Ex-Ministerpräsident Peter Harry Carstensen, seinem damals amtierenden hessischen Amtskollegen Volker Bouffier und einem Wirecard-Vorstand zu organisieren.[100]

Die beiden Bundesländer hatten eine liberale Handhabe des Glücksspiels gepflegt, in Norddeutschland hatten sich im Zuge dessen Anbieter aus Steueroasen niedergelassen. Doch Baden-Württemberg drängte auf eine strengere Regulierung des Marktes, für den Glücksspielsektor waren Blocker im Gespräch, um Nutzer vor Spielsucht zu schützen. Carstensen hat erklärt, »nie für die Wirecard Bank als Lobbyist tätig gewesen« und nicht vom Unternehmen bezahlt worden zu sein.[101] Aus einer Mail von Hambach & Hambach an den Wirecard-Finanzvorstand geht einem NDR-Bericht zufolge hervor, dass Carstensen darüber hinaus jedoch den damaligen EU-Kommissar und früheren baden-württembergischen Ministerpräsidenten Günther Oettinger kontaktiert habe, um für Wirecard Regulierungsfragen zu erörtern.

Oettinger bestätigte das Treffen, aufgrund von Gedächtnislücken äußerte er sich auf Anfrage des NDR aber nicht zum Inhalt des Gesprächs. Die Kanzlei hatte Wirecard laut Mailverkehr zu verstehen gegeben, es könnte auch »konkret die Online-Glücksspielregulierung in Deutschland und Europa angesprochen werden«. Ein Fragenkatalog, den ich den Anwälten dazu schickte, blieb bislang unbeantwortet.[102]

Monatelang hatten die EU-Mitgliedsstaaten verhandelt, bis sie sich 2015 auf strengere Regeln für den Glücksspielbereich wie auch für Banken einigten. So sollten die Schlupflöcher geschlossen werden, die in Europa für Geldwäsche im Glücksspielsektor noch offen standen.

Die geplante Neuregelung dürfte prekär für Wirecard gewesen sein, denn die Händler, die auf prallen Kassen in Asien saßen und darauf warteten, ihr Geld in Europa oder den USA anlegen zu können, wurden nun zum potentiellen Rechtsrisiko. Das Asien-Geschäft, das so wunderbar florierte und stetig weiterwuchs, war 2014 noch nicht stringent von der Zentrale in Aschheim entkoppelt. Wirecard wickelte auf den Philippinen unter anderem auch Glücksspielkunden ab. Der philippinische Partner PayEasy betreute laut Wirecard-Händlerliste nicht nur zahlreiche Firmen mit Sitz in Steuerparadiesen; auch ein großer russischer Anbieter wurde hier bedient. Die Abwicklung von Casinokunden, die die USA schon lange auf dem Kieker hatten, und womöglich bald auch die EU, drohte ein juristisches Minenfeld zu werden.

Unter dem Betreff »Restrukturierung Asien« teilte eine Wirecard-Mitarbeiterin ihren Kollegen im Oktober 2014 nach einem Gespräch mit dem Finanzchef Folgendes mit: Das »Ziel ist, die Wirecard Asia-

Gruppe bis Ende des Jahres aus dem Konzern zu entfernen«, schrieb sie. Eine Beratungsfirma hatte dazu im Oktober einen Vorschlag präsentiert: Alle Partner, bei denen Wirecard offiziell als Eigentümer fungierte, sollten innerhalb weniger Wochen bis spätestens zum Jahresende abgewickelt oder verkauft und damit von der Zentrale in Aschheim entkoppelt werden. Dagegen könnten Gesellschaften weitergeführt werden, bei denen Wirecard als rechtlicher Eigner »nicht in Erscheinung tritt und damit auch keine potenziellen Rechtsrisiken trägt«, hieß es in den Aufzeichnungen der Berater.

Trivial war der Vorgang nicht. Gewöhnlich werden Verkäufe von Unternehmensteilen monatelang vorbereitet, die Suche nach Käufern kann Jahre dauern. Bei Wirecard herrschte offensichtlich Zeitdruck. Am 8. Oktober informierte Marsalek in einer Mail, die mir vorliegt, einen Mitarbeiter über die intern abgestimmte Marschroute: »Wir haben die Veräußerung des Firmenstranges, der in Manila endet, beschlossen.« Künftig sollten juristisch unabhängige Drittpartner für Wirecard den Zahlungsverkehr in Asien abwickeln, darüber konnte das Geschäft mit den Hochrisikokunden dann weitergeführt werden. Als ich den damaligen Finanzchef dazu befragte, erklärte er über seinen Anwalt, die Änderung der EU-Geldwäscheregeln habe keinerlei Einfluss auf die Umstrukturierung in Asien gehabt. Seit Jahren habe er sich mit der Frage beschäftigt, wie die Anzahl der Gesellschaften in Asien reduziert werden könnte. Als ich konkret nachfragte, ob er am Aufbau eines Systems beteiligt war, das für Geldwäsche und Schwarzgeldtransfers genutzt werden konnte, wies er dies entschieden zurück. Wirecards Geldwäscheprävention habe organisatorisch, personell und technisch allen Anforderungen entsprochen und sei »state of the art« gewesen, betonte er. Wie auch immer man die Vorgänge heute bewertet – 2014 markierte einen echten Wendepunkt.

Es mag Zufall sein oder auch nicht: Als nach Russlands Annexion der Krim bei Wirecard das System umgekrempelt wurde, bekamen die Aschheimer Unterstützung auch aus ehemals hochrangigen deutschen Sicherheitskreisen. Im Januar 2015 wurde Bayerns

Ex-Landespolizeipräsident Waldemar Kindler, wie er dem Untersuchungsausschuss erläuterte, als Berater für Wirecard tätig. Kindler war eineinhalb Jahre zuvor pensioniert worden, Bayerns Innenminister Joachim Herrmann hatte ihn zum Abschied als deutschen »Meister der Inneren Sicherheit« geehrt, der einen ausgezeichneten internationalen Ruf genieße.[103]

Kindler hatte zehn Jahre lang im Rahmen der Innenministerkonferenz den Vorsitz der Arbeitsgruppe der Landespolizeipräsidenten geführt und war international vernetzt. Nicht nur mit Österreich pflegte er gute Beziehungen. Auch in Russland engagierte er sich beispielsweise 2012 auf einer Fachtagung zur organisierten Kriminalität. Nach 2014 wurde er zu einem zentralen Ansprechpartner der Aschheimer für Probleme aller Art. Als ich ihn zu seiner Rolle und diversen Tätigkeiten für Wirecard befragen wollte, antwortete er mir nicht. Nach Aussage im Untersuchungsausschuss war er behilflich, als es darum ging, für Brauns Fahrer einen Waffenschein zu besorgen, nahm für Wirecard Kontakt zur Polizeiführung auf und fädelte wertvolle Verbindungen in Politik und Behörden ein. Die *Süddeutsche Zeitung* nannte ihn später Wirecards »Türöffner«.[104]

Die Handreichungen des Ex-Polizisten für das Unternehmen sind brisant und vielleicht auch symptomatisch für die Art und Weise, wie Wirecard von Seiten einstiger hochrangiger Sicherheitsleute jahrelang unterstützt und protegiert wurde. In späteren Kapiteln werden wir sehen, wie Kindler den ehemaligen Geheimdienstbeauftragten der Bundesregierung, Klaus-Dieter Fritsche, für Wirecard einspannte sowie den ehemaligen bayerischen Innenminister Günther Beckstein, der nach Aussagen im Wirecard-Untersuchungsausschuss für die Aschheimer Türen in die Politik öffnete. Dabei war Kindler nicht der einzige Ex-Sicherheitsmann, der Kontakt zum Wirecard-Management pflegte. Bernd Schmidbauer, ein Vorgänger Fritsches als Beauftragter für die Nachrichtendienste des Bundes, tauschte sich persönlich mit Marsalek aus, und ein früherer Militär- und Sicherheitsberater der Bundesregierung nahm an Veranstaltungen teil, die Marsalek mit organisierte (siehe Kapitel 6 und 7).

Die Rolle, die Kindler spielte, wirft die Frage auf, was hinter dem Engagement erfahrener Sicherheitsexperten bei Wirecard stand. Im Untersuchungsausschuss des Bundestages musste er sich demnach die Frage gefallen lassen, wie es möglich war, dass ein angesehener Ex-Polizeibeamter für ein kriminelles Unternehmen mit ungewöhnlicher Nähe zu Russland arbeitete. Was er den Parlamentariern zu erklären versuchte, klang erst mal verworren. Doch es lohnt ein genauer Blick auf seine Antwort, denn sie könnte einen Hinweis darauf geben, wer möglicherweise jahrelang eine schützende Hand über Wirecard hielt.

Der Kontakt zu dem Unternehmen sei im August 2014 durch einen Bekannten zustande gekommen, der nach meiner Recherche in der türkischen Gemeinde in Bayern aktiv war. Der sei nicht sonderlich an Wirecard interessiert gewesen, aber er habe den Finanzchef gekannt. »Und da sind wir dann Ende August, glaube ich, mal essen gegangen«, erinnerte sich Kindler in seiner Zeugenaussage im U-Ausschuss. Zugesagt habe er eigentlich nur, weil der Bekannte mit jemand anderem in Kontakt stand, wir nennen die Kontaktperson Schmidt, das ist nicht dessen richtiger Name, aus Gründen des Persönlichkeitsschutzes verwenden wir ein Pseudonym. Schmidt hatte zwischen 2000 und 2018 eine leitende Funktion beim Bayerischen Verband für Sicherheit in der Wirtschaft (BVSW) inne, er war damit ein wichtiger Ansprechpartner für die bayerische Wirtschaft, wenn es darum ging, hiesige Unternehmen vor Übergriffen aus dem Ausland etwa gegen Spionage zu schützen. Zu diesem Zweck kooperierte der Verband eng mit der Polizei, dem Landeskriminalamt, dem Verfassungsschutz und dem bayerischen Innenministerium.

Im Laufe seiner 18-jährigen Verbandskarriere hatte Schmidt dafür gesorgt, dass der BVSW die Kooperation mit der Polizei deutlich ausgeweitet hatte. Im Beirat des Verbandes saßen viele ehemalige Polizeipräsidenten, auch Kindler war nach seinem Ausscheiden aus dem öffentlichen Dienst dort eingestiegen. Seine Arbeit im Rahmen des Verbandes wurde vom ehemaligen bayerischen Innenminister Beckstein mit einer Ehrenurkunde gewürdigt; die beiden kannten sich gut, jahrelang hatten sie in der inneren Sicherheit in Bayern zusammengearbeitet.

Kurz nach seiner Pensionierung stieg Kindler, wie erwähnt, als Berater bei Wirecard ein. Das wirft die Frage auf, ob der Ex-Sicherheitsmann im Interesse des Schutzes der bayerischen Wirtschaft bei Wirecard tätig wurde und seine Arbeit möglicherweise als Staatsaufgabe legitimiert sah. Der Verband erklärte auf Anfrage, keinerlei Verbindungen zu Wirecard gepflegt zu haben. Kindler habe neben seiner Tätigkeit im BVSW auch als Berater gearbeitet, Schmidt habe nebenher eine Rechtsanwaltskanzlei geführt. Ich hätte gerne mit Schmidt darüber gesprochen. Aber als ich ihn anrief und erklärte, um was es geht, legte er auf. Kindler antwortete ebenfalls nicht auf eine Anfrage.

Im U-Ausschuss des Bundestages aber musste der Ex-Polizeipräsident als Zeuge reden. Er habe nicht viel über Wirecard gewusst, als er sich mit Ley zum ersten Mal im Sommer 2014 traf. Nur dass die Aschheimer Kunden aus dem Luftverkehr und Bankensektor hätten – das genügte ihm anscheinend, um sich für Wirecard zu interessieren. Das Unternehmen deckte damit schließlich für polizeiliche Ermittlungen entscheidende Kernsektoren ab. Sein Engagement erklärte Kindler vor den Abgeordneten wie folgt: Er sei nicht polizeilich beratend gewesen, sondern »im Grunde ist es gegangen um meine Kontakte, die ich in die Gesellschaft und in die Wirtschaft habe«. Als Berater stieg Kindler Anfang 2015 bei Wirecard ein. Später habe er sich vorsichtshalber noch einmal bei »hochrangigen Leuten« rückversichert. Wer die waren, blieb sein Geheimnis.[105]

Weder war es Zufall, noch war es ein finanzielles Interesse, wie er selbst im Ausschuss erklärte, worauf Kindlers Engagement hinauslief. Wurde mithilfe des Ex-Polizeipräsidenten etwa über die Privatwirtschaft ein Netz von Kontakten aufgebaut, die in den Sicherheitsbereich reinreichten und die Interessen von Wirecard, einem Aushängeschild der bayerischen Wirtschaft – schützten. Auffällig ist: Die Verbindungen die Kindler vermittelte gingen über rein wirtschaftliche Beziehungen hinaus. Er vermittelte Kontakte beispielsweise zum Staatskanzleichef des Landes, Florian Herrmann, zur Beratungsgesellschaft von Ex-Verteidigungsminister Karl-Theodor zu Guttenberg oder zum bayerischen LKA-Geldwäschebeauftragten. Mir stellt sich hier die Frage, ob Wirecard im Rahmen des Wirtschaftsschutzes vor Angriffen aus den USA geschützt werden sollte und ob möglicherweise der für den bayerischen Wirtschaftsschutz zuständige Landesverfassungsschutz involviert war. Ich horchte bei ihm nach. Die Antwort lautete: Im Rahmen des Wirtschaftsschutzes habe Wirecard keine Rolle gespielt, es hätten keine Kontakte zu dem Unternehmen bestanden.

Die Antwort überrascht nicht. Federführung beim Wirtschaftsschutz hat grundsätzlich das Bundesinnenministerium, das die Arbeit der zuständigen Behörden, von Polizei, BND, Verfassungsschutz und BSI koordiniert. Auf die von den ehemaligen Die Linke Bundestagsabgeordneten Fabio de Masi und Christian Leye angestoßene parlamentarische Anfrage, ob der Verfassungsschutz im Zusammenhang mit Wirecard Maßnahmen zur Abwehr von Auslandsspionage ergriffen habe, erklärte das Bundesinnenministerium allgemein, dass der Verfassungsschutz »Hinweisen auf Aktivitäten fremder Nachrichtendienste nachgeht«. Kindler schien die Nähe zum Bundesverfassungsschutz derweil zu schätzen. Er hatte laut Mailverkehr 2014 eine, wie er meinte, interessante Veranstaltung aufgetan, zu der er sich und Burkhard Ley »vorsorglich« registrieren lassen wollte, eine Veranstaltung mit dem damaligen Verfassungsschutzpräsidenten Hans-Georg Maaßen zum Wirtschaftsschutz.

Wirecard und das BKA

Mit dem deutschen Staatsschutz arbeitet Wirecard damals bereits zusammen. Das BKA hatte schon 2013 Kontakt zur Wirecard Bank aufgenommen, um mit ihrer Hilfe Geldwäschern das Handwerk zu legen; kriminell im Web erlangte Gelder sollten an die Betroffenen zurückgeleitet werden können.

Ab 2014 wurde Wirecard auch in operative Ermittlungen des BKA im Bereich der organisierten Kriminalität eingebunden, um im Rahmen einer neuen Fahndungsstrategie »E-Cash«-Täter mittels Kreditkartendaten in Echtzeit orten zu können. Um dem Wirecard-Vorstand das Vorgehen zu erläutern, reisten BKA-Beamte eigens nach München. Zudem wandte sich das BKA – laut Unterlagen aus dem Wirecard-Ausschuss – mit einer Bitte an die Wirecard Bank: »Wir würden einer Zielperson gerne eine originalverschweißte mywirecard-VISA als ›Geschenk‹ geben, damit diese die Karte fleißig nutzt.«[106]

Es schien super für die Aschheimer zu laufen. Die Staatsdiener richteten zwei weitere Konten bei der Wirecard Bank für Ermittlungen ein. »Ich darf mich ausdrücklich und herzlich bei Ihnen bedanken, insbesondere ›dass‹ und ›wie schnell‹ das Ganze von Ihnen umgesetzt werden konnte«, schrieb ein Mitarbeiter der BKA-Abteilung »Schwere und Organisierte Kriminalität« im Frühjahr 2014 an den damaligen Generalbevollmächtigten der Bank. Das freute dann auch ein Mitglied im Wirecard-Vorstand, der laut U-Ausschuss-Dokumenten frohlockte: »Wir werden noch zur BKA-Hausbank.«[107]

Eine unfreiwillig zutreffende Beschreibung des Verhältnisses von BKA-Ermittlern zu dem vielleicht größten Geldwäschekonzern der europäischen Geschichte? Zwischen 2014 und 2020 wurden nach Erkenntnissen des Sondergutachters Wolfgang Wieland rund 33 Prozent aller Kreditkarteneinsätze des Bundeskriminalamtes für Vertrauenspersonen mit Wirecard-Kreditkarten getätigt. Der mittlerweile verstorbene Wieland wurde als Sonderbeauftragter vom Parlament eingesetzt, um die Rolle der Sicherheitsdienste in dem Skandal zu untersuchen. In seinem Bericht resümierte er, dass das BKA die Gefahren von Geldwäsche bei Wirecard kritischer hätte hinterfragen können und stattdessen wohl unfreiwillig »den Bock zum Gärtner gemacht« habe.[108] Die Zusammenarbeit mit dem BKA wurde bis November 2020 fortgesetzt, als der Konzern schon insolvent war.

Zurück zu Waldemar Kindler. Nachdem der Ex-Polizeipräsident sich vertraglich verpflichtet hatte, den Wirecard-Vorstand in strategischen Fragen zu beraten, sollte er, wie in Wirecard-Mails zu lesen ist, auch für Marsalek eingespannt werden. So meldete sich Mitte Januar 2015 etwa dessen Assistentin per Mail mit einer Bitte: »Herr Jan Marsalek (Vertriebsvorstand) und Vorstandskollege von Herrn Ley sollte kurzfristig zwecks einem ›normalen Projekt‹ nach Delhi und Chennai, Indien, reisen.« Dafür benötige Marsalek ein Visum. »Wenn der Antrag von Herrn Marsalek zu beschleunigen ginge, wären wir Ihnen sehr dankbar.« Das Indien-Visum bekamen die Aschheimer dann allerdings ohne polizeiliche Hilfe, wie eine Mitarbeiterin in einer Mail erfreut verkündete. Für Marsalek sei er nicht tätig geworden, erklärte Kindler im U-Ausschuss. In Visaangelegenheiten war er den Aschheimern aber zu einer späteren Gelegenheit behilflich.

Die Nachricht wirft zudem die Frage auf: Wenn die Beschleunigung eines Visumantrags ein normaler Vorgang war, was war denn dann ein »unnormaler«? Ungewöhnlich war auf jeden Fall Kindlers Hilfe bei der Besorgung eines Waffenscheins für Brauns Fahrer. Dafür kontaktierte er laut Wirecard-Mails nicht nur den damaligen Münchner Polizeipräsidenten Hubertus Andrä. Auch Schmidt vom Bayerischen Verband für Sicherheit in der Wirtschaft soll hierbei behilflich gewesen sein. Wurde Wirecard etwa mit Unterstützung der Polizei und über die Kontakte des Verbandes in die Lage versetzt, sich gegen echte oder erfundene Übergriffe aus dem Ausland zur Wehr zu setzen?

Außergewöhnlich war vor allem der Beistand, der Wirecard vonseiten Kindlers zuteilwurde, wenn die Aschheimer sich gegen Geldwäschevorwürfe aus dem Ausland zur Wehr setzen mussten. Anfang 2015 organisierte Kindler ein Treffen mit einem Ministerialrat im bayerischen Innenministerium, der sich nach Angaben seines Dienstherrn Joachim Herrmann im Bereich des Glücksspielrechts einen Namen gemacht hatte. Das Treffen mit dem Beamten war nicht das einzige dieser Art, das Kindler einfädelte. »Im Übrigen bin ich bezüglich des Geldwäschethemas in Kontakt mit der Vizepräsidentin des LKA und melde mich dazu wieder«, ließ er laut Wirecard-Mailverkehr drei Jahre später den Konzern wissen. Tatsächlich kam es dank Kindlers Vermittlungen zu einer Unterredung mit einem damaligen Geldwäschefahnder des Landeskriminalamtes. Brühwarm berichtete der LKA-Beamte Wirecard über die jüngsten Trends im Kryptobereich, das neue Geldwäsche-Eldorado.

Im Rückblick muss man annehmen, dass kriminelle Handlungen und das unvorstellbare Ausmaß des Milliardenbetrugs nicht zuletzt, wissentlich oder unwissentlich, mithilfe deutscher Sicherheitskreise möglich werden konnten.

Der ehemalige CSU-Bundestagsabgeordnete Hans Michelbach äußerte am Rande des Untersuchungsausschusses in einem Medienbericht Unverständnis, dass ein Unternehmen, zu dessen Geschäftsmodell, wie er meinte, Geldwäsche gehörte, möglicherweise über Strategien der Strafverfolgungsbehörden informiert worden sei.[109] Damit könnten kriminelle Handlungen von Wirecard begünstigt worden sein. Geldwäsche ist bislang zwar nicht bewiesen. Aber Michelbach ist mit seiner Einschätzung nicht allein. Fabio De Masi, der seinerzeit für die Linke in dem Ausschuss saß, sagte klipp und klar: »Wirecard war im Kern eine große Geldwäscheanlage.« Auch in NGOs wird es so gesehen. Für Konrad Duffy, der in der Bürgerbewegung Finanzwende für Finanzkriminalität zuständig ist, »scheint es in Teilen« so gewesen zu sein, dass das Unternehmen schmutzige Millionen gesäubert habe. Das Asien-Geschäft habe auch dazu gedient, »um Geld rauszuschleusen«, erklärte er im ZDF.[110]

Bereits 2015 wollten die US-Ermittler Klarheit schaffen, sie waren bei Wirecard auf neue Ungereimtheiten gestoßen. Die von Marsalek geführte Konzerntochter Click2Pay, die für Casinokunden in den USA entwickelt worden war, kam ihnen suspekt vor. Auch Marsalek war dabei ins Visier geraten. Um das Geschäftsmodell der Firma genauer prüfen zu können, bat das US-Justizministerium die Staatsanwaltschaft München per Rechtshilfeersuchen, die Ermittlungen vor Ort in Aschheim aufzunehmen. Eine Kriminalhauptkommissarin im Kriminalfachdezernat 3 des Polizeipräsidiums München, die den

US-Vorwürfen nun nachging, hegte ebenfalls Zweifel, ob bei der Wirecard-Tochter alles mit rechten Dingen ablief. Sie teilte in Ansätzen die Lesart der US-Justiz und vertrat den Standpunkt, dass das betroffene Glücksspielgeschäft auch nach deutschem Recht illegal sei. Und sie plante, wie von den USA gewünscht, Polizeibeamte für eine Razzia nach Aschheim zu schicken.

Doch auch sie kam nicht weiter. Als das Verfahren auf insgesamt vier Personen ausgeweitet werden sollte, erging am 8. September ein Schreiben der Staatsanwaltschaft an das Polizeipräsidium München mit den Vermerken »EILT SEHR« und »Bitte Verfahren auch insoweit sperren«. Einen Bezug zum deutschen Strafrecht sah die Staatsanwaltschaft nicht mit dem notwendigen »Verdachtsgrad« gegeben, präzisierte sie am 16. September, die Vorermittlungen waren mangels Anfangsverdachts gegen Marsalek und drei weitere Personen eingestellt worden. Im Gegensatz zur Kriminalhauptkommissarin, die nach Eingang von vier Anzeigen gegen die Wirecard-Tochter Hinweise auf Betrug und Verdunkelungsgefahr ausgemacht hatte, vertrat die Staatsanwaltschaft den Standpunkt, es habe keine hinreichenden Anhaltspunkte dafür gegeben, dass von Deutschland aus an Glücksspiel teilgenommen wurde, sodass von daher keine Anhaltspunkte für eine Straftat vorlägen.

Die Polizei, dein Freund und Daten-Helfer

Nachdem der Druck aus den USA nicht nachließ, in Sachen Geldwäsche gegen Wirecard zu ermitteln, kam es Anfang Dezember 2015 doch zu einer Razzia in Aschheim. Polizisten beschlagnahmten bei Wirecard zwei Tage lang Terabytes von Datenmaterial, ohne dass die Öffentlichkeit davon erfuhr. Damit hatten die Ermittler alles, was sie brauchten, um eine gründliche Untersuchung durchzuführen und den Vorwürfen nachzugehen.

Doch hinter den Kulissen herrschte rege Betriebsamkeit. Die Berater Hambach & Hambach strebten im Auftrag von Wirecard eine außergerichtliche Verständigung in der laufenden Untersuchung zur Geldwäsche mit dem zuständigen New Yorker State Attorney an. Zeitgleich standen sie in engem Austausch mit der Staatsanwaltschaft und der ermittelnden Kriminalpolizei in Deutschland. Ungewöhnlich erscheint dabei vor allem, wie vertrauensvoll und vorbehaltlos sich Polizei und Staatsanwälte allem Anschein nach mit den Wirecard-Anwälten austauschten, wenn es um die Verteidigung des Konzerns in den USA ging. In einer Mail vom 16. Februar 2016 schrieben die Anwälte an die Juristen in Aschheim, dank einer »erfolgreich abgestimmten Strategie in D und USA« sei die Lage »momentan« für Wirecard vorteilhaft, den Verlauf nach eigenen Vorstellungen »steuern und beeinflussen« zu können. In einer anderen Mail hatten die Anwälte Wirecard zuvor über »ein sehr gutes Telefonat mit dem zuständigen StA« informiert. Die Staatsanwaltschaft habe ihnen zugesichert, »dass keine Daten vor den Gerichtsentscheidungen unserer Beschwerden ausgewertet und in die USA geschickt werden«. Sie habe, so die Einschätzung der Anwälte, »sowieso geringe Lust auf die Auswertung der Dateien« und begrüße es, dass die Wirecard-Berater über »ihre US-Kollegen bereits parallel in Kommunikation mit dem State Attorney in NY stehen«. Sollte sich der Fall damit erledigen, komme dies dem Staatsanwalt »sehr gelegen«. Bei den Ermittlern reiße sich niemand um den Fall, meldete die Anwaltskanzlei der Wirecard-Justiziarin.

Man bemerke, die bayerische Staatsanwaltschaft hatte, zumindest laut Aussage der Anwälte, »geringe Lust«, die Ermittlungen gegen Wirecard zu führen. Natürlich habe ich für dieses Buch in München noch einmal nachgefragt, wie man solche Äußerungen einzuordnen habe. Eine Sprecherin der Staatsanwaltschaft erklärte, den Briefwechsel der Anwälte nicht bewerten zu können. Hambach & Hambach ließen Anfragen dazu unbeantwortet.

Bei Wirecard bemühte sich Finanzchef Ley um eine Verständigung mit den Amerikanern. Die US-Ermittler wollten nämlich detailgenau wissen, wie dieser zweifelhafte Zahlungsdienstleister mit seinen dubiosen Glücksspielkunden genau funktionierte, der immer wieder seine Fühler in die USA ausstreckte. Sie wollten laut interner Wirecard-Mails Auskunft darüber, wie die Eigentümerstruktur von Click2Pay und der Wirecard Payment Solutions aufgebaut war und das Compliance-Management funktionierte.

Dabei ging es nun nicht mehr um das »klein-klein«, wie eine Mitarbeiterin feststellte. Vielmehr sollte jetzt das ganze Geschäftsmodell der Firma durchleuchtet und die Verantwortlichen namentlich genannt werden. Das ging der Mitarbeiterin jedoch zu weit: »Ich sehe überhaupt keine Verbindung zur Sache, wenn man wissen will, wer für die Finanzen, internationale Beziehungen oder in der Rechtsabteilung 2009 gearbeitet hat«, schrieb sie den Beratern in einer Mail. Und fügte hinzu: »Ich bin sicher, du verstehst unseren Widerwillen, weitere Namen an [den State Attorney] zu geben.«

Vor allem interessierten sich die US-Ermittler für die Wirecard-Kunden, sie wollten Informationen zu Händleridentifikationsnummern (»Merchant-IDs«) und Daten aus dem Wirecard-Kundenstamm abfragen, etwa um Casinokunden aufspüren zu können. Diese Informationen waren sowohl für Wirecard als auch im internationalen Kampf gegen Geldwäsche aus Osteuropa hochbrisant, denn damit hätte möglicherweise die Tarnung zweifelhafter Händler mit Nähe zu Russland oder Putins Regime offengelegt werden können. Gerade darum hatten die USA allem Anschein nach eine umfassende Suchabfrage im Wirecard-Datensystem verlangt. Neben allerlei verdächtigen Schlagworten suchten sie auch nach konkreten Unternehmen, wie etwa dem Online-Anbieter PokerStars, dessen mutmaßlicher litauischer Gründer Isai Scheinberg per Haftbefehl gesucht wurde und sich schließlich schuldig erklärte, in den USA illegale Online-Pokerspiele angeboten zu haben, wofür er zu einer Geldstrafe verurteilt wurde.[111]

Zufall oder nicht: PokerStars beschäftigte zu diesem Zeitpunkt nicht nur die US-Ermittler, sondern auch die Politik in Bayern und Schleswig-Holstein. Am 31. Mai 2016 kamen Wulf Hambach, einer der Inhaber der Kanzlei Hambach & Hambach, der bayerische Innenminister Joachim Herrmann, der parlamentarische Geschäftsführer der CDU-Fraktion im Kieler Landtag und der Leiter des Glücksspielwesens Schleswig-Holsteins im Münchener Innenressort zusammen. Das Treffen bestätigte die Landesregierung auf Anfrage aus dem bayerischen Landtag. Als offizieller Grund wurde ein Erfahrungsaustausch zum Online-Glücksspiel genannt. Und noch ein ganz besonderer Gast war zur Runde nach München gereist: ein Vertreter von PokerStars, das in Schleswig-Holstein eine Glücksspiellizenz besaß. Was besprochen wurde, ist nie bekannt geworden. Auch ist nicht dokumentiert, ob Wirecard der amerikanischen Anfrage zu PokerStars jemals nachgekommen ist.

Eine Liveabfrage in der Wirecard-Datenbank durch die US-Ermittler war inzwischen wieder vom Tisch. Umso freundschaftlicher und vertrauensvoller schien sich die Zusammenarbeit zwischen Wirecard und der deutschen Polizei bei der Auswertung der Daten zu gestalten. Wirecard sollte die beschlagnahmten Daten nun wieder zurückbekommen, um sie selbst für die USA auszuwerten. Die Aschheimer wussten damit nun genau, welche Daten die Ermittler hatten, und nahmen die Ermittlungen mit anderen Worten in die eigene Hand. Hambach schrieb am 29. Juni 2016 an Wirecard: »Ich habe heute mit der Kripo [Hr. B. Name gekürzt] gesprochen. Ihm liege die schriftliche Bestätigung der StA vor, die Daten kopieren zu dürfen. Ich habe umgehend noch heute eine 6-Terabyte-Festplatte kaufen und bei der Kripo vorbeibringen lassen. Die Daten, die bei der Polizei liegen, werden nunmehr auf die Festplatte überspielt.«

So kumpelhaft ging es dann auch weiterhin zwischen Kripo und den Wirecard-Anwälten zu. Sogar mit Ratschlägen zur Auswertung der erst beschlagnahmten und dann kopierten Daten half die Polizei augenscheinlich gern weiter. In zwei Telefonaten mit der EDV-Abteilung der Kripo hatte die Polizei den Wirecard-Anwälten laut Mailverkehr umfangreiche Tipps zur Auswertung erteilt. »Wir bräuchten […] ›nur‹ eine sog. ›Investigator-Reviewer-Software‹, um die Daten, die wir erhalten, auch auswerten zu können«, gab Hambach & Hambach die Tipps der Polizei in einer Mail am 5. Juli 2016 an Wirecard weiter. Auch eine detaillierte »Readme«-Anleitung hatte die Polizei zum Einlesen des Datenmaterials für die Wirecard-Anwälte zusammengestellt, die den Aschheimern zusammen mit der Daten-Festplatte am 19. Juli 2016 übergeben wurde. Damit bekam Wirecard nun die Möglichkeit, zuvor beschlagnahmte Daten selbstständig und ohne Blick über die Schulter auch löschen zu können. Den Aschheimern wurde anscheinend von Seiten der deutschen Ermittler alles an die Hand gegeben, um Ermittlungen in den USA steuern und in Deutschland vermeiden zu können. Für Wirecard konnte es kaum besser laufen, wenn man unterstellen will, dass es ein Interesse gab, heikle Daten nicht in die USA gelangen zu lassen.

Auffallend ist: Wenn es für Wirecard im Rahmen von US-Untersuchungen brenzlig wurde, standen dem deutschen Konzern hochqualifizierte Berater und Anwälte zur Seite, die den Aschheimern Zugang zu Informationen boten, zu denen sie keinen Zugang haben sollten. Die landläufige Meinung ist, dass Wirecard selbst das hochprofessionelle Netz von Anwälten und Beratern bespielte, das ihnen half, sich aus jeder strafrechtlichen Schlinge zu ziehen, die seine Existenz bedrohte. Doch diese Lesart greift möglicherweise zu kurz.

An dieser Stelle sollte man in Betracht ziehen, dass es nicht Wirecard-Manager waren, die das Netz von Beratern gekonnt bespielten, sondern dass der einstige Vorzeigekonzern möglicherweise eingebunden war in ein Netz von Beratern und Kontakten, über das die Aschheimer mit verfahrensrelevanten und nachrichtendienstlichen Informationen gefüttert wurden.

Um die Verfahren in die immer gleiche Richtung zu lenken, brauchte es ein umfassendes Insiderwissen, wer wann und wo an dem Wirecard-Fall arbeitete, wen man in der jeweiligen Behörde, in der BaFin, in den Ministerien ansprechen musste und mit welchem Argument man welche Person überzeugen konnte, um Kritiker auflaufen zu lassen. Und so stellt sich mir auch hier die Frage: Wurde Wirecard vielleicht von Staatsseite geschützt?

Im Untersuchungsausschuss des Bundestages ist oft berichtet worden, wie über Jahre hinweg Warnhinweise, sogenannte rote Flaggen, von der BaFin, dem Finanzministerium und den Wirtschaftsprüfern, der Financial Intelligence Unit (FIU) nicht verfolgt wurden oder ins Leere liefen. Wenn ein niederrangiger Beamter seine Augenbrauen hochzog und versuchte, auf mögliches Fehlverhalten bei Wirecard aufmerksam zu machen, gab es oft einen höheren Beamten oder eine andere Behörde, die den keimenden Verdacht erstickten. Viele Mahnungen von Privatpersonen, Beamten oder Banken, die der Meldestelle der FIU oder der BaFin Hinweise lieferten, wurden so frühzeitig entkräftet.

Die BaFin stimmte sich mit der Staatsanwaltschaft ab, die laut Strafprozessordnung die »Herrin des Ermittlungsverfahrens« ist und entscheidet, ob Ermittlungen aufgenommen werden oder nicht. In Bayern arbeitet die Staatsanwaltschaft eng mit der Polizei zusammen. Der Staatsschutz fällt, anders als in anderen Bundesländern, in die »Sonderzuständigkeit« der Staatsanwaltschaft München I, die über Anklagen in Sachen Geldwäsche und Korruption entscheidet. Doch die Anzeigen und Meldungen, die bei der Staatsanwaltschaft eingingen, liefen seit 2010 im Grunde immer auf dasselbe Ergebnis hinaus: Man konnte keinen Anfangsverdacht oder auch Tatnachweis feststellen, und daraus folgte, dass es keine Anklage gab. Die Serie der Hinweise dagegen ist lang: Im Jahr 2010 waren gegen Wirecard gleich mehrere Anzeigen unter anderem wegen Geldwäsche eingegangen, gefolgt von einer anonymen Anzeige 2016 gegen das Management. Das 2010er-Verfahren wurde wegen mangelndem Tatverdacht nach zwei Jahren eingestellt, und 2016 wurde wegen mangelndem Anfangsverdacht nicht einmal mehr ein Ermittlungsverfahren eröffnet. Ähnlich 2019, als von einer Bank eine Geldwäscheverdachtsmeldung einging; die Staatsanwaltschaft stellte die Prüfung nach zwei Monaten ein, ihr lagen keine ausreichenden Anhaltspunkte für eine Straftat vor.

Wirecard konnte ungeachtet eines immer wieder aufkeimenden Geldwäscheverdachts jahrelang wachsen, in der heiß umkämpften IT-Branche konnten sich die Aschheimer als Global Player etablieren und gegenüber der Konkurrenz aus dem Silicon Valley aufholen. Während Wirecard daheim strafrechtlich lange nichts fürchten musste, schlugen die Mahner und Warner aus dem Ausland immer lauter Alarm, ab 2015 dann aus Großbritannien.

Versteckte Millionen und tolle Bilanzen

The House of Wirecard hieß die Serie, in welcher der Journalist Dan McCrum von 2015 an in der *Financial Times* regelmäßig immer neue Details über zweifelhafte Buchhaltungstricks und Geschäftspraktiken der Aschheimer veröffentlichte. Besonders kritisch beurteilte die britische Finanzzeitung das Asien-Geschäft, wo Wirecard weiter expandierte. »Was kauft Wirecard hier nur?«, fragte sich McCrum etwa, nachdem das Unternehmen viele Millionen Euro für die Hermes GI Retail Gruppe gezahlt hatte, einen eher unbedeutenden indischen Zahlungsdienstleister.[112]

Das Misstrauen war durchaus angebracht, denn Asien war längst zu einem zentralen Hub für russisches Schwarzgeld geworden und in kleinen, unbedeutenden Zahlungsdienstleistern ließ sich Geld leicht außer Landes parken. Satte 340 Millionen Euro hatte Wirecard sich die Übernahme des indischen Zahlungsdienstes kosten lassen – knapp das Neunfache des Kaufpreises von 37 Millionen Euro, zu dem die Firma wenige Wochen zuvor den Besitzer gewechselt hatte. Im Geschäftsbericht 2015 jubelten die Aschheimer, dass mit der Übernahme der GI Retail Gruppe in Indien der »Einstieg in einen der weltweit größten Wachstumsmärkte« gelungen sei. Der Ausbau des Asiengeschäfts solle auf dieser Basis fortgesetzt werden, die Wachstumsprognose für das kommende Jahr wurde angehoben.

Die bislang vorherrschende Lesart geht davon aus, dass Wirecard mit wertlosen Übernahmen die Anleger und damit den Finanzmarkt täuschte, indem für diesen eine blendende, aber substanzlose Wachstumsstory kreiert wurde. Doch immer wieder mussten die Ermittler später Journalisten gegenüber eingestehen, dass die überteuerten Unternehmenskäufe im Ausland ihnen Rätsel aufgaben – mit der Theorie der Bilanz- und Marktmanipulation waren die teuren Übernahmen nicht zu erklären. Wirecard verbrannte Millionen an Kapital, um sich wenig beeindruckende Zahlungsdienste einzuverleiben, deren Wert über kurz oder lang abgeschrieben werden musste, was immer neue Lücken in die Bilanz riss.

Was steckte also hinter diesen bizarren Übernahmen, und vor allem: Wer profitierte davon? Eine andere Hypothese, die bislang kaum Beachtung gefunden hat, könnte vielleicht Licht in das Dunkel bringen. Marktmanipulation oder Geldwäsche? Das ist die Frage, die sich beim Entschlüsseln des Wirecard-Rätsels letztlich stellt.

Es klingt wie ein theoretischer Unterschied, über den sich nur Juristen streiten, doch es geht um mehr: um die Frage, was wirklich hinter der fulminanten Wachstumsstory stand. Der Unterschied zwischen Marktmanipulation und Geldwäsche ist nicht trivial, er entscheidet darüber, ob das Unternehmen eine Luftnummer war, die Geschäfte in Gänze vorgetäuscht hat, deren Kunden damit auch nicht echt waren, und ob die verschwundenen 1,9 Milliarden damit ebenfalls eine völlige Luftnummer waren. Oder ob Wirecard vielleicht ein noch größerer Skandal war, eine professionelle, weltweit organisierte und durchgeplante Geldwäschemaschine, die von Kriminellen genutzt wurde und russisches Schwarzgeld über die Wirecard-Bilanz reinwusch und nach Europa schleuste.

Dieser These will ich hier genauer nachgehen. Konkret steht die Frage im Raum, ob Wirecard möglicherweise russisches Schwarzgeld über die eigene Bilanz gewaschen hat, indem der Konzern Zahlungsdienstleister und Kundenportfolios in Asien übernahm, die, so die Vermutung, vollgepumpt waren mit russischem Schwarzgeld, das mittels Übernahme und über die Wirecard-Bilanz sauber verbucht wurde und dessen Gegenwert reingewaschen an Kunden in Russland oder Osteuropa mittels Kaufpreiszahlung abfloss.

Dafür lohnt es, einen genauen Blick auf das Indien-Geschäft zu werfen, den größten Übernahmedeal in der Geschichte des Konzerns. Eine dreistellige Millionensumme war hier transferiert worden. Wohin floss dieses Geld? Wer darauf eine Antwort findet, dem erschließt sich möglicherweise, wer die Wachstumsstory der Aschheimer trieb.

Bekannt ist, dass die Gelder an einen auf Mauritius registrierten Fonds namens EMIF flossen, der laut einer Zivilklage vor dem britischen High Court von einer internationalen Anwaltskanzlei vertreten wurde. Aus den Unterlagen des Gerichts ergibt sich ein weiterer Hinweis auf die Empfänger der Gelder: Die Kanzlei, die die Verhandlungen führte, hatte Niederlassungen in London und, man bemerke, auch in Moskau.

Die Londoner Verbindung lässt sich durch den zuvor erwähnten britischen Geschäftspartner Henry O. erklären, der den Deal mit eingefädelt hatte und für Wirecard potenzielle Übernahmeziele in Asien identifizierte. Dessen litauische Firma Finolita soll laut *FT*-Recherche kurz vor der Wirecard-Insolvenz eine zweistellige Millionensumme aus dem Indien-Geschäft an Marsalek überwiesen haben.[113] Diese Verbindung ist öffentlich bekannt.

Unbeachtet blieb bislang jedoch die Russland-Verbindung des Megadeals. Marsaleks Reiseroute legt nahe, dass das Indiengeschäft über Moskau abgewickelt worden sein könnte. Nachdem seine Assistentin einen Tripp im Januar nach Chennai (Indien) organisierte, war für April eine weitere Reise dorthin geplant – diesmal mit einem Zwischenstopp in Moskau.

Die Annahme liegt nahe, dass mithilfe des Indien-Deals russisches Geld über Asien seinen Weg in die Wirecard-Bilanzen gefunden hat und schließlich an einen Moskauer Partner über den Fonds in Mauritius sauber als Kaufpreis ausgezahlt wurde. Demnach wäre die sagenhafte Wachstumsstory der Aschheimer nicht nur ein Bilanzbluff gewesen, sondern auf den verschleierten Transfer von russischen Millionen aufgebaut worden. Wenn dem so war, dann müssten die Zahlungsdienstleister, die Wirecard übernahm, letztlich mehr wert gewesen sein, als die Bilanzzahlen auf den ersten Blick zu erkennen gaben. Sie könnten vollgepumpt gewesen sein mit russischem Schwarzgeld.

Das oben beschriebene Verfahren war augenscheinlich auch ein Jahr zuvor bereits zum Zuge gekommen. Für die Übernahme des

Zahlungsdienstleisters GFG Group in Auckland, Neuseeland, und ihrer Tochter in Melbourne, Australien, zahlte Wirecard 34 Millionen Euro, während der Wert der Firma zuvor auf fünf Millionen Euro taxiert worden war. Auch hier schienen die Bilanzzahlen die Übernahme nicht erklären zu können. Jedem gewöhnlichen Investor wäre beim Anblick der Kennzahlen zu Liquidität, Eigentümerstruktur und Verlusten die Lust am Kauf vergangen. Doch am Fall der GFG Group zeigt sich, dass das bilanztechnisch wenig eindrucksvolle Unternehmen vielleicht im Hintergrund doch ein attraktives Portfolio mit Kapital zu bieten hatte.

Schwarzgeld lässt sich schließlich in den gängigen Bilanzkennzahlen nur schwer darstellen. Wer allerdings danach in dem Unternehmen sucht, könnte womöglich fündig werden. Ein Wirecard-Mitarbeiter schrieb Marsalek damals in einer internen Mail: »Sie [GFG] haben einen ordentlichen Berg an Verlusten angehäuft, operativer Cash-Flow leicht negativ.« Es war also sicher nicht das Bilanzbild, das die Gruppe so attraktiv machte, dass Wirecard bereit war, den Finanzdienstleister zu einem derart überhöhten Preis zu übernehmen. Die Antwort könnten vielleicht die Eigentümer und Kunden der Firma geben. Die Eigentümerstruktur hatte, wie der Wirecard-Mitarbeiter in seiner Finanzanalyse darlegte, ein besonderes Merkmal: Es waren sogenannte »Wandelpapiere« ausgegeben worden, die insgesamt 80 Prozent der Bilanzsumme ausmachten.

Wandelanleihen sind Schuldverschreibungen, die nicht in der Bilanz als Eigenkapital erscheinen, aber einen Eigentumsanspruch verbriefen, der bei Gelegenheit geltend gemacht und in Aktien umgewandelt werden kann. Verbriefte Wandelpapiere sind ein beliebtes Vehikel, um die wahren Besitzverhältnisse und Schwarzgeldanlagen zu verschleiern. Und nicht nur die Eigentümerstruktur und die Vermögensverhältnisse sollten offensichtlich bei der GFG Group im Dunkeln bleiben. Auch die Kunden schienen es zu bevorzugen, inkognito zu sein. Auf diese Bedürfnisse der geheimnisvollen Kunden ging ein Wirecard-Mitarbeiter ein, wie man aus einer Mail an die GFG Group schließen kann: »Wenn ihr besorgt seid, den Namen der

Kunden bekannt zu machen, dann könnte ihr die Daten der Kunden auch anonymisiert schicken.«

Der überhöhte Kaufpreis von 34 Millionen Euro wurde schließlich damit begründet, dass das Unternehmen Kundenbeziehungen in diesem Wert übernommen habe. Offenbar waren diese mehr wert, als es die gängigen Bilanzkennzahlen hergaben. Das würde erklären, warum ein anscheinend wertloser Zahlungsdienstleister für eine solche Summe über den Tisch ging: Auf diese Weise war es grundsätzlich möglich, russisches Schwarzgeld über die Wirecard-Bilanz zu verschleiern und mittels Kaufpreiszahlung in den internationalen Zahlungsverkehr wieder einzuspeisen. Solch eingeschleustes Geld hätte dann in Europa etwa in Gewerbeimmobilien oder Luxusgüter investiert, also im regulären Wirtschaftskreislauf angelegt werden können.

Günstiger Nebeneffekt eines solchen Modells: Die Bilanzen des Zahlungsdienstleisters würden zusätzlich aufgepumpt und täuschten eine Wachstumsgeschichte vor. Und auch die Einnahmen solcher Transaktionen können sich für gewöhnlich sehen lassen, denn das Waschen von Schwarzgeld und sonstiger dubioser Gelder ist ertragreich, die Abwicklungsgebühr ist um ein Vielfaches höher als für gewöhnliche Transaktionen. Wirtschaftlich hätten solche Deals also viel Sinn ergeben.

Wer das Wachstum von Wirecard trieb dürfte der langjährige strategische Leiter der GFG-Gruppe gewusst haben, der später für Wirecard tätig wurde. Der hatte zuvor für die Federal Bank of the Middle East (FBME) die zyprische Filiale aufgebaut, bevor er zur GFG-Gruppe und zu Wirecard wechselte. Die FBME tauchte schließlich in den Akten der US-Bundesbehörde FinCEN als ein Finanzinstitut auf, das »in erster Linie Geldwäsche betreibt«. Und die zyprische Filiale hatte laut FinCEN Files rund 90 Prozent der verdächtigen Transaktionen abgewickelt. US-Banken wurden jegliche Geschäftsbeziehungen zur FBME verboten.[114] Die FBME stand unter Verdacht, vor allem für russische Kunden Gelder in die USA geschleust zu haben, und geriet später ins Visier des US-Sonderermittlers Robert Mueller, der Russlands Einflussnahme auf den 2016er-Wahlkampf von Donald Trump untersuchte.[115] Die Hälfte des Geldes, das die FBME transferierte, so berichtete eine Zeugin im Wirecard-Untersuchungsausschuss, soll von russischen Oligarchen gekommen sein. In Deutschland schien man dagegen wenig Berührungsängste zu haben. Die Deutsche Bank übrigens schätzte die Dienste der FBME sehr, zwischen 2008 und 2012 war sie von den Frankfurtern mit dem »Processing Excellence Award« ausgezeichnet worden.

Rote Flaggen

Natürlich blieb nicht unbemerkt, dass das fulminante Wachstum von Wirecard auf zweifelhaften Geldflüssen aus Asien beruhte. Vor allem in Großbritannien ging man dem weiter nach. Im Februar 2016 brach der Kurs der Wirecard-Aktie plötzlich um 15 Prozent ein. Ein knapp 100 Seiten langer Bericht, veröffentlicht von einer Research Firma, genannt Zatarra, präsentierte im Internet neue Belege für »großflächige Korruption und Betrug«.[116] Und der Report ging weit darüber hinaus. Im Mittelpunkt der detaillierten Analyse stand nun auch öffentlich der Vorwurf internationaler Geldwäsche. »Es gibt Belege, dass leitende Angestellte und Vorstandsmitglieder von Wirecard Geldwäsche betrieben und die Umgehung von US-Beschränkungen für Internet-Glücksspiele erleichtert haben. […] Die Geschäftspraktiken von Wirecard im asiatisch-pazifischen Raum ähneln dem oben beschriebenen kriminellen Verhalten. […] Die Auflagen zur Kundenidentifizierung (KYC) und jede Form von Händler-Compliance scheinen umgangen zu werden, um ein Wachstum von Wirecard vorzugaukeln«, schrieben die Analysten. Als Fazit des Zatarra-Berichts wurde dem Finanzmarkt eine Art Todesurteil verkündet: Kursziel »null«.

Wer Wirecard als Zielobjekt angelsächsischer Nachrichtendienste wähnte, die den deutschen Konzern am Finanzmarkt unter Dauerbeschuss setzten, sah sich durch diesen Vorgang bestätigt. Sollte hier ein aufstrebender, unabhängiger Finanzdienstleister zerstört werden? In der Tat gab es viel Fragwürdiges an dem im Internet veröffentlichten Bericht. Die Webseite war erst kurz zuvor über eine Agentur registriert worden, die Autoren blieben im Dunkeln und die Studie trug Züge nachrichtendienstlicher Ermittlungen.

Die Kernaussage jedoch musste jeden Investor alarmieren: Die US-Behörden, so war dort zu lesen, hatten Wirecard wegen illegaler Geldwäsche im Visier. Der Report wurde nicht nur sofort im Blog der *Financial Times* aufgegriffen, er fand auch seinen Weg zu den deutschen Aufsichtsbehörden. Bei der Staatsanwaltschaft München ging eine anonyme Anzeige ein, und in deutschen Sicherheitskreisen sorgte der Bericht für Unruhe. Allerdings reagierte man hier überraschend unterkühlt.

Ex-Geheimdienstkoordinator Bernd Schmidbauer erinnerte sich später im Wirecard-Untersuchungsausschuss, er habe die Veröffentlichung schlicht als »Störmanöver« empfunden. Das deckt sich dem Anschein nach auch mit der Einschätzung der zuständigen Aufsichtsbehörde. In einem sechsseitigen Schreiben der BaFin vom Mai 2016 an das Bundesfinanzministerium hieß es, es sei »auffällig«, dass die Shortseller, die im Zuge der Veröffentlichung des Zatarra-Berichts auf den Plan traten, überwiegend israelische und britische Staatsangehörige seien, die, zusammen mit einem amerikanischen Hedgefonds, Wirecard-Anteilsscheine »auffällig gewinnbringend« tradeten. »Daher ist nicht auszuschließen, dass es sich um eine netzwerkartige Struktur handelt.«[117]

Was war denn an einer solchen Konstellation von Shortsellern für die deutsche Aufsicht so besonders auffällig? Auffällig scheint mir allein, dass das Dreiergespann von Großbritannien, USA und Israel aus Ländern besteht, die traditionell im Sicherheitsbereich kooperieren. Ging man bei der BaFin (vielleicht zu Recht) von einer durch Nachrichtendienste gelenkten konzertierten Aktion am Finanzmarkt aus, bei der Shortseller mit Geheimdienstinformationen gefüttert wurden, um Wirecard unter Druck zu setzen?

Nachdem in Großbritannien mit dem Zatarra-Bericht 2016 die Geldwäschevorwürfe in den Mittelpunkt gerückt worden waren, übernahm die Kanzlei Bub Gauweiler & Partner das Mandat, Wirecard zivil- und strafrechtlich zu beraten. Die Kanzlei hatte sich im Laufe der Jahre mit großen Wirtschaftsskandalen einen Namen als die »gefürchtetste Wirtschaftskanzlei« Deutschlands gemacht, wie das *Handelsblatt* einst titelte.

Wolf-Rüdiger Bub, der mit seinem Family-Office schon in den Nullerjahren mit Immobilien ein Vermögen aufgebaut und die Start-up-Szene unterstützt hatte, sollte sich im Sommer des Jahres laut interner Wirecard Terminplanung mit dem Wirecard-Finanzvorstand treffen.

Über die Kanzlei von Bub Gauweiler & Partner schien Wirecard nun einen stabilen Draht direkt zur Münchner Staatsanwaltschaft zu haben. Die Kanzlei informierte Wirecard etwa 2017 ausführlich über ein Telefonat mit dem damals zuständigen Staatsanwalt, der sich laut Memo der Kanzlei mit der BaFin in Kontakt gesetzt habe, um nachzufragen, ob diese beim Aufspüren von Shortsellern fündig geworden sei. Da der Staatsanwalt einen Negativbescheid von der Aufsicht in Frankfurt bekommen hatte, soll er laut dem Kanzleibericht wenig später noch ein zweites Mal nachgebohrt haben. Wie vertraut dieser Draht zwischen der Staatsanwaltschaft und den Wirecard-Anwälten der Kanzlei von Bub, Gauweiler & Partner wieder einmal war und wie bereitwillig ermittlungsrelevante Informationen an die Wirecard-Anwälte weitergegeben wurden, illustriert der Wortlaut des Memos und des Mailverkehrs eindrucksvoll. So ist hier etwa zu lesen, dass der Staatsanwalt seine »Abteilungsleiterin […] bereits über den Stand des Verfahrens informiert« habe, diese sei nun also in der Lage, den Rechtsbeistand von Wirecard »über den Fortgang des Verfahrens zu informieren«. Als der Wirecard-Prokurist 2017 in der juristischen Abteilung nachfragte, ob sie die monatliche Pauschale für die Kanzlei von 100.000 Euro im Überblick habe, war die Antwort der Juristin, »haben wir im Blick […] Derzeit steht dahinter auch (noch) eine entsprechende Leistung.«

Schlussendlich erhob die Staatsanwaltschaft auch nach dem Zatarra-Bericht wieder einmal keine Anklage gegen Wirecard.

Stattdessen stellten die Behörden gegen 30 Investoren aus Großbritannien, Israel und den USA eine Strafanzeige wegen Verdachts auf Marktmanipulation. Gegen Fraser Perring, den – wie sich dann herausstellte – Herausgeber des Zatarra-Berichts, erwirkte die Staatsanwaltschaft Ende 2018 einen Strafbefehl: wegen, man staune, falscher und unvollständiger Angaben zum US-Glücksspielgesetz im Wirecard-Report. Das Verfahren wurde später aus Mangel an Beweisen gegen eine vergleichsweise geringe Geldauflage eingestellt. Die Verschwörungstheorie, wonach sich Finanzmarktakteure systematisch untereinander abgestimmt hätten, um Wirecard in die Knie zu zwingen, ließ sich nicht erhärten.[118]

Die Aschheimer hatten wieder einmal eine Existenzkrise mit Bravour und Schützenhilfe überstanden. 2018 erklomm Wirecard ein historisches Hoch im Finanzmarkt und stieg auf in die oberste Liga des Börsenhimmels, in den prestigeträchtigen DAX, der damals 30 größten deutschen Konzerne mit einer Marktkapitalisierung größer als die Deutsche Bank.

Systemwechsel: Wozu hat man Partner?

Nachdem die Summen immer größer wurden, die im Zuge von Firmenübernahmen in Asien in die Wirecardbilanz flossen und aufgrund des Indien-Deals 2015 öffentlich für Aufregung gesorgt hatten, entwickelten die Aschheimer das System weiter. Statt mit großen Übernahmedeals am Finanzmarkt für Furore zu sorgen, wurde das sogenannte TPA-Geschäft (Third Party Acquiring) für die Kunden in Asien ausgebaut. Das sollte nun der Wachstumstreiber werden. Unabhängige Partnerfirmen (Drittpartner) sollten nun mittels Kreditkarte den Geldeinzug der Kunden in Asien übernehmen, weil Wirecard in der Region, wie es damals hieß, nicht über die nötigen Lizenzen verfüge. Laut Braun, der dazu ausführlich im Münchner Strafprozess befragt wurde, wurden über die TPA-Struktur große Beträge für Wirecard abgewickelt.

Der Londoner Shortseller Matthew Earl, der Mitautor des Zatara-Berichts, ging schon 2016 dem Verdacht nach, dass über solche Kreditkartentransaktionen Geldwäsche betrieben worden sei, Transaction Laundering genannt. Diesem Modell folgend wären große Summen illegaler Gelder per Kreditkarte von externen Zahlungsdienstleistern in Asien beispielsweise von Schwarzgeldkonten eingezogen (acquired), über Wirecards Bilanzen durchgeleitet worden, um wiederum im Ausland, nun reingewaschen, an die Empfänger ausgezahlt zu werden. Auch dieses Modell des Third Party Acquiring (Geldeinzug über Drittpartner per Kreditkarte) wäre demnach der klassischen Geldwäschelogik gefolgt: dem Einspeisen, Verschleiern und Integrieren von illegalen Geldern.

Die Hedgefonds-Gründerin Fahmi Quadir, die die Geldwäschesystematik von russischen Oligarchen studierte und dabei vor allem die FBME und den Transfer der Russengelder genauer unter die Lupe genommen hatte, äußerte im Wirecard-Untersuchungsausschuss die Ansicht: »Dieselben Leute, die das System bei der Federal Bank of the Middle East betrieben, nahmen es und implantierten es bei Wirecard.« Tatsächlich wechselte ja der Manager Ende 2014 zu Wirecard, der bei der FBME die zyprische Filiale zum sogenannten E-Commerce-Acquiring-Dienst weiterentwickelt hatte.

Ob über Drittpartner tatsächlich Millionen geflossen sind, ist im Zuge des Wirecard-Prozesses in München weiterhin strittig. Die Zweifler gehen davon aus, dass über die Drittpartner schlussendlich keine nennenswerten Transaktionen liefen, dass die Aschheimer also im Grunde gar keine Gelder transferierten und damit auch keine großangelegte Geldwäsche betrieben.

Die Frage »Marktmanipulation oder Geldwäsche?« ist auch an dieser Stelle wieder des Pudels Kern. Nach der These der Marktmanipulation sollen die Transaktionen in Asien, die über die Drittpartner per Kreditkarte eingezogen wurden und in die Bilanzen von Wirecard flossen, komplett frei erfunden gewesen sein. Die Kunden, die Umsätze – all das soll demnach gefakt und ein einziger Bluff gewesen sein. Wirecard war nach dieser Lesart schlicht eine große

Luftnummer. Gelder wurden, so die Theorie, über den Globus verschoben, um sie mehrfach zu verbuchen, die Bilanzen zu manipulieren und die Märkte zu täuschen – im Fachjargon »Round-Tripping« genannt. Dem liegt die These vom gefakten Geld zugrunde: Demnach gab es kein Cash, keine Gewinne und auch keine 1,9 Milliarden zur Absicherung asiatischer Hochrisikogeschäfte, die den Investoren auf Treuhandkonten in Singapur und den Philippinen vorgegaukelt worden seien. Folglich gibt es auch kein Geld, nach dem man suchen müsste. Kann das sein? Ich denke: Nein.

Dass zumindest Millionenbeträge aus dem Drittpartnergeschäft in Asien über die Wirecard Bank transferiert wurden, hat die Nachforschung von Journalisten des Bayerischen Rundfunks ergeben. Laut ihrer Recherche soll ein Großteil der Gelder aus Asien über Drittpartner wie Centurion und PayEasy geflossen sein und aus dubiosen Quellen in Osteuropa stammen.[119] Von Januar bis Dezember 2018 seien demnach beispielsweise 19 Millionen Euro in mehr als 50 Tranchen auf das Wirecard-Konto des Zwischenhändlers Centurion überwiesen worden. Die Gelder sollen auch hier vorrangig aus Osteuropa stammen, etwa von einer Firma namens Xprt Services S.R.O., die im tschechischen Handelsregister firmierte.

Über die Wirecard Bank sind laut BR-Recherche auch hohe Millionensummen von einer Firma mit Sitz in Podgorica eingegangen, der Hauptstadt Montenegros. Das Geld sei über ein Konto der Atlas Bank eingelaufen, die später unter Verdacht stand, im großen Stil Geldwäsche betrieben zu haben.[120] Den Bankmanagern wurde in einer Anzeige vorgeworfen, zwischen 2011 und 2018 über das E-Commerce-Geschäft Gelder in Millionenhöhe gewaschen zu haben. Ende 2019 wurde die staatsanwaltschaftliche Untersuchung in Montenegro ergebnislos eingestellt.[121]

Auffällig waren auch Überweisungen von PayEasy. Die Firma soll 2018 jeden Monat hohe Beträge an die Pittodrie Finance Limited in Hongkong gezahlt haben, insgesamt 100 Millionen Euro. Dabei handelte es sich nach einer Recherche des Bayerischen Rundfunks um eine Tochter des Schweizer Finanzkonzerns Monterosa. Das

Unternehmen verdient unter anderem mit Investmentfonds sein Geld, die auf verschwiegenen Offshore-Finanzplätzen wie Mauritius beheimatet sind. Die Empfänger blieben wie in vielen anderen Fällen letztlich im Dunkeln.

Wer verstehen will, wie das Wirecard-Drittpartnermodell, ob Luftnummer oder Geldwäsche, funktionierte, muss meiner Ansicht nach nur die Logik jener Klientel nachvollziehen, die ihr Geld vorzugsweise an Offshore-Finanzplätzen bunkerte. Wie jedes Unternehmen, das am Markt agiert, erfüllte Wirecard die dringendsten Wünsche seiner Kunden. Und der Wunsch von Offshore-Kunden ist für gewöhnlich, nicht identifiziert zu werden. Wer dieser Logik folgt, dem erschließt sich möglicherweise die komplexe interne wie externe Struktur des Konzerns. Was chaotisch, ja beinahe sinnlos erscheint, ergibt unter diesem Aspekt sehr viel Sinn.

Das Geschäftsmodell scheint so aufgestellt gewesen zu sein, dass es die KYC-Regelung (Know Your Customer) zur Geldwäschebekämpfung, also die Verpflichtung der Banken, ihre Kunden zu kennen, umging. Um Geldwäsche und Wirtschaftskriminalität verfolgen zu können, müssen Banken und Zahlungsdienstleister die Identität der Kunden und die Herkunft ihrer Gelder belegen. Nach den internationalen Regeln ist beim Kreditkartengeschäft die einziehende Bank (Acquiring Bank) für die Identifizierung der Kunden verantwortlich. Und genau diese Verpflichtung wurde allem Anschein nach ausgelagert.

Eine interne Mail von Marsaleks russischem Mitarbeiter *Golubew*, die mir vorliegt, illustriert, wie das Zahlungssystem bei Wirecard strukturiert werden sollte. Wirecard bot den Händlern demnach vier Abwicklungsmodelle für Kreditkartenzahlungen an, wobei Kunden mit dem höchsten Risiko ausgelagert wurden. Im Modell 1 wurde bei der Wirecard Bank ein eigenes Konto für Kunden bereitgestellt, während in den Modellen 2 und 3 die Kunden mit erhöhtem Geldwäscherisiko zwar weiterhin mit der Zentrale in Aschheim eine offizielle Geschäftsbeziehung pflegten, die Transaktionen, das heißt der technische Geldeinzug sollte aber entsprechend dem wirtschaftlichen und rechtlichen Risiko auf externe Zahlungsdienstleister ausgelagert werden. »Allen drei Modellen ist gemeinsam, dass es keine Acquiring Beziehung mit einem Unternehmen der WD[Wirecard]-Gruppe gibt, sondern mit Partnern (»TPA«), mit denen wir in verschiedenen Formen zusammenarbeiten.« Das Zahlungssystem war demnach so aufgesetzt worden, dass der heikle Geldeinzug (Acquiring) von Wirecard entkoppelt wurde.

In Modell 4 wurden dann auch noch die Geschäftsbeziehungen zu den Händlern gekappt. Mittels sogenannter Reseller-Verträge lief die Geschäftsbindung zu diesen Hochrisikokunden ebenfalls über die Drittpartner. Das heißt, Wirecard schien das Rechtsrisiko seiner Hochrisikokunden konsequent auf externe Zahlungsanbieter zu verlagern. Das Geld und die Geschäfte der Händler wurden aber weiterhin für Wirecard über die Drittpartner wie PayEasy auf den Philippinen oder die Senjo-Gruppe in Singapur und Al Alam in Dubai abgewickelt.

Das Drittpartnergeschäft sei »smart« gewesen, erklärte Braun freimütig im Strafprozess. Er machte keinen Hehl daraus, dass es bei der sogenannten TPA-Struktur darum ging, Risiken auszulagern, die mit den Wirecard-Kunden verbunden waren. Wirecard sei grundsätzlich bemüht gewesen, so Braun, die Kundenbeziehung zu halten. Doch aus »strategischen« Gründen, so meinte er im Prozess, wollte man die Hochrisikokunden nicht im eigenen Haus führen, sondern über die Partnerfirmen laufen lassen. Mit der Abwicklung über die Drittpartner will Braun allerdings nichts zu tun gehabt haben, von Drittpartnern wie Centurion wollte er nichts gewusst haben.

Und genau darum scheint es bei dem Wirecard-Modell im Prinzip gegangen zu sein. Von den Kunden und ihren Geschäften schien man bei Wirecard so wenig wie möglich wissen zu wollen, sie sollten juristisch auf Abstand gehalten werden. Nur ihr Geld, so scheint es, sollte unvoreingenommen transferiert werden. Während die rechtlichen Risiken der Hochrisikokunden stringent juristisch entkoppelt und auf externe Dienstleister ausgelagert wurden, sollte das operative Geschäft mit ihnen uneingeschränkt über die Wirecard-Partner in Asien weiterlaufen können. In einer Wirecard-Mail wurde die Marschroute Ende 2014 vorgegeben: Die Asia-Holding solle künftig nicht mehr die »rechtliche, sondern ausschließlich die operative Holding sein«.

Doch der Kunstgriff schuf in den Folgejahren augenscheinlich Bilanzprobleme: Die Gewinne der Holding des Asien-Geschäfts konnten nicht mehr als Wirecard-Gewinne im Jahresabschluss aufgeführt werden. Zum Bilanzstichtag Ende des Jahres schob Wirecard, wie aus den internen Mails hervorgeht, nun anscheinend Kreditforderungen und Eigenkapital hin und her, sodass einerseits damit wohl die Rechtsrisiken für Geldwäsche eingedämmt und andererseits die Bilanzen poliert wurden.

Chefbuchhalter Stephan von Erffa gab dazu 2017 folgende Anweisung aus: »Zunächst (unterjährig) wurden diese Gelder als Darlehen ausgereicht. Am Ende des Jahres muss dieses aber geändert werden, da […] eine Rückzahlung aufgrund der Gewinnabführung nicht möglich ist.« Geldwäsche oder Marktmanipulation? Wenn man der Logik dieser Mail folgt, kann man zu dem Schluss kommen, es war möglicherweise beides. Jeweils zum Ende des Jahres sollten augenscheinlich die Bilanzgewinne noch mal gepusht werden.

Kreditfinanzierung war die neue Kunst der Betriebsführung der scheinbar unabhängigen Partner im Ausland. Offiziell hieß es damals, dass Wirecard das Händlergeschäft, das über die Drittpartner lief, mit Cash absicherte. Das Geld dafür, so hieß es, wurde aus den Erträgen im Ausland auf Treuhandkonten bereitgestellt. Dass auf den Treuhandkonten wohl niemals die ominösen 1,9 Milliarden Euro Cash lagen, ist mittlerweile unbestritten. Die Konten sollen laut Brauns Aussage im Prozess auf Empfehlung der Wirtschaftsprüfer angelegt worden sein, die wiederum vor dem Problem standen, dass die Gewinne von Wirecard kaum zu belegen waren.

Auch wenn Brauns Glaubwürdigkeit grundsätzlich angezweifelt werden kann, sollte dennoch nicht jede seiner Aussagen gleich in die Rubrik Lügengeschichte geschoben werden. Denn es spricht einiges dafür, dass, wie er sagt, das Geschäft keineswegs frei erfunden war, sondern die Erträge in wesentlichen Teilen einfach nicht auf das Treuhandkonto, sondern über Konten der jeweiligen Auslandspartner liefen – und dass die fehlenden Milliarden keineswegs erfunden, sondern »abgezweigt« worden waren. Statt die Händlergeschäfte der Partnergesellschaften im Ausland mit Cash abzusichern, hatte Wirecard deren Geschäft in Asien mit Security Deposits und in späteren Jahren mit Darlehen vorfinanziert, die mit Betriebsmittelkrediten gekoppelt wurden.[122] Der juristische Nebeneffekt: Solche Kredite gelten nicht als Sicherheit, sodass Wirecard juristisch für mögliche dubiose Geschäfte der Händler nicht verantwortlich gemacht werden konnte. Damit schien ein Problem gelöst zu sein, mit dem man sich bei Wirecard offensichtlich rumschlug. »Hast du irgendeine [...] Idee, wie man eine Sicherheit bietet, ohne dass es wie eine Sicherheit aussieht«, beschrieb eine Mitarbeiterin im August 2015 in einer Mail an *Golubew* Wirecards Dilemma. Ziel der komplexen Kreditstruktur schien demnach zu sein, die Sicherheitsgarantie für das Asien-Geschäft so zu verschleiern, dass Wirecard juristisch nicht für zweifelhafte Kunden in Asien belangt werden konnte.

Gegenfinanziert wurde Wirecards Geschäft dabei zum Großteil mit Krediten von deutschen Banken unter der Konsortialführung der Commerzbank, die Wirecard ab 2015 mit rund drei Milliarden Euro unterstützten. Und die teilstaatliche Commerzbank schien nicht nur über Kredite mit den Aschheimern verbandelt gewesen zu sein, denn sie musste zwischen 2012 und Januar 2019 rund 345 auffällige Transaktionen in Verbindung mit Wirecard melden, die in Verdacht standen, der Geldwäsche gedient zu haben.[123]

Später deckten internationale Geldwäschejäger in Singapur ein ganzes Netz von Instituten auf, welches, so der Verdacht, zu einem Epizentrum für Geldwäsche in Asien geworden war. Beteiligt war hier laut Medienberichten[124] die CIMB-Bank, ein langjähriges Partnerinstitut von Wirecard. Über diese Bank und die kooperierende DBS-Bank sollen laut Wirecard-Mailverkehr kleine wie auch sehr große Kunden abgewickelt worden sein. Im Zuge der neuen EU-Geldwäscheregeln war das sensible Acquiring-Geschäft, so eine interne

Wirecard-Mail, 2014 nämlich auf die CIMB-Bank »outgesourct« worden. So überrascht mich auch nicht, dass CIMB und DBS als zentrale Geldhäuser des mutmaßlichen Geldwäschesystems in Singapur identifiziert worden waren.

In der Singapur-Connection tauchte noch ein anderes deutsches Institut auf: die Deutsche Bank. Sie soll verdächtige Transaktionen in Höhe von mehr als 200 Millionen Dollar über diese Verbindung abgewickelt haben. Zwischen 2000 und 2017 transferierten die drei Finanzhäuser CIMB, DBS und Deutsche Bank mutmaßlich insgesamt rund 1,7 Milliarden US-Dollar über den Stadtstaat.[125] Zu allen drei Instituten pflegte Wirecard eine direkte oder indirekte Geschäftsbeziehung. Die Deutsche Bank finanzierte das Wirecard-System im Rahmen der Konsortialführung der Commerzbank mit Millionen-Krediten.

Den Transferweg der Gelder erklärte Brauns Verteidiger im Strafprozess wie folgt: Das Geld sei in der Regel von Partnern aus Asien bei Wirecard angekommen und zunächst auf Konten bei der Wirecard Bank eingelaufen. Von dort seien dann Hunderte Millionen zu Firmen in Steueroasen transferiert worden, unter anderem nach Dubai, auf die British Virgin Islands oder nach Antigua.

Dass Braun und sein Anwalt das System so offenherzig beschreiben, könnte einen guten Grund haben. Die heiklen, aber lukrativen Kunden in Asien schienen auf sicherem Abstand gehalten worden zu sein. Denn auch die Drittpartner von Wirecard zogen das Geld, wie im Strafprozess deutlich wurde, nicht selber ein. Dieser heikle Akt wurde sogenannten Acquiring-Banken überlassen, die, laut Zeugenaussage im Münchner Strafprozess, Marsaleks »Geschäftsgeheimnis« gewesen seien. Dass Wirecard also selbst keine Kontakte zu den Acquiring-Banken hatte, ist demnach nicht, wie gemeinhin verstanden wird, ein Beleg dafür, dass es das Geschäft gar nicht gab. Es könnte vielmehr der Tatsache geschuldet sein, dass die einziehende Bank für die KYC-Prüfung verantwortlich ist und somit haftbar für Geldwäschekunden gemacht werden kann, sodass es ratsam war, möglichst keinerlei direkte Geschäftsbeziehung zu den Instituten zu pflegen. Das Problem dabei, wie gesagt: Wenn das Geld im Umsatz der Wirecard-Bilanz erscheinen sollte, musste es durch die Wirecard Bank geleitet werden.

Aus Wirecard-Unterlagen geht hervor, dass die Aschheimer für den Geldeinzug externe Gateways nutzten, unabhängige Zahlungsdienstleister (wie Centurion oder Citadelle) auf den Philippinen und in Singapur. Diese sogenannten Gateways dürften das empfindliche Herzstück im Wirecard-Universum gewesen sein, sie waren augenscheinlich die Schnittstelle zwischen Wirecard und möglichen dubiosen Händlern im Ausland.

Wirecard, so zeigt eine Vertragsabschrift, die mir vorliegt, stattete Gateways mit einer Software aus, die in einigen Fällen in seinem Eigentum blieb, sowie mit einer sogenannten Business and Intelligence Suite, also einem Anwenderpaket, das den Händlern selbst Zugang zu den Transaktionen ermöglichte. Mit einem solchen Anwenderprogramm können Nutzer ihre Transaktionen so einstellen, wie sie es brauchen – individuell nach ihren Bedürfnissen.

Wenn Anonymität das Bedürfnis der Kunden gewesen sein sollte, ermöglichte ein solches intelligentes Softwaresystem grundsätzlich, Daten so zu konfigurieren, dass Kunden und die Herkunft der Gelder nicht identifizierbar sind und bei den Kreditkartengesellschaften nicht die Alarmschwellen für möglichen Betrug und Geldwäsche auslösen.

Wenn das Geld bei der Wirecard Bank einlief, konnte es anscheinend sauber und problemlos nach Dubai weitergeleitet werden, wo Offshore-Firmen sich diskret und unkompliziert niederlassen können. Wirecards Dubai-Statthalter Oliver Bellenhaus habe anfangs noch auf dem Server die eingegangenen Transaktionen einsehen können, berichtete der ehemalige Compliance-Chef von Wirecard im Prozess. Doch als das Geld in Dubai angekommen war, sei nicht erkennbar gewesen, von wem und für was es tatsächlich transferiert wurde. »Es sind wenige Informationen ersichtlich gewesen«, erinnerte sich der ehemalige Compliance-Chef. Auch dies ist als Beleg gewertet worden, dass Wirecard letztlich wohl keine echten Kunden hatte. Dabei könnte es schlicht auch ein Beleg dafür sein, dass mithilfe eines ausgeklügelten Systems die Identität und Herkunft der Kunden im Laufe des Transaktionsweges nach allen Regeln der Geldwäschekunst erfolgreich verschleiert worden waren.

Wirecard ist so aufgebaut worden, dass es möglich war, Geld weltweit zu transferieren, ungeachtet der Herkunft des Vermögens, des Geschäfts, der Besitz- und Eigentumsverhältnisse und der Frage, ob der Kunde bereits vorbestraft war oder nicht. Ein solches System ist nicht nur ein ideales Vehikel, um russisches Schwarzgeld in großen Millionensummen zu transferieren. Auch Kriminelle – von Scam-Betrügern bis hin zur Mafia – können es für ihre Zwecke nutzen. In den Händlerlisten der Aschheimer und der Drittpartner fanden sich nicht nur Firmen wie Centurion Bet, der Verbindungen zur italienischen Mafia-Organisation 'Ndrangheta nachgesagt werden. Mehr als 100 Unternehmen aus den Händlerlisten sind zudem in den »Panama Papers«, den »Paradise Papers« oder den »FinCEN Files« als potenzielle Geldwäsche-Unternehmen identifiziert worden – und das ist nur ein Bruchteil der hauseigenen »Hotlist« von mehr als tausend Webseiten-Kunden aus dem Digitalbereich, die wegen hoher Reklamations- und Betrugsraten von Wirecard besonders umfassend betreut wurden.

Einmal fragte eine Mitarbeiterin Marsalek per Chat, was denn eigentlich der Kunde, für den sie einen Geschäftsbeleg auftreiben mussten, für ein Business betreibe, worauf Marsalek erwiderte, das wolle besser niemand so genau wissen. Das war womöglich die Geschäftsmaxime von Wirecard: »Besser nicht so viel wissen.« Die Kunden und ihre Geschäfte waren augenscheinlich Wirecards bestgehütetes Geheimnis.

Kleine Tranchen, großes Geschäft

Wirecards ehemaliger Compliance-Chef, der einigen Kunden im Zuge des Insolvenzverfahrens später nachgegangen ist, kam zu dem Ergebnis, dass das Gros der Wirecard-Kunden im Digitalbereich kleine Kunden waren, mit Bilanzsummen zwischen 10.000 und 100.000 Euro. Dies sei ein Indiz, so hieß es, dass Wirecard kein nennenswertes Millionengeschäft im Ausland betrieben habe, also alles nur Bluff gewesen sei. Tatsächlich könnte dies aber auch ein Hinweis darauf sein, wie Wirecard die Geldwäscheregelung umging. Denn im Zuge der neuen EU-Regeln war für die Prüfung von Geldwäsche eine Schwelle eingeführt worden. Transaktionen über 1000 Euro mussten geprüft werden. Kleinere Tranchen hingegen nicht.

Einige Kunden von Wirecard führten zuweilen 30 Konten, über die sich in kleinen Stückelungen große Summen transferieren ließen, die so aber unter dem Radar der Kontrolleure blieben. Ein eigenes Monitoring-Programm, eine angebliche »Fraud Prevention Suite«, schlug zudem Alarm, wenn ein Kunde Gefahr lief, bei den Kreditkartengesellschaften auffällig zu werden. Interne Kommunikation zeigt, dass Wirecard auch Weißgeld von sauberen Kunden über problematische Konten routen konnte, sodass die Alarmschwelle bei den Kreditkartengesellschaften nicht durch hohe Ausfall- und Reklamtionsrate ausgelöst wurde.

Die besonders hochkarätigen Großkunden standen als A-Kunden direkt unter persönlicher Betreuung von Jan Marsalek. Als die Compliance-Abteilung einmal von der Vertriebsabteilung wissen wollte, ob die A-Kunden bereits bei Sanktionsverstößen auffällig geworden waren, ob ihnen Lizenzen entzogen worden waren oder eine Verurteilung vorlag, antwortete eine Vertriebsmitarbeiterin, dass sie »weder die Mittel (Zugang zu Blacklisten, Kartenprogramm und Portalen)« hätten noch »die Zeit, um einen fundierten Compliance Check der Händler durchzuführen«. Die Händler, die die größte Gefahr darstellten, scheinen also schlichtweg nicht geprüft worden zu sein. Wieso auch? Chefbuchhalter von Erffa hatte laut Zeugenaussage im Strafprozess Mitarbeitern erklärt, dass Compliance, also Regeltreue, »schlecht fürs Geschäft« sei.[126]

Wirecard hatte sich im Laufe der Jahre ein so effektives Netz im Ausland aufgebaut, dass das Unternehmen daheim die Fassade des deutschen Vorzeigekonzerns aufrechterhalten konnte, während alles, was dieses Bild in Frage stellte, ausgelagert worden war. Der Zahlungsdienstleister hatte die multipolare Welt mit ihren rechtsfreien Räumen wie kein anderes Unternehmen für sich und seine Kunden nutzbar gemacht.

Zur Frage, wie es möglich war, dass deutsche Sicherheitsorgane dieser Masche nicht viel früher auf die Spur kamen, gibt es zwei Theorien. Die wohl am weitesten verbreitete Erklärung besagt, dass Wirecard als Deutschlands globaler Champion der FinTech-Generation politisch gewollt war, gleichzeitig aber die staatlichen Kontrollen versagten, vor allem das Zusammenspiel von Aufsichts- und Ermittlungsbehörden. In dem zersplitterten System von konkurrierenden Zuständigkeiten zwischen Bund und Ländern, privaten und öffentlichen Prüfern war die Praxis von Wirecard zu undurchsichtig, um aufgedeckt werden zu können. Demnach wäre der Staat Opfer einer kriminellen Bande geworden, die Lücken in Regulierung und Gesetzgebung ausnutzte, um sich zu bereichern.

Doch ein chaotisches System mit konkurrierenden Interessen führt in der Regel zu chaotischen, nicht miteinander in Einklang zu bringenden Ergebnissen. Bei der Wirecard-Geschichte ist allerdings kein chaotisches Staatsversagen zu erkennen. Erkennbar ist stattdessen ein intern sehr gut aufeinander abgestimmtes und sogar regelkonformes Zusammenspiel staatlicher Organe, die so agierten, dass Wirecard jahrzehntelang keine Anklage von Staatsseite ins Haus stand.

Folglich liegt eine andere Vermutung nahe, eine Binsenweisheit der Sicherheitsdienste, die von dem ehemaligen CIA-Agenten Bruce Ridle einmal so formuliert wurde: »Wenn man sich über viele Jahre einer strafrechtlichen Verfolgung entziehen kann, dann genießt man staatlichen Schutz.« Es ist durchaus möglich, dass der Staat und namentlich seine Sicherheitsdienste eine schützende Hand über den Zahlungsdienstleister gehalten haben, um ein heimisches IT-Start-up groß werden zu lassen, das wie kaum ein anderer Konzern Deutschlands Außenwirtschaftsinteressen widerspiegelte. Deutschland wollte in neue Märkte in Ost und West expandieren und vor allem auch mit Russland Handel treiben, und genau das schien Wirecard möglich zu machen.

Der Bundesnachrichtendienst erklärte später, er habe den Konzern nicht auf dem Schirm gehabt. »Da es sich bei Wirecard um ein deutsches Unternehmen ohne Bezug zum Auftragsprofil der Bundesregierung für den BND handelt, hat sich der Bundesnachrichtendienst im Rahmen seiner Zuständigkeit, die auf das Ausland gerichtet ist, auftragsgemäß nicht mit Wirecard befasst«, erklärte BND-Chef Bruno Kahl dem U-Ausschuss des Bundestages. Wirecard sei auch »unter Geldwäschegesichtspunkten nicht Gegenstand der Aufklärungsaktivitäten des BND gewesen«.[127]

Das trifft dann wohl den Kern des Problems. Der BND hatte also all die Jahre nicht hingeschaut, was im Ausland alles in Sachen Geldwäsche möglicherweise so lief. Dabei fällt genau dies in den Zuständigkeitsbereich des BND. Er hätte die von Russland und einem deutschen Zahlungsdienstleister ausgehenden Risiken – zumal dieser vor allem in bekannten Geldwäschehochburgen aktiv war – erkennen und entsprechend eingreifen müssen.

Sollten allerdings die deutschen Dienste oder politische Entscheidungsträger davon ausgegangen sein, dass die US-Geldwäscheverfahren das Ergebnis eines wirtschaftspolitisch motivierten Vorgehens der US-Nachrichtendienste waren, um einen vielversprechenden deutschen Zahlungsdienstleister kleinzuhalten, dann wäre es sogar die Aufgabe der Staatsdiener gewesen, Wirecard gegen solche Übergriffe zu schützen. Dann ginge es bei all dem vor allem um den Schutz der heimischen Wirtschaft vor Auslandsspionage oder Sabotage.

Denkbar wäre ein solches Vorgehen durchaus. Man erinnere sich: Der Secret Service hatte Wirecard schon in dessen Frühphase im Visier und die aus den USA herüberschwappenden Geldwäscheanzeigen bedrohten den Konzern in seiner Existenz. Da darf man vermuten, dass der Politik und deutschen Sicherheitsdiensten das Interesse der US-Kollegen nicht entgangen ist. Schließlich waren Staatsanwaltschaft und Polizei ein Schreiben zugeleitet worden, in dem das nachzulesen war. In einer Zeit, in der Deutschland seine Wirtschaftsinteressen, wie vom ehemaligen BND-Chef Hans-Georg Wieck erläutert (siehe Kapitel 1), verstärkt mit den Mitteln der Nachrichtendienste verteidigen wollte, wäre es durchaus plausibel, dass das deutsche Start-up mittels einer Abwehrstrategie vor US-Übergriffen bewahrt werden sollte. Vor allem in Bayern war man, gerade nach Bekanntwerden des Echelon-Skandals, bemüht, die hiesige Wirtschaft vor Auslandsspionage zu schützen. Und auch der BND war nach Angaben des ehemaligen Behördenchefs August Hanning bemüht, Deutschlands Souveränität zu verteidigen, wenn das US-Vorgehen nationale Interessen verletzte.

Das Ergebnis ist aus meiner Sicht fatal. In Deutschland konnte ein Konzern groß werden, der nach meiner Einschätzung ein internationales Netz für Geldwäscher und Russland entwickelte, das half, Schwarzgeld in den europäischen Markt zu schleusen. Und die deutschen Sicherheitsdienste griffen trotz Mahnung der Partner nicht ein, sondern ließen zu, dass Wirecard das Sicherheitsbündnis mehr als ein Jahrzehnt spaltete. Nach Ansicht der Ex-CIA Agentin Sonya Seunghye Lim waren unterschiedliche Wertevorstellungen und politische Spannungen unter den Partnern mitverantwortlich dafür, dass Russland Wirecard für seine Zwecke habe nutzen können. Die strafrechtlichen Ermittlungen müssten nun »das ganze Ausmaß der politischen und nachrichtendienstlichen« Verbindungen zu Russland aufdecken.[128]

Es bleibt festzustellen: Bis heute ist leider wenig in dieser Sache geschehen. Die Münchner Staatsanwaltschaft, als Hüterin des Verfahrens, führt weiterhin die Untersuchung. Zum Stand des Geldwäsche-Verfahrens hat sich die Staatsanwaltschaft auf Anfrage nicht geäußert, da die Ermittlungen noch andauern. Eine Geldwäsche-Anklage ist bislang nicht erhoben worden. Die Staatsanwaltschaft wirft Braun, seinen zwei Mitangeklagten und mehreren weiteren Beschuldigten unter anderem gewerbsmäßigen Bandenbetrug vor. Die Aufklärung steht somit weiterhin aus – im Geldwäschekomplex genauso wie zu möglichen Verwicklungen der Sicherheitsdienste und der Rolle, die Russland bei all dem spielte.

Fazit

Der ehemalige Staatsekretär von Olaf Scholz und spätere Übergangsfinanzminister, Jörg Kukies, erklärte im Untersuchungsausschuss, »dass wir bei der Geldwäschebekämpfung wahrscheinlich noch die große Arbeit der Aufklärung vor uns haben, weil [...] alle diese ganzen Verwicklungen, die jetzt ans Tageslicht kommen, die sind ja wirklich gefährlich«.

Die Verwicklungen und Hintergründe, die den womöglich aufhaltsamen Aufstieg von Wirecard in die deutsche Börsenelite der DAX-Konzerne begünstigte, reichen offensichtlich bis in die deutsche Außenwirtschafts- und Sicherheitspolitik hinein. Deutschland wollte internationales Wachstum, »Made in Germany« in neue Märkte bringen, mit Ländern wie Russland Handel treiben. Und so konnte Wirecard rasant wachsen, wurde zum Börsenliebling, expandierte in die großen internationalen Märkte, den IT-Sektor der USA, nach Asien und bot hiesigen Unternehmen einen Zahlungsdienst an, der ihnen den Handel auch mit Russland ermöglichen sollte. Wirecard rückte dabei so nah an Moskau heran, dass der zentrale Manager des Systems, Jan Marsalek, nach Erkenntnissen westlicher Geheimdienste letztlich ein Handlanger des Kremls geworden sein soll.

Wirecard spiegelte nicht nur die Interessen der hiesigen Wirtschaft wider, sondern auch der deutschen Sicherheitspolitik, die darauf baute, durch enge wirtschaftliche Verflechtungen zwischen Ost und West eine Basis für Frieden und Sicherheit in Europa zu schaffen. Warnungen der Bündnispartner, dass dabei ein Zahlungsdienstleister groß wird, der durch mögliche Geldwäscheverwicklungen ein akutes Sicherheitsrisiko für Europa darstellt, drangen jahrelang nicht zu den Sicherheits- und Ermittlungsbehörden durch. Die Wirtschaft sollte ungebremst wachsen können, der von den Amerikanern ausgerufene Kampf gegen russische Geldwäsche schien da nur ein Störmanöver, ein Mittel zum Zweck zu sein, um das wirtschaftliche Zusammenwachsen von Russland und Europa zu bremsen. Wirtschaftsrivalität prägte das Klima im westlichen Sicherheitsbündnis. Die Prioritäten der Ermittlungs- und Aufsichtsbehörden wurden politisch definiert. Statt die USA im Kampf gegen Geldwäsche aus Russland zu unterstützen, gingen BKA und BaFin hierzulande gegen Shortseller vor, die deutsche Konzerne unter Druck setzten. Das BKA verstand sich als Akteur einer internationalen Gesellschaftsordnung, in der man nach zahlreichen US-Klagen gegen deutsche Großkonzerne lieber nicht mit den Amerikanern im Zahlungsverkehr zusammenarbeiten wollte. Wirecard selbst musste jahrelang vor diesem Hintergrund keine Strafverfolgung in Deutschland fürchten. Solange der Konzern Rechtslücken im Ausland nutzte und die Wachstumsstory intakt war, schien sich hierzulande keine Aufsichts- oder Sicherheitsbehörde ernsthaft dafür zu interessieren, was der Konzern im Ausland so alles trieb.

Deutschland und die USA gingen aber nicht nur im Umgang mit Geldwäsche und Wirecard getrennte Wege. Der Skandal spiegelt nicht zuletzt die anhaltenden Spannungen innerhalb des westlichen Verteidigungsbündnisses in Fragen der Wirtschafts- und Russlandpolitik wider. In den folgenden Kapiteln werden wir sehen, wie über Wirecard die Verbindungen nach Russland immer enger geschnürt wurden und die Wirtschaft zu einem zentralen Akteur in der deutschen Außen- und Sicherheitspolitik wurde. Die wirtschaftlichen Verflechtungen mit Russland wurden trotz eines immer aggressiver auftretenden Putins ausgebaut, sodass Moskau über die Wirtschaft Deutschland politisch an sich binden konnte.

Kapitel 4
Gefangen im eigenen Netz
Wie Sicherheits- und Wirtschaftsmanager sich in Putins Pläne verstricken ließen

Im Gebäude der DZ-Bank in der Nähe des Brandenburger Tors, zwischen amerikanischer Botschaft rechts und russischer Botschaft links, trifft sich Ende 2001 der damalige Bundesinnenminister Otto Schily mit Spitzenmanagern der DAX-Konzerne.[129] Die Stimmung ist kurz nach den Terroranschlägen auf das World Trade Center angespannt. Und eigentlich soll es auch um Terrorbekämpfung gehen. Aber bald landet die Runde bei anderen Themen. Initiiert worden ist das Treffen vom damaligen Leiter des Institute for European Affairs, der gleich zwei Brücken bauen will: eine zwischen staatlichen Sicherheitsbehörden und DAX-Managern und die andere zwischen Deutschland und Osteuropa.

Schily und die anwesenden Sicherheitsleute des Verfassungsschutzes und der Polizei lauschen aufmerksam den Klagen der Manager. Sie wünschen sich, dass bei Korruptionsverdacht nicht gleich die Ermittler vor ihrer Tür stehen: Je schwerwiegender der Verdacht, umso größer sei die Wirkung am Finanzmarkt und damit der Schaden für den Standort Deutschland. Das könne doch auch anders geregelt werden, im Vorfeld, außergerichtlich, so der Wunsch der Konzerne. Mit anderen Worten: privat, nicht öffentlich. Es ist die Geburtsstunde sogenannter Sicherheitsagenturen, die hiesigen

Unternehmen helfen, Wirtschaftsdelikte möglichst still und leise zu klären.

An dem Treffen nimmt auch ein Hamburger Kriminalkommissar für organisiertes Verbrechen teil, der gerade den Wechsel vom Hamburger Landeskriminalamt zum BND plant. Kurz darauf entscheidet er sich, den Staatsdienst zu verlassen und eine Agentur in München und Hamburg zu gründen, die Unternehmen Sicherheitsdienstleistungen anbietet. Prevent, so der Name der Firma, ist fortan auf spezielle Weise aktiv. Die Agentur wirkt von außen wie ein verlängerter Arm der Nachrichtendienste. Mit dabei ein Ex-Verfassungsschützer, ein ehemaliger Beamter des bayerischen LKA, eine frühere Staatsanwältin – und als Berater steigt auch BND-Chef August Hanning nach seiner Pensionierung ein. Ein Experte in Sachen russische Mafia, ebenfalls ein Ex-Polizist, komplettiert das Team.[130]

Mit so viel Expertise und guten Kontakten ausgestattet, wird die Sicherheitsfirma schnell zu einer Anlaufstelle für Unternehmen, die international expandieren und in ihren Reihen mit Wirtschaftskriminalität zu kämpfen haben. Die Berater entwickeln Strategien und Hilfspakete, sammeln Daten und Informationen, um ihre Kunden zu schützen und Strafverfahren zu vermeiden. Nach und nach entsteht ein ganzes Netzwerk, mit Verbindungen, die bis nach Dubai reichen, und einer auf forensische Ermittlungen im Internet spezialisierten Firma in Hamburg.[131] Die langjährigen Ex-Polizisten wären keine echten Kriminologen, wenn sie sich nicht auch weiterhin dem Kampf gegen die organisierte Kriminalität verpflichtet sähen, zum Beispiel der Jagd auf Kinderpornografie im Internet.

Doch was die Fachleute bei ihren Recherchen herausfinden, setzen sie nicht mehr nur zum Wohle der Gesellschaft ein, sondern auch zum Benefit ihrer zahlenden Kunden. Jahrelang wirkt die Firma diskret im Hintergrund. Doch dann tauchen in der Presse Berichte über dubiose Ermittlungsmethoden auf. Einem leitenden Mitarbeiter der HSH Nordbank, so heißt es, sei in den USA kinderpornografisches Material untergeschoben worden, um ihm kündigen zu können.[132]

Obwohl die Verantwortlichen dies zurückweisen, brechen die Berichte über die Vermutung, sie habe sich daran beteiligt, der Münchener Agentur am Ende das Genick. 2011 ist Schluss, die ehemals angesehene Agentur rutscht in die Insolvenz.[133] Doch dies ist nicht das Ende, sondern erst der Anfang der Blütezeit sogenannter Sicherheitsagenturen.[134]

Gert-René Polli, von 2002 bis 2008 Chef des österreichischen Bundesamtes für Verfassungsschutz und Terrorismusbekämpfung, erklärt die Entwicklung so: »Nachrichtendienste haben die Tendenz, über Scheinfirmen oder auch nur Partnerunternehmen sich der parlamentarischen Kontrolle über ihr Tun zu entziehen.« Der Hang »zum ganz speziellen Outsourcing« gehe immer weiter.[135] Nach dem Ende seiner Karriere als Verfassungsschützer war Polli als Sicherheitschef zu Siemens gewechselt und machte sich später mit einer eigenen Beratung für »Intelligence & Public Safety« selbstständig; als Berater betätigte sich auch Otto Schily nach dem Ende der Schröder-Regierung bei Siemens.

Aus dem Geschäft einiger weniger Agenturen wird ein breiter Trend. Bezahlt von Unternehmen, sind Berater, Kanzleien und Detekteien im Namen der Sicherheit unterwegs. Die Grenzen zwischen Staat und Privat verschwimmen. Unter dem Schirm der Nachrichtendienste können Agenturen und Sicherheitsleute operieren, ohne strenge Kontrollen fürchten zu müssen. Begleitet in der Regel von einem Non Disclosure Agreement, also einer Geheimhaltungspflicht, übernehmen Beratungsagenturen oder Kanzleien im Auftrag der Nachrichtendienste zahlreiche Dienstleistungen. Der Rechtsrahmen wird über den Privatsektor in Eigenregie gedehnt und die parlamentarische Kontrolle der staatlichen Dienste ausgehebelt. Die strengen Dokumentationspflichten der Dienste gelten im Privatsektor ebenso wenig wie das Trennungsgebot zwischen Geheimdienst und Polizei, ein Prinzip, das nach den Erfahrungen mit dem Nationalsozialismus – der Gestapo und SS – in Deutschland eingeführt wurde. Niemand kann nachverfolgen, was private Beratungsagenturen in Anbindung an die Dienste planen oder verfolgen.

Wegbereiter dieser Verbindung zwischen Sicherheitsdiensten und Wirtschaft waren der wohl bekannteste Privatagent Deutschlands, Werner Mauss, und der Geheimdienstkoordinator von Helmut Kohl, Bernd Schmidbauer.[136] »Señor Claus«, wie sich der Privatagent bei seinen internationalen Einsätzen mitunter nannte, wurde als »ziviler Mitarbeiter« das wohl »bestgehütete Geheimnis des Bundeskriminalamtes«, wie die *Bild*-Zeitung treffend bemerkte.[137] Als privater Wirtschaftsdetektiv war Mauss dort unterwegs, wo sich andere lange nicht hinwagten: im gesetzlichen Graubereich. Mauss half nicht nur, in Kolumbien Geiseln zu befreien, sondern ebenso deutschen Unternehmen wie Siemens und der Bundesdruckerei, einen Staatsauftrag gegen US-Konkurrenz an Land zu ziehen, um in Südamerika, dem »Hinterhof der USA«, wie es damals hieß, zu expandieren. Für seine Tätigkeiten soll er ein Netz von Briefkastenfirmen im Ausland und einen mit staatlicher Hilfe geschaffenen Geheimfonds genutzt haben.[138] Und da Mauss bei seinen Einsätzen im Ausland nicht nur für die Wirtschaft, sondern oft auch für deutsche Sicherheitsdienste tätig wurde, genoss er besonderen Schutz: Stefan Aust beschrieb schon 1999 in seinem Buch *Mauss – ein deutscher Agent*, wie sein Protagonist jahrelang von Kohls Geheimdienstkoordinator Schmidbauer gedeckt wurde.[139] Der trat gelegentlich sehr entschlossen auf, wenn es darum ging, die Interessen der deutschen Wirtschaft gegen US-Spionage zu verteidigen, wie Sicherheitskreise später berichteten.[140] Der Schutz der deutschen Wirtschaft und die Expansion ins Ausland wurden in den 1990er-Jahren nun also im Dunstkreis der Sicherheitsdienste vorangetrieben.

Schmidbauer erklärte später im Wirecard-Untersuchungsausschuss, wie aktiv er auch noch viele Jahre nach seiner Pensionierung im Sicherheitsbereich war. Er befinde sich ähnlich wie andere hochrangige deutsche Sicherheitsleute im »Unruhestand«. Wenn »große Stellen« sich austauschten, stehe man ihnen hilfreich zur Seite mit »Gesprächen und Netzwerken«. Und, wie er meinte, auch mit »bestimmten Maßnahmen«. Diese Vorgänge würden dann auch nicht immer öffentlich. Ab und zu gäbe es auch lose Verbindungen im internationalen Bereich. Das sei doch »selbstverständlich«.

Was Schmidbauer darlegte, ist jedoch nicht selbstverständlich, sondern hochbrisant: Er bestätigte, dass es privatwirtschaftlich organisierte Netzwerke von Sicherheitsleuten gibt, die außerhalb der parlamentarischen Kontrolle agieren und den »großen Stellen« – will heißen, dem operativen Nachrichtendienst oder dem Staatsschutz – zuarbeiten. Schmidbauer war nicht der einzige Grande der deutschen Sicherheit, der nach seiner Pensionierung in der Schnittstelle zwischen Wirtschaft und Sicherheit tätig wurde.

Das machen alle so, meinte er lapidar zu seinen Aktivitäten, als wären pensionierte Geheimdienstleute einstige Schulkameraden, die immer mal wieder zu einem Klassentreffen zusammenkommen und Schabernack treiben, der guten alten Zeiten wegen. Ähnlich wie Schmidbauer waren auch ein ehemaliger Militärberater der Bundesregierung sowie der frühere Geheimdienstkoordinator des Bundeskanzleramtes, Klaus-Dieter Fritsche, nach Ende ihrer offiziellen Tätigkeit in den Sold der Wirtschaft getreten. Auch August Hanning hatte nach seinem Ausscheiden aus dem öffentlichen Dienst mit seiner Frau eine eigene Consultingfirma gegründet und stieg später ins Management der Beratungsgesellschaft system 360 AG ein, die in der Schweiz gegründet wurde. Für wen die Firma arbeitete und was sie vertrat, war für Außenstehende nicht nachvollziehbar. Als ich Fritsche und Hanning um eine Stellungnahme zu ihren Tätigkeiten bat, erhielt ich keine Informationen. Das Gros der Altherren stand, wie eine parlamentarische Anfrage der Linken derweil zeigt, noch Jahre nach ihrem Ausscheiden aus ihren Ämtern weiterhin im regen Austausch mit den staatlichen Stellen. Wenn die Parlamentarier jedoch herausfinden wollten, was ehemalige Führungsleute der Nachrichten- und Sicherheitsdienste mit Behördenvertretern besprochen hatten, hieß es oft knapp: »private Angelegenheiten«.[141] Es stellt sich die Frage, welche privaten Angelegenheiten führende ehemalige Sicherheitschefs mit hochrangigen Beamten austauschten. Es sollte außer Zweifel stehen, dass solche, im Geheimen organisierte Netzwerke, die in Eigenregie, außerhalb der parlamentarischen Kontrolle im Schatten offizieller Stellen sicherheitsrelevante Projekte vorantreiben, demokratiepraktisch sehr problematisch sind.

Aus Privatagenten und ehemaligen Sicherheitsbediensteten waren im Laufe der Jahre somit private Beratungen geworden, die mit geheimdienstlichen Mitteln die Interessen der deutschen Wirtschaft vertraten, wenn nötig auch gegen amerikanische Interessen. Unternehmen, die nach Russland oder in andere autokratisch-geführte Länder expandierten und nicht davor zurückschreckten, in das Geschäft mit dreckigem Geld einzusteigen, fanden sich seit der Jahrtausendwende oft vor einem europäischen Gericht wieder. Hanning berichtete im NSA-Untersuchungsausschuss später, dass die USA weltweit zeitweise rund 40.000 sogenannte *Contractors* einsetzten, um an sensible Informationen in Unternehmen und Behörden zu kommen. Die Anklage lautete dann auf Steuerbetrug, Bilanzbetrug, Marktmanipulation oder Untreue, angestoßen durch anonyme Insider-Anzeigen, Medienberichte oder Verfahren in den Vereinigten Staaten.

Manche Unternehmen versuchten mithilfe von Beratern, Missstände intern zu beheben, andere konzentrierten sich vor allem auf den Schutz ihrer Reputation. Kanzleien, Wirtschaftsprüfer, Strategieberater und Detekteien standen ihnen mit verschiedensten Mitteln zur Seite, um sich gegen die Vorwürfe zu verteidigen. Wo möglich, bemühten sich Anwälte um eine einvernehmliche Einigung mit US-Gerichten. Gelingt dies nicht, entwickelten spezialisierte Agenturen Strategien oder ganze Schutzpakete, um Unternehmen zu unterstützen, deren Ansehen durch öffentliche Angriffe Schaden nahm.

Bei der system 360 AG, bei der Hanning ins Management eingezogen war, ging es beispielsweise auch um Reputations- und Risikomanagement. Und Russland schien auch eine Rolle bei einigen seiner Aktivitäten gespielt zu haben. So trat Hanning einst in einem britischen Zivilverfahren vor dem High Court als anwaltlicher Experte an der Seite von Oleg Deripaska auf, einem russischen Industriemagnaten, dem in der Vergangenheit enge Verbindungen zu Putin nachgesagt wurden. Darüber hinaus war er im Aufsichtsrat der lettischen PNB Banka tätig, die dem russischstämmigen Geschäftsmann Grigorij Guselnikow zugeordnet wurde und nach US-Intervention zu mutmaßlicher Geldwäsche in Lettland in einen Konflikt mit der Bankenaufsicht der Europäischen Zentralbank geriet und schließlich geschlossen wurde. Eine Bitte um Stellungnahme ließ Hanning dazu unbeantwortet.

Nicht nur die Pensionäre der Nachrichtendienste blieben nach ihrem Ausscheiden aus dem öffentlichen Dienst weiterhin aktiv. Tatsächlich hatte sich im Laufe der Jahre ein ganzes Netz entwickelt, bekannt als »old boys network«, in dem zahlreiche ehemalige Polizeibeamte im Namen der Sicherheit für die Wirtschaft tätig wurden. So zirkulierte etwa schon 2008 eine BKA-Liste von zwölf Ex-Polizisten, die in die Wirtschaft gegangen waren.[142] Ehemals führende Sicherheitsleute, die nach dem Ende des Kalten Krieges und mit Putins Amtsantritt Karriere gemacht und große Hoffnungen gehegt hatten, dass »Wandel durch Handel« eine neue Friedensordnung in Europa ermöglichen würde, betätigten sich nach ihrem Ausscheiden verstärkt im Privatsektor – in Verbänden, Vereinen und Beratungsagenturen – und wurden nicht selten zu einem zentralen Bindeglied zwischen Wirtschaft- und Sicherheitsdiensten.

Die vernetzte Sicherheit

Hintergrund der Verbindung war eine neue Sicherheitspolitik der Bundesregierung, die in ihrem Weißbuch 2006 das Konzept der sogenannten »vernetzte Sicherheit« zur neuen Leitlinie erklärt hatte. Internationale Krisenherde wollte man durch engere Abstimmung national wie auch international besser und möglichst präventiv in den Griff bekommen. Äußere und innere Sicherheit schienen angesichts der Gefahr des islamistischen Terrors kaum noch voneinander zu trennen. Ein neuer Ansatz sollte her: Wirtschaft und Zivilgesellschaft sollten – nun ganz offiziell – stärker in die Arbeit der Sicherheitsdienste einbezogen werden. Die Vernetzung mit dem Privatsektor wurde offizielle Politik. Das betraf den internationalen Kampf gegen den Terror genauso wie die Russland-Politik oder Wirtschaftskonflikte mit den USA. In der Folge wurden Polizei, Finanzaufsichtsbehörden, BND und Inlandsdienste enger verzahnt, um national wie international an einem Strang ziehen zu können.

Eine besondere Rolle übernahm das Bundeskriminalamt unter der Leitung von Jörg Ziercke, den Innenminister Otto Schily 2004 zum BKA-Präsidenten befördert hatte. Neue Kontakt- und Kommunikationskanäle wurden unter Zierckes Leitung aufgebaut, die einen vertrauensvollen Austausch zwischen Polizei und Wirtschaft auf Augenhöhe ermöglichen sollten. Das BKA wurde das Bindeglied zur Wirtschaft. Die Bundesbehörde, die für ausländische Ermittlungsbehörden die erste Anlaufstelle bei Wirtschaftsdelikten von Geldwäsche bis Korruption ist, schien am besten geeignet, Unternehmen in internationalen Brennpunkten beraten zu können.

Ab 2006 traf sich das BKA regelmäßig zum Informationsaustausch mit den Sicherheitschefs großer DAX-Konzerne.[143] Bei dem ersten Treffen der sogenannten Global Player Initiative im März des Jahres luden Ziercke und die Mitarbeiter der Abteilung Internationale Koordinierung die Sicherheitschefs etwa von Siemens, Deutscher Bank, BASF, Lufthansa und Deutscher Bahn ein.[144] Weltweit aufgestellte deutsche Großunternehmen, so meinte der BKA-Chef, bedeuteten einerseits einen »intensiven Beratungsaufwand«, und zum anderen ergebe sich aus ihrer internationalen Positionierung die Möglichkeit, »dem BKA strategisch relevante Informationen« liefern zu können.[145]

Zahlreiche Gesprächskanäle wurden damals für die Wirtschaft entwickelt.[146] Im April des Jahres kündigte das BKA an, auch das »Netzwerk im Kampf gegen Kriminalität« auszubauen, um Unternehmen im Umgang mit Geldwäsche und Korruption besser beraten zu können.[147] Rund siebzig Sicherheitsbeauftragte deutscher Firmen waren geladen, mitorganisiert von der Arbeitsgemeinschaft (heute: Allianz) für Sicherheit in der Wirtschaft. Natürlich wurde in diesen Foren darauf hingewirkt, dass Unternehmen Korruption und Betrug in den eigenen Reihen abstellen. In Eigenregie sollte das Management dafür sorgen, dass im eigenen Haus Korruption keinen Platz hat und aufsehenerregende Strafverfahren gegen Deutschlands Global Player vermieden würden.

Doch ein solch enger Austausch zwischen Sicherheitsdiensten und Wirtschaft kann auch nach hinten losgehen, wenn Unternehmen das Vertrauensverhältnis für eigene unlautere Zwecke zu nutzen wissen. Der Fall Wirecard könnte das prominenteste und skandalträchtigste Beispiel eines Unternehmens sein, das über das BKA an die deutschen Sicherheitsdienste angedockt war, was Betrug und Geldwäsche in ungeahntem Ausmaß womöglich Tür und Tor öffnete. Eine Zeugenaussage im Wirecard-Untersuchungsausschuss legte nahe, dass der Konzern bereits 2006/2007 für deutsche Sicherheitsdienste tätig wurde, um die Möglichkeiten, die der internationale Zahlungsdienstleister bei der Verfolgung von Kriminellen bot, für die Polizei nutzen zu können.

Nach dem Motto »Follow the Money« soll das Bundeskriminalamt 2006 oder 2007 die Zusammenarbeit mit Wirecard aktiv gesucht und später sukzessive ausgeweitet haben.[148] Das BKA habe damals, nach Angaben des ehemaligen Wirecard-Chefbuchhalters Stephan von Erffa, die Hilfe der Aschheimer bei der Verfolgung von Kinderpornografie im Netz angefragt, der Ziercke den Kampf angesagt hatte. Später geriet letzterer in die Kritik, die Grenzen des Rechtsstaates im Rahmen von Online-Forensik strapaziert zu haben.[149] Eine Zusammenarbeit im Jahr 2006 mit Wirecard hat das BKA im Ausschuss zwar nicht bestätigt, da die Daten aus dieser Zeit bereits gelöscht worden waren, aber einen Austausch mit Wirecard im Kampf gegen die organisierte Kriminalität räumte der zuständige BKA-Beamte in seiner Stellungnahme ein. Als ich nachfragte, erklärte das BKA, keine weiteren Informationen liefern zu können.

Die Zusammenarbeit im Bereich der organisierten Kriminalität dürfte aber nicht die einzige Verbindung von Wirecard zu Polizeikreisen gewesen sein. Nach Aussage Schmidbauers im U-Ausschuss soll das Management in Kontakt zu bis heute namentlich nicht bekannten Polizeipräsidenten oder Vizepolizeipräsidenten gestanden haben. Auch auf meine Nachfrage hin nannte Schmidbauer ihre Namen nicht. Bekannt ist aber, dass Wirecard, wie im vorigen Kapitel beschrieben, unter anderem vom ehemaligen bayerischen Polizeipräsidenten Waldemar Kindler nach dessen Pensionierung beraten wurde, der für die Aschheimer auf verschiedenen Ebenen Türen in die Behörden öffnete. Ob er der einzige Kontakt aus ehemaligen Polizeikreisen war, ist nicht bekannt. In einer Mail an seine Assistentin berief sich Marsalek allerdings im Plural auf »die Polizisten« für Hilfe in Visaangelegenheiten. Konnte also auch Wirecard auf ein »old boys«-Netzwerk der Polizei im Privatsektor zurückgreifen, das den Konzern bei der Expansion im Ausland unterstützte oder half, Übergriffe aus dem Ausland abzuwehren? Das BKA erklärte auf Nachfrage, es habe keinen Kontakt zu Wirecard im Rahmen des Wirtschaftsschutzes gepflegt. Und dem Bayerischen Landeskriminalamt lagen auf Anfrage keine Erkenntnisse dazu vor.

Vor allem Bayern war 2006 zum Bollwerk geworden, dass seine Wirtschaftsinteressen mithilfe des Verfassungs- und Staatsschutzes gegen Übergriffe – auch durch westliche Dienste – zu verteidigen versuchte. Schon nach dem Echelon-Skandal 2001 waren der Landesverfassungsschutz und das Münchner Innenministerium bemüht gewesen, Bayerns international agierende Unternehmen besser gegen staatliche Spionage aus dem Ausland zu schützen. Als 2006 der Wirtschaft in Fragen der Sicherheitspolitik mehr Gewicht zugemessen wurde, setzten die Landesverfassungsschutzbehörden in Bayern und Baden-Württemberg den Schutz der heimischen Wirtschaft vor Auslandsspionage ganz oben auf ihre Agenda. Gemeinsam veröffentlichten die beiden Landesbehörden ein Positionspapier zur Wirtschaftsspionage, in dem sie, anders als etwa der Bundesverfassungsschutz in seinem alljährlichen Lagebericht, auch solche Gefahren thematisierten, die von westlichen Wirtschaftsnationen ausgingen.

Auch wenn Bayern mit dem Umzug des Auslandsnachrichtendienstes von Pullach nach Berlin nicht mehr so nah wie früher an der BND-Zentrale war, sollte der Freistaat sein Gewicht auf Bundesebene nicht einbüßen. Bayerns Verfassungsschützer wurden in die Arbeit der Nachrichtendienste weiterhin prominent eingebunden.

Im Dezember 2005 übernahm der ehemalige stellvertretende Präsident des Bundesverfassungsschutzes, Klaus-Dieter Fritsche, im Kanzleramt die Leitung der Abteilung zur Koordinierung der Geheimdienste. Fritsche, der jahrelang das Büro des bayerischen Innenministers Beckstein geleitet hatte, war wie sein einstiger Chef ein strenger Ordnungspolitiker. Schon 2006 wurde Fritsche vom BND über Probleme bei der Zusammenarbeit mit den US-Behörden – etwa über Spähziele der Amerikaner – informiert, wie der damalige BND-Chef Ernst Uhrlau den Parlamentariern im NSA-Untersuchungsausschuss berichtete.

Nach der Finanzkrise 2008 wurde die Vernetzung mit der Wirtschaft weiter ausgebaut. Die Global Player Initiative, die Ziercke zwei Jahre zuvor als »Public Private Partnership« ins Leben gerufen hatte, war inzwischen als Kontaktbörse sehr gefragt. Nicht nur DAX-Unternehmen nahmen daran teil, auch Mittelständler nutzten gerne die Möglichkeit, sich mit dem BKA vertrauensvoll austauschen zu können. Die Zahl der Beteiligten war auf mehr als 40 Firmen angestiegen.

Zweimal jährlich trafen international tätige Unternehmen hier mit dem Bundeskriminalamt zusammen. Um einen diskreten Informationsaustausch möglich zu machen, wurden darüber hinaus sogenannte »Single Points Of Contact« (SPOCs) eingerichtet, also individuelle Anlaufstellen über die der Informationsfluss mit einzelnen Unternehmen laufen sollte. In München organisierte auch die private Sicherheitsgesellschaft Securicon GmbH regelmäßige Telefonschaltkonferenzen mit dem damaligen BKA-Vizepräsidenten, um einen reibungslosen Informationsaustausch mit hiesigen Unternehmen zu ermöglichen.[150]

Im Zuge der neuen Sicherheitspolitik war also eine Architektur entwickelt worden, die der Privatwirtschaft auf vielfältige Weise Zugang zu deutschen Sicherheitskreisen gewährte. Unternehmen, die sich bei ihrer Expansion etwa durch ausländische Mächte bedroht sahen, hatten viele Möglichkeiten, ihre Probleme auf die Tagesordnung deutscher Sicherheitsdienste zu setzen.

Auch auf Bundesebene wurde der Wirtschaftsschutz nach 2008 enger koordiniert. Das Innenministerium richtete ein eigenes Forum dafür ein. Verfassungsschutz, BND, BKA, Zollkriminalamt, Wirtschaftsministerium, Auswärtiges Amt und das Kanzleramt trafen sich »im Ressortkreis Wirtschaftsschutz«, um alle dafür relevanten Themen abstimmen zu können. Die Konzerne waren in dieser Runde durch die Arbeitsgemeinschaft für Sicherheit in der Wirtschaft vertreten. Anfangs tagte die Gruppe zweimal jährlich. Was genau diskutiert wurde, blieb geheim, und so wurde nicht bekannt, welche Unternehmen hier teilnahmen und was sie mit dem BKA etwa zur Russland- oder US-Politik austauschten.

Der Ressortkreis sei das »Kernstück« der staatlichen Initiative im Bereich des Wirtschaftsschutzes, erklärte einst der ehemalige Leiter der Abteilung Spionageabwehr im Bundesamt für Verfassungsschutz, Burkhard Even.[151] Hier würden »wirtschaftsschutzrelevante Informationen« und Erkenntnisse ausgetauscht, bewertet, koordiniert – und in geeigneter Weise der Wirtschaft zur Verfügung gestellt.[152]

Die Sorge vor US-Spionage war in diesem Kreis allgegenwärtig. »Man muss nicht nur aus dem Osten mit Wirtschaftsspionage rechnen, sondern auch durch befreundete Staaten aus dem Westen«, meinte etwa Ulrich Brehmer, ehemaliger Vorstand der Arbeitsgemeinschaft für Sicherheit in der Wirtschaft, 2013 gegenüber der *Deutschen Welle*.[153]

Der Ressortkreis stimmte sich eng mit seinen Leuten in den Bundesländern ab. In Bayern war das Pendant der Bayerische Verband für Sicherheit in der Wirtschaft, in dessen Beirat ehemalige Polizeipräsidenten prominent vertreten waren.

Im Rahmen der vernetzten Sicherheitsstrategie war die Wirtschaft zu einem gewichtigen Player in der deutschen Sicherheitspolitik geworden. Die Manager von Großkonzernen und international agierende Mittelständler wurden zu allen aktuellen und strategischen

Themen gehört, um die Sicherheitsdienste bei ihrer Arbeit zu unterstützen und gleichzeitig Unternehmen beraten zu können, wenn diese im Ausland von Staatsseite in Bedrängnis gerieten. Bayern war zum Wortführer dieser von Wirtschaftsinteressen geleiteten deutschen Sicherheitsstrategie geworden, die sich den Schutz der deutschen Exportwirtschaft ganz oben auf die Fahne geschrieben hatte. Wenn Hanning später nach den Beziehungen zu den Amerikanern in der Sicherheitspolitik gefragt wurden, betonte er, wie wichtig die USA für Deutschlands internationale Sicherheit sei. Doch in 5 Prozent der Fälle – und in Bayern sogar 10 Prozent – träten, wie er später im NSA-Untersuchungsausschuss erklärte, in der Zusammenarbeit mit den USA »große Interessensgegensätze« auf.[154]

Unternehmensinteressen hatten damit ein solches Gewicht bekommen, dass inmitten eines Wettbewerbs mit den USA um neue Märkte, Putin sich darauf verlassen konnte, dass seine Kooperation mit der Wirtschaft nicht durch Sicherheitsbedenken ausgebremst wurde. Die Wirtschaft wurde zum unangefochtenen Terrain, auf dem sich all jene Akteure trafen, die eine Partnerschaft zwischen Deutschland und Russland forcierten. Die Akteure der Industrie hatten freies Spiel, mit Russland und dem Kreml ins Geschäft zu kommen und eine – von Putin eingeflüsterte – strategische Agenda zu verfolgen. Weder die Bundespolitik noch ein deutscher Sicherheitsdienst grätschten hinein. Im Gegenteil, wenn es in der Politik mal knirschte, wenn Putin die Grenzen von Recht und Ordnung verschob, so sollten hiesige Großkonzerne über alle politischen Differenzen hinweg, die Verbindung zum Kreml wieder geraderücken. Politik und Sicherheitsdienste waren bereit, die Vernetzung zwischen Russland und Deutschland über die Wirtschaft auszubauen, selbst als die Stimmen, die davor warnten, lauter wurden.

Putins Bayern-Connection

In Bayern hörte man besonders aufmerksam zu, wenn Putin an die Wirtschaft heranrücken wollte. Am 11. Oktober 2006 war der Kreml-Chef ins oberbayerische Aying mit seiner sanften grünen Hügellandschaft gekommen. Der örtliche Trachtenverein war zugegen, die Blaskapelle Helfendorf spielte, Kinder begrüßten ihn mit Blumen in den Händen und Böllerschützen wiesen dem russischen Präsidenten den Weg zu seinem Gastgeber, dem damaligen Ministerpräsidenten Edmund Stoiber. Während der CSU-Mann seinem Gast stolz die Voralpen-Idylle präsentierte, wurde in Dresden gegen das Moskauer Unrechtsregime protestiert. Der Mord an der Journalistin Anna Politkowskaja nur wenige Tage zuvor hatte die Gewaltbereitschaft der russischen Führung offen und deutlich gezeigt. »Mörder, Mörder«, riefen die Demonstranten.[155]

Stoiber jedoch beschwor die »enge Emotionalität«, die seiner Ansicht nach Deutschland und Russland verband.[156] Im Brauereigasthof saß er mit Putin zusammen, es gab Ayinger Bier[157] und ein deftig-herzhaftes bayerisches Vier-Gänge-Menü. Sie sprachen Deutsch, auch das verband. Aus dem geplanten einstündigen Treffen wurde ein Abend, der bis Mitternacht dauerte.

Das vertraute Miteinander zwischen Bayern und Moskau wurde hier zementiert. Die Wirtschaft sollte der Taktgeber sein. »Die Russen kommen hier nicht mit Kalaschnikow und mit Panzern her, sondern Russland bringt das Geld mit«, erklärte Putin.[158] Ähnlich sah man das auch in der Landesregierung. Es ging meist nur um die Wirtschaft, wie sich Erwin Huber, lange Jahre Leiter der Bayerischen Staatskanzlei, im Interview mit *report München* erinnerte.[159] Bei der von langer Hand geplanten Visite war Putin deshalb natürlich auch mit den Wirtschaftsvertretern in der Industrie- und Handelskammer in München zusammengetroffen, wo beide Seiten verabredeten, sich enger verzahnen zu wollen. Herzlich empfangen wurde er dort vom damaligen Siemens-Chef Klaus Kleinfeld, auch Martin Winterkorn, in jener Zeit Chef von Audi, war gekommen, ebenso wie der

Vorstand der HypoVereinsbank. Und eigens aus Baden-Württemberg angereist war Klaus Mangold, der als Honorarkonsul der Russischen Föderation im Ländle seit 2005 nun offiziell die Interessen des Kremls in Deutschland vertrat. Man schien sich einig, dass die Wirtschaft der Schmierstoff der deutsch-russischen Beziehungen sein sollte.[160]

Auch 2007 saßen Stoiber und Putin gesellig beisammen. Stoiber hatte sich, wie er mir schriftlich mitteilte, persönlich bei Putin für dessen Besuch auf der Münchner Sicherheitskonferenz starkgemacht, nachdem diese vergeblich versucht hatte, Putin als Redner zu gewinnen. Am Vorabend der Sicherheitskonferenz trafen sie zusammen, ließen sich wieder bayerische Spezialitäten schmecken und tranken Bier. Am nächsten Tag folgte Putins großer Auftritt.

In der ersten Reihe der 43. Münchner Sicherheitskonferenz saß Angela Merkel. Putin hatte seinen Auftritt offensichtlich als Paukenschlag geplant. Er war gekommen, um eine Brandrede zu halten, die, wie der damalige Mitherausgeber der *Zeit*, Josef Joffe, bemerkte, das Potenzial hatte, einen neuen Kalten Krieg zu entfachen. »Niemand fühlt sich mehr sicher«, erklärte der russische Präsident den anwesenden Politikern und Sicherheitsexperten. Die USA strebten »eine monopolare Weltherrschaft« an, die »vernichtend« für alle und die Demokratie sei. Der Gebrauch von militärischer Gewalt in der Welt führe zu Wettrüsten und dem Erstarken von Terrororganisationen. Russland würden neue Trennlinien aufgezwungen, die den Kontinent wieder spalten würden. Die Osterweiterung der NATO sei ein »provozierender Faktor«, der das Bündnis an Russlands Grenzen führe.[161]

Die Rede sollte ein Weckruf an Deutschland und den Westen sein, vor allem aber war sie gegen die USA gerichtet. Heute gilt sie als Scheidepunkt. Die einen meinen, der Westen hätte damals genauer hinhören sollen, um Putins Ansichten besser zu verstehen und sein weiteres Abdriften in eine Großmachtpolitik verhindern zu können. Andere sagen, Deutschland hätte spätestens jetzt begreifen müssen, dass Putin kein Partner für Europa in Fragen der Sicherheit sein konnte, so eindeutig hätte er sich doch gegen das westliche Verteidigungsbündnis gestellt.

Eine neue Industrieachse wird gebaut

Gehört wurde Putin natürlich auch in den Führungsetagen der Wirtschaft. Die USA hätten ihre Grenzen »in allen Sphären überschritten«, sie versteckten sich hinter internationalem Recht und hätten ihre Vorstellungen anderen Ländern »aufgezwungen«, hatte Putin dem Publikum auf der Münchner Sicherheitskonferenz an den Kopf geworfen. Um dann mit der rhetorischen Frage zu schließen: »Nun, wem gefällt das schon?«[162]

Es gefiel vor allem jenen in Deutschlands Führungsetagen nicht, die im Zuge der US-Compliance-Politik für Schmiergeldzahlungen vor Gericht landeten und sich mit der Bewältigung riesiger Korruptionsskandale beschäftigen mussten.

2007 wurden in den Chefetagen der deutschen Wirtschaft die Stühle gerückt. So übernahm bei Siemens der Österreicher Peter Löscher den Vorstandsvorsitz und der einstige Audi-Chef Martin Winterkorn wechselte kurz nach seinem Treffen mit Putin in München in die Führung des VW-Konzerns. Unter neuer Führung bauten die Flaggschiffe der deutschen Industrie, Siemens und der mit Staatsbeteiligung geführte VW-Konzern, ab 2007 demonstrativ ihre wirtschaftlichen Beziehungen mit Russland aus.

Putin und Löscher arbeiteten an etwas Großem, an einer Verbindung zwischen Russlands Energiebranche und Deutschlands größtem Industriekonzern. Löscher reiste gelegentlich nach Moskau, um sich mit russischen Spitzenvertretern, unter anderem mit Gazprom, zu besprechen. Viele der Treffen wurden nicht öffentlich, denn Siemens stand nach dem Korruptionsskandal unter amerikanischer Beobachtung. Doch das hinderte Löscher nicht daran, mit Russland im Energie- und Infrastruktursektor engere Bande zu knüpfen.

2007 wurde unter Putins Führung der Verteidigungs- und Industriekonzern Rostec gegründet, der mit Siemens ein Jahr später eine strategische Kooperation vereinbarte; die Münchener sollten High-Tech für die Industrieproduktion liefern. Schon 2007/2008 weitete Siemens die Kooperation auch mit dem russischen Anlagebauer Silowyje Maschiny (»Power Machines«) aus, der für den russischen Energiesektor Turbinen baute. Siemens teilte sein teuerstes Gut, sein neuestes technisches Know-how mit dem russischen Anlagebauer,[163] ohne öffentlich ersichtliche Gegenleistung. Die Münchener hatten zuvor lange versucht, ihren Anteil an Power Machines zu erhöhen, um mehr Einfluss in der Führung und beim Einsatz ihres Know-hows sichern zu können. Doch das russische Kartellamt hatte gleich zwei Mal einen Strich durch die Rechnung gemacht – vor allem aus Sicherheitsgründen, denn zivile und militärische Sektoren seien kaum zu trennen, so die Begründung von russischer Seite.

In München hingegen schien man Wirtschaft und Sicherheitsangelegenheiten nun konsequent voneinander trennen zu können. Moskau hatte für den Münchener Industriekonzern dabei ein großes Schmankerl ins Schaufenster gestellt: Das gigantische Schienennetz Russlands sollte in den nächsten Jahrzehnten modernisiert werden und diese Milliardenaufträge wollte Siemens sich nicht entgehen lassen.

Doch ein im Frühjahr 2005 von Putin und Schröder vereinbarter Milliardendeal für den Bau von 60 Hochgeschwindigkeitszügen war wenige Tage nach Merkels Wahlsieg von Putins Bahnchef Wladimir Jakunin auf einen Bruchteil von sechs Zügen zusammengestampft worden.[164] Das war wohl als unfreundliche Botschaft an Merkel zu verstehen, die Industriepartnerschaft, die unter Schröder mit Russland geschlossen worden war, nicht durch eine Abkehr in der Energiepolitik zu gefährden. Putin hatte Jakunin, seinen Freund aus Sankt Petersburger Zeiten, im Sommer 2005 zum neuen Bahnchef ernannt, und der wusste ganz offensichtlich, dass der russischen Bahn eine strategische Rolle zukommen sollte. »Die Entwicklung von Geostrategien in Russland: Die Verkehrskomponente«, lautete die Monografie, die Jakunin 2005 veröffentlichte. Als neuer Bahnchef machte er sich 2007 dann auch persönlich auf den Weg zu Siemens, um den Bau von – nun geplanten – acht Zügen auf die Produktions-Schiene zu bringen. Das war wohl als freundliche Botschaft an den neuen Siemens-Chef zu verstehen, dass man nach den guten Verhandlungen im Energiesektor nun auch im Zuggeschäft wieder an die Partnerschaft mit der deutschen Industrie andocken konnte. »Wir hoffen natürlich auf Folgeaufträge«, erklärte ein Siemens-Manager der Presse.[165]

Auf Folgeaufträge und gute Stimmung in den deutsch-russischen Wirtschaftsbeziehungen hoffte man augenscheinlich noch woanders. Im November 2007 machte sich VW-Chef Winterkorn persönlich auf den Weg in Putins Reich, ins russische Kaluga, um dort zusammen mit dem damaligen stellvertretenden Premierminister der Russischen Föderation, Sergej Naryschkin, feierlich ein Montagewerk einzuweihen. In nur 13 Monaten hatte VW es geschafft, den Betrieb hochzuziehen. Die Industriepartnerschaft, die einst zwischen Schröder und Putin vorangetrieben worden war, schien auch nach Merkels Amtsantritt auf Kurs zu sein. In Kaluga erinnerte man sich gern zurück an den ersten Besuch aus Wolfsburg, als VW den russischen Standort für den Bau einer Automobilstadt auslotete. »Detroit bleibt zwar in Amerika. Vielleicht werden sie jedoch in Detroit bald sagen, sie seien das amerikanische Kaluga«, feierte der Vize-Gouverneur der Stadt, Maxim Akimow, das ungebremste Engagement aus Wolfsburg.[166] In unmittelbarer Nähe des Werks hatte sich der Reifenhersteller und VW-Zulieferer Continental mit einem eigenen Werk niedergelassen.

Dabei hatte die Finanzkrise tiefe strukturelle Schwächen offengelegt: Russlands Wachstum baute allein auf hohen Ölpreisen auf und bot angesichts mangelnder Reformen nur beschränktes Wachstumspotenzial, was ein langfristiges Investment für Unternehmen zu einem Risiko machte. Statt wirtschaftlicher Modernisierung verfolgte der Kreml eine zunehmend zentralistische Politik. Andreas Umland, damals an der Nationalen Taras-Schewtschenko-Universität in Kiew tätig, meinte: »Russlands politisches System ist quasi byzantinisch und orientiert sich an der Figur des semiheiligen ›nationalen Leaders‹, der die Entwicklungsrichtung des Landes bestimmt und dessen öffentlich geäußerte Worte vorgeben, was politisch erlaubt ist und was nicht.«[167]

Viele internationale Konzerne und Investoren zogen sich damals aus Russland zurück. Doch die deutsch-russische Annäherung ging auch in der Wirtschaftsflaute weiter. Inmitten der tiefen Rezession plante VW, groß in den russischen Automobilmarkt einzusteigen. Winterkorn reiste im Oktober 2009 nach Kaluga, eine glanzvolle Party war geplant. Natürlich war auch Putin gekommen. Der übernahm das Steuer und kutschierte den sichtlich vergnügten Winterkorn in einem Golfmobil über das Fabrikgelände. Hier sollten Autos nicht mehr nur zusammengesetzt, sondern komplett produziert werden, mit eigenem Karosseriebau, Lackiererei und Montage: für den russischen Markt. 15.000 Fahrzeuge sollten jährlich vom Band laufen.

Dumm war nur, dass gerade zu diesem Zeitpunkt der russische Automobilmarkt kollabierte. Doch wie die Passagiere auf der *Titanic* schienen Putin und Winterkorn das drohende Unheil nicht sehen zu wollen. Sie feierten den großen Meilenstein ihrer Partnerschaft demonstrativ mit Bildern, die um die Welt gingen. »Spätestens seit heute«, so Winterkorn, »verstehen wir uns als einheimischer Hersteller in Russland«.[168] Und ganz erfüllt vom neuen Heimatgefühl sprang VW als neuer Werbepartner für die russische Fußballnationalmannschaft ein und kündigte zudem an, als Hauptsponsor für die Olympischen Winterspiele 2014 in Sotschi aufzutreten. Der *Spiegel* resümierte: »VW entdeckt seine russische Seele.«[169] Das Signal, das die Wolfsburger 2009 aussandten, war klar: Deutschlands Automobilindustrie steht auch in schwierigen Zeiten zu Russland.

Es gibt zwei Theorien, die diese enge Wirtschaftspartnerschaft zu erklären versuchen. Die eine besagt, dass die deutschen Unternehmen in Russland rein wirtschaftliche Interessen verfolgten. Sie agierten, wie Unternehmen nun mal in einer freien Marktwirtschaft agieren: Sie suchen neue Märkte und weiten Produktionen und Geschäftsfelder aus, um für ihre Investoren Umsatz und Gewinne zu steigern. Nach einer anderen Theorie, die in diesem Fall vielleicht mindestens genauso zutrifft, dürften sich deutsche Unternehmensbosse jahrelang allerdings auch darin gefallen haben, globale Industriepolitik zu betreiben. VW, Siemens und Co. hatten sich auf strategische Partnerschaften eingelassen und standen demnach Putin zur Seite, wenn es darum ging, Russland als globalen Player einen Platz in Europa zu sichern. Russland sollte geopolitisch mehr Gewicht verliehen werden – und die Industrie schien bereit, Putin dabei strategisch zu unterstützen, um langfristig von der Gunst des Kremls zu profitieren.

2009 brach das russische Bruttoinlandsprodukt um fast 8 Prozent ein. Die anderen BRIC-Staaten Brasilien, Indien und China waren alle besser als Russland durch die Krise gekommen. Hinter vorgehaltener Hand wurde unter Investoren gewitzelt, dass man das »R« aus BRIC wohl streichen müsse. Russland war drauf und dran, zu einem Schwellenland abzurutschen. Derweil baute Siemens weiter mit dem Kreml an einem energiepolitischen Machtschloss.

Trotz aller offensichtlichen politischen und wirtschaftlichen Widrigkeiten schien Löscher fest entschlossen zu sein, an Russland festzuhalten. Regelmäßig flog der Siemens-Chef Anfang 2009 im Firmenjet von München nach Moskau.[170] Gut ein Dutzend Mal traf er sich allein mit Putin, zu der Zeit Ministerpräsident, und dem damaligen Präsidenten Dmitri Medwedew, um mit dem Kreml im Geschäft zu bleiben.

Im Februar ließ er seinen Vorstand für drei Tage nach Moskau einfliegen.[171] Etwas Sonderbares war geplant: eine Kooperation im Nuklearsektor. Dabei waren die kritischen Stimmen, die vor einer engeren Zusammenarbeit mit Russland im Energiebereich warnten, kaum noch zu überhören. Nach einem Gasstreit 2005 zwischen Russland und der Ukraine, der kurzzeitig zu einem russischen Lieferstopp führte, war auch intern bei Siemens Kritik laut geworden, die vor einer Anbindung an den Kreml warnte. »Wir haben im Gasstreit erlebt, was die Abhängigkeit von Moskau bedeuten kann, das sollten wir uns nicht zumuten«, hatte ein Aufsichtsratsmitglied gemahnt und die Warnung anonym öffentlich gemacht.[172]

Doch die Mahner drangen nicht durch. Siemens hatte sich zwar ein paar Jahre zuvor längst aus der Entwicklung von Nukleartechnologie zurückgezogen, weil das Geschäftsfeld keine Zukunft hatte. Doch zu einer Kooperation mit Russland beim Ausbau der Atomenergie sagte Löscher nicht nein, und 2009 vereinbarten beide Seiten eine langfristige Zusammenarbeit.

Genau das war es, was Putin wollte. Und das sollte er auch bekommen. Jürgen Trittin, der als Umweltminister das Abschalten der Atomkraftwerke einst durchgesetzt hatte, bemerkte süffisant: »Es ist interessant, dass Siemens auf dieses Geschäftsfeld setzt, obwohl in den letzten Jahren nicht ein einziger Reaktorblock [von Siemens] weltweit ans Netz gegangen ist.«[173]

Wenn von Löscher erwartet worden war, die Beziehungen mit Putin auf ein neues Level zu heben, hatte er das Ziel spätestens 2009 erreicht. Siemens sei seit mehr als 150 Jahren in Russland geschäftlich aktiv, erklärte er bei einem Treffen mit Putin in Moskau. Das »hervorragende und bewährte« Miteinander »wollen wir weiter vertiefen«.[174]

Eine ganz ähnliche Stimmung herrschte dann auch im Sommer 2009 am Rande des Petersburger Dialogs in München. Merkel und Medwedew waren gut gelaunt, tauschten Nettigkeiten aus und vereinbarten einen weiteren Ausbau der wirtschaftlichen Zusammenarbeit. Der *Spiegel* titelte gar: »Medwedew bezaubert Merkel«. Dabei hatten, wie das Magazin auch berichtete, nach dem Mord an der Menschenrechtsaktivistin Natalja Estemirowa viele Teilnehmer noch geglaubt, dass das Verbrechen die Atmosphäre zwischen den beiden Spitzenpolitikern »vergiften« könnte.[175]

Nichts dergleichen war in München der Fall, zumal Siemens mit Bahnchef Jakunin im Beisein beider Staatschefs eine Verständigung für die Lieferung von Elektrolokomotiven feiern konnte. Im Juli 2010 verkündeten die Münchner eine weitere Erfolgsmeldung im Bahngeschäft. Sie hatten sich mit Jakunins RZB auf eine Grundsatzvereinbarung zur Produktion von 240 Regionalzügen und 1200 Waggons verständigt. »Siemens winken in Russland Milliardenaufträge für Bahn und Wind«, jubelte die Pressestelle.[176] Jetzt musste sich diese besondere Verbindung zu Putins Bahn-Chef nur noch bewähren.

Putin selbst schien damit zufrieden zu sein, wie die Geschäfte in Deutschland liefen. Im November 2010 reiste er nach Berlin, wo er gleich am Abend in vertrauter Runde mit seinen engsten Freunden aus Deutschland zusammenkam. Im Café des Artistes in der Fuggerstraße 35 in Schöneberg traf er sich mit Schröder, direkt neben dem Kreml-Chef nahm Ex-Stasi-Mann Warnig Platz. Dessen Sohn führte das Restaurant.[177] Man parlierte entspannt bei Austern und Entenleber auf dem Menü.

Mit dabei war auch Frank-Walter Steinmeier, der zu dieser Zeit nach der verlorenen Kanzlerkandidatur die SPD-Fraktion in der Opposition führte.[178] Als Schröders Kanzleramtschef hatte Steinmeier den SPD-Slogan »Wandel durch Handel« schon für die rot-grüne Regierung neuaufgelegt und als Außenminister in Merkels erstem Kabinett den Kurs fortgesetzt. Aus »Wandel durch Handel« war unter Außenminister Steinmeier »Wandel durch Verflechtung« geworden.[179] Mithilfe eines Energieexperten des BND hatte sein SPD-geführtes Außenministerium eine neue Strategie für die deutsche Ostpolitik entworfen: Die Partnerschaft mit Russland sollte ganz eng und »irreversibel« sein.[180] Europa und Russland müssten stärker vernetzt werden, selbst wenn Russland nach außen mit neuem Selbstbewusstsein auftrete und im Innern »einen eigenen, russischen Weg« verfolge, hieß es in dem Papier.[181] Für Europa plante das Auswärtige Amt eine sogenannte »Modernisierungspartnerschaft«. Die Wirtschaft sollte auch hier in den Mittelpunkt rücken, Sicherheitsbedenken, die vor allem in Europa lauter wurden, wanderten an den Rand.

Wie in den Jahren zuvor setzte Deutschland schlicht auf einen weiteren Ausbau der wirtschaftlichen Beziehungen, ohne die wachsende Bedrohung durch Russland anzuerkennen und auch in der Wirtschaft auf zwingend notwendige Reformen zu drängen. Dass die Modernisierung Russlands hin zu mehr Demokratie und Rechtsstaatlichkeit längst in weite Ferne gerückt war, sollte der Partnerschaft nicht schaden. Die Strategie schien einzig und allein das Ziel zu verfolgen, den Handel mit Russland weiterzuführen, egal welchen Kurs der Kreml einschlug. Putin hatte Oppositionelle ins Gefängnis geworfen, unterdrückte die Medien, weitete sein autokratisches Regime zu einer Diktatur aus – und die SPD setzte unverändert auf den Ausbau der wirtschaftlichen Beziehungen.

Unterlagen und Präsentationen von Gazprom, die der Nachrichtenplattform *Business Insider* zugespielt worden waren, legen nahe, dass der russische Staatskonzern die Beraterfirma McKinsey 2010 mit dem Ziel engagierte, Deutschlands Industrie gezielt in eine Energieabhängigkeit zu manövrieren. Die Berater hätten für Gazprom eine »wirksame« langfristige Strategie entwickelt, damit Russland »für die deutsche Industrie unverzichtbar ist«.[182]

Die »Verflechtung« mit der deutschen Industrie wurde im November 2010 bei Putins Besuch auf persönlicher Ebene weiter vorangetrieben. Im Hotel Adlon am Brandenburger Tor gab sich zu Putins Ehren die Elite der deutsch-russischen Wirtschaft ein Stelldichein. Der Besucher aus Moskau dankte VW-Chef Winterkorn für sein Engagement in Kaluga und Löscher für die Energiepartnerschaft. Und auch für den Chef der Deutschen Bank hatte Putin nur Lob, was nicht verwundert. Ackermann unterstützte Putins Wunsch nach einer Freihandelszone mit der EU auf ganzer Linie und teilte sogar dessen Traum, dass Russland eines Tages Teil der Eurozone sein würde.

Mit Löscher, Winterkorn und Ackermann hatte Putin die Schwergewichte der deutschen DAX-Manager auf seiner Seite. Von ihnen konnte er zu Recht Einflussnahme auf die Wirtschaftspolitik in Deutschland und Europa erwarten. »Ja, die Großen haben es vielleicht leichter, in Russland Fuß zu fassen, weil sie direkten Zugang zur politischen Führung haben«, bemerkte er dazu lapidar.[183]

Der Zugang zum Kreml sicherte der deutschen Industrie billiges Gas und Aufträge aus Russland und Putin Gehör bis in die Spitze der Bundesregierung. Löscher, Winterkorn und Ackermann hatten ein solches Gewicht in der Wirtschaftspolitik, dass sie auch den Kurs in der Sicherheitspolitik beeinflussen konnten, die den Ausbau der Wirtschaftsbeziehungen mit Moskau zu schützen versuchte. 2010 veröffentlichte die Bundesakademie für Sicherheitspolitik etwa ein Positionspapier zu Russland unter dem Titel »Sicherheit durch Annäherung«. Die Rolle der Wirtschaft wurde hier ausdrücklich hervorgehoben. In einem »fortlaufenden Prozess der Vernetzung und Verzahnung unterschiedlicher Ebenen spielen die Instrumente der Wirtschaft [...] eine besonders wichtige Rolle«, hieß es darin.[184] Die Vernetzung, so hieß es auch hier, solle »irreversibel« sein. Beteiligt an dem Positionspapier war übrigens auch ein Siemens-Sicherheitsmanager. Und die gewünschte Vernetzung mit der deutschen Industrie zeigte Wirkung.

Nichts konnte die Russland-Euphorie der deutschen Industrie dämpfen, obwohl sich abzeichnete, dass unter Putins Führung Reformen ausbleiben würden. VW, Siemens und Co. setzten dennoch unbeirrt auf den starken Mann im Kreml, jeden Wunsch schienen sie ihm und seinen Industrievertretern von den Lippen abzulesen: VW vereinbarte 2011 eine Kooperation mit der russischen GAZ-Gruppe des Industriemagnaten Oleg Deripaska, dem damals eine Nähe zu Putin nachgesagt wurde.[185] Dazu brachten die Wolfsburger später dessen alte Werkshallen in Nischni Nowgorod aus den 1930er-Jahren auf den neuesten Stand, sodass künftig VW Jetta und Octavia der tschechischen VW-Marke Škoda in dem Werk zusammengebaut werden konnten.[186] Langfristig sollte auf dem Industriegelände zudem ein neues Werk für den Bau von Motoren entstehen. Continental kündigte 2011 die Errichtung einer weiteren Reifenfabrik in Kaluga an, wo ab Anfang 2014 ebenfalls Motorenteile gebaut werden sollten.[187]

Das Reaktorunglück in Fukushima und Deutschlands erneuter Ausstieg aus der Atomenergie beendeten im März 2011 zwar Löschers Ausflug in die russische Atompolitik. Gleichwohl wurde die Zusammenarbeit von Siemens und dem Kreml intensiviert. Gazprom-Chef Alexej Miller und Löscher verständigten sich im Dezember 2011 auf eine »strategische Partnerschaft«, eine umfassende Vereinbarung über Gas und Strom sowie die langfristige Entwicklung von Technologien zur Erdgasverflüssigung, bekannt als LNG.

Die Partnerschaft wurde Ende 2011 mit der Gründung eines Joint Ventures gekrönt. Aus der Kooperation mit Power Machines entstand ein neues Gemeinschaftsunternehmen, bei dem Siemens diesmal mit 65 Prozent die Kontrolle übernahm. In Sankt Petersburg gründete Siemens mit dem russischen Partner die Siemens Gas Turbine Technologies (SGTT) und die Münchener sollten ab 2014 in Russland Gasturbinen bauen und ausliefern.[188] Der Kreml ehrte Löscher mit einem Freundschaftsorden 2012 für seine Dienste.

Putin schien auf Siemens zählen können, vor allem, wenn es auf der politischen Ebene knirschte. Denn das Verhältnis zwischen Merkel und Putin war angespannt, der damalige Leiter des *Handelsblatt*-Hauptstadtbüros Michael Inacker nannte es gar »zerrüttet«. Anders als ihr Amtsvorgänger sprach die Kanzlerin Probleme bezüglich Rechtsstaatlichkeit und Demokratie offen an. »Die Russen fühlen sich belehrt, die Deutschen provoziert«, schrieb Inacker Ende 2012 in einer Kolumne. »Dort, wo politische Kommunikation schwerfällt, gibt es aber noch die Wirtschaft.«[189]

Die Wirtschaft sollte für bessere Stimmung sorgen und die Beziehungspflege übernehmen – und die Kanzlerin ließ es geschehen. Beim Staatsbesuch Ende 2012 in Moskau hatte Merkel die Top-Liga der deutsch-russischen Wirtschaftslobby im Schlepptau. »Angeführt vom Vorsitzenden des Ost-Ausschusses, Eckhard Cordes, stellten Peter Löscher (Siemens), Klaus Mangold (TUI), Olaf Koch (Metro), Martin Herrenknecht (Herrenknecht), Rainer Seele (Wintershall) oder Martin Winterkorn (VW) sicher, dass es bei dem Treffen etwas zu bereden und zu beschließen gibt«, notierte Inacker.[190]

Fazit

Putins Freunde in der deutschen Wirtschaft hatten im Zuge der vernetzten Sicherheit ein solches Gewicht in den Wirtschaftsbeziehungen und schlussendlich auch in der Sicherheitsarchitektur gewonnen, dass der Kreml-Chef über diese Verbindungen Einfluss auf den Kurs der deutschen Außen- und Sicherheitspolitik nehmen konnte. Die Verbindungen, die Moskau über die Jahre mit der Industrie geknüpft hatten, waren mittlerweile so eng, dass sie wie in Zeiten des Kalten Krieges politische Krisen überdauerten. Siemens, VW und die Deutsche Bank pflegten direkte Kontakte zu Putin und bauten die Beziehungen auch dann noch aus, als es mit Russlands Wirtschaft bergab ging und die politischen Spannungen wuchsen. Vor allem in Bayern stand die Tür für Putin weit offen.

Spätestens seit 2010 plante Moskau mithilfe seiner Freunde in der deutschen Wirtschaft, Deutschland und Europa gezielt in die Abhängigkeit zu manövrieren, sodass die Bundesrepublik innerhalb des westlichen Verteidigungsbündnisses auf Entspannungspolitik setzten würde, egal welchen Kurs Putin im In- wie im Ausland einschlug. Auffällig ist vor allem die Timeline, die von russischer Seite für die ab 2010 vereinbarten Industrieprojekte angestrebt wurde: Sie sollten im Zuge der Olympischen Winterspiele in Sotschi die Produktion aufnehmen. Viele der Vorhaben gingen somit 2014 oder auch später an den Start, sodass die Industriepartnerschaft zwischen Russland und Deutschland auch noch Bestand haben sollte, als Russland in der Ukraine einen Krieg anzettelte.

Mit der deutschen Industrie als strategischem Partner schien somit für den Kreml-Chef der Weg frei zu sein, in Europa seinen Machtanspruch auch mit Gewalt geltend zu machen.

Kapitel 5
Wieso Russland-Sanktionen? Das Geschäft brummt
Wie die deutsche Politik seit der Ukraine-Krise 2014 ihre Verantwortung an die Wirtschaft abgab

Auf dem Maidan, dem Platz der Unabhängigkeit in Kiew, protestieren im Dezember 2013 Hunderttausende Menschen gegen die kleptokratische Regierung des kremlnahen Präsidenten Wiktor Janukowytsch. Die Massendemonstrationen, angestoßen von proeuropäischen Studenten, werden mit Tränengas und Blendgranaten auseinandergetrieben, zwei Monate später sterben über hundert Menschen auf dem Maidan, als Sicherheitskräfte versuchen, die Proteste mit Waffengewalt niederzuschlagen. Am 18. März 2014 annektiert Russland die Krim und prorussische Rebellen entfachen in der Ostukraine einen Krieg. Der damalige Vorsitzende der Münchner Sicherheitskonferenz, Wolfgang Ischinger, schreibt nach einem späteren weiteren Ausbruch von Gewalt: »Etwas nahezu Unvorstellbares ist Realität geworden: ein Krieg in Europa.« Und er meinte: »Die Risiken einer weiteren Eskalation und von Fehleinschätzungen stellen die größte Gefahr für die europäische Sicherheit der vergangenen mehr als zwanzig Jahre dar.«[191] Acht Jahre später wird sich zeigen, wie groß die Risiken und Fehleinschätzungen hierzulande wirklich waren.

Der Versuch, mit Russland eine neue europäische Friedensordnung zu etablieren, war gescheitert. Knapp 69 Jahre nach dem Ende des Zweiten Weltkrieges war Europas Sicherheit erneut bedroht. Doch für Putin schien sich nichts verändert zu haben. Trotz seines nun für alle sichtbaren Großmachtstrebens in Europa baute er weiter auf den Rückhalt Deutschlands und bat um Verständnis: »Ich glaube, dass die Europäer und vor allem die Deutschen mich verstehen werden«, erklärte er in seiner Rede zur Annexion der Krim. Nachdem Russland das »aufrichtige Streben der Deutschen nach nationaler Einheit« unterstützt habe, sei er sich sicher und hoffe, »dass die Bürger Deutschlands ebenso das Streben der russischen Welt, des historischen Russlands nach Wiederherstellung der Einheit unterstützen«.[192]

Die Bürger Deutschlands zeigten jedoch wenig Verständnis für Putins aggressive Großmachtphantasien. In einer Umfrage sagten 80 Prozent der Befragten, dass sie Russland nicht vertrauen würden. Doch in der deutschen Sicherheitspolitik gab es immer noch viele, die Putin vertrauten und sich nicht vorstellen konnten oder mochten, dass er einen Militärkrieg in Europa führen werde. Ischinger erinnerte sich später in einem Fernsehinterview, dass selbst nach der Krim-Annexion die Meinung vorherrschte, man könne Putin auf den Pfad der Tugend zurückführen. Dabei hatten die Verbündeten Deutschland längst den Ernst der Lage vermittelt. Im Jahr der Annexion gaben NATO-Experten bekannt, dass Moskau 35.000 Soldaten an der Grenze zur Ostukraine stationiert hatte, darunter Spezialeinheiten wie Luft-Landetruppen.[193] Es bestand also kein Zweifel, dass Putin bereit war, brutale Gewalt einzusetzen, um die Ukraine zu kontrollieren. Mit der Verschiebung der Grenzen hatte er das Völkerrecht gebrochen.

Am 17. Juli 2014 schossen prorussische Rebellen über der Ukraine ein Passagierflugzeug ab, das von Amsterdam nach Kuala Lumpur unterwegs war, alle Insassen von Flug MH17 starben. »Unsere kollektiven, jahrzehntelangen Bemühungen um eine krisenfeste euroatlantische Sicherheitsordnung, die vor über 40 Jahren in Helsinki begannen, sind – zumindest vorerst – gescheitert«, schrieb Ischinger. »Die anhaltende Krise in der Ukraine hat sich zu einer existenziellen Bedrohung für die Sicherheitsordnung des gesamten europäischen Kontinents entwickelt.«[194] Deutschland war nun gefordert, der europäischen Gemeinschaft und der Welt zu zeigen, dass es nicht nur ein Wirtschaftsmotor in Europa sein wollte, sondern sich nach den Erfahrungen des Zweiten Weltkrieges auch für Frieden und Schutz der Partner im Osten einsetzen würde. Aber war Deutschland bereit, dafür auch einen wirtschaftlichen Preis zu zahlen?

Auf Moskaus Krieg reagierte die Bundesregierung, wie in den Jahren zuvor, mit einer Doppelstrategie: Die russische Aggression sollte im Verbund mit den westlichen Bündnispartnern eingedämmt, gleichzeitig aber sollten die wirtschaftlichen Beziehungen weiter ausgebaut werden. Ischinger plädierte für »eine Mischung aus Einhegung (›containment‹) und Einbeziehung (›engagement‹)«, die Russland über engere Zusammenarbeit in »einen gemeinsamen Wirtschaftsraum« einbinden könnte, um den »geplatzten Traum von der europäischen Sicherheit erhalten zu können«.[195] Eine tragfähige Sicherheitsarchitektur Europas könne nicht gegen, sondern nur mit Russland gestaltet werden.[196] Ischinger war ein prominenter Protagonist der Verzahnung von Wirtschaft und Sicherheit. In München hatte er 2015 zusammen mit Wirtschaftsvertretern die »geopolitische Strategieberatung« Agora gegründet, die sich auf politische Risikoanalysen und internationales Krisenmanagement spezialisierte. Zahlenden Kunden ermöglichte sie Kontakte zu Spitzenleuten aus Politik und Sicherheit. Und so überrascht es nicht, dass auch Ischinger für enge wirtschaftliche Beziehungen zwischen Russland und Deutschland eintrat, wenn es um die Frage ging, wie Deutschlang nach der Krim-Annexion auf Putins wachsende Aggressionsbereitschaft reagiert.[197]

Mit Ischinger plädierte ein profilierter Sicherheitsexperte, der auch bei Merkel Gehör fand, für eine Politik, die Russland durch wirtschaftliche Zusammenarbeit weiter stärken sollte in der Hoffnung, so Putins Machtstreben in Europa einzudämmen. In dessen bis dahin 14-jähriger Amtszeit hatte es jedoch keine Anzeichen gegeben, dass er sich durch wirtschaftliche Erfolge und Stärke von seinem machtpolitischen Kurs abhalten lassen würde. Die Doppelstrategie spiegelte lediglich Deutschlands Unfähigkeit wider, Verantwortung in der europäischen Sicherheitspolitik zu übernehmen.

Es blieben die wirtschaftlichen Interessen, die den sicherheitspolitischen Kurs gegenüber Russland bestimmten. Nach der Krim-Annexion stand dieser Kurs zwar vorübergehend zur Disposition: Die Bundesrepublik geriet unter Druck, sich von Russland abzugrenzen, in der Wirtschaftspolitik nicht blindlings auf engere Zusammenarbeit zu setzen, sondern sich der EU und US-Sanktionspolitik anzuschließen, um Putin in die Schranken und zum Kurswechsel in der Ukraine zu bewegen.

Doch die enge Verflechtung zwischen Wirtschaft, Politik und Sicherheitsdiensten in Russland und Deutschland zeigte nun Wirkung. Während Kanzlerin Merkel die EU-Sanktionspolitik grundsätzlich unterstützte, wurde der deutschen Industrie freie Hand gelassen, die wirtschaftlichen Beziehungen zu Russland und die Kontakte zum Kreml auszubauen. Im Zuge dessen vereinbarte die Industrie mit Gazprom den Bau einer neuen Pipeline: Nord Stream 2. »Das ist eigentlich noch schwerer zu erklären als Nord Stream 1«, so Anna Kuchenbecker vom European Council on Foreign Relations im Rückblick.[198]

Anstatt die Vernetzung der deutschen Industrie mit Russland zu reglementieren und die Energieressourcen zu diversifizieren, baute Deutschland unter Merkel die Abhängigkeiten ungehindert weiter aus. Nord Stream war unter Schröder ursprünglich als Teil einer deutschen Sicherheitspolitik vereinbart worden, die Russland in eine europäische Friedensordnung einbinden sollte. Mit Putins Kriegstreiberei in der Ukraine war diese Politik offensichtlich gescheitert. Damit hätte auch der Plan für eine weitere Pipeline ad acta gelegt werden müssen. Doch der Tenor war nun: Nord Stream 2 ist ein rein wirtschaftliches Projekt. Politik und Wirtschaft sollten strikt voneinander getrennt werden, was nichts anderes bedeutete, als dass die Wirtschaft – abgesehen von den geplanten Sanktionsregimen –, mit Russland und auch dem Kreml künftig weiter eng zusammenzuarbeiten konnte. Die Wirtschaft blieb der Rahmen, in dem die Beziehungen zu Putins Russland weiter vertieft werden sollten. Fragen der Sicherheits- und Versorgungsrisiken, die mit dieser engen Vernetzung einhergingen, wurden ausgespart.

Doch wie war es möglich, dass der Auslandsnachrichtendienst – dessen Aufgabe ist, aggressive Mächte auf Abstand zu halten – nicht öffentlich Alarm schlug, wenn Politik und Wirtschaft sich unfähig zeigten, eine gesunde Distanz zu Putin aufzubauen? Der damalige BND-Chef Gerhard Schindler machte keinen Hehl daraus, wie wichtig für ihn die Verteidigung nationaler Wirtschaftsinteressen in der Sicherheitspolitik war. Der FDP-Mann hatte ein offenes Ohr für die Belange der Industrie, die billiges Gas aus Russland langfristig sichern wollte und sich dem Druck aus Washington ausgesetzt sah, auf amerikanisches Schiefergas umzuschwenken. Energiepolitik war schon immer ein zentraler Pfeiler der US-Sicherheitspolitik gewesen. Und so schien Schindler überzeugt, dass Eigeninteressen hinter Amerikas Widerstand gegen den Bau von Nord Stream standen. Die Kritik an Nord Stream lasse sich »unschwer auf konkurrierende Eigeninteressen der Kritiker zurückführen«, meinte er noch im Oktober 2020.[199]

Im Rückblick wirken die Äußerungen des damaligen BND-Präsidenten wie ein sicherheitspolitischer Irrlauf. Bei aller berechtigten Skepsis gegenüber der amerikanischen Energiepolitik schien Schindler die Gefahren einer unkontrollierten Verflechtung mit Russlands Staatskonzernen zu unterschätzen. »Die Russen mögen uns Deutsche – und dieses Pfund nicht zu nutzen, wäre fahrlässig [...] Wir werden noch einmal froh sein, wenn wir Russland als Partner und die Russen als Freunde an unserer Seite haben«, erklärte er noch, als Putin in der Ostukraine einen Krieg führte.[200] Die deutschen Dienste waren so anfällig dafür, von Wirtschaftsinteressen unterlaufen zu werden, dass selbst der BND-Chef die Gefahren verkannte und den Warnungen der Verbündeten misstraute.

Politik und Sicherheitsdienste verfielen Russlands Rhetorik, einer Lügen- und Täuschungskampagne, die Europa in Sicherheit wiegte, während Putin Deutschland wirtschaftspolitisch von billigem, russischem Gas mehr und mehr abhängig machte. Für Russland war Nord Stream nie ein rein wirtschaftliches Projekt gewesen, sondern vielmehr ein politisch-strategisches Mittel, um Berlin auch dann noch auf einem russlandfreundlichen Kurs innerhalb des westlichen Verteidigungsbündnisses zu halten, wenn der Kreml-Chef einen Krieg anzettelte.

Putin hatte in seiner Amtszeit die Uhren zurückgedreht. Unter seiner Führung hatte Russland sich zu einem autokratischen Staat entwickelt. Medien und Wirtschaft wurden vom Kreml gesteuert, Reformen der Vorgänger rückgängig gemacht, Oppositionelle und Kritiker verfolgt. Mit der Annexion der Krim und dem Krieg in der Ostukraine brach Putin das Völkerrecht und verfolgte nun offen mit Gewalt seine Phantasien eines russischen Großreichs innerhalb Europas. Doch egal, was der Kreml-Chef trieb, Wandel durch Handel blieb die Basis der deutschen Russlandpolitik. Schröders Erbe, das der Wirtschaft eine zentrale Rolle in den deutsch-russischen Beziehungen zubilligte, wurde nach Russlands Annexion der Krim nahtlos fortgesetzt.

»Wer Russland wirtschaftlich in die Knie zwingen will, irrt gewaltig, wenn er glaubt, dass das zu mehr Sicherheit in Europa führen würde«, erklärte Frank-Walter Steinmeier Ende 2014, damals erneut Außenminister in Merkels Kabinett.[201] Er propagierte stattdessen eine »Positiv-Agenda«. 2022, mittlerweile Bundespräsident, musste Steinmeier eingestehen: »Wir sind gescheitert mit der Errichtung eines gemeinsamen europäischen Hauses, in das Russland einbezogen wird. Wir sind gescheitert mit dem Ansatz, Russland in eine gemeinsame Sicherheitsarchitektur einzubinden. […] Wir haben an Brücken festgehalten, an die Russland nicht mehr geglaubt hat und vor denen unsere Partner uns gewarnt haben.«[202]

Wie hatte es dazu kommen können? An welchen Brücken hatte Deutschland festgehalten, und wer waren die Brückenbauer, vor denen die Partner gewarnt hatten?

Russlands Schulterschluss mit den Missionären der Wirtschaft

Ende November 2013, als auf dem Maidan die ersten Proteste aufflammten, machte sich eine Delegation aus Niedersachsen auf den Weg nach Russland. In der Residenz Gorki traf der Ministerpräsident des Landes Niedersachsen, Stephan Weil, den Vorsitzenden der Regierung der Russischen Föderation, Dmitri Medwedew. Vor dem Hintergrund wachsender Unruhen in Kiew erklärte die niedersächsische Landesregierung, Russland sei »ein verlässlicher und wichtiger Partner« und man wolle die »Partnerschaft in politischen, wirtschaftlichen und in gesellschaftlichen Bereichen« fortsetzen.[203] Weil war mit einer sechzigköpfigen Delegation nach Moskau gereist, und der Weg der mitanreisenden VW-Delegation führte, wie einst zu Schröders Zeiten, auch in das knapp 200 Kilometer entfernte Kaluga. Wo sich vor zehn Jahren noch grüne Wiesen erstreckten, war in der Zwischenzeit mithilfe der Wolfsburger ein russisches Automobilzentrum entstanden.

»Russland ist für den Volkswagen-Konzern der strategische Wachstumsmarkt Nummer eins in Europa«, erklärte VW-Chef Martin Winterkorn, der eigens angereist war, und signalisierte, dass man Putins Reich die Treue hält. Rund 1,3 Milliarden Euro hatte der Konzern in die lokale Produktion und neue Modelle fließen lassen und plante, nicht nachzulassen: »Bis Ende 2018 investieren wir weitere 1,2 Milliarden Euro in Russland«, versprach Winterkorn.[204]

Der Zeitpunkt war pikant: Wenige Tage zuvor hatte Janukowytsch ein Assoziierungsabkommen der Ukraine mit der EU auf Eis gelegt, nach Druck aus Moskau, wie vermutet wurde. Doch das störte die deutsche Delegation nicht. Das Signal, das zu Beginn der Maidan-Unruhen vom Besuch der deutschen Wirtschaftsdelegation ausging, war deutlich: Die strategische Industriepartnerschaft sollte fortbestehen – selbst wenn Russland versuchte, den Westkurs der Ukraine zu unterdrücken. Inmitten der Krim-Krise trat VW im Februar wie geplant als Hauptsponsor der Olympischen Winterspiele in Sotschi auf.

Am 4. März 2014, nach der schrecklichen Gewalt auf dem Maidan, der Flucht Janukowytschs nach Russland und der Besetzung der Krim durch russische Truppen, machte sich noch eine andere Wirtschaftsdelegation auf den Weg zur russischen Botschaft. Auf der Besucherliste stand Gerhard Schröder. Er war für ein Kamingespräch mit Putins damaligem Botschafter Wladimir Grinin und anderen Teilnehmern gekommen. Mit dabei auch Eckhard Cordes, der einstige Daimler- und Metro-Chef, der das Erbe von Klaus Mangold angetreten hatte und den Ost-Ausschuss der Deutschen Wirtschaft führte. Organisiert worden war das Kamingespräch von Grinin zusammen mit dem langjährigen Politberater und Russlandexperten Alexander Rahr. Mit der Veröffentlichung seines Buches *Wladimir Putin. Der »Deutsche« im Kreml* hatte Rahr in den Nullerjahren nicht nur bei Putin persönlich Eindruck gemacht, sondern war unter Schröder und dem damaligen Kanzleramtschef und heutigen Bundespräsidenten Steinmeier zum Vordenker von Deutschlands Russlandpolitik geworden. Mittlerweile war er als Unternehmensberater zu Wintershall gewechselt und organisierte regelmäßig in Berlin solche Zusammentreffen. Als ich ihn zu seiner Rolle befragte, erklärte er, ein »Verfechter der Ostpolitik im Sinne der Entspannung und Völkerverständigung« zu sein. Und wenn Journalisten seinerzeit die Teilnehmer des Kamingesprächs fragten, was denn in der russischen Botschaft besprochen wurde, schwiegen diese eisern.[205]

Am 13. März 2014 war es dann die Kanzlerin, die den Ton für die künftigen Beziehungen und die Sanktionspolitik gegenüber Russland vorgab. Eine Angliederung der Krim an Russland bedeute einen Bruch des Völkerrechts und sei nicht akzeptabel, erklärte Merkel in ihrer Regierungserklärung zur Lage in der Ukraine. Sollte der aktuelle Kurs fortgesetzt werden, wäre dies »eine Katastrophe für die Ukraine«, und Russland würde sich dadurch selbst massiv »ökonomisch wie politisch« schaden. Falls es »in den allernächsten Tagen« nicht zu Verhandlungen komme, die zu Resultaten führten, würden weitere Sanktionen schon am kommenden Montag beschlossen werden. Dazu gehörten Einreiseverbote und Kontosperrungen. Darüber hinaus sei die EU notfalls bereit, die dritte Stufe der Sanktionen in Kraft zu setzen. Diese hätte erhebliche wirtschaftliche Konsequenzen. »Niemand von uns wünscht sich, dass es zu solchen Maßnahmen kommt«, sagte Merkel. »Doch wir alle wären zu ihnen bereit und entschlossen, falls sie unumgänglich werden.«[206]

Fünf Tage nach Merkels Rede annektierte Russland die Krim. Erhebliche wirtschaftliche Konsequenzen für den Aggressor hatte dies jedoch nicht zur Folge. War man in Deutschland also wirklich bereit und entschlossen, das Unumgängliche zu tun?

Am 27. März 2014 machte sich dagegen der damalige Siemens-Chef Joe Kaeser auf den Weg nach Moskau. Inmitten russischer Aggression und europäischer Sanktionspolitik bemühte sich Kaeser, dem Kreml-Chef die Belastbarkeit der wirtschaftlichen Beziehungen zu versichern. Die Partnerschaft zwischen Putin und Siemens schien kaum etwas trüben zu können. Vor dem Hintergrund 160-jähriger Geschäftsbeziehungen zu Russland lasse sich Siemens »nicht übermäßig von kurzfristigen Turbulenzen in unseren langfristigen Planungen leiten«, erklärte Kaeser.[207] Die langfristigen Vereinbarungen, so versicherte er, hätten weiterhin Bestand.

Wenige Wochen zuvor hatte Russland die seit Langem erhoffte Unterschrift unter den geplanten Großauftrag zur Lieferung von 700 Elektroloks gesetzt. Auch die Lieferung von Transformatoren für den Energiesektor war bereits beschlossene Sache. Das schien auszureichen, um auch weiterhin ohne Wenn und Aber zu Russland zu stehen. Die Achse zwischen deutscher Industrie und Russland, mit Siemens als Verbindungsstück, hatte Bestand. Putin war zufrieden: »Die Zusammenarbeit mit Siemens entwickelt sich sehr gut, das gilt auch für das Geschäft mit anderen deutschen Unternehmen.«[208]

2014 war für Siemens also kein Bruch, sondern lediglich eine Phase »kurzfristiger Turbulenzen«. Wie lange diese anhalten würden, zeigte sich 2022 mit einem Krieg, der mit Erscheinen des Buches bereits über drei Jahre währt. Kaesers Besuch acht Jahre zuvor konterkarierte eindeutig die gerade erst angelaufene westliche Sanktionspolitik. Aber, so der Siemens-Chef: »Die Bundesregierung weiß, dass ich hier bin.«[209] Mit dem Bundeskanzleramt und Russland war abgestimmt worden, dass das Treffen stattfinden sollte, nur ohne Öffentlichkeit und Presse.[210] Politische Beschlüsse blieben vor solchem Hintergrund letztlich zahnlos.

Zwischen März und September 2014 beschlossen die EU und die USA Sanktionen in kleinen Schritten. In Stufe eins und zwei wurden Politiker und Wirtschaftsbosse aus dem Umfeld Putins sanktioniert, dazu jene Personen, die unmittelbar für das völkerrechtswidrige Vorgehen Russlands verantwortlich waren. Sie durften nicht in die EU oder USA einreisen. Ihre Konten bei hiesigen Banken wurden eingefroren.

Die Wirkung der Sanktionen auf die russische Wirtschaft war allerdings begrenzt. Um Russland zur Vernunft zu bringen, diskutierten EU und USA deshalb weitreichendere Strafpakete. So sollten im Zuge einer dritten Stufe auch der staatlich kontrollierte Energiesektor einbezogen und Russlands Banken vom internationalen Kapitalfluss abgesperrt werden. Erst nachdem immer mehr russische Soldaten in die Ukraine zogen und die Gewalt im Osten des Landes zu einem Krieg eskalierte, wurden auch diese Sektoren mit Strafen belegt – doch die getroffenen Maßnahmen blieben im Großen und Ganzen leicht verdaubar.

Die Party sollte nicht enden. Gut einen Monat nach der Annexion der Krim, am 28. April 2014, reiste Schröder nach Sankt Petersburg und feierte zusammen mit Putin seinen 70. Geburtstag nach. Organisiert worden war die Edel-Fete von Putin-Freund Matthias Warnig. Am Abend fuhr der Kreml-Chef mit einer Wagenkolonne am Jussupow-Palais vor, Warnig und Schröder warteten dort bereits auf ihn. Zur Begrüßung umarmten sich Putin und Schröder herzlich. Die Bilder gingen um die Welt.[211] Das Signal auch hier wieder: Der Kern der deutsch-russischen Partnerschaft konnte auch von einem Ukraine-Konflikt nicht erschüttert werden. Gekommen waren außerdem Gazprom-Chef Alexej Miller, Vertreter von BASF und deren Tochter Wintershall sowie Mecklenburg-Vorpommerns Ministerpräsident Erwin Sellering.[212]

Einen Monat nach der pompös inszenierten Geburtstagsfeier machte sich Schröder erneut auf den Weg nach Sankt Petersburg. Ebenfalls angereist kam Eckhard Cordes, der Vorsitzende des Ost-Ausschusses. Wie in jedem Frühjahr war auch im Mai 2014 der Dialog mit der Wirtschaft geplant. Im Jahr zuvor war Merkel noch erschienen, ebenso war der Vorstand von General Electric in Sankt Petersburg zu Gast gewesen. 2014 wären gern auch einige DAX-Manager einer Einladung gefolgt, doch diesmal war kein Vorstand eines US-Unternehmens dort vertreten und die DAX-Bosse waren gut beraten, dem Treffen fernzubleiben. Deutschland war in Sankt Petersburg dennoch ausreichend repräsentiert. In einer der ersten Reihen im Publikum hatte neben Schröder, dem Elder Statesman, auch Cordes als Vertreter der Wirtschaft Platz genommen. Metro-Chef Olaf Koch hatte es sich ebenfalls nicht nehmen lassen, zu erscheinen.[213]

Das Motto in jenem Jahr lautete: »Vertrauen stärken in einer Welt im Wandel«. Cordes sollte eine Rede halten, die die Aussichten für Investitionen in Russland skizzierte. Wie ein Omen saß neben ihm auf dem Podium der Chef der russischen Bahn, Wladmir Jakunin, dessen Unterstützung Siemens für einen Milliardenauftrag brauchte. Der Sprecher des Ost-Ausschusses der Deutschen Industrie konzentrierte sich gut zwei Monate nach der Annexion der Krim aufs Business: »Die Geldgeber sind verängstigt« und die »Lage in der Ukraine« sei eine »schwere Last«. Die Ukraine-Krise sparte Cordes in seiner Rede nicht aus, und zwar so: Wenn »der Schatten«, der in den letzten Wochen auf die Wirtschaftsbeziehungen gefallen sei, »beseitigt« werde, würden auch die Investitionen fließen.[214] Im Publikum rumorte es, man wolle doch nicht über Politik sprechen.

Doch Cordes war in Sankt Petersburg nicht nur als Gesandter der deutschen Wirtschaft, sondern augenscheinlich auch in Fragen der nationalen Sicherheit unterwegs – auch wenn der versöhnliche Tonfall das kaum vermuten ließ. Vier Tage vor seiner Reise hatte das Kanzleramt ihm die Linie der Bundesregierung mit auf den Weg gegeben, berichtete später die *Zeit*.[215] Merkels Sicherheitsberater hatten ihm in einem vertraulichen Gespräch erläutert, was von Putin in der Ukraine-Causa erwartet wurde. Die Bundesregierung wollte, dass Putin die Präsidentschaftswahlen in der Ukraine akzeptierte, ansonsten würde die EU die dritte Stufe der Sanktionen, die Russlands Volkswirtschaft treffen sollte, verabschieden.

Einen Tag nach Cordes' Besuch in Sankt Petersburg meldete sich Putin bei Merkel, um ihr mitzuteilen, dass er die Wahlen in der Ukraine akzeptieren werde. Die Mission war erfüllt. Die Sanktionsdrohung hatte gewirkt, härtere Wirtschaftssanktionen wurden abgewendet. Hier zeigte sich, welche tragende Rolle der Wirtschaft in den Beziehungen zu Russland gewährt wurde. In einer der größten europäischen Sicherheitskrisen Europas war die Wirtschaft zu einem zentralen Akteur der deutschen Sicherheitspolitik geworden. Die deutsche Industrie trat als Vermittler und Übermittler politischer Nachrichten auf. Und das Ergebnis: Die westliche Sanktionspolitik wurde ausgebremst, Russlands Aggressionen dagegen nicht.

Bei dem Abschuss von Flug MH17 am 17. Juli 2014 über der Ostukraine starben 298 Menschen; ein späteres niederländisches Gerichtsurteil erklärte den russischen Auslandsgeheimdienst GRU mitverantwortlich für den Anschlag.[216] Nach langen Diskussionen um die dritte Sanktionsstufe einigten sich die EU-Länder schließlich auf die Verschärfung der Maßnahmen. Kurz nach dem Abschuss der Zivilmaschine wurde die sogenannte Schwarze Liste um 15 Personen und neun Firmen erweitert. Doch auch jetzt lenkte Russland nicht ein, die Kämpfe in der Ostukraine eskalierten. Schrittweise wurden die Sanktionen weiter verschärft. Auf der Krim durfte nicht mehr in Infrastrukturprojekte investiert werden, die Lieferung von Förderausrüstung für Erdöl wurde verboten und Dual-Use-Güter durften nicht mehr nach Russland verkauft werden. Das stärkste Druckmittel waren schon damals die Finanzsanktionen, die den Zugang von Russlands Banken zum Kapitalmarkt einschränkten. Die Vergabe von Krediten und die Übertragung von Wertpapieren wurden eingeschränkt, der Handel mit Kryptowährungen verboten. Doch auch diese Sanktionen waren so fein justiert worden, dass ihre Wirkung letztlich verpuffte.

Russlands Freunde in der deutschen Wirtschaft blieben nicht untätig. Im Oktober kamen 450 Vertreter aus Politik und Wirtschaft im Hotel Neptun in Rostock-Warnemünde zusammen, um über die Beziehungen zwischen Russland und Deutschland zu diskutieren. Als Festredner trat Schröder auf. Organisiert hatte den schon damals heftig umstrittenen Russlandtag die Staatskanzlei des ehemaligen Ministerpräsidenten Sellering in Mecklenburg-Vorpommern, zusammen mit der regionalen IHK und dem Ostinstitut Wismar, dessen Mit-Gründungsvater Schröders Ex-Wirtschaftsminister Wolfgang Clement war.

Wie Sellering die politische Gemengelange einschätzte, erklärte er später dem Landtag: Man solle sich nicht »weismachen lassen, ein anderes Volk sei böse« und wolle Krieg.[217] Alle Großmächte, einschließlich den USA, setzten in der Außenpolitik »ihre eigenen Interessen an die erste Stelle« und verfolgten »aggressiv« ihre Ziele. Hier schwang wieder einmal tiefes Misstrauen gegenüber den Motiven der US-Außen- und Sicherheitspolitik mit, das genutzt wurde, um Stimmung gegen die westliche Sanktionspolitik zu machen.[218] Schröder kritisierte die Sanktionen, vor allem ihre nochmalige Verschärfung. Er verteidigte die Energiepartnerschaft und warb um Vertrauen zum Handelspartner Russland. Den Krieg in der Ostukraine und die Annexion der Krim erwähnte er in seiner Rede allerdings mit keinem Wort.[219]

Auch Russlands Botschafter Grinin sprach vor den deutschen Wirtschaftsvertretern. Beinahe drohend wies er darauf hin, dass Russland sich auch Asien zuwenden könne. Als ein Journalist mit Verweis auf die Opfer des Fluges MH17 fragte, warum denn die Situation in der Ukraine nicht angesprochen worden sei, schaltete sich der Moderator ein: Dies sei eine Wirtschaftsveranstaltung, politische Statements seien hier fehl am Platze.[220]

Der Krieg in der Ukraine sollte dem Ausbau der wirtschaftlichen Beziehungen offensichtlich nicht im Weg stehen. Wirtschaft und

Politik wurden strikt voneinander getrennt, auch wenn sie unweigerlich miteinander verbunden waren; in Moskau galt das Diktat des Kremls selbstverständlich auch für die Wirtschaft. Zwei Jahre später trat der damalige Vizekanzler und Bundeswirtschaftsminister Sigmar Gabriel auf dem Russlandtag auf und zeigte sich zufrieden, dass die Landesregierung an dem umstrittenen Forum festgehalten habe.[221] Er sprach sich dort für einen Abbau der Sanktionen »Schritt für Schritt und möglichst schnell« unter den vereinbarten Bedingungen aus.

Die politische Rückendeckung, die die deutsche Wirtschaft im Lobbying gegen Russland-Sanktionen genoss, dürfte richtungsweisend gewesen sei. Sie konnte von Putin nur so verstanden werden, dass die deutsche Politik letztlich nicht die Kraft aufbringen würde, von ihrem wirtschaftsgetriebenen Kurs auf eine konsequente Verteidigung Europas gegenüber Russland umzuschwenken.

Kumpelwirtschaft und ihre Verbände

Es waren große, einflussreiche Verbände, die nicht müde wurden, für Russland zu trommeln. Dazu zählten der Ost-Ausschuss der Deutschen Wirtschaft mit seinen mehr als 300 Mitgliedern, das Deutsch-Russische Forum in Berlin mit rund 400 Mitgliedern aus Politik, Wirtschaft und Gesellschaft, die Industrie- und Handelskammern und die Deutsch-Russische Auslandshandelskammer. Von ihnen hörte man nur wenig über die grassierende Korruption, die erodierende Rechtsstaatlichkeit oder den wachsenden Einfluss der so genannten Silowiki, der russischen Militär- und Geheimdienstelite, die eng mit der Führung des Kremls vernetzt ist. Vetternwirtschaft und Korruption waren Randnotizen in den Presseerklärungen der Deutsch-Russischen Auslandshandelskammer, die Russland als den großen Wachstumsmarkt der Zukunft, als »Hidden Champion« beschwor. Fast gar nichts hörte man in den Wirtschaftsverbänden von den Gefahren, die von einem aggressiven Russland für die Wirtschaft, die Ukraine und Europa als Ganzes ausgingen. Auch das Deutsch-Ukrainische Forum, von dem man erwartet hätte, dass es die Autonomie des Landes gegen seinen aggressiven Nachbarn verteidigen würde, schlug einen überraschend russlandfreundlichen Kurs ein: »Eine Politik der Konfrontation mit Russland« lehnte man hier ausdrücklich ab, nur *mit* Russland sei ein Friede möglich.[222]

Ein näherer Blick auf die Besetzung des Gremiums erklärt möglicherweise, warum sich das Ukraine-Forum so sehr um die Einbindungen russischer Interessen bemühte. Im Vorstand der Vereinigung saß der damalige Leiter Public Relations der Metro AG. Ganze 10 Prozent des Metro-Umsatzes wurden in Russland erwirtschaftet. Vertreten war dort auch der damalige Wintershall-Berater und Putin-Biograf Alexander Rahr, der in jener Zeit etwa die Ansicht vertrat, die Ukraine habe »die letzten 25 Jahre völlig verschlafen«.[223] Eng verbunden war das Ukraine-Forum mit dem Ost-Ausschuss der Deutschen Wirtschaft; beide Verbände wurden damals von Rainer Lindner geführt, der zudem noch im Kuratorium des Deutsch-Russischen Forums vertreten war.

Das Deutsch-Russische Forum fugierte dabei als Taktgeber für die deutsch-russische Kommunikation. In seinem Kuratorium war Russland besonders einflussreich repräsentiert: durch den damaligen Botschafter Grinin, den Putin-nahen Oligarchen Jakunin sowie den einstigen Gazprom-Vize Alexander Medwedew. Öffentliche Kritik an Russland und der Energiepolitik war also weder von dem Deutsch-Russischen noch dem Ukraine-Forum zu erwarten.

Der Politikwissenschaftler und Russlandexperte Andreas Heinemann-Grüder von der Universität Bonn erklärt: »Der Wirtschaftslobbyismus wurde abgestützt durch *Soft-power*-Formate wie das ›Deutsch-Russische Forum‹ oder den ›Petersburger Dialog‹, deren Funktion bis zum Kriegsbeginn im Februar 2022 darin bestand, öffentliche Kritik an Russlands Autokratie durch den Schein eines ›Dialoges der Zivilisationen‹ abzuwenden und den Geschäftsinteressen den Ruch des schnöden Mammons zu nehmen.«[224] Im Kern sei damit schlicht Landschaftspflege betrieben worden. »Mit dem ›Deutsch-Russischen Forum‹ verfügte man über eine PR-Agentur, die keine Auswirkungen auf Russlands Autokratie hatte, dafür aber in Deutschland die Fiktion einer Partnerschaft mit Russland aufrechterhielt.« Eng vernetzt war das Forum mit der Deutsch-Russischen Auslandshandelskammer (AHK); im Rahmen einer strategischen Partnerschaft traten beide Verbände nicht nur gemeinsam in Moskau auf, sondern tauschten sich auch inhaltlich aus.

Die enge Verflechtung der Verbände untereinander sowie die Besetzung einiger Gremien mit Putins Leuten machte in der Konsequenz eine autonome Ukraine-Politik kaum möglich. Alles, was Russland wirtschaftlich hätte bremsen können, schien hier tabu zu sein. Daher kam eine Änderung der deutsch-russischen Energiepolitik, die für die wirtschaftliche Autonomie der Ukraine notwendig gewesen wäre, gar nicht erst auf den Tisch. Im Gegenteil: Das einstimmige Credo all dieser Verbände war der Ausbau der Energiepartnerschaft mit Russland.

Ein zentraler Netzwerker war der langjährige Chef von Wintershall, Rainer Seele. Schon zwei Jahre vor der Krim-Annexion hatte Seele die Präsidentschaft auch der Deutsch-Russischen Auslandshandelskammer übernommen. Er wurde zum Apologeten einer russlandfreundlichen Gaspolitik in Deutschland. In all den Jahren bis zum Ukraine-Krieg wurden unter Seeles AHK-Leitung die Risiken einer zu engen wirtschaftlichen Anbindung an Russlands Gasindustrie in weiten Teilen ignoriert. Auf einer Konferenz im September 2014 in London erklärte der deutsche Manager, was er an Russland so schätze und warum Wintershall trotz der Ukraine-Krise neue Unternehmen in Russland gründen wolle: Die Profitabilität sei einfach gut und mit Gazprom habe man einen langfristigen strategischen Partner. Er könne also »gut schlafen«. Auf Nachfrage fügte er hinzu: »Um es klar zu sagen, […] wir werden diese Partnerschaft aufrechterhalten. Und wenn es Möglichkeiten gibt, die unser Partner mit uns besprechen will sind wir sehr offen dies zu diskutieren.«[225] Seele schien keinen Zweifel zuzulassen, dass BASF-Wintershall auch nach 2014 bereit war, auf Moskaus Wünsche möglichst einzugehen.

Die Verflechtung der Verbände hatte zur Folge, dass alle zeitgleich ins selbe Horn bliesen – für ein Auslaufen der Sanktionspolitik. Schon im Winter 2014, wenige Monate nach der Annexion der Krim, entbrannte in Deutschland eine von den Verbänden angestoßene Debatte, die auf eine Lockerung der Sanktionen abzielte. »Die Krise der russischen Wirtschaft hinterlässt immer tiefere Bremsspuren im Russlandgeschäft deutscher Unternehmen«, meinte etwa DIHK-Außenwirtschaftschef Volker Treier.[226] Von den knapp 300 deutschen Unternehmen in Russland müsste fast jeder dritte Betrieb Mitarbeiter entlassen, sollte sich die wirtschaftliche Entwicklung vor Ort nicht verbessern.

Und auch Cordes verbreitete Hiobsbotschaften: Der deutsche Export nach Russland sei im Zeitraum Januar bis September 2014 um 17 Prozent zurückgegangen. Man rechne für das Jahr 2014 mit einem Einbruch des Exportvolumens um sieben bis acht Milliarden Euro. »Wir sind daher unverändert skeptisch gegenüber der Sanktionspolitik.«[227] Matthias Platzeck, ehemaliger brandenburgischer Ministerpräsident und Vorsitzender des Deutsch-Russischen Forums, stimmte ebenfalls in den Chor ein. Die Sanktionspolitik gegen Russland werde Deutschland bis zum Jahresende rund 50.000 Arbeitsplätze kosten, prophezeite er noch im November. Noch viel schlimmer aber sei, dass Europa Gefahr laufe, Russland als Partner zu verlieren.[228]

Was so apokalyptisch klang, war in Wirklichkeit für die deutsche Wirtschaft weit weniger dramatisch. Die Sanktionen hatten nur kurzfristige Wirkung, und wenn Russlands Wirtschaftskraft zurückging, so war dies weniger den Sanktionen geschuldet, sondern eher der kränkelnden Wirtschaftsstruktur des Landes. Der Wissenschaftliche Dienst des Bundestages kam in seiner Analyse zu den Auswirkungen der Sanktionen zu dem Ergebnis, dass der Rückgang der russischen Wirtschaftsleistung vor allem dem niedrigen Ölpreis geschuldet war und der Rückgang des bilateralen Handels im Wesentlichen in der Strukturschwäche der russischen Wirtschaft lag. Die sektoralen Sanktionen hätten dies lediglich verstärkt.[229]

»Dennoch: Mit Wirtschaftssanktionen lässt sich diese Krise nicht lösen«, meinte Cordes dazu.[230] Das Primat der Politik sei man zwar bereit zu akzeptieren. Doch Präsident Putin zu verurteilen sei nicht zielführend. Der damalige Geschäftsführer des Ost-Ausschusses, Lindner, wiederholte das Mantra der Trennung von Politik und Wirtschaft: »Es handelt sich um eine politische Krise, und eine politische Krise muss politisch gelöst werden.«[231] Inwieweit die deutsche Industrie bereit war, das Primat der Politik wirklich zu akzeptieren, darf indes angezweifelt werden, denn der Ost-Ausschuss mischte augenscheinlich hinter den Kulissen auch politisch kräftig mit.

Der Schein trügt – Aus Gemeinnützigkeit wird eine gemeine Strategie

Russland war bereit, alle Register zu ziehen, um über Verbände, Beratungsagenturen und Denkfabriken die Debatte in Deutschland zugunsten des Kremls zu beeinflussen. Putins Vertrauter Jakunin hatte 2016 den von ihm finanzierten Thinktank »Dialog der Zivilisationen« (DOC) in Berlin ins Leben gerufen.[232] Laut Presseerklärung sollte dieser einen »Gedankenaustausch zu brennenden geopolitischen Fragen« im Ost-West-Verhältnis fördern. Auf allzu offene Verständigung war die Denkfabrik aber nicht angelegt. Sie sollte nach dem Willen des Initiators Lösungsansätze »ohne eurozentrische oder US-amerikanische Sicht« entwickeln.[233] Offensichtlich ging es eher darum, mithilfe führender deutscher Vertreter aus Politik, Forschung und Sicherheit die russische Sichtweise nach Berlin zu transportieren. Im Publikum saßen bei der Eröffnung beispielsweise Matthias Platzeck, der Vorsitzende des Deutsch-Russischen Forums, der frühere CDU-Kanzleramtsminister Ronald Pofalla, der damals den Petersburger Dialog leitete, der Putin-Biograf Alexander Rahr und Ex-BND-Präsident August Hanning.[234]

Die russische Einflussnahme gehe hier weit über die üblichen Beispiele für Desinformation, etwa in sozialen Netzwerken, hinaus, meinte Monika Richter, ehemalige Kampagnenexpertin der amerikanischen Agentur CounterAction, später Fellow des American Foreign Policy Council. »Der Kreml nutzte ›Softpower-Institutionen‹ wie Thinktanks, Forschungsinstitute und philanthropische Zentren, […] um die politische Entscheidungsfindung zu steuern.«[235]

Matthias Platzeck hätte wissen können, wes Geistes Kind jemand wie Jakunin war. Schon zwei Jahre zuvor hatte er ihn – nach dem ESC-Sieg der österreichischen Travestiekünstlerin Conchita Wurst – auf einer Veranstaltung in Berlin zur Ordnung rufen müssen, als Jakunin, damals noch russischer Bahn-Chef, das westlich-freiheitliche Gesellschaftsmodell öffentlich als »vulgären Ethno-Faschismus«[236] denunzierte. Auch mit homophoben Äußerungen und Parolen gegen den Feminismus machte der Ex-KGB-Mann von sich reden.

Jakunins Engagement in Deutschland, das nach außen den Eindruck von Bildung und Wohltätigkeit erweckte, war die Initiative eines rechten Meinungsmachers, der auf eine »Zersetzung« (wie das einst im Stasi-Jargon hieß) der Demokratie abzielte. Das Vertrauen in ihre Institutionen sollte untergraben und ein Klima der Unsicherheit geschaffen werden, um westliche Grundwerte in Frage zu stellen. »Dies ist eine heimtückische Form der politischen Kriegsführung«, erklärte Monika Richter. »Der Kreml investiert erhebliche Ressourcen in seine Informationsoffensive gegen Europa und den Westen.«[237]

Jakunin und andere Oligarchen finanzierten Tagungen, Verbände und Stiftungen mit dem Ziel, prorussische Allianzen zu schmieden und die Politik des Kremls salonfähig zu machen. Als noch einflussreicher erwies sich die Lobbyarbeit des russischen Staatskonzerns Gazprom. Riesige Summen flossen aus der Kasse von Europas größtem Energiekonzern in eine Kampagne, die Russland als einen angeblich verlässlichen Wirtschaftspartner für Deutschland unentbehrlich erscheinen lassen sollte. Gazprom trat nicht nur als Hauptsponsor des Fußballvereins Schalke 04 auf (in dessen Aufsichtsrat Warnig saß), auf dessen königsblauen Trikots zwischen 2007 und 2022 das Konzernlogo prangte. Gazprom war auch »Premiumsponsor« der Europäischen Fußballunion UEFA und sponserte die Champions League, zu deren Spielen Führungskräfte geladen wurden, um Fußball-Vergnügen mit politischer Kontaktpflege zu verbinden.

Die Nord Stream AG (deren Haupteigner Gazprom war) vergab lukrative Aufträge an Verbände und Vereine, die den drei Volksparteien SPD, CDU und CSU nahestanden. Mit lukrativen Aufträgen bedachte Nord Stream etwa die 2009 vom ehemaligen CDU-Abgeordneten Friedbert Pflüger gegründete Beratung Pflüger International, die nicht nur für die Ostsee-Pipeline und Energiepolitik Studien aufsetzte, sondern als strategische Beratung auch in Entscheidungsprozesse in Politik, Verwaltung und Wirtschaft hineinwirkt.[238]

»Jede Agentur will beim Russland-Geschäft mitmachen, weil da das große Geld ist«, so Alexander Rahr, der 2015 als Berater für EU-Angelegenheiten mit Sitz in Brüssel zu Gazprom wechselte und als Politologe und Russlandkenner wusste, was es braucht, um Partnerschaften wachsen zu lassen.[239]

Großzügig flossen Gazprom-Gelder auch nach Mecklenburg-Vorpommern. Volleyball-Bundesligist SSC Palmberg Schwerin und der Verein »Pro Kunsthalle« erfreuten sich an der Freigebigkeit von Nord Stream.[240] Der vom Ostinstitut zusammen mit der mecklenburgischen Staatskanzlei organisierte Russlandtag konnte ebenfalls auf Unterstützung von Nord Stream bauen. Das Institut organisierte in der Hauptstadt zudem »Berliner Energiefrühstücke« für Abgeordnete, Wirtschaftsvertreter und Journalisten, die Rahr ausrichtete und von Gazprom mitfinanziert wurden.[241]

Nach der Krim-Annexion explodierte die Lobbykampagne. Zwischen Januar 2015 und Oktober 2017 sprachen Vertreter von Nord Stream und Gazprom rund dreißigmal bei Ministerien, Abgeordneten und Botschaften in Berlin vor.[242] Jedes solcher Treffen wird für gewöhnlich von hochdotierten Beratern wochenlang vorbereitet. Die tatsächliche Zahl der Lobby-Einsätze dürfte deutlich höher gewesen sein; die Wohltätigkeitsvereine und sonstigen gemeinnützigen Verbände, die im Auftrag von Gazprom oder Nord

Stream unterwegs waren, sind in der offiziellen Gazprom-Liste gar nicht erst aufgeführt. Wie viele Millionen aus den vollen Kassen des gigantischen Konzerns in die Deutschland-Kampagne flossen, ist nicht zu beziffern. Ein lückenloses Lobbyregister gibt es nicht, und so ist nicht nachprüfbar, wer die Projekte der Vereine, Verbände, Stiftungen und Berater finanzierte, die nicht müde wurden, um Vertrauen in Russland zu werben. Es war wohl eine der größten Lobbykampagnen der jüngeren deutschen Geschichte.

Das Ziel der Gazprom-Kampagne dürfte schon damals den Verantwortlichen in Politik und Wirtschaft klar gewesen sein. Gazprom-Chef Miller machte kein Geheimnis daraus, dass es Russland explizit um den Aufbau von Abhängigkeiten vom russischen Gas ging. »Unser altes Modell beruhte auf der gegenseitigen Abhängigkeit«, erklärte er im April 2015 auf einer Konferenz in Berlin und drohte Europa mit unsicheren Gaslieferungen und Deutschland mit steigenden Preisen. Und er meckerte: »Wir hören keine Aussage, dass Europa sich auf russisches Gas verlässt.«[243]

Doch wer würde sich angesichts Russland wachsender Aggression darauf einlassen? Die europäischen Partner wohl kaum. Deutschland schon.

Nord Stream 2 – Eine Verbindung, die in die Tiefe geht

Gazprom und die Industrie planten den Bau von zwei weiteren Pipeline-Strängen, die Deutschland und Russland langfristig noch enger energiepolitisch verzahnen sollte. Im Zuge der Verhandlungen stimmte der Bund obendrein auch noch einem Tauschgeschäft zwischen BASF und Gazprom zu, das Russland die Kontrolle über Deutschlands größtem Erdgasspeicher sichern sollte, der unter anderem die Notversorgung gewährleistete. Wie abhängig man sich dadurch von Moskau machte, sollte sich kurz vor Russlands Angriff auf die Ukraine zeigen: Die Speicher waren fast leer, und die Bundesregierung sorgte sich, dass Industrie und Verbraucher im Winter ohne Gas dastehen könnten. Nach Jahrzehnten, in denen sich Gazprom gegenüber Berlin als verlässlicher Geschäftspartner präsentiert hatte, setzte Moskau nun auch gegenüber Deutschland Gas als Waffe ein. Bis dahin hatte die Politik kaum Zweifel an Russlands Verlässlichkeit gehegt und jede Warnung ignoriert, dass Europas Versorgungssicherheit durch die enge Verflechtung mit Gazprom gefährdet sein könnte. Wie konnte es so weit kommen?

Die Bundesregierung folgte der Wirtschaft – insbesondere der russlandnahen Energielobby. Zwischen 2015 und 2017 trafen sich Vertreter der Energiewirtschaft, allen voran Gerhard Schröder, Matthias Warnig, Alexander Rahr sowie die Chefs von BASF/Wintershall, Uniper und der österreichischen OMV, rund sechzig Mal mit Ministern, Staatssekretären und Botschaftsvertretern in Berlin, Brüssel und Moskau.[244] Acht Mal traf sich allein der ehemalige Wintershall-Chef Mario Mehren zwischen 2015 und 2017 mit Vertretern der Bundesregierung oder der deutschen Botschaft in Moskau, um das Vorgehen bei Nord Stream zu besprechen.[245] Welche Rolle Wintershall für Gazprom spielen sollte, war später in einem internen Papier des russischen Energiekonzerns zu lesen, veröffentlicht vom ARD-Magazin *Monitor*: Von dem Kassler Unternehmen versprach sich Gazprom »eine stärkere Lobby« in Deutschland und für Russland einen »besseren Schutz vor Sanktionen«.[246] Gegenüber der ARD wies Wintershall jegliche Vorwürfe zurück, in die Gazprom-Strategie involviert gewesen zu sein. Wie immer BASF/Wintershall seine Rolle in der Russlandpolitik auch definieren mag, Recherchen des Journalistennetzwerks *Correctiv* machen deutlich, wie weit die Intervention von BASF bei der Bundesregierung ging. Am 2. Juli 2015 informierte der Büroleiter des damaligen Wirtschaftsministers Sigmar Gabriel die zuständigen Mitarbeiter des Ministeriums, dass BASF ein auf Eis liegendes Tauschgeschäft ohne eine neuerliche Prüfung vollziehen wolle.[247] Bereits Ende 2013 hatten sich BASF und Gazprom auf einen Tauschhandel verständigt, der Wintershall eine 25-prozentige Beteiligung an Gasfeldern in Sibierien sicherte. Im Gegenzug sollte Gazprom die vollständige Kontrolle über Westeuropas größten Gasspeicher erhalten. Nach der Annexion der Krim und öffentlicher Kritik,[248] dass durch Russlands Aggression die Versorgungssicherheit gefährdet sei, wurde der Deal ausgesetzt. Dennoch schienen Gazprom und Wintershall entschlossen, das Projekt voranzutreiben. Die zuständigen Mitarbeiter des Wirtschaftsministeriums äußerten zwar zaghafte Einwände. Angesichts der »Bedenken hinsichtlich der öffentlichen Ordnung und der Sicherheit der Bundesrepublik Deutschland« sei möglicherweise ein neuerliches Genehmigungsverfahren ratsam, schrieben sie.[249] Wenige Wochen zuvor hatten Beamte des Hauses untersucht, welche Auswirkung die Übergabe der Gasspeicher an Russland auf Deutschlands Versorgungssicherheit haben würde. Ihr Resümee: Wenn die Gasspeicher nicht rechtzeitig befüllt würden, könne es selbst in einem milden Winter zu wochenlangen Versorgungslücken in Deutschland kommen. Doch BASFs damaliger Vorstandschef Kurt Bock verfolgte eigene Ziele. Ein neues Genehmigungsverfahren wünsche er nicht, hatte er Gabriel in einer persönlichen Nachricht wissen lassen.

Fünf Tage nachdem Gabriels Büroleiter die BASF-Position im Ministerium weitergegeben hatte, reiste am 7. Juli Gazprom-Chef Miller für ein Treffen mit dem Wirtschaftsminister nach Berlin – mit dabei Rainer Seele, der 2014 als Wintershall-Chef ja öffentlich erklärt hatte, Gazprom-Wünschen grundsätzlich offen gegenüberzustehen. Nach dem Besuch von Miller und Seele in Berlin ging es mit Nord Stream 2 zügig voran. Eine Woche nach der Visite wurde das Pipelineprojekt ins Handelsregister im schweizerischen Zug eingetragen. Wenige Tage vor dem Berliner Treffen war Seele zum österreichischen Energiekonzern OMV gewechselt. Unter dessen neuer Führung beteiligte sich schließlich auch der österreichische Energiekonzern OMV bei Nord Stream 2, obwohl Seeles Vorgänger eigentlich keinen Cent mehr in Russland investieren wollte, aber nach eigenen Angaben im Konzern »kaltgestellt« worden war.[250] Für sein energiepolitisches Engagement wurde Seele später von Putin für den russischen Freundschaftsorden nominiert. Seele kannte sich natürlich auch bestens mit Gasspeichern aus, bei den Kasslern hatte er jahrelang jenes Joint Venture geleitet, das die besagten Gasspeicher zusammen mit Gazprom managte. Auch der Deal zur Abgabe der Gasspeicher sollte nun ohne Hindernisse passieren. Der Minister würde gerne auf eine erneute Prüfung verzichten, ob jemand etwas dagegen vorzubringen habe, fragte Gabriels Büroleiter laut *Correctiv*-Recherche im Sommer 2015 bei den Zuständigen in seinem Ministerium nach. Und wie Beamte nun mal antworten, wenn der Minister einen Wunsch äußert: »Wir können wie von Ihnen vorgeschlagen verfahren.« Und so teilte Gabriel am 19. August BASF-Chef Bock mit: »Gegen den Tausch [bestehen] aus Sicht des Bundesministeriums für Wirtschaft und Energie keine energiepolitischen Bedenken.«[251] Als ich Gabriel zum Tauschhandel und Nord Stream befragte, reagierte er nicht. Im September 2015 winkte schließlich auch Merkel den Gazprom-Wintershall Deal durch. Zwar hatten die Mitarbeiter des Kanzleramtes laut *SZ*-Recherche in einer Stellungnahme erklärt,[252] dass Gazprom durch die Kontrolle der Speicher für die Versorgungssicherheit zuständig werde, und dies fett markiert, um Merkels Aufmerksamkeit darauf zu lenken. Doch das Kanzleramt hatte auch Gabriels Position weitergegeben, wonach es »keine energiepolitischen Bedenken« gegen den Tausch gebe.[253] Den Kritikern des Projekts könne zudem erklärt werden, dass es keine rechtliche Handhabe gebe, das Geschäft zu stoppen, meinten die Mitarbeiter des Kanzleramts. Letztendlich handele es sich um eine unternehmerische Entscheidung – eine Sichtweise, die Merkel in dem Papier unterstrich. Einmal mehr entledigte sich die Spitze der Bundesregierung ihrer Verantwortung für die Sicherheit, genauer gesagt Versorgungssicherheit des Landes, einzutreten und folgte blindlings der Argumentation der Industrie, die im Schlepptau von Gazprom in Berlin auf höchster Ebene vorstellig geworden war.

2022 war die Zahl der Unternehmen und Verbände, die für Russland trommelten, so hoch, dass der damalige CDU-Parteichef und heutige Bundeskanzler Friedrich Merz im Bundestag in seiner Replik auf die Rede seines Vorgängers zur Zeitenwende darauf hinwies, es gäbe »ein Netzwerk«, welches etwa mit »dubiosen Stiftungen« zusammenarbeite, die sich mit ihrer Russland-Politik letztlich nur selbst bereichern würden. In Mecklenburg-Vorpommern war mit Unterstützung der dortigen Landesregierung und des ehemaligen Landeschefs Erwin Sellering eine so genannte Klimastiftung gegründet wurden, deren Ziel es war, US-Sanktionen gegen Nord Stream 2 zu umgehen. Erstaunlich war nicht nur der Geldsegen, der den Verbänden, Stiftungen und Beratungen zuteilwurde, die sich für Russlands Sache engagierten, sondern auch die Blindheit gegenüber den Risiken einer russlandfreundlichen Wirtschaftspolitik in der Regierungsspitze. Im Lärm des Chors der Manager und Verbände, Stiftungen und Berater, die Deutschlands Versorgungssicherheit durch Russlands Gas langfristig gesichert sahen, gingen die Stimmen der Mahner und Kritiker im politischen Diskurs unter. Das Ergebnis: Deutschland baute nach der Krim-Annexion die deutsch-russische Energiepartnerschaft weiter aus und manövrierte sich und Europa in eine gefährliche Abhängigkeit.

Ukraine-Krise? Es lebe Russland!

Obwohl sich die langfristigen Perspektiven für Russlands Wirtschaft verdüsterten, der Konsum im Land rückläufig war und die politischen Risiken stiegen, baute insbesondere die deutsche Industrie, ihr Engagement nach der Krim-Krise demonstrativ aus. Während sich viele Investoren zurückzogen, eröffneten deutsche Unternehmen wie VW, Continental, Bosch, Knorr-Bremse und Siemens neue Werke oder erweiterten ihre Produktionen in Russland. Unmittelbar nach der Krim-Krise waren die Direktinvestitionen zwar zurückgegangen, doch schon 2016 zogen sie wieder spürbar an. Putins Kalkül, auf die Industrie zu bauen, ging auf. Deutsche Konzerne schienen sich um die Ukraine nicht zu scheren. Die deutsche Wirtschaft hielt an den vor der Krim-Annexion vereinbarten Vorhaben fest und legte zuweilen noch mal nach. Die Niederlassungen, die nach Putins Besuch 2010 in Berlin mit deutschen Managern vereinbart worden waren, gingen fast alle kurz nach der Krim-Annexion in den Jahren 2014 und 2015 in Betrieb.

Inmitten der Krim-Krise eröffnete der Reifenhersteller Continental im Sommer 2014 in Russland ein neues Werk.[254] 24 Millionen Euro hatte man in die hochmoderne Fertigungsanlage investiert, um Motorsteuergeräte und Kraftstoff-Fördereinheiten in Russland herstellen zu können. Wirtschaftlich ergab das wenig Sinn. Zwar bemühte sich der Continental-Vorstand bei der Eröffnungsfeier, dies als einen »weiteren strategischen Schritt« darzustellen, um sich »im stark wachsenden russischen Fahrzeugmarkt als ein international führender Elektronikzulieferer zu positionieren.«[255] Aber das war wohl eher Wunschdenken. Die Wirklichkeit sah inzwischen weniger rosig aus. Volkswagen, Großkunde von Continental, beklagte schon damals den rückläufigen Absatz in Russland. Bereits 2012 hatte VW mit 320.000 verkauften Autos den Zenit in Russland überschritten, seitdem ging es bergab. »Bei uns hat die Wirtschaftskrise Mitte 2013 angefangen«, schilderte der VW-Leiter in Russland die desolate Lage.[256] Doch auch die Wolfsburger wollten nicht von Putins Reich abrücken.

2015 befand sich der russische Automarkt im freien Fall, der Absatz brach um 36 Prozent ein. Schon im Vorjahr hatte das schlechte Russland-Geschäft den Wolfsburgern die Bilanz verhagelt.[257] Dennoch eröffnete VW wie geplant 2015 ein neues Werk in Kaluga, um dort den TSI 1,6-Liter-Motor bauen zu lassen, mit dem auch die Fabrik von Oleg Deripaska in Nischni Nowgorod beliefert werden sollte. »Wir glauben an Russland«, erklärte der dortige VW-Vertriebsleiter.

Ähnlich die Konzerne der heutigen Mercedes-Benz-Gruppe. 2017 investierte Daimler überraschend in Russland, obwohl der Absatz im Jahr zuvor um 15 Prozent zurückgegangen war. Das neue Werk im Industriepark Jessipowo nordwestlich von Moskau sollte langfristig 25.000 Fahrzeuge jährlich für den lokalen Markt produzieren. Man rechnete offensichtlich schon damals mit sinkendem Absatz: Im Jahr zuvor hatte Mercedes Benz noch 37.000 Neuwagen verkauft. Dennoch sollte in Russland künftig sogar die anspruchsvolle E-Klasse-Limousine produziert werden. Russland sei »ein strategisch wichtiger und absatzstarker Markt«, begründete der Konzern sein ungewöhnliches Engagement. Hinter vorgehaltener Hand vermuteten Beobachter, dass Mercedes wohl eher darauf schielte, bei Putins Funktionären mit der E-Klasse zu punkten, um von der Gunst des Kremls zu profitieren.[258]

Das alles war kein übliches Vorgehen, wie die Deutsch-Russische Auslandshandelskammer anscheinend längst wusste. Tatsächlich hatte sich der Automobilabsatz angesichts der schwachen Wirtschaft zwischen 2012 und 2016 auf 1,4 Millionen Autos halbiert. »Während amerikanische Konzerne wie General Motors Russland verlassen haben, sind deutsche Unternehmen geblieben und gehen sogar verstärkt rein«, erklärte der Leiter der Auslandshandelskammer, Matthias Schepp, dem *Handelsblatt*.[259] Die Treue der deutschen Industrie, die anders als die USA an Russland festhielt, kam in Russland gut an. Besonders bei einer bestimmten Klientel, der einflussreichen Führungsriege russischer Funktionäre. Man freue sich über den »roten Teppich«, der einem in Russland ausgerollt werde, rechtfertigte Schepp das Festhalten am kollabierenden russischen Automobilmarkt. Die Strategie dahinter kann man meiner Ansicht nach wie folgt zusammenfassen: Die deutschen Autobauer bedienten aus geostrategischem Kalkül Wünsche des Kremls, in der Hoffnung, langfristig von dessen Gunst wirtschaftlich zu profitieren.

Nicht nur die Automobilindustrie hielt an Russland fest, auch andere Unternehmen zogen mit. 2015 eröffnete Bosch wie geplant seine neue Produktionsstätte in Samara. Der deutsche Elektrokonzern habe sein Engagement »sogar in der Krise« ausgebaut, obwohl die Lage »schwierig« war, verkündete der damalige Präsident der Bosch-Gruppe Russland, als handele es sich dabei um eine wirtschaftspolitische Heldentat. Über die Ukraine-Krise habe man bei den Investitionen »hinweggeschaut«, denn »Russland ist ein strategisch wichtiger Markt«.[260] Bosch erklärte auf Anfrage, als global agierendes Unternehmen sei der Konzern international breit aufgestellt und verfolgte grundsätzlich eine langfristige Strategie.

Natürlich schritt in jener Zeit auch die besondere Partnerschaft mit Siemens voran, insbesondere die zentrale Zusammenarbeit im Energiesektor. Das 2011 geplante Joint Venture »Siemens Gas Turbine Technologies« (SGTT) zum Bau von Gasturbinen ging zwar später als ursprünglich anvisiert in die Produktion. Nachdem Siemens im März 2015 einen Turbinenauftrag von Technopromexport, einer Tochter des Staatskonzerns Rostec, erhalten hatte, sollten die Gasturbinen natürlich auch ausgeliefert werden.

Allerdings untersagten die EU-Sanktionsregeln europäischen Unternehmen die Lieferung für Infrastrukturprojekte auf der Krim, und so produzierte der Münchner Konzern vier frisch gefertigte Gasturbinen für die südrussische Halbinsel Taman gleich gegenüber. Und zwei dieser Turbinen landeten dann, wie zu erwarten war, schließlich auf der sanktionierten Krim, aber dafür sah sich das deutsche Unternehmen natürlich nicht verantwortlich. Dies sei, so erklärte der Konzern, »rechtswidrig und entgegen klarer vertraglicher Vereinbarung geschehen«.[261]

Vertraglich war man in der Tat abgesichert: In der Liefervereinbarung hieß es, dass die Technik nicht zur Versorgung der Krim eingesetzt werden durfte. So weit war also alles rechtens. Auch wenn Siemens beteuerte, nicht in die Krim-Pläne eingeweiht gewesen zu sein: Auf der Halbinsel herrschte nach der Annexion bekanntlich Stromknappheit und Moskau plante schon im April 2014, dort zwei neue Kraftwerke zu bauen – was Siemens bei Auftragsannahme hätte auffallen können. Im März 2025 leitete die Staatsanwaltschaft Hamburg strafrechtliche Verfahren gegen zwei Siemens-Mitarbeiter ein, die in Verdacht stehen gegen Sanktionsbestimmungen verstoßen zu haben.[262] Das Urteil steht aus.

Fazit

Nachdem Putin in seiner Annexionsrede 2014 von Deutschland Verständnis gefordert hatte, das Streben des historischen Russlands nach Wiederherstellung der Einheit zu unterstützen, hatte er nun allen

Grund, zufrieden zu sein mit seinen deutschen Freunden, die ihm dabei die Treue hielten. Nicht nur Schröder und seine politischen Weggefährten schienen nach 2014 gewillt zu sein, Russland ungeachtet seiner aggressiven Großmachtambitionen als Partner Europas zu unterstützen. Putin konnte nach 2014 auf zahlreiche Freunde in der deutschen Industrie bauen, die immer noch bereit waren, mit ihm und seinen Leuten in der Regierung und Wirtschaft auf verschiedensten Ebenen zu kooperieren. Inmitten der größten Sicherheitskrise Europas nach dem Zweiten Weltkrieg genossen die Industrievertreter freie Hand, mit Russlands Machtelite ins Geschäft zu kommen und neue Bündnisse zu schmieden. Die Bundesregierung ließ sie gewähren. Die Wirtschaft blieb sakrosankt, und gab der Politik die Richtung vor.

Nicht Russland wandelte sich, sondern Deutschland ließ sich dabei vom System Putin einwickeln. Je angespannter die politische Lage wurde, umso größer wurde die Rolle der Wirtschaftsvertreter und Lobbyisten, die loszogen, um im Namen der Völkerverständigung die Vernetzung mit Russlands Energie und mit Putins Schergen weiter voranzutreiben. Auf dem Höhepunkt der Krise trat der Ost-Ausschuss sogar als Unterhändler des Kanzleramtes in europäischen Außen- und Sicherheitsfragen in Moskau auf. Die Bundesregierung ließ die Unternehmen nicht nur gewähren, sondern flankierte diese von Wirtschaftsinteressen geleitete Politik, wo es ging.

Das Ergebnis ist ernüchternd: Großkonzerne bauten nach 2014 demonstrativ neue Werke in Russland und führten die europäische wie die US-Sanktionspolitik ad absurdum. Die Sanktionen blieben weitgehend wirkungslos. Sie waren so fein justiert worden, dass von ihnen keine wirtschaftlichen Einschnitte zu erwarten waren und der Ausbau der wirtschaftlichen Beziehungen sowie die Partnerschaft der deutschen Industrie mit Russland nicht gefährdet wurden. Deutschland und Europa sollten durch den geplanten Bau von Nord Stream 2 gezielt, langfristig und irreversibel energiepolitisch in die Abhängigkeit getrieben werden.

Merkel erklärt später ihre Unterstützung für Nord Stream 2 wie folgt, Deutschland sah sich gezwungen, zwischen billigem Gas aus

Russland und teurem LNG-Gas etwa aus den USA zu wählen. Und die Industrie entschied sich für Russland.[263] Ähnlich versuchte auch Gabriel sein Handeln zu begründen: »Die Marktteilnehmer [Unternehmen] haben die preiswerteste Energieversorgung gewählt: russisches Pipeline Gas. Wir dachten einfach, dass nach dem Fall des Eisernen Vorhangs auch in der Energiepolitik eine ›Friedensdividende‹ erreichbar wäre.«[264] Man könnte auch sagen: Nachdem die Krim-Annexion stillschweigend akzeptiert worden war und Russland in der Ostukraine bereits einen perfiden Krieg führte, wollte die Bundesregierung eine Friedensdividende für eine Politik einstreichen, die die Sicherheit Europas gefährdet. Dabei entledigte sich die Politik ihrer Verantwortung für die Sicherheit Europas einzustehen.

Bis in die Führungsspitze der Bundesregierung wie auch der deutschen Sicherheitsdienste schien sich niemand ernsthaft daran zu stören, dass Deutschlands Wirtschaft die westliche Verteidigungspolitik konterkarierte und Europa verwundbar für Russland machte. Die russische Strategie ging auf: Die Wirtschaft bestimmte den sicherheitspolitischen Kurs der Bundesregierung, selbst als Putin seinen Machtanspruch mit Gewalt in Europa durchzusetzen versuchte. Deutschland schien längst in eine gefährliche Abhängigkeit von billigem russischem Gas verwickelt zu sein. Dies dürfte Putin in seinem Machtkalkül bestärkt haben, Deutschland werde auch dann stillhalten, wenn er die Ukraine militärisch angreifen würde.

Die Balance zwischen Sicherheitsinteressen und Wirtschaft war aus den Fugen geraten. Eine eng mit der Wirtschaft vernetzte Sicherheitspolitik hatte sich als unfähig erwiesen, die Gefahren zu erkennen, die von Russland für Europa über die Wirtschaft ausgingen. Im Gegenteil: Mithilfe der deutschen Industrie wurde das System Putin nach 2014 weiter gestärkt. In Wirtschaftskreisen entwickelte sich ein Geflecht von russlandfreundlichen Netzwerken, die bis in den Sicherheitsbereich hineinreichten, um die Brücke, die über die Wirtschaft von Europa nach Russland führte, nicht abreißen zu müssen.

Kapitel 6
Deckname »Kommerzienrat«: Beraten und verkauft
Im Schatten der Dienste führt eine Brücke von Wien nach Moskau

Am 21. Mai 2014, kurz nach der Krim-Annexion, erhält der damalige US-Justizminister Eric Holder eine an ihn persönlich adressierte Mail. Absender ist ein Polizeibeamter aus Deutschland.[265] Beim Empfänger dürfte die in holprigem Englisch verfasste Mitteilung – um es milde zu sagen – Verwunderung auslösen. Der Inhalt der Mail wird später auf der mittlerweile eingestellten österreichischen Investigativplattform *Addendum* veröffentlicht.[266] Übersetzt liest sich die Nachricht wie folgt: »Sehr geehrter Herr Holder, wir sind ermächtigt, mit den Behörden der Vereinigten Staaten von Amerika Kontakt aufzunehmen, um zu erklären, dass Herr Firtasch zu Gesprächen über alle Fragen bereit ist, die für die Vereinigten Staaten von Amerika von Interesse sind.«

Die Rede war vom langjährigen Gazprom-Geschäftspartner und Milliardär Dmytro Firtasch, der in Wien festsaß, nachdem die US-Justiz einen Haftbefehl gegen ihn erlassen hatte, weil sie ihn verdächtigen, an einer Verschwörung zur Bestechung von Amtsträgern beteiligt gewesen zu sein. Seit 2006 war ihm das FBI auf der Spur und ließ ihn schließlich wegen mutmaßlicher Bakschisch-Zahlungen in Indien anklagen. Mitte März 2014 wurde er in Wien auf offener Straße verhaftet. Firtasch bestritt die Vorwürfe und wehrt sich bis heute erfolgreich gegen seine Auslieferung. Der ukrainische Oligarch sieht sich als Opfer einer politischen Kampagne. Als ich ihn zu den Anschuldigungen befragte, ließ er über seinen Rechtsbeistand erklären, »die Anschuldigungen sind falsch«. Die politische Motivation und die allgemeine Schwäche des »konstruierten Falles« sei offensichtlich.

Tatsächlich ist ein politischer Hintergrund nicht zu leugnen, denn Firtasch mischte kräftig in der Innenpolitik seines Heimatlandes mit. Kurz nach den Massenprotesten auf dem Maidan, dem Unabhängigkeitsplatz in Kiew, und der Flucht des damaligen Präsidenten Wiktor Janukowytsch nach Russland hatte Firtasch einen Minigipfel in Wien mit den antretenden Präsidentschaftskandidaten Petro Poroschenko und Vitali Klitschko organisiert. Klitschko zog danach seine Kandidatur zurück, sodass Poroschenko die Wahl gewann. Firtasch genoss großen Einfluss in seinem Heimatland. Zusammen mit Gazprom hat er in den Nullerjahren ein Joint Venture für den Gashandel in der Ukraine gegründet und damit ein Vermögen gemacht, er galt als russlandnah, hatte jahrelang die kleptokratische Regierung des prorussischen Janukowytsch unterstützt und sprach sich für eine »neutrale« Ukraine aus, die nicht zwischen Russland und Europa wählen müsse. »Die Leute sagen, ich will die Demokratie gegen billiges Gas tauschen.« Aber er wolle beides. »Wir [die Ukraine] können nicht ohne Russland sein. […] Aber wir wollen auch Europa nicht verlieren. Warum müssen wir uns entscheiden?«, erklärte er in einem Gespräch dem britischen *Guardian*. Und fügte hinzu, »wir sollten Russland an den Tisch holen.«[267]

Inmitten einer der größten außenpolitischen Krisen der jüngeren Geschichte Europas, in der die Ukraine vor einer Richtungsentscheidung stand, erhielt die US-Regierung nun also ein Vermittlungsangebot von einem deutschen Landespolizeibeamten, um einem politisch einflussreichen ukrainischen Oligarchen aus der Klemme zu helfen. Der Polizist war nicht der Einzige, der sich um russlandfreundliche Geschäftsleute zu kümmern schien. Wer tiefer bohrte, stieß auf bizarre Geschichten einer mutmaßlichen Ex-Stasi-Informantin, die sechsstellige Summen verdient haben soll, um etwa in Osteuropa einem Energiekonzern aus der Patsche zu helfen. Ein genauer Blick auf die Aktivitäten lohnt, denn es treten Verwicklungen zu Tage, die tief in die deutsche Staatssicherheit hineinreichen.

Und diese Geschichte verlief so: Drei Tage nach Russlands Annexion der Krim kam Firtasch in Österreich gegen eine Kaution in Rekordhöhe von 125 Millionen Euro frei, gestellt vom ehemaligen russischen Judo-Verbandspräsident, den Putin so sehr schätzte, dass er ihm dem vaterländischen Verdienstorden verlieh. In Schweizer Ermittlungsakten ist zu lesen, wie es dem Vernehmen nach weiterging: Unmittelbar nach Firtaschs Haftentlassung habe er in Wien einen Expertenstab zusammengestellt, der recherchieren sollte, unter welchen Voraussetzungen die Amerikaner bereit seien, den Haftbefehl aufzuheben und das Auslieferungsgesuch fallen zu lassen. Es sollte, so schrieben die Schweizer Ermittler, der Verdacht aus der Welt geräumt werden, dass Firtasch eine Marionette Putins sei und das Erbe eines vom FBI weltweit gesuchten Kriminellen, Semjon Mogilewitsch, angetreten habe. Über eine Wiener Beratung sei dann eine deutsche Privatermittlerin eingeschaltet worden, mit bürgerlichem Namen Christina Wilkening.

»IM Nina«, wie sie sich selbst gelegentlich nannte, soll von der Stasi zu DDR-Zeiten als inoffizielle Mitarbeiterin geführt worden sein, sie selbst bestreitet, für die ostdeutschen Staatssicherheit gearbeitet zu haben. Sie lebte damals im Berliner Bezirk Karlshorst, auch »Klein-Moskau« genannt, denn von hier aus steuerte der einstige sowjetische Geheimdienst KGB seine Geheimdienstoperationen in Deutschland. Nach der Wende ging sie wie viele in die Privatwirtschaft und verdiente ihr Einkommen als Nachrichtenhändlerin. Sie wurde, wie der *Spiegel* es einmal nannte, der »Star einer Szene, in der Geheimnisse zu Geld gemacht werden«. In Sicherheitskreisen war Wilkening eine Legende, erinnerte sich der frühere österreichische Nachrichtenchef Gert-René Polli in seinem Buch *Schattenwelten.*[268]

Er tauschte sich mit ihr gelegentlich aus, als er noch Sicherheitschef bei Siemens war. Denn Wilkening schien gut informiert zu sein, auch darüber, was in deutschen Sicherheitskreisen gerade so diskutiert wurde. Sie verfügte, wie er meinte, über »ein weitverzweigtes tragfähiges Netzwerk von Informanten in unterschiedlichen Sicherheitsbehörden und Nachrichtendiensten«.[269]

Ihr Helfer für allerlei Angelegenheiten war ein Kriminalhaupthauptkommissar aus Mecklenburg-Vorpommern, seine Mitstreiter nannten ihn »*Kommerzienrat*«. Der KHK war eigentlich für Extremismusbekämpfung zuständig, doch dabei blieb es nicht. Zusammen mit Kollegen der Landespolizei soll er quasi Sonderermittlungen geleitet haben; die Gruppe ging, wie der *Spiegel* seinerzeit berichtete, als EG (Ermittlergruppe) Luna in die Annalen des LKA ein. Die LKA-Polizisten verfolgten Spuren mutmaßlicher Krimineller oder Spionageaktivitäten im In- und Ausland und gingen Geschäftsleuten mit angeblichen Verbindungen nach Russland oder Osteuropa nach.

Wilkening traf sich gelegentlich mit ihnen und konnte spektakuläre Geschichten erzählen. Nicht alles, was sie wusste und plante, gab sie preis, denn ihre Projekteliste war lang. Für den österreichischen Mineralölkonzern OMV versuchte sie laut *Addendum*-Recherche in Rumänien einem mysteriösen Ölschwund auf die Spur zu kommen, in einem Übernahmestreit für ein russisches Ölprojekt genannt Centurion war sie ebenfalls involviert. Und im Zuge einer Schweizer Geldwäscheuntersuchung hatte sie laut dortigen Ermittlungsakten einem hochrangigen Ex-Mitglied der ukrainischen Energiekommission ihre Dienste angeboten. Wilkening wurde später vom Landgericht Schwerin in fünf Fällen, darunter die Causae OMV, Centurion und New Energy (Firtasch) wegen Bestechung verurteilt. In zwei Fällen kam Anstiftung zur Verletzung des Dienstgeheimnisses hinzu, mit einer Gesamthaftstrafe von zwei Jahren und zehn Monaten. Als ich die Privatermittlerin um schriftliche Stellungnahme bat, antwortete sie nicht. Ihr Helfer, den ich erfolglos versuchte, ausfindig zu machen, wurde in denselben Fällen wegen Bestechlichkeit, Steuerhinterziehung und in zwei Fällen wegen Verletzung von Dienstgeheimnissen zu drei Jahren Haft verurteilt. In der Schweiz wurde der ukrainische Ex-Politiker, der sich auch Jahre später noch juristisch gegen den Vorwurf der Geldwäsche zur Wehr setzte, schließlich 2024 freigesprochen.[270]

Ein österreichischer Geschäftsfreund beschrieb Wilkenings Tätigkeit laut Wiener Ermittlungsakten einmal wie folgt: Für ihre zahlenden Kunden suchte sie »Lösungen für strafrechtliche Probleme, indem sie Informationen beschaffte und so eine Art Lobbying bei Behörden und Nachrichtendiensten betrieb, damit Leute aus Verfahren wieder herauskommen«. Entscheidend war: Sie soll auf »gute Kontakte zu BND, BVT und zum Schweizer Nachrichtendienst« habe zurückgreifen können.

Auffällig sind die hohen Summen, die ihre Auftraggeber bereit waren, für ihre Dienste zu zahlen. Der österreichische Energiekonzern OMV, der große Mengen Gas aus Russland bezog, soll laut österreichischen Medien für das Aufspüren von Öllecks sechsstellige Summen zu zahlen.[271] Mir stellt sich dabei die Frage, ob Summen wie diese möglicherweise noch einen anderen Nutzen hatten. Wurden damit vielleicht Türen für eine russlandfreundliche Wirtschaftspolitik in Sicherheitsbehörden geöffnet? Was immer dahintersteckte, das Netz von Kontakten war beeindruckend. Nicht nur in Deutschland hatte Wilkening sich Zugang zu Polizeikreisen gesichert, auch in der Schweiz und in Österreich stand sie in Kontakt mit Vertretern der Sicherheitsbehörden. In der Schweiz wurde später ein Kantonspolizist wegen mehrfacher Amtsgeheimnisverletzung und Vorteilsannahme schuldig gesprochen,[272] und in Österreich – wo Wilkening häufig hinreiste – ermittelte die Justiz im Jahr 2020 gegen acht Beschuldigte.[273] Die Verfahren wurden zum Teil abgeschlossen, mit Freispruch oder Urteil. Ein Urteil zu Wilkening und einem österreichischen Beamten der damaligen Polizei- und Nachrichtendienstbehörde BVT steht noch aus. Großzügig entlohnt wurde vor allem Wilkenings Helfer aus dem Landeskriminalamt Mecklenburg-Vorpommern. Der *Kommerzienrat* soll nach *Spiegel*-Informationen Gelder in sechsstelliger Höhe erhalten haben.

Dessen Dienste und Kontakte könnten für Wilkening durchaus nützlich gewesen sein – sein Draht vor allem zum Bundesnachrichtendienst schien eng. Allein zwischen Januar 2011 und August 2013 suchte der Polizist, den Berichten zufolge, 13-mal die Dienststellen des BND in Pullach und Berlin auf, mit Kontakten zum Fachbereich »Russland und russische OK-Strukturen (Organisierte Kriminalität)« oder »Illegale internationale Finanzströme und Geldwäsche«. Über die Projekte durfte nichts nach außen dringen, der BND soll den Hauptkommissar zur Verschwiegenheit gegenüber Dritten verpflichtet haben. Wilkening aber war weniger verschwiegen. Um an den lukrativen Auftrag des ukrainischen Gasmoguls zu kommen, hatte sie laut *Spiegel*-Recherche etwas dick aufgetragen und Firtaschs Leute glauben lassen, dass sie versierte Juristen in den USA einsetzen würde, um für den Oligarchen das Krisenmanagement zu führen. Stattdessen stand sie in Kontakt mit dem KHK, alias *Kommerzienrat*, in Schwerin. Der hatte jedoch ein Handicap: Sein Englisch reichte nicht, um die gewünschte gütliche Verständigung mit den USA auszuhandeln. Sein Kollege von der Landespolizei, der des Englischen mächtig war, unternahm den Versuch, mit der US-Administration zu kommunizieren.[274] Der war bis dahin zwar nicht sonderlich in internationaler Krisendiplomatie in Erscheinung getreten. Für einen Schüleraustausch soll er einmal in den USA gewesen sein, viel mehr gab seine internationale Vita wohl nicht her. Aber er schien berufen zu sein, einen Konflikt mit den USA zu entschärfen und verfasste *Addendum* zufolge, die oben zitierte Mail.

Wenn das Ziel dieser Aktion internationales Krisenmanagement gewesen sein sollte, ist es grandios gescheitert. Wilkening und der Kriminalhauptkommissar gingen in Haft, beider Karriere war zu Ende. Doch der Fall ist meiner Ansicht nach von größerer Tragweite: Er illustriert, wie sich in der Privatwirtschaft – im Umkreis eines Gazprom-nahen Oligarchen – Strukturen entwickelten, die eng mit den deutschen Sicherheitsdiensten vernetzt waren – die anscheinend jahrelang dem Treiben in der Privatwirtschaft zuschauten. Während gegen den ukrainischen Milliardär in den USA ermittelt wurde, konnte die private Nachrichtenhändlerin in Deutschland und Österreich unbehelligt agieren, ohne dass die Sicherheitsdienste eingriffen, im Gegenteil, diese standen sogar mit einem ihrer zentralen Helfer, dem Kriminalhauptkommissar, im Austausch, der dem BND etwa in Russlandangelegenheit diente.

Die Wirtschaft war das unangetastete Spielfeld, wo private Nachrichtenhändler wie Wilkening jahrelang problemlos mit russlandnahen Akteuren Geschäfte machen konnten. So konnten unter den Augen der Sicherheits- und Nachrichtendienste über Österreich, Netzwerke aufgebaut werden, die einerseits deutschen Diensten Zugang zu russlandnahen Akteuren sicherten, gleichzeitig aber Russland ermöglichte, seinen Einfluss über die Wirtschaft hinaus auszubauen und in den Sicherheitsbereich vorzudringen.

Von Bayern über Wien nach Moskau

In Österreichs Hauptstadt kamen schon traditionell jene zusammen, die auf verschiedensten Ebenen den Osten mit dem Westen versöhnen wollten. Seit 1955 ist die Alpenrepublik einer »immerwährenden Neutralität« verpflichtet, verfassungsrechtlich also weder dem Westen noch dem Osten verbunden; in Zeiten wachsender politischer Spannungen florierten hier die Netzwerke aus Wirtschaft und Sicherheit, die die Brücken nach Russland aufrechthielten. Beratungsagenturen und Anwaltskanzleien, die für die Wirtschaft vielfältige Kontakte nach Russland pflegten, waren nach 2014 gut im Geschäft, als mit der Sanktionspolitik des Westens, die seit Jahren aufgebauten Verbindungen gekappt werden sollten.

Im Januar 2014 flatterte eine Terminanfrage aus Wien in das Postfach von Wirecard-Chef Markus Braun in München und wenige Wochen später eine weitere Mail des selben Absenders. Ein Wiener Berater, der sich im Osteuropa-Geschäft betätigte, war zuvor in Moskau gewesen und berichtete von vielversprechenden Gesprächen mit einer IT Firma. Braun und dessen Vorstandskollegen Jan Marsalek schlug er nun laut interner Wirecard-Kommunikation ein recht besonderes Tätigkeitsfeld vor: »Lieber Markus, lieber Jan, Kunden sind u.a.: Verteidigungsministerium der Russischen Föderation, Russischer Föderaler Sicherheitsdienst, Ministerium für innere Angelegenheiten der Russischen Föderation, die Federal Tax Service von Russland«. Und auch die Stadtverwaltung von Sankt Petersburg war mit auf der Liste, die dem Wirecard-Vorstand zugeschickt worden war. Sie klang wie das Who is Who der zweiten Liga russischer Sicherheitsdienste. Ziel war es, laut Recherche von *Profil*, zu sehen, »wo unsere Technologie zum Einsatz kommen könnte, wo sie direkten Zugang haben zu Entscheidungsträgern«. Der Wiener Berater (wir nennen ihn im Folgenden F.S.) führte nicht nur eine Osteuropa Beratung, er war zudem auch ein leitender Funktionär der Österreichisch-Russischen Freundschaftsgesellschaft (ORFG).

Ein Blick auf die Freundschaftsgesellschaft lohnt. Vorrangig diente sie österreichischen und russischen Unternehmern, um Geschäftsbeziehungen aufzubauen. Doch da war wohl noch mehr. Die ORFG soll ein beliebter Türöffner zur zweiten und dritten Liga des russischen Staatsapparats gewesen sein, wie der Macher des sogenannten Ibiza-Videos im Wirecard-Untersuchungsausschuss zu berichten wusste. Eine Einrichtung, in der früher jeder gerne Mitglied gewesen war, erinnerte sich der pensionierte Geheimdienstkoordinator der Bundesregierung, Bernd Schmidbauer, im selben Ausschuss. Tatsächlich sollten schon in Putins ersten Amtsjahren über die Freundschaftsgesellschaft Verbindungen auch im Sicherheitsbereich geknüpft werden. Der damalige österreichische Innenminister Ernst Strasser übernahm noch während seiner Amtszeit die Präsidentschaft der ORFG. Und dabei sollte es offensichtlich nicht nur ums Geschäft gehen. Sein Nachrichtenchef Gert-René Polli erinnert sich später in seinem Buch, dass Strasser seinerzeit dem russischen Inlandsgeheimdienstchef Nikolaj Patruschew angeboten habe, die Moskauer Leitung der Freundschaftsgesellschaft zu übernehmen.[275] Finanziell unterstützt wurde die ORFG später von Unternehmen wie dem Autokonzern Magna, dem Bauunternehmen Strabag oder der Raiffeisenlandesbank Oberösterreich.[276] Als Gastredner trat hier etwa auch der einstige deutsche Wintershall-Manager Rainer Seele nach seinem Wechsel zum OMV auf, und aus Deutschland war auch Alexander Rahr als Redner willkommen.[277]

2014 tauchte zudem ein deutsches Unternehmen in der Sponsorenliste auf – obwohl Jan Marsalek später bemüht war, das Wirecard-Logo nicht mehr öffentlich erscheinen zu lassen. Der Wirecard-Manager wurde im Rahmen der ORFG nun besonders aktiv im Aufbau von Kontakten zu russlandnahen Geschäftsleuten und zur zweiten und dritten Liga russischer Entscheidungsträger. Möglicherweise hing das mit jenem Tätigkeitsfeld zusammen, das Braun später im Münchener Strafprozess als »James-Bond-Bereich« bezeichnete.

Russischer Spion oder Laufbursche zwischen Ost und West?

Marsalek zog es oft nach Russland. Insgesamt sechzigmal soll er vor allem nach Moskau, Sankt Petersburg und Nischni Nowgorod gereist sein, die meisten Reisen fanden nach 2014 statt.[278] Der Österreicher kokettierte gern mit seiner Nähe zu Russland, prahlte gelegentlich gar damit, für die Russen unterwegs zu sein und fädelte Geschäftsbeziehungen ein. Schon 2015 soll er laut dem Recherchenetzwerk Bellingcat mehrere Pässe besessen haben, die ihm auch ein Untertauchen in Putins Reich ermöglicht hätten.

Marsaleks Russland Kontakte wurden im Laufe der Jahre so eng und zahlreich, dass sich mittlerweile die Auffassung verbreitet hat, er sei ein russischer Spion gewesen, das heißt: bezahlt und vertraglich verpflichtet von einem russischen Nachrichtendienst, um gegen Deutschland zu spionieren. Im Sommer 2024 leitete der Generalbundesanwalt Ermittlungen wegen Spionageverdacht ein.[279] Das Bundesamt für Verfassungsschutz, das den Spionagetätigkeiten russischer Dienste in Deutschland nachgeht, konnte dagegen jahrelang keine Belege für diesen Verdacht finden. Wieso sollte Putin auch einen österreichischen Manager engagieren, der immer wieder versuchte, sich an seinen Sicherheitsapparat heranzumachen und all jenen, die es wissen wollten oder auch nicht, erzählte, dass er für Russland unterwegs sei? Noch 2014 schien Marsalek auf jeden Fall nicht sehr bewandert in Moskau gewesen zu sein. Als er sich etwa im Mai 2014 um ein Touristenvisum bemühte, suchte er laut einer Wirecard-Mail den Rat eines privaten russischstämmigen Vermittlers, weil weder er noch seine Assistentin wüssten, was man für ein Touristenvisum in Russland brauche.

Eine andere These scheint mir plausibler: Marsalek könnte demnach eher ein Brückenbauer, Handlanger, Kontaktmann oder Laufbursche eines österreichisch-deutschen Netzes aus Wirtschaft und Sicherheitsleuten gewesen sein, das die Nähe zu seinen russischen Pendants mit dem Ziel suchte, die Kanäle in schwierigen Zeiten offen zu halten. Marsalek konnte auf Schützenhilfe vor allem aus hochrangigen Sicherheitskreisen bauen und hatte ähnlich wie die private Nachrichtenhändlerin Christina Wilkening, Zugang zur damaligen österreichischen Polizei- und Nachrichtenbehörde BVT (siehe dazu auch Kapitel 8, wo ich auf Marsaleks Verwicklungen mit der Behörde genauer eingehen werde). Trat Marsalek vielleicht als Zwischenhändler zwischen Ost und West in die Fußstapfen der deutschen Privatagentin Nina, die über Kontakte in beide Richtungen verfügte?

Jedenfalls haben Wirecard und besonders Marsalek in der Folgezeit viel Arbeit und viel Geld investiert – und auch verbrannt –, um mithilfe von Beratern in Österreich die Beziehungen gen Osten auszubauen und zu pflegen. Nach 2014 entfaltete Marsalek rege Aktivitäten, die in Sanktionszeiten nicht nur dazu beitrugen, Kontakt- und Finanzkanäle nach Russland offen zu halten, sondern – wie die folgenden Beispiele zeigen – wohl auch das Sanktionsregime zu umschiffen.

Für den 15. April 2014 hatte Marsalek ein Treffen mit dem oben erwähnten Osteuropaberater F.S. und einem deutschen Banker aus dem Russland-Geschäft in seinem Terminkalender notiert. Ob das Treffen tatsächlich stattfand, ist nicht belegt. Geplant war offenbar ein Kontakt zur Sberbank aufzubauen, Russlands größter Staatsbank. Der Banker hatte seine Karriere bei der Commerzbank im Osteuropa-Geschäft gemacht und in Frankfurt bei der zweitgrößten russischen Staatsbank VTB eine leitende Funktion übernommen, bevor er 2013 zur Sberbank wechselte.

Für Russlands Staatsbanken brachen nach der Krim-Annexion schwierige Zeiten an. Die Finanzsanktionen, das schärfste Schwert der Strafmaßnahmen, drohten den Handel mit Russland über den Finanzmarkt, auszubremsen. VTB-Chef Andrej Kostin erklärte im Gespräch mit dem *Handelsblatt*, seiner Bank werde im Zuge der Sanktionen der Zugang zu den Kapitalmärkten versperrt, was die Geschäftsbeziehungen nach Europa belaste.[280]

Aus Deutschland bot sich Hilfe an: Wirecard plante einen eigenständigen Finanzkanal im E-Commerce-Handel mit Russland aufzubauen. Die staatliche Sberbank hatte dazu eine internationale Ausschreibung veröffentlicht. Und die Agentur des Osteuropaberaters F.S. bat Wirecard, ein Angebot in den Ring zu werfen. Marsalek drängte im Sommer 2014 laut Wirecard-Mails seinen Russland-Experten *Golubew*, »sicherzugehen, dass wir den Auftrag bekommen«. Wirecard wollte einer Sberbank-Tochter, die für den E-Commerce Handel eingerichtet worden war, Big-Data Technologie liefern, die Zugriff auf die Kundendaten der russischen Staatsbank ermöglichte. Gut ein Jahr später fragte Marsalek ungeduldig in der IT-Abteilung nach: »Passiert da was?«. Die Antwort: »Nicht wirklich, die haben von uns alles bekommen. Jetzt gibt es allerdings kein Feedback mehr«. Nach einigem Hin und Her war klar: Von russischer Seite war nichts zu erwarten. Die Kooperation mit der Sberbank und ihrer Tochter floppte. Die mittlerweile verbreitete These, dass Marsalek unter russischer Regieführung agierte, scheint brüchig. Tatsächlich liefen viele der von Marsalek betriebenen staatsnahen Russland-Projekte ins Leere, das Interesse daran war in Putins Reich begrenzt. Mehr deutet meiner Ansicht nach darauf hin, dass er von Österreich und Deutschland aus Verbindungen nach Moskau suchte, die beiden Seiten dienen sollten – mal Russland, mal Europa.

Vom Berater zum Brückenbauer

Marsalek ließ bei der Russland-Anbahnung nicht locker. Die Wiener Osteuropaberatung regte immer wieder neue Projekte an, die weniger Wirecard als dem ungehinderten Finanzfluss nach Russland dienlich zu sein schienen. Im cc einer seiner Mails tauchte ein weiterer österreichischer Unternehmensberater auf, dessen Firma unter anderem für Ministerien in sicherheitsrelevanten Bereichen tätig war und der auch in Deutschland verdrahtet war. Er erscheint im weiteren Verlauf als *Gutmann*, seinen richtigen Namen nenne ich aus Gründen des Schutzes der Persönlichkeitsrechte nicht. Als ich mir die Aktivitäten von *Gutmann* und seiner Beratung anschaute, stellte sich mir die Frage, ob er möglicherweise eine gewichtigere Rolle im Wirecard-Universum spielte als bislang bekannt. Auf meine Frage hin, meinte er, er habe keine zentrale Beraterfunktion für Wirecard in Russlandfragen übernommen. Einen Beratervertrag hatte *Gutmann* tatsächlich nicht mit Wirecard. Doch er stand in direktem Kontakt mit Marsalek, der wie mittlerweile bekannt ist, einige seiner Russlandaktivitäten quasi als Privatmann betrieb.

Ein genauerer Blick auf *Gutmanns* Wiener Strategieberatung lohnt. Nach der Krim-Krise und der westlichen Sanktionspolitik präsentierte die Agentur Wirecard einen Lagebericht, der die Situation in Russland in allen Facetten beleuchtete. Darin war zu erfahren: Die Finanzsanktionen seien »eine neue und innovative Taktik« der »transatlantischen Politik«, die Politik des Westens gegenüber Russland zu koordinieren. Es klang, als wären die Sanktionen ein taktisches Manöver, um Europa ein einheitliches Vorgehen gegen Russland aufzuzwingen. Als ich *Gutmann* zu dem Russland-Report befragte, antwortete er, die Inhalte spiegelten nicht seine persönliche Meinung wider und beruhten lediglich auf öffentliche Quellen. Aus welcher Quelle diese zum Teil eigensinnige und wenig verbreitete Sichtweise stammte, erklärte er nicht.

Woher der Gegenwind gegen die Sanktionspolitik kam, stellte der Lagebericht aber klar: »Europäische Unternehmen, insbesondere die deutschen, hatten Moskau Hoffnung gegeben.« Denn die lobbyierten von Beginn an bei Kanzlerin Merkel. Die »schädlichsten Auswirkungen« der Sanktionen seien im Finanzbereich zu spüren gewesen. Russische Unternehmen, die Dollar- und Euro-Schulden hatten, seien plötzlich gezwungen gewesen, ihre Kredite zurückzuzahlen, viele hätten Arbeitsplätze abbauen müssen. »In einigen Fällen« hätten jedoch »russische Zielunternehmen, die von Sanktionen betroffen sind, [...] Wege gefunden, die Sanktionen zu umgehen und zu begrenzen, auch wenn sie manchmal teurere Strategien anwenden« mussten.

Gutmanns Stärke lag – wie die Webseite seiner Beratung verriet – in der Umsetzung von Unternehmensstrategien wie auch in seinem »hochkarätigen Netzwerk«, das über Jahre hinweg aufgebaut worden war. Er war, ähnlich wie der Wiener Osteuropaberater F.S. ein Zögling von Ernst Strasser. Der ehemalige österreichische Innenminister war wegen mutmaßlicher Russland-Connections schon früh öffentlich in die Kritik geraten.[281] Nach einem Korruptionsskandal im Europäischen Parlament zur Neuregelung des Zahlungssystems Swift war Strasser zwar von der politischen Bildfläche verschwunden, weil er eine Haftstrafe antreten musste, seine einstigen Mitarbeiter waren aber immer noch im Geschäft, viele als Unternehmensberater mit einem Netz von guten Verbindungen.

In Österreich unterhielt *Gutmann* Kontakte etwa zum Innenministerium, er bot seine Dienste aber auch dem Klimaschutzministerium (BMK) an, das unter anderem für die Energiepolitik zuständig war. In Deutschland war er ebenfalls vernetzt. Er war Gesellschafter und Prokurist einer Berliner Firma, die sich auf Forensik und Trendanalysen spezialisierte und die (nach seinem Ausscheiden) etwa für die Bundeswehr Leistungen erbrachte.

Ab 2014 wurde Marsalek in Österreich mit »Strassers Buberlpartie« vernetzt, [282] wie die Gruppe von Leuten genannt wird, die sich aus jener Zeit kannten, als sie unter Ernst Strasser einst im Innenministerium tätig waren. Zu der Gruppe von Weggefährten zählten neben *Gutmann* auch Strassers einstiger Kabinettschef, ein ehemaliger Offizier des Bundesheeres sowie Strassers ehemaliger Referent, wir nennen ihn *Meister*, der im Innenministerium die Karriereleiter hochgeklettert war und 2014 dort immer noch viele politische Strippen zog. Nicht nur war *Meister* wie auch der Ex-Kabinettschef später in den Reihen der Österreichisch-Russischen Freundschaftsgesellschaft zu finden, sondern viele Vertreter der Buberlpartie (mit Ausnahme von *Meister*) tauchten schließlich mit ihren Beratungen auf der Honorar- oder Zahlliste von Wirecard auf.

Marsaleks Connections weiteten sich 2014 nicht nur in Österreich, sondern auch in Deutschland aus. Am 21. Mai schrieb er in einer Mail an den Finanzvorstand von Wirecard: »Mir wurde von deutscher Seite geraten, aktuell mit Schröder vorsichtig zu sein. Werde mich jetzt diesbezüglich mit Stoiber treffen. Ist ähnlich gut vernetzt in Russland.«[283] Die Mail ging rund zwei Monate nach der Annexion der Krim ein, als Altkanzler Gerhard Schröder wie auch Bayerns Ex-Ministerpräsident Edmund Stoiber sich besonders um den Erhalt der Partnerschaft mit Putins Russland bemühten. Ob und welche Kontakte Wirecard zu Schröder oder Stoiber pflegte, ist nicht bekannt. Als ich Stoiber danach fragte, erklärte er, mit Marsalek keinerlei Gespräche geführt zu haben. Braun und Marsalek sowie den Finanzvorstand kenne er lediglich aus Medienberichten. Schröder ließ eine Anfrage dazu unbeantwortet.

Nach 2014 strebte Marsalek also augenscheinlich von Deutschland aus eine weitere Vernetzung mit Russland an. Ende des Jahres bot sich dazu in der Isar-Metropole eine Gelegenheit. Im Oktober 2014 traf der neue Generalkonsul für die Russische Föderation, Sergej Ganzha, in München ein. Auch er bemühte sich fortan um den Ausbau der Beziehungen zwischen Russland und Deutschland. Doch die Ernennung war heikel, denn Putins Entsandter stand unter Verdacht, für den Auslandsnachrichtendienstes SWR spioniert zu haben, was er bestritt. Sein Name war schon zur Millenniumswende auf einer Schwarzen Liste in Österreich aufgetaucht, als einer von insgesamt hundert Diplomaten, die der Spionage verdächtigt wurden, was aber nie bewiesen wurde.[284]

In Österreich war Ganzha nicht mehr zu halten gewesen und auch seinen folgenden Posten als Generalkonsul in Hamburg musste er nach der Krim-Krise räumen. Bayern jedoch bot Putins umstrittenem Diplomaten ein neues Zuhause. Innenminister Herrmann empfing Ganzha nach dessen Ankunft persönlich. Jahrelang pflegte die bayerische Landesregierung einen direkten Austausch mit ihm, acht Begegnungen sind allein seit 2018 in einer Antwort der Landesregierung auf eine parlamentarische Anfrage belegt.

Gleich nach Ganzhas Ankunft baute auch Marsalek einen persönlichen Draht zu ihm auf. Die Nähe, die er von nun an zu Putins Mann in München pflegte, war so eng, dass einer von Ganzhas Söhnen Marsalek um Hilfe bei seiner Bachelorarbeit fragte.[285] Anfang 2016 mietete der Wirecard-Manager gleich gegenüber dem Generalkonsulat in der Prinzregentenstraße eine Villa an. Nach Russlands Angriff auf die Ukraine kehrte Ganzha nach Moskau zurück.

Marsalek und der hilfreiche Herr *Gutmann*

Anhand des Wirecard-Postfachs aus dem Jahr 2014 lässt sich die Marschroute ablesen, die nun verfolgt werden sollte: »Koordinierung Österreichisch-Russische Agenda«. Beim »nächsten Wien-Aufenthalt« wollte *Gutmann* mit Marsalek dazu gerne »eine kurze persönliche Abstimmung« vornehmen. Im Mai 2014 schickte er dem Wirecard-Manager einen Artikel, wonach Russland die Militärindustrie mit High-Tech ausstatten wolle. Russlands Außenminister Sergej Lawrow plante laut Artikel ein neues Zahlungssystem, damit Moskau im Zahlungsbereich unabhängiger werden konnte. Das hatte er für Marsalek gleich mal gelb in dem Beitrag markiert, zusammen mit dem freundlichen Stupser: »Ich nehme an, du hast die erneuten Aussagen verfolgt.« Die Mail ging auch cc an den Geschäftsführer der Wiener Osteuropaberatung F.S. Als ich *Gutmann* zu seiner Rolle befragte, erklärte er mir, »in keiner Weise in die Entwicklung der russischen Geschäftstätigkeiten von Wirecard involviert« gewesen zu sein, sein Unternehmen habe lediglich über einen längeren Zeitraum für Wirecard regelmäßige Open-Source-Analysen erstellt. Richtig ist, die »Österreichisch-Russische Agenda« wurde nicht für Wirecard aufgesetzt, die sollte Marsalek übernehmen.

Wie der zivile wurde auch der militärische Infrastruktursektor vom Staatskonzern Rostec kontrolliert. Ein Jahr vor der Krim-Annexion hatte Rostec etwa mit Siemens die Kooperation im Energiesektor zusammen mit einer Flugmotorengesellschaft ausgeweitet. Auch wenn Rostec 2014 noch nicht auf der EU-Sanktionsliste stand, schien es nur eine Frage der Zeit zu sein, dass die Finanzwege, die zu dem Konzern führten, irgendwann gekappt werden könnten. So war bereits dem Vorstandschef Sergej Tschemesow im Zuge der Sanktionen die Einreise in Europa verboten worden, vor allem aber durften Dual-Use-Güter nicht mehr in das Land geliefert werden, was den Handel zwischen Deutschland und Russland erschwerte.

Doch ein Projekt war bereits in Planung, das in der Mail von *Gutmann* unter dem Titel »Projektmanagement Unterstützung Rostec« lief. Ein neuer Finanzkanal nach Russland wurde entwickelt. Ab 2014 widmete man sich bei Wirecard verstärkt dem Vorhaben. Wer der Auftraggeber war, ist nicht bekannt. Ein Einstieg in den russischen Zahlungsverkehr war schwierig, das wusste man auch in Aschheim. Einfache Business-Kontakte reichten nicht, um in diesem sensiblen Bereich etwas auf die Beine stellen zu können. Wenn Marsalek kein Treffen mit »Herrn Putin und seiner Gesellschaft« einfädeln würde, sehe man wenig Chancen für das Zahlungsprojekt, hatte *Golubew* in einer internen Mail an Marsalek die Einschätzung eines externen Beraters weitergegeben. Marsalek war längst am Ball. Ein Jahr später besaß er jene Kontakte, die wohl Putins Vertrauen genossen und hilfreich sein sollten, derartige Projekte möglich zu machen. »Unsere Freunde fragen nach dem Status bzw. Timeline. Sie müssen an Putin reporten :)«, schrieb er im April 2015 an einen Wirecard-Kollegen.

Er hatte zu zwei undurchsichtigen Gestalten einen Draht aufgebaut. Shamil I. soll laut *Capital*-Recherche dem putintreuen Gouverneur der Oblast Uljanowsk in Geldfragen behilflich gewesen sein, und Leonid A. wurden Verbindung zu Finanzkriminalität nachgesagt. Die beiden sollten ein Joint-Venture gründen, über das die Geschäfte mit Rostec laufen könnten.[286] Marsalek schien nun so nah an Putins Hintermännern und Russlands Staatskonzern heranzurücken, dass Wirecard Gefahr lief, von Putins Spitzeln unterwandert zu werden. Ende 2014 soll *Gutmann* laut Wirecard-Mails dann einen Kontakt zur Münchner Sicherheitsfirma Corporate Trust vermittelt haben. Die Firma hatte, wie in deren Nachricht an Marsalek zu lesen war, Erfahrung beim Aufbau von Joint Ventures mit Russland gesammelt und bot Wirecard an, bei der Spionageabwehr behilflich zu sein.

Auch beim Geldwäschebeauftragten von Wirecard klingelten die Alarmglocken. Ihm war mittlerweile aufgefallen, dass Leonid A. mit kriminellen Machenschaften in Verbindung gebracht wurde.[287] Davon wollte Marsalek aber nichts wissen. »Das ist jemand anderes«, meinte er lapidar.[288]

Im Frühjahr 2015 gründeten die beiden mutmaßlichen Strohmänner über ihre jeweiligen Firmen eine auf den Luftfahrtsektor spezialisierte Firma, die Aviatec in Luxemburg. Und in Russland wurde gleich eine Tochtergesellschaft gegründet, die Skytec, die nun Russlandtransaktionen im Flugbereich abwickeln konnte. Auch der Kartendienstleister MultiCarta war mit eingebunden, eine Tochter der Staatsbank VTB. Alles schien sich zusammenzufügen, und tatsächlich gewann Skytec die Ausschreibung für den russischen Airline-Zahldienst.

Auf dem Luftfahrsalon im August 2015 in Moskau sollte die Kooperationsvereinbarung zwischen Skytec und Rostec unterzeichnet werden. »Ok, ich fliege hin«, jubelte Marsalek.[289] Im November konnte er den Wirecard-Kollegen berichten, dass Skytec »›de facto‹ ein Schwester-Unternehmen der russischen Staatsfirma Rostec« sei.[290] Angesichts der Schützenhilfe, die die Aschheimer beim Aufbau der

Gesellschaft geleistet hatten, dürfte die Firma eher ein Schwesterunternehmen von Wirecard gewesen sein: Wirecard lieferte nicht nur die Software für den Zahlungsdienst, sondern finanzierte das Projekt auch mit einem Sechs-Millionen-Euro-Kredit. Die Buchhaltung war nicht begeistert und wollte Sicherheiten sehen. Doch Marsalek wiegelte die berechtigten Bedenken ab: »Die Aviatec Holding ist eine in Luxembourg beheimatete Unternehmensgruppe.«[291]

Der Geldwäschebeauftragte von Wirecard meldete weitere Bedenken an, vor allem, als er feststellte, dass Rostec mit an Bord war. Etwas genervt schickte er Marsalek einen Link zur US-Sanktionspolitik. Er habe erfahren, dass (er schrieb es warnend in Großbuchstaben) »ROSTEC offenbar an den Verhandlungen zwischen Wirecard und der Skytec Russia teilgenommen hat [...]. Könnt Ihr mir bitte eine plausible und detaillierte Erklärung liefern, welche Rolle die Rostec bei den Verhandlungen mit Skytec gespielt hat und welches Interesse der Konzern an unserer Kooperation mit Skytec hat?« Marsalek beschwichtigte und spielte nun die Verbindung zu Russlands größtem staatlichen Rüstungskonzern herunter. Rostec sei lediglich technisch über eine Bezahlplattform mit Skytec verbunden.

Einer von *Gutmanns* Kontakten, ein Wiener IT-Professor, bemühte sich, das Skytec-Zahlungssystem ein Jahr später auch im Nahverkehr in Sankt Petersburg einzuführen. Ähnlich wie *Gutmann* war auch er in Deutschland verdrahtet, laut Webseite des IT-Dienstleisters war er an der Entwicklung der deutschen Gesundheitskarte beteiligt. In einer Mail an Wirecard bat er schließlich Marsalek, sich mit dem zuständigen Gouverneur in Russland in Verbindung zu setzen, um das Sankt Petersburger Projekt auf die Beine stellen zu können. Denn dort stieß man auf taube Ohren. »Die behandeln uns wie einer von vielen Anbietern«, lamentierte der IT-Professor, der augenscheinlich auf eine Sonderbehandlung gehofft hatte. Auf Anfrage erklärte sein Unternehmen, Wirecard habe Beratungsdienstleistungen angefordert, selbst habe man nie eine Geschäftsbeziehung zu russischen Kunden gepflegt. Auch sei man nie Teil eines Netzes gewesen, das die Anbindung an Russland befördert habe. Und zur Umsetzung des Sankt Petersburger Projekts sei es auch nie gekommen, Wirecard habe kein Interesse mehr gezeigt. Und so floppte auch dieses Projekt. Marsaleks Draht nach Russland schien damals noch nicht sehr tragfähig gewesen zu sein, aber im Rahmen der hier beschriebenen Aktivitäten konnte sich das ja vielleicht noch ändern.

Der Kredit, den Wirecard Aviatec gewährt hatte, wurde später, wie zu erwarten, von den Wirtschaftsprüfern moniert. Im Berichtssystem des Prüfungsverbands deutscher Banken sei die Wirecard Bank »auffällig wegen hoher Zahlungsrückstände einiger Kreditnehmer, z.B. Aviatec«, hielt KPMG später fest.[292] Doch das schien in Aschheim kaum jemanden zu stören. Mit Wirecards Hilfe war stattdessen ein Zahlungsvehikel entwickelt worden, das in Zeiten, in denen die Zahlungsströme nach Russland gekappt zu werden drohten, den Geldfluss an Rostec zu sichern schien. Und nicht nur die Finanzströme wurden gesichert – auch die Kontakte nach Russland wurden von Marsalek gut gepflegt.

Auf dem Wiener Opernball 2016 plante der, mit hochrangigen russischen Gästen zu erscheinen. Im Dezember 2015 bat er seine Assistentin: »Sei so nett und schau, ob du im Sacher für den Opernball-Abend noch einen Tisch für unsere 6 Russen zum Dinner bekommst.« Es könnten auch acht sein, hieß es später. Gebucht werden sollte die Bühnenloge, Kostenpunkt 11.500 Euro, dazu die Eintrittskarten, acht mal 290 Euro. Als Marsaleks Assistentin für die ORF-Übertragung routinemäßig nach den Namen der Gäste fragte, war Marsaleks Antwort die gleiche wie im Jahr zuvor: »Das geht die nichts an.«

Wenn es um die Finanzierung russlandnaher Projekte und die Pflege von Kontakten ging, schien Geld bei Wirecard keine Rolle zu spielen. Die Selbstverständlichkeit, mit der Wirecard jeden Betrag zahlte, der von Partnern und Beratern für die Unterstützung diverser Projekte in Rechnung gestellt wurde, ist verblüffend. Die Wiener Osteuropaberatung des einstigen Funktionärs der Österreichisch-Russischen Freundschaftsgesellschaft wie auch Firma des Wiener IT-Professors ließen sich ihre Reisekosten nach Russland von den Aschheimern erstatten. Die Berater aus dem ehemaligen Strasser-Umfeld, der einstige Kabinettschef und der Offizier, die für Wirecard unter anderem Social-Media-Reportings erstellten, sollen sich laut österreichischen Medien ein jährliches Einkommen von 300.000 Euro vertraglich gesichert haben.[293] Ab März 2016 flossen auch *Gutmann* regelmäßige Einnahmen für die gelieferten Russland-Analysen zu. Tatsächlich schien sich der deutsche Zahlungsdienstleister zu einer Art eierlegenden Wollmilchsau gemausert zu haben, die bereitwillig Kooperations- und Beraterverträge einging, wenn ein zahlungskräftiger Partner gesucht wurde – insbesondere auch im Sicherheitsbereich. Die Sicherheitsfirma Cyan hatte den Aschheimern etwa ein Cyber-Security-Programm geliefert, das für Wirecard eigentlich »komplett unnütz« war, wie die ehemalige Vorständin Susanne Steidl später bemerkte. Dafür wurde Wirecard ein Kredit von fünf Millionen Euro in Rechnung gestellt.

Bemerkenswert sind auch die Verflechtungen, auf denen einige der Geschäftsbeziehungen fußten. Beim Blick in die Aufbaugeschichte von Firmen, mit denen Wirecard sich zusammentat, stößt man auf auffällige Querverbindungen. In der Gründungs- und Aufbaugeschichte einiger dieser Firmen tauchte etwa immer wieder die Münchner Blitz-Gruppe auf, die unter anderem sogenannte Vorratsgesellschaften mit Bankkonto für Unternehmensentwicklungen bereitstellte (siehe auch Kapitel 3 zu Trustpay). Die in München gegründete IMS Capital, bei der Marsalek mutmaßlich investiert war, ging ursprünglich auf die Blitz 16-449 GmbH zurück, die im November 2016 gegründet und von zwei Frauen geführt wurde, die auffällig häufig auch bei anderen Kooperationspartnern von Wirecard auftraten. Mit der Münchner Sicherheitsfirma Brainloop vereinbarte Wirecard einen Beratervertrag für einen »Secure Data Room Service«, der sichere Datenräume für den Transfer sensibler Daten und Informationen innerhalb von Unternehmen und dessen Management gewährleisten sollte. Und wie der Zufall es will, war hier die Blitz-GmbH 18-488 in den Aufbau der Muttergesellschaft Diligent von Brainloop involviert. Die Vernetzung im sicherheitsrelevanten

Bereich ging noch weiter. Eine Firma der Blitz-Gruppe, die Blitz B20-273 GmbH, taucht im Zusammenhang mit einer auf Datenanalyse spezialisierten Firma Segment One auf, die Wirecard kurz vor der Insolvenz übernommen hatte.

In einer Mail an eine Buchhalterin versuchte Marsalek einmal, Sinn und Zweck seines Tuns zu erklären. Wenn Wirecard Investitionen plane, dann investiere man in strategisch wichtige Kontakte. Strategische Investitionen, so erklärte er in einer internen Kommunikation, seien Investitionen in strategische Partner. Will heißen, die Investitionen folgten nicht normalen Geschäftsgepflogenheiten. Ziel seiner Projekte schien zu sein, neben dem Ausbau von Zahlungssystemen und Kontakten nach Russland auch ein Netz von Partnern aufzubauen, das dem Konzern Sicherheit gewähren konnte. Und wenn es darum ging, strategische Partner zu gewinnen, dann sollte auch die deutsche Industrie eine Rolle spielen.

Bei Wirecard schien man sich der Bedeutung der deutschen Wirtschaft und ihrer Großkonzerne für das Wohl des Unternehmens auf jeden Fall bewusst gewesen zu sein. Siemens, so war in einer Wirecard-Mail im Juli 2015 zu lesen, brauche einen »Hotfix« für ein Vorhaben, das die Aschheimer als Prestigeprojekt ausgemacht hatten und über Dubai abgewickelt werden sollte. Auf meine Anfrage dazu reagierte Siemens nicht. Auch Bosch stand mit Wirecard für die Entwicklung eines E-Commerce-Zahlungssystems für den globalen Zahlungsverkehr in Kontakt. Im Oktober 2014 hakte Bosch bei Wirecard noch einmal nach und bat um ein Angebot. Für eine fachliche Diskussion sollte sich Wirecard mit dem Leiter des internationalen E-Business-Bereichs in Verbindung setzen. Auf Anfrage erklärte Bosch, eine Geschäftsbeziehung sei mit Wirecard nicht zustande gekommen. Vier Jahre später verkündete allerdings die wenig bekannte Firma Comepay eine Zusammenarbeit mit Bosch für die Einführung eines Kassensystems, gennant »Cassatka« in Russland;[294] finanziert wurde das Bezahlsystem mit einem 2,5-Millionen-Dollar-Kredit von Wirecard.

Die Aschheimer gewährten also einen Millionenkredit für einen Bereich, in dem sie selbst kaum Expertise besaßen. Aber der Geschäftspartner brachte Know-how aus Russland und vor allem auch die nötigen Kontakte mit: »F.N. (Name gekürzt) verfügt über ein starkes Netzwerk von Geschäftspartnern in Russland und anderen Ländern der Gemeinschaft Unabhängiger Staaten«, hieß es in einer Firmenpräsentation.

Als das Geschäft bei den Wirtschaftsprüfern Misstrauen erweckte und sie den Kredit wegen mangelnder Absicherung komplett abschreiben wollten, fragte eine Buchhalterin des Hauses bei Marsalek nach. Tatsächlich schob die Buchhaltung ein ganzes Portfolio von faulen Krediten vor sich her. Die Wirtschaftsprüfer hakten auch wegen des Kredits für Skytec weiter nach, Wirecard sollte Geschäftsbelege vorlegen. In der Zwischenzeit waren aber die Strohmänner nicht mehr erreichbar.

Doch wenn der eine in Schwierigkeiten ist, hilft ein anderer aus. F.N. von Comepay meldete sich 2019 bei Marsalek: »Hallo Jan«, schrieb er. Der ausstehende Kredit solle durch eine Comepay-Beteiligung beglichen und das russische Joint Venture Skytec habe er nun auch übernommen. Auf seltsame Weise schienen die Wirecard-Geschäftspartner mal wieder einen gemeinsamen Nenner zu finden, denn eine Sache schien sie zu einen: das Russland-Geschäft sollte ausgebaut werden. Marsalek war zufrieden. »Glückwunsch für den Kauf von Skytec«, schrieb er.[295] Die Wirtschaftsprüfer waren weniger zufrieden, forderten auch später noch Belege für das Projekt. Sie wurden nicht beigebracht.

Wirecard hatte Millionen in einen Zahlungsdienst investiert, bei dem von Beginn an absehbar war, dass es ein Verlustgeschäft werden würde. Aber darum ging es bei solchen Projekten offensichtlich nicht. Von dem Zahlungsdienstleister Uzcard in Usbekistan ging eine Anfrage ein, das Comepay-Produkt auch in dem zentralasiatischen Land zu implementieren. Das wollte Marsalek nun weiterverfolgen. Die einstigen Sowjetrepubliken schienen bei Wirecard nach 2014 nämlich plötzlich sehr gefragt zu sein; vielleicht weil sich darüber leicht Geld zur Umgehung der Sanktionen nach Russland schleusen ließ?

2017 plante Wirecard eine Kooperation mit dem russischen Mobilfunkanbieter Veon, um einen Bezahldienst in insgesamt zehn Ländern einzuführen, darunter Kasachstan, Georgien, Usbekistan, Kirgisistan, Armenien, Algerien und Bangladesch. Schon in der Entwicklungsphase war klar, dass das Vorhaben heikel war. Wirecard und seine Manager könnten Gefahr laufen, in Kasachstan zu »Geld- oder Freiheitsstrafen« verurteilt zu werden, mahnte ein Wirecard-Mitarbeiter in einer Mail die Kollegen. Die Risiken sollten auf Veon ausgelagert werden. Ein Jahr später kündigte Veon die Partnerschaft auf, Begründung: »Die Dienstleistungen von Wirecard werden nicht mehr in Anspruch genommen, da das Unternehmen in verschiedenen Ländern mit AML-Problemen konfrontiert war.« AML steht für »Anti Money Laundering«, Geldwäschebekämpfung.

Die Bilanz des Projekts sah schlussendlich auch hier für die Aschheimer nicht gut aus. »Insgesamt haben wir also 370.092 EUR in Rechnung gestellt, wobei sich die Gesamtkosten […] auf 435.550 EUR belaufen, einschließlich interner/externer Rechtsberatung, Integrationseinrichtung und Projektleitung«, resümierte der Projektleiter. Auch dieses Zahlungssystem war mal wieder ein Verlustgeschäft gewesen.

Fazit

Das Ergebnis ist ernüchternd und erschreckend. Nach meiner Ansicht hat Wirecard gegen die Politik des westlichen Verteidigungsbündnisses Zahlungskanäle nach Russland aufgebaut, die die Sanktionspolitik konterkarierten. Die Aschheimer investierten in die Entwicklung von Zahlungssystemen, die sich betriebswirtschaftlich nicht rechneten, der Umsatz war gering, Risiko, Kosten und Aufwand dagegen hoch. Im Laufe der Jahre musste Wirecard Kredite in Millionenhöhe abschreiben, die von Anfang an nicht werthaltig waren.

Erschreckend ist das umfassende Netzwerk in Wirtschaft, Politik und Sicherheitskreisen, das Wirecard all die Jahre zur Seite stand. Die Aschheimer zahlten jährlich auffällig hohe Beträge für Beraterverträge und Leistungen, deren betriebswirtschaftlicher Wert angezweifelt werden darf. Nach meiner Ansicht flossen Millionen aus dem Konzern ab, um ein russlandfreundliches Netzwerk über Beratungsagenturen in Wirtschaft, Politik und Sicherheitskreisen zu finanzieren. Wirecard bezahlte Berater oder unterstützte Investmentprojekte, die, so legen die Recherchen nahe, für die deutsche Wirtschaft nicht nur die Finanzkanäle-, sondern auch, und mindestens genauso wichtig, die Kontaktkanäle nach Russland offen hielten. Dabei konnte Wirecard nicht nur auf Nachfrage aus der Wirtschaft bauen, sondern auch auf Berater, die halfen Kontakte über Österreich zu Russlands Staatskonzernen und Putins Administration aufzubauen.

Die Gefälligkeiten, die man austauschte, die Verschwiegenheit, die gepflegt wurde, und vor allem die zum Teil hohen Beraterverträge von bis zu 100.000 Euro im Monat, das alles hatte nichts mehr mit üblichem Geschäftsgebaren zu tun, sondern hier zeigte sich die Entwicklung von über Jahre gewachsenen Strukturen innerhalb der Wirtschaft und den Beratungsagenturen, die die westliche Verteidigungspolitik hintertrieben.

Über Beratungsagenturen war ein Geflecht von Verbindungen entstanden, das nur schwer zu durchschauen war. Wie ein Krebsgeschwür hatten sich Zellen in Deutschland und Österreich gebildet, die allen voran der Wirtschaft dienten, Zellen, die sich über die Jahre immer weiter vernetzten, um mit Autokraten wie Putin weiter Geschäfte betreiben zu können. Netzwerke, die wie der Fall Wirecard im Folgenden zeigt, eine gefährliche Eigendynamik entwickelten und in der Außen- und Sicherheitspolitik einen Kurs verfolgten, der von keiner Regierung und keinem Parlament in Europa gebilligt worden war. Eine bedenkliche Entwicklung, denn viele dieser wirtschaftsnahen Netzwerke wirken weiter und knüpfen internationale Verbindungen, die unsere demokratischen Strukturen systematisch untergraben.

Kapitel 7
Eine abenteuerliche Auslandsmission
Wenn Altgeneräle und Banker Außenpolitik betreiben

Mission: Impossible ist ein Kinoklassiker: Jim Phelps, Chef der »Impossible Missions Force« (IMF), sitzt im Flugzeug, als ihm die Stewardess ein Videoband reicht und fragt: »Wie wäre es mit einem Film über die Ukraine?« Der Film spielt in den ersten Jahren nach Ende des Kalten Krieges, als sich im Osten die alten Agentennetze des Westens auflösen. Eine Gruppe von US-Undercover-Agenten macht sich auf den Weg nach Prag, um einen Verräter in den eigenen Reihen dingfest zu machen. Im Flugzeug erhält Phelps, gespielt von Jon Voight, einen Auftrag. Aus dem Off erklingt eine Stimme: »Wie immer gilt: Sollten Sie oder ein Mitglied ihres IMF-Teams gefangen oder getötet werden, wird der Minister jedes Wissen von ihrem Einsatz abstreiten. Dieses Band wird sich innerhalb von fünf Sekunden selbst zerstören. Viel Glück, Jim.«

Der Einsatz in der amerikanischen Botschaft in Prag läuft aus dem Ruder, denn Phelps ist, wie sich herausstellt, nicht einer der Guten, der für die Sicherheit seines Landes kämpft, er ist ein alter Herr, in die Jahre gekommen, der längst sein eigenes Ding dreht und noch etwas Geld absahnen will, bevor er in den Ruhestand geht. Das Treiben seiner Sondertruppe bleibt aber nicht unbemerkt und gerät öffentlich in die Kritik. In einer Talkshow stellt ein Senator unbequeme Fragen: »Ich möchte nur eines wissen. Um wen handelt es sich und wie verfahren diese Leute? Wir leben immerhin noch in einer Demokratie.« Und in einer Demokratie sind Sicherheitsdienste zur Rechenschaft verpflichtet.

Manchmal ist die Wirklichkeit näher an einer Hollywood-Produktion, als man denkt. Ein IMF-Team gibt es zwar nicht, aber die Aktivitäten, die sich im Rahmen von privaten Treffen von Altherren der Sicherheit nach 2014 entfalteten, haben das Zeug für eine *Mission: Impossible*-Fortsetzung. Die Geschichte beginnt im Oktober 2014 nahe München.

Auf ein barockes Wasserschloss nahe der Isarmetropole war eine illustre Gesellschaft von hochrangigen Ex-Sicherheitsleuten geladen: ein deutscher Brigadegeneral a.D., der einst in der Bundesregierung für die militärische Sicherheit zuständig war, ein ehemaliger Geheimdienstler der CIA, dessen Name nie bekannt wurde, wie auch die Namen der meisten anderen Geladenen nie öffentlich wurden. Das Treffen, über das die *Süddeutsche Zeitung* einst berichtete, sollte der Auftakt einer Verbindung von Leuten sein, die ihr Leben lang in den Sicherheitsdiensten oder in der Politik ihrer Länder an oberster Stelle tätig gewesen waren und sich nach ihrem Ausscheiden in losen internationalen Netzen um die Zukunft und Sicherheit ihres Landes sorgten.

Als Journalisten den Abkömmling der Adelsfamilie, auf dessen Anwesen die Auftaktveranstaltung stattgefunden haben soll, danach fragten, so erklärte er gegenüber österreichischen Medien, nie Gastgeber einer solchen Gesellschaft gewesen zu sein. Und wenn man den Organisator fragte, was bei den Treffen besprochen und geplant wurde, reagierte der wortkarg und verwies lediglich darauf, dass die von ihm eigens gegründete Stiftung in jedem Fall einer freiheitlichen, liberalen Gesinnung folge. Als ich ihn wie auch den deutschen Ex-Militär später um eine schriftliche Stellungnahme bat, wurde mir nichts Zitierbares geliefert. Ein paar Dinge, die besprochen wurden, kamen dann aber doch durch Nachforschungen ans Licht.

Bei einem der Treffen wurde etwa die Lage in der Ukraine erörtert und bei einem weiteren soll am Rande auch das Krisenland Libyen Thema gewesen sein.

Der Organisator hatte viel Arbeit in die Vorbereitung der Veranstaltung gesteckt. Er galt als Herz und Seele der Initiative – geschätzt für sein gemeinnütziges Engagement. Als Diplompolitologe und langjähriger Koordinator des Malteser Hilfsdienstes war er bis dahin weder auf der nationalen noch internationalen Politbühne prominent in Erscheinung getreten. Mittlerweile ist er für die CSU in den Münchener Stadtrat eingezogen, nachdem er 2015 zum Young Leader des American Council of Germany ernannt wurde – einer Karriereschmiede, die einst auch Wolfgang Ischinger hervorgebracht hat, den späteren Vorsitzenden der Münchner Sicherheitskonferenz.

Im Vorfeld des geplanten Treffen hochrangiger Altherren der Außen- und Sicherheitspolitik hatte der Organisator eigens eine Beratung und eine Stiftung gegründet, letztere benannt nach dem österreichisch-schweizerischen Banker Felix Somary. Die Nachfahren des Namensgeber waren hier zwar außen vor. Aber wenn der Namensgeber ein Vorbild sein sollte, dann dürfte die Initiatoren eine eigene Agenda verfolgt haben. Felix Somary, ein einflussreicher Banker der Zwischenkriegszeit, der im Länderdreieck Österreich, Deutschland, Schweiz aktiv war, wurde wegen seiner düsteren Finanzmarktprognosen auch der »Rabe von Zürich« genannt. Er begnügte sich nicht damit, in Debattierclubs zu diskutieren, sondern unternahm waghalsige, geheime Wertpapiertransfers für das Haus Rothschild und wirkte auch als politischer Berater und Vermittler – etwa im Ersten Weltkrieg für die Mittelmächte, die er vor den Folgen einer US-Intervention versuchte zu warnen. Mittlerweile als Bankier in Zürich tätig, führte er 1939/40 im eidgenössischen Auftrag in den USA Verhandlungen, um für seine Wahlheimat Schweiz Rohstoffe zu sichern. In den USA pflegte er ein Netzwerk von Kontakten zu Bankern und zu Militärs, denn Wirtschaft und Politik gehörten für ihn zusammen.

Auch in der nach ihm benannten Stiftung schienen sich die Interessen der Außen- und Sicherheitspolitik auf ungewöhnliche Weise mit der Welt der Finanzen zu verquicken. Neben der Teilnahme von hochrangigen Sicherheitsleuten hatte ein echter Finanzjongleur bei der Gründung Pate gestanden. Der heute flüchtige Wirecard-Manager Jan Marsalek plante am Rande der Treffen ein Geheimprojekt in Libyen, das der Impossible Missions Force in nichts nachsteht. Hier sollte, wie sich zeigt, mithilfe Russlands im Privaten eine Art Nebenaußenpolitik orchestriert werden. Doch dazu später mehr. Zunächst ein Blick auf das politische Klima, das die damalige Debatte in Sicherheitskreisen prägte. Zwei Ereignisse bestimmten den Kurs der Geschichte und nahmen Einfluss auf das Verhältnis zum transatlantischen Bündnispartner wie auch die sicherheitspolitischen Beziehungen zu Russland.

Spaltpilz: Von Snowden zur Flüchtlingskrise

Im Juni 2013 veröffentlichten der britische *Guardian* und die amerikanische *Washington Post* geheime Dokumente des Whistleblowers Edward Snowden. Der frühere NSA-Mitarbeiter hatte ein weltumspannendes Abhörnetz der Amerikaner offengelegt und war im Zuge dessen ins Exil nach Russland geflohen.

Amerikaner und Briten hatten in einem bis dato unbekannten Ausmaß Daten der Europäer ausgespäht. Selbst Kanzlerin Angela Merkel war betroffen, die mahnte, »Ausspähen von Freunden geht gar nicht«.[296] Altkanzler Gerhard Schröder äußerte öffentlich die Befürchtung, die Abhöraktionen könnten nicht nur gegen Politiker, sondern gezielt gegen die deutsche Wirtschaft gerichtet gewesen sein.[297] Als Snowden in einem Interview nachlegte und erklärte, auch Siemens sei von Abhörmaßnahmen betroffen,[298] dürfte dies jene in Deutschland bestätigt haben, die seit dem Echelon-Skandal der neunziger Jahre überzeugt waren, dass die USA mit ihrer Sicherheitspolitik eigene Wirtschaftsinteressen gegen Europa verfolgten. Der Verfassungsschutz ging schon seit Jahren davon aus, dass die USA auf vielfältige Weise – mithilfe der NSA – Know-how und Informationen abschöpften, um der eigenen Volkswirtschaft Vorteile zu verschaffen, berichtete 2013 die *FAZ*.[299] Das Misstrauen saß ohnehin tief – und mit Snowdens Enthüllungen wurde es größer. Angesichts des »gigantischen« Ausmaßes der Überwachung, monierte Ex-Geheimdienstkoordinator Bernd Schmidbauer die »Kaltschnäuzigkeit«, mit der Deutschland wie er meinte, schon in seinen Amtsjahren konfrontiert gewesen sei.[300] Und auch der Auslandsnachrichtendienst BND, der seit seiner Gründung mit den USA zusammengearbeitet und Informationen an die Amerikaner geliefert hatte, kam zu dem Schluss, dass die Kooperation mit der NSA Deutschlands Wirtschaftsinteressen gefährde. Der BND wie auch dessen Chefs gerieten im Zuge der NSA-Skandals selbst unter Druck, weil Daten großzügig an den amerikanischen Verbündeten weitergegeben worden waren. Wenn August Hanning und Gerhard Schindler, der ehemalige und der damals amtierende BND-Chef, später nach den Beziehungen zu den Amerikanern in der Sicherheitspolitik gefragt wurden, antworteten sie gebetsmühlenartig, Freunde gäbe es in diesem Bereich nicht, nur Interessen – und im Sicherheitsbereich waren diese nun mal nicht immer deckungsgleich. Unter dem Titel »Gegen das große Unbehagen« diskutierte der privat organisierte Gesprächskreis Nachrichtendienst im Jahr 2014, inwiefern die Sicherheit von Daten im Umgang mit den US-Nachrichtendiensten noch gewährleistet war. Bereits im Jahr zuvor hatte der Gesprächskreis die amtierenden Präsidenten des BND und des Verfassungsschutzes, Amtskollegen der Bundesländer sowie einen Nachrichtendienstchef aus der Schweiz und vom österreichischen BVT zu Gast, um strategische Trends in der Sicherheitspolitik zu erörtern. Der Beirat war hochkarätig mit Altherren der deutschen Sicherheitsbehörden besetzt. Geleitet wurde er von Hanning. Im Gremium vertreten war auch sein BND-Vorgänger und frühere Präsident des Verfassungsschutzes Hansjörg Geiger, der seine Karriere bei Siemens begonnen hatte. Und mit Österreich war das Gremium ebenfalls vernetzt – über einen ehemaligen hochrangigen Polizeivertreter, der einst unter Innenminister Ernst Strasser die Kooperation der Polizeibehörden in Europa vorangetrieben hatte. Nach dem NSA-Skandal zogen die deutschen Sicherheitsdienste gemeinsam mit ihren Partnern aus Österreich und der Schweiz ihre Lehren aus der Vergangenheit – und strebten mehr Autonomie im Austausch mit den USA an.

Die Flüchtlingskrise leitete schließlich 2015 eine grundlegende Wende in der politischen Debatte ein und ließ die Sicherheitspolitik ganz oben auf die Agenda rücken. In der Nacht vom 4. auf den 5. September 2015, als Merkel dem damaligen österreichischen Regierungschef Werner Faymann zusagte, Deutschland werde die Flüchtlinge aus dem Budapester Bahnhof aufnehmen, löste dies eine Krise aus, die Deutschland und Europa tief spalten sollte. Wenige Tage später fuhren in München Sonderzüge aus Ungarn ein, die Tausende von Menschen nach Deutschland brachten.

In den kommenden Jahren machten sich Millionen auf den Weg nach Europa, die der eskalierende Bürgerkrieg in Syrien, der Krieg in Afghanistan oder der Hunger in Subsahara-Afrika aus der Heimat vertrieb. Schon bald bestimmte der Schutz der Grenzen die Titelseite der Tageszeitungen. »Wer kommt da eigentlich zu uns?«, fragte unter anderem die *FAZ*.[301] Die AfD gewann mit ihrem Rechtspopulismus an Zuspruch; es kam zu einem offenen Bruch zwischen Bayern und der Bundesregierung, Bayern drohte dem Bund gar mit einer Verfassungsklage gegen die Flüchtlingspolitik.[302]

Die Spaltung, die sich nach 2015 in Gesellschaft und Politik abzeichnete, hatte weitreichende Folgen für die deutsche Sicherheitspolitik. Für ihre Kritiker war die Flüchtlingskrise ein Katalysator, und eine Gruppe von deutschen hochrangigen Sicherheitsleuten positionierte sich nun offen gegen den Kurs der Bundesregierung. Hanning forderte in einem Zehn-Punkte-Plan das sofortige »Einfrieren der gegenwärtigen Migrationsströme auf der Balkanroute«, die Einrichtung von Flüchtlingsunterkünften jenseits der EU-Grenzen und die Schließung der deutschen Grenzen »für Migranten ohne Einreiseerlaubnis«. Menschen aus sicheren Herkunftsländern sei das Asylverfahren zu verweigern.[303] Hanning war nicht der einzige Altherr der deutschen Staatsdienste, der sich nach Ausbruch der Flüchtlingskrise verstärkt engagierte. Die Zahl der Pensionäre des öffentlichen Dienstes, die nach ihrem Ausscheiden in der Privatwirtschaft tätig wurden, wuchs damals stetig. Innerhalb von vier Jahren, bis 2018, hatte sie sich laut offiziellen Angaben verachtfacht. Und diese Zahlen spiegeln nur die gemeldeten Tätigkeiten wider; die Berater, die ihre Aktivitäten nicht angaben, tauchen darin nicht auf.

Ehemals führende Sicherheitsleute, die nach dem Ende des Kalten Krieges und mit Putins Amtsantritt Karriere gemacht hatten, sich aus ihren Amtsjahren kannten und große Hoffnungen gehegt hatten, dass durch »Wandel durch Handel« eine internationale neue Friedensordnung entstehen würde, trieben über private Beratungsagenturen, Verbänden, Vereinen oder auf Konferenzen ihre Vorstellungen einer europäischen Sicherheitsordnung voran.

Nicht nur Merkels Grenzpolitik stand dabei in der Kritik. Die vielen Asylsuchenden bestätigten jene in deutschen Sicherheitskreisen, die schon zu Schröders Zeiten gewarnt hatten, dass die US-Intervention im Nahen Osten die Region destabilisieren und einen Flüchtlingsstrom an den Grenzen Europas auslösen würde. Die Krise schien zu zeigen, dass Europa in der Außen- und Sicherheitspolitik eigene Wege gehen musste, um diese Entwicklung aufzuhalten. Wobei »eigene Wege« für viele auch hieß, Russland stärker in die Außen- und Sicherheitspolitik einzubinden, um den Nahen Osten zu stabilisieren. Denn ohne Russland, so der damalige Tenor, sei eine Stabilisierung der Region nicht möglich. Ein Altherr der deutschen Sicherheit, der sich für eine Einbindung Russlands zur Bewältigung der Krisen in Syrien und Libyen aussprach, war etwa jener deutsche Brigadegeneral a.D., der für die Bundesregierung jahrelang die militärische Sicherheitslage beobachtet hatte und nach seinem Ausscheiden zu den Treffen der Somary-Stiftung geladen wurde. Er vertrat in öffentlichen Beiträgen etwa die Ansicht, dass es für den Schutz der EU-Außengrenzen militärische Mittel bedürfe, eine gemeinsame, multinationale Grenzschutztruppe der EU. Auch sei es sinnvoll mit jenen vor Ort zu sprechen, die das Heft des Handelns in der Hand hielten, dazu gehöre auf jeden Fall Russland. Für die Grenzsicherung regte er einen zivil-militärischen Gesamtansatz an, also eine enge Verbindung zwischen zivilen und militärischen Akteuren. Letzteres war weder die Linie der Bundesregierung noch deutscher Sicherheitsdienste und hatte somit geringe Chancen, offiziell umgesetzt zu werden.

Jan Marsalek entdeckt Libyen und bastelt an einer Miliz

Zufall oder nicht, viele dieser Vorstellungen sollten in der Folge der Treffen der Somary-Stiftung in die Praxis umgesetzt werden. Auch Jan Marsalek war, wie erwähnt, zu den Gesprächskreisen geladen. Der entfaltete im Zuge dessen nun ungeahnte Aktivitäten in Libyen und Syrien. Auch wenn sich Marsalek für Außenpolitik eigentlich kaum interessiert haben soll, wie sich ein Teilnehmer später erinnerte, plante er Trips in die politischen Krisengebiete der beiden Länder und suchte Kontakte zu jenen aufzubauen, die angeblich dort das Heft des Handelns in der Hand hielten, um dort quasi zivil-militärisch die Grenzen abzusichern. Was für ein Wahnsinn.

Als 2014 in Libyen erneut ein Bürgerkrieg ausbrach und die internationale Gemeinschaft versuchte zu vermitteln, entdeckte auch Marsalek das Land für sich. Im U-Ausschuss des Bundestages erinnerte sich ein Zeuge, was Marsalek damals vorschwebte: »Man kann doch solche Grenzen absichern – und dann kommen solche Migranten nicht mehr«, soll der Wirecard- Manager dem Zeugen erklärt haben.

Nach der internationalen Militärintervention 2011 und dem Sturz und Tod Muammar al-Gaddafis war das nordafrikanische Land in einem Bürgerkrieg rivalisierender Terrorgruppen versunken, der Libyen in Einflusszonen spaltete. Die politische Gemengelage war verworren. Im Osten hatte General Chalifa Haftar die Oberhand, der von Russland unterstützt wurde. Putins politisches Kalkül war bekannt: die Region mit Waffenlieferungen zu destabilisieren und einen Flüchtlingsstrom anzuheizen, der Europa unter Druck setzen würde. Wer das stoppen wollte, musste also nach Libyen.

Bekannt war auch, dass Russland in den umkämpften Gebieten im Osten des Landes Industriebetriebe suchte, um dort privat organisierte Milizen zu trainieren.

2014 nahm ein oberösterreichischer Baustoffkonzern, der durch die politischen Unruhen in Libyen in schwieriges Fahrwasser geraten war, Umstrukturierungen vor. Die Zementwerke, die zu den größten des Landes zählten, lagen zum Teil still, sodass die Gläubigerbanken abzuspringen drohten. Beteiligt waren etwa österreichische Institute der Raiffeisen Gruppe, deren internationale Bank (RBI) zu den wichtigsten Finanzpartner Russlands zählte.[304] Für das desolate Libyen-Geschäft musste also eine Lösung gefunden werden, ein Investor musste her. Doch das war leichter gesagt als getan. Denn man musste sich für den Verkauf der Werke nicht nur mit den Miteigentümern der libyschen Regierung einigen, die gerade mit einem Bürgerkrieg beschäftigt waren. Man musste auch Russland mit an Bord holen, denn die russische VTB, die zu den Gläubigerbanken der Baugruppe zählte, sperrte sich gegen die geplante Umstrukturierung.

Und hier schloss sich der Kreis, und zwar in Bayern. Ein Berater aus Utting am Ammersee, ein Netzwerker mit guten Verbindungen in Österreich wie auch in Deutschland, wusste, wie man verschiedene Stakeholder zusammenführt. Im Zuge der geplanten Sanierung des Baustoffkonzerns zog der Berater den Auftrag an Land, sich um eine Finanzlösung für das desolate Geschäft zu kümmern. Die Libyen-Werke sollten ausgelagert werden, um einen Käufer zu finden.

Inmitten eines Bürgerkrieges einen Geldgeber aufzutreiben, der gewillt ist, frisches Geld in stillstehende Zementfabriken zu stecken, schien nahezu aussichtslos.

Tatsächlich soll Marsalek nach Recherchen der *Financial Times* behilflich gewesen sein, den gordischen Finanzknoten zu zerschlagen. Dokumente einer Münchner Beratungsfirma, die für den

Baustoffkonzern laut *FT*-Recherche tätig war, legen nahe, dass Marsalek sich von der staatlichen österreichischen Kontrollbank eine 20-Millionen-Euro-Investition absichern ließ.[305] Auf Anfrage bestätigte die Beratungsfirma im Zuge eines möglichen Asset-Transfers ein Mal Kontakt zu Marsalek gehabt zu haben – jedoch ohne Ergebnis, wie die Berater beteuerten. Wirtschaftlich sinnvoll war eine Investition in Libyen sicher nicht. Ein Ende des Bürgerkrieges war nicht in Sicht, eine Inbetriebnahme der Werke schien, wenn überhaupt, nur in ferner Zukunft möglich zu sein – finanziell schien es ein Millionengrab zu sein. Denn der Einstieg in Libyen war politisch hochbrisant. Eine Anzahl der hier ansässigen Unternehmen waren nach dem Bürgerkrieg auf der US- oder EU-Sanktionsliste gelandet und wurden aufgrund möglicher Verbindungen nach Russland genauestens beobachtet.

Das wurde dann auch Marsalek brühwarm mitgeteilt, als er versuchte, bei der Wirecard Bank ein Konto für die Libya Cement Holdings einzurichten, die später in einer Datenbank der »Paradise Papers« und der »Panama Papers« als Miteigentümerin von Gesellschaften der Baustoffgruppe in Malta und Libyen erschien. Im März 2015 warnte der zuständige Geldwäschebeauftragte von Wirecard, der die Firma laut Mailverkehr »inzwischen einer sehr gründlichen Gesamtschau unterzogen« hatte, dass »der Kunde seit 2011 von EU- und US-Sanktionen betroffen ist. Aus diesem Grund sollten derzeit keine Konten für den Interessenten eröffnet werden.« Dazu käme, so der Geldwäschebeauftragte, »dass es sich bei Libyen um ein Ausbreitungsgebiet des IS (Islamischer Staat) handelt und wir planen, den Staat in Kürze auf unsere Blackliste zu setzen.«

Von solchen politischen Hindernissen schien sich Marsalek kaum beeindrucken zu lassen. Seit Monaten arbeitete man bei Wirecard, wie in internen Mails zu lesen war, an einem Finanzkanal nach Libyen. Schon 2014 sollte für das »libysche Projekt« ein Partner vor Ort gesucht werden. Am 10. April 2014 konnte ein Berater von der Isle of Man – mit 15-jähriger Investment-Erfahrungen in den einstigen Sowjet Republiken – Fortschritte verkünden. Alle Parteien hätten nun endlich die Aktionärsvereinbarung für das geplante Joint Venture unterzeichnet. Der Berater zog als Direktor in die Führungsspitze des Joint Ventures ein, das finanziert wurde mit einem Zwei-Millionen-Kredit von Wirecard.

Angedacht war auch die Schaffung eines internationalen Netzes, mit einer Zweckgesellschaft, einem Special Purpose Vehicle und Vernetzung nach Dubai. Offiziell sollte das Unternehmen in Tripolis dem Handel und der Bezahlungen von Dienstleistungen in Libyen dienen. Aber das war wohl nicht alles. Ein Russe zog zusammen mit dem Berater von der Isle of Man ins Direktorium ein. Und Marsalek wurde als Experte zum Board Meeting geladen, um beim Aufbau des Zahlungssystems behilflich zu sein. Vier Tage nach Unterzeichnung der Aktionärsvereinigung war ein Treffen des Russen mit Marsalek in Moskau geplant, später stand noch ein Besuch beim Oktoberfest auf dem Programm. Für das Libyen Projekt, so war in einer Wirecard Mail zu lesen, wollte *Golubew* einen russischen Software-Entwickler einspannen.

Doch einen Zahlungskanal nach Libyen mit Vernetzung in die Vereinigten Arabischen Emirate aufzubauen war nicht nur komplex, sondern auch teuer. Sogar *Golubew*, der für viele Projekte eine Lösung zu haben schien, trat auf die Bremse. Es sei besser, so gab er die Botschaft des Direktors weiter, mit dem Projekt noch etwas zu warten, um »ein besseres Gefühl für die Situation vor Ort« in Tripolis zu bekommen und dann später »die Dinge in Gang zu bringen«. Anders als Marsalek schien *Golubew* die politischen Ereignisse in Libyen genau zu verfolgen. Die Situation in Tripolis hatte sich nach den ersten Unruhen zwar etwas verbessert, doch mögliche Vermittlungsversuche einer libyschen Delegation bei der EU sollten abgewartet werden, war in den Wirecard-Mails im August 2014 zu lesen.

Doch Marsalek schien die schwierige und teure Gemengelage kaum zu interessieren. »*Golubew*, mach dir keine Sorgen, das macht plötzlich alles absolut Sinn. Jemand anderes wird das bezahlen, mit sehr tiiiiefen Taschen.« Wen er damit meinte, ergibt sich aus dem Mail-Austausch nicht. Marsalek wollte das Projekt nun aber auf jeden Fall auf die Zielgerade führen. Zum Ende des Jahres solle es stehen, schrieb er.

Die Zementwerke wechselten im April 2015 den Eigentümer. Mithilfe einer Zweckgesellschaft, einem sogenanntes Special Purpose Vehicle, war die Übernahme der Zementwerke durch die in Tripolis und London ansässige Libya Holdings Group (LHG) möglich gemacht worden.[306] Die Londoner Mutter LHG hat eine finanzielle Beteiligung von Marsalek nie bestätigt. Das muss sie wohl auch nicht, denn offiziell tauchten andere Firmen als Eigentümer auf. Die Partner saßen laut LHG etwa in Dubai.

Während allem Anschein nach Marsalek half, mit Wirecard einen Zahlungskanal nach Libyen aufzubauen, verfolgte er gleichzeitig ein Projekt zur Kontrolle und Identifizierung von Flüchtlingen, die sich aus dem nordafrikanischen Land nach Europa aufmachten. Im April 2016 konnte Marsalek bei Wirecard verkünden, dass die Regierung in Tripolis »ein indikatives Angebot für 5 Millionen biometrische, zahlungsfähige nationale ID-Karten« angefragt habe, wie aus Wirecard-Mails hervorgeht. Die Bezahlkarte sollte später zu einer Flüchtlingskarte weiterentwickelt werden, zur »Verwaltung« und »Vorregistrierung« von Menschen, die in Lagern an der Grenze auf die Einreise »warten«, hieß es in einer Präsentation, die eine der IT-Beratungen bereitgestellt hatte, mit der Marsalek in Österreich seit 2014 in Kontakt stand. Die gesammelten Daten könnten selbstverständlich auch in Europa gespeichert werden, versicherte der IT-Professor in einer Mail. Auf Anfrage erklärte das Unternehmen, das Projekt sei angesichts der Flüchtlingskrise 2015 von fachlichem Interesse gewesen, zur Umsetzung sei es schlussendlich nicht gekommen. Auch wenn sich das österreichische Unternehmen irgendwann aus dem Projekt zurückzog, Marsaleks Interesse an Krisengebieten schien ungebrochen – dank russischer Hilfe.

Wenn es darum ging, Kontakte zu jenen aufzubauen, die in den Krisengebieten das Zepter des Handelns in der Hand hielten, um Russland stärker einbinden zu können, so schien Marsalek auf Kurs zu sein. Ein Spitzenfunktionär der russischen Gruppe Wagner, Anatolij Karazi, soll im Mai 2017 von Moskau nach München geflogen sein, um sich mit Marsalek zu treffen. Im Privatjet ging es dann laut *Spiegel*-Recherche weiter nach Beirut, von da aus in die syrische Stadt Palmyra, wo die Wagner-Söldner und andere Milizen gegen den Islamischen Staat kämpften.[307] Im Frühjahr 2017 schickte Marsalek seiner Assistentin ein Foto aus der durch russische Soldaten von der IS-Terrororganisation befreiten Stadt. Auf der Reise mit dabei auch ein Mann namens Stan, ein ehemaliger Mitarbeiter, der wie einst Putin seine Karriere in der Verwaltungsabteilung des Kreml begonnen hatte, später in den privaten Sicherheitsbereich gewechselt war – und den Tripp für Marsalek eingefädelt hatte.

Er wurde zu einem engen Vertrauten Marsaleks und zu einem zentralen Bindeglied nach Moskau. Gegenüber dem *Spiegel* räumte Stan ein, den Wirecard-Manager mit einflussreichen Leuten zusammengebracht zu haben. Die beiden begegneten sich erstmals laut Recherchen des Magazins im Juli 2014 auf einer Yacht in Nizza. Marsaleks gute Bekannte, die Ex-Erotikdarstellerin Natalia Z, feierte im Süden Frankreichs ihren 30. Geburtstag und hatte Marsalek bei dieser Gelegenheit mit dem gut vernetzten Russen bekannt gemacht. Es gab einen Marsalek vor und einen nach Stan, so sehr habe der Wirecard-Manager sich nach dem Zusammentreffen verändert, berichteten Zeugen später den Medien.[308] Mehrere europäische Geheimdienste gehen davon aus, dass Stan ein Verbindungsmann zu den russischen Diensten war[309] und Marsalek über ihn an den Militärgeheimdienst GRU angedockt wurde. Ein russischer Spion sei Marsalek nicht gewesen, beteuerte Stan gegenüber dem *Spiegel*.[310] Er selbst sei auch nur als privater Sicherheitsberater tätig gewesen. Belege für Geheimdiensttätigkeit gibt es nicht. Auch wenn eine offizielle Anbindung nicht belegt werden kann, die beiden schienen als Privatpersonen einiges im Interesse Russlands bewegen zu können. So ließ sich 2016 mithilfe von Stan ein privater russischer Sicherheitsdienst in Libyen nieder.

Zwischen 2016 und Anfang 2017 zog die russische Sicherheitsfirma RSB nach Libyen, genauer gesagt nach Bengasi – und bezog dort eine leerstehende Zementfabrik. Die RSB ist eine private russische Militär- und Sicherheitsfirma, die zur Nachrichtenbeschaffung und Verteidigung russischer Objekte insbesondere in Krisengebieten eingesetzt wurde. Der Eigentümer der Moskauer RSB-Holding beauftragte nach eigenen Angaben für den geplanten Libyen Einsatz unabhängige private Sicherheitskräfte.[311] An dieser Stelle kommt Stan ins Spiel: Laut *The Insider* gründete er eine eigenständige RSB-Gruppe,[312] die mutmaßlich genau in jene Zementwerke in Bengasi einzog, die mithilfe Marsaleks finanziert worden waren. Offiziell hieß es, die RSB werde zur Säuberung und Entminung der Werke vor Ort gebraucht.[313] Als die Truppe jedoch 2016 in Libyen ankam, wurde schnell klar, dass sie nicht gekommen war, um Fabrikhallen auszukehren. Auf dem Banner über dem Zementwerk war zu lesen: »Wir sind keine Engel, aber wir sind hier«.[314]

Die RSB-Holding rekrutierte ihre Leute aus Veteranen der berüchtigten russischen Spezialeinheiten Alpha und Wympel, die für Kampfzwecke ausgebildet wurden. Formell ist sei keine Kampfeinheit. Doch wer auf sie trifft, weiß wohl, mit wem er es zu tun hat. Halb im Scherz, aber wohl auch halb im Ernst schrieb Marsalek seiner Mitarbeiterin später, wenn er jemals heiraten werde, liefen seine Gäste Gefahr, von »MEINEN Russen bei RSB erschossen« zu werden.[315]

Als die Buchhaltung und die Wirtschaftsprüfer Details zu Wirecards Verbindung zur RSB-Gruppe wissen wollten, wurde Marsalek schmallippig. »RSB ist eine russische Sicherheitsfirma«, schrieb er kurz und knapp der Buchhalterin. »Von RSB bekommen wir 100% nichts.« Doch die drängelte weiter, mit einer solchen Erklärung würden sich die Wirtschaftsprüfer gewiss nicht zufriedengeben, sie brauche einen Beleg für die Existenz des Unternehmens. Nun wurde Marsalek ruppig. »Telefonat mit Putin vielleicht?« Die Nachfrage war wohl berechtigt. In den Wirecard-Unterlagen ist letztendlich kein Beleg für eine Geschäftsverbindung zu Moskauer RSB-Holding aufzutreiben. Die privatwirtschaftlich organisierte Struktur der vernetzten Gesellschaften ist wie so oft undurchsichtig und lässt keine direkte Verbindungen zu den Drahtziehern zu.

Nur eines lässt sich nachverfolgen, Wirecard hatte einem RSB-Ableger eine Softwarelizenz für pre-paid Kreditkartenzahlungen über eine so genannte »Open Loop Salary Card Platform« überlassen, die eingesetzt werden kann, um Lohn und Gehälter für Auslandeinsätze zu zahlen. Ende 2017 sollte laut Wirecard-Mails gut eine Million Euro über das zuvor gegründete Joint Venture nach Libyen überwiesen werden; der geplante Transfer stieß dann aber intern auf Schwierigkeiten, denn Libyen stand für Finanztransfers auf der »Blackliste«, hieß es in der internen Mail.

Russland weitete damals seine Präsenz in Libyen aus, nach dem Abzug der RSB im Frühjahr 2017 aus Libyen folgten die Wagner Truppen, dessen Führungsriege – wie oben beschrieben – sich im Mai 2017 auf den Weg nach München gemacht hatte, um Marsalek zu treffen.

2018 zog die gefürchtete Wagner-Miliz mit rund tausend Söldnern in das Krisengebiet. Der deutsche Ex-Geheimdienstkoordinator Bernd Schmidbauer wollte im U-Ausschuss später nicht ausschließen, dass Marsalek in Russlands Zahlungsmodalitäten der Wagner Söldner eingeweiht war. Die Gruppe Wagner nutzte immer die gleichen Finanzierungswege, so Schmidbauer. Und er war sich sicher: »Marsalek weiß Dinge, die nicht gut sind, wenn sie öffentlich werden. Das ist völlig klar.«

Marsaleks Libyen-Mission klingt wie der Ausflug eines Hobby-Agenten, der in Krisenregionen ein Abenteuer sucht. Doch die Tragweite des Vorgangs dürfte weit über die Kapriolen eines überdrehten Unternehmensvorstands hinausgehen. Hier war augenscheinlich nicht nur ein eigenwilliger Manager aktiv, sondern auch ein Netz von Beratern aus der Wirtschaft, das im Krisenhotspot Libyen ein Geschäft abzuwickeln versuchte, das mit Russland verbunden war. Berater aus München, ein Wiener Bauunternehmen und die österreichische Kontrollbank, eine staatliche Bank, die zur Förderung des Auslandsgeschäft Haftungsgarantien erteilt, standen bereit, im Bürgerkriegsland Libyen Geschäfte zu machen.

Nach einem Bericht des *Wallstreet Journal* hegen westliche Geheimdienstkreise noch einen viel weitgehenderen Verdacht: Sie gehen davon aus, dass Marsalek die Wagner-Truppen unterstützte -- was bislang nicht belegt ist. Sollte dies zutreffen, dann ist die Tragweite dieses Projekts viel größer. Dann hätte Marsalek den Wagner-Truppen geholfen, über den Aufbau eines Finanzkanals im Krisenhotspot Libyen Fuß zu fassen. Auf eine Anfrage dazu antwortete Marsaleks Anwältin nicht. Was Sinn und Zweck von Marsaleks Aktivitäten war, bleibt bis heute ein Rätsel. Stan beschrieb dessen Motivation gegenüber dem Rechercheverbund des *Spiegel* einmal wie folgt: Der Wirecard-Manager wollte ein Akteur im globalen Spiel der Mächte sein und am liebsten Europa mit Russland und China gegen die USA zusammenführen.[316] Demnach wollte er Russland wie auch Europa dienen. Wenn dem so war, dann schien Marsalek in Libyen sein Spielfeld für die große Außen- und Sicherheitspolitik gefunden zu haben. Mit russischer Hilfe suchte Marsalek augenscheinlich Europas Grenzen zu schützen.

Gipfeldiplomatie in der Prinzregentenstraße

Das deutsch-österreichische Netz aus Wirtschaft und Sicherheit wurde ab 2016 in München in der Prinzregentenstraße quasi institutionalisiert. Die pastellfarbene Villa Alfons am rechten Isarhochufer, angemietet nach *SZ*-Informationen mit Marsaleks Hilfe, wurde zum festen Treffpunkt von Vertretern der Wirtschaft und Sicherheit, die augenscheinlich eine eigene europäische Außen- und Sicherheitspolitik verfolgten.

Nicht nur Stan war hier gelegentlich anzutreffen. Auch andere Privatiers aus dem Sicherheitsbereich gingen in der Villa ein und aus, wie der frühere libysche Geheimdienstchef Rami El Obeidi. Der hatte – ähnlich wie Marsalek – mehrere Millionen in ein Beteiligungsprojekt für Start-ups, genannt IMS Capital investiert, das sich in der Prinzregentenstraße niederließ.[317] El Obeidi engagierte sich aber nicht nur im Start-up-Sektor, auch bei Wirecard mischte er mit. Die *Financial Times* berichtete einst, wie der Libyer angeblich mit Spionagemethoden Wirecard-Kritikern nachstellen ließ.[318] Nach dem Sturz und dem Tod von Muammar al-Gaddafi hatte er eine Zeitlang den Auslandsnachrichtendienst der Übergangsregierung geführt. Später wurde er zum Kritiker der USA, die sein Land sich selbst und den Terrororganisationen überlassen hatten. Anders als die Amerikaner setzte El Obeidi nach dem Ausbruch des zweiten libyschen Bürgerkrieges auf eine Einbindung Russlands in die Friedensbemühungen des Westens, um für Stabilität im Osten des Landes zu sorgen. Nach 2017 tauchte auch er nun in Marsaleks Umfeld der Villa Alfons auf.

Mit üppigen Finanzmitteln von allerlei Helfern ausgestattet, mauserte sich die Prinzregentenstraße allem Anschein nach zu einer Art Außenstelle von privaten Sicherheitsleuten, die zu Russland Kontakt suchten, um Moskau in eine europäische Außen- und Sicherheitspolitik einzubinden. Im Privatsektor entstand eine Zelle, die einen eigenen Kurs in der europäischen Sicherheitspolitik verfolgte. Besucher wurden staatstragend und stilvoll im postmodernen Ambiente des großen Saales empfangen, bevor man sich zurückzog, um Kontakte zu knüpfen und vielleicht Deals einzufädeln. Später war auch die Somary-Stiftung unter der Adresse zu finden.

Im April 2017 hatte die Stiftung hochrangige Gäste geladen. Im Münchner Nobelrestaurant Käfer kam Medienberichten zufolge eine Art informeller Minigipfel von rund 20 europäischen Ex-Politikern und Ex-Sicherheitsleuten zusammen. Es war Superwahljahr in Europa und die Migrations- und Flüchtlingspolitik dominierte den Wahlkampf. In Deutschland, Österreich und Frankreich wurden neue Parlamente gewählt und die Parteien buhlten mit Versprechen einer schärferen Asyl- und Migrationspolitik um die Gunst der Wähler. Der Flüchtlingsstrom, der Mitteleuropa über die Balkanroute erreichte, war im Großen und Ganzen mithilfe des EU-Türkei-Paktes abgeebbt. Aber es gab immer noch die zweite Route, über die Flüchtlinge nach Europa kamen: die Mittelmeerroute über Libyen.

In dieser Situation organisierte die Somary-Stiftung nun also eine Gesprächsrunde zur europäischen Außen- und Sicherheitspolitik, die

die Rolle Europas beleuchten sollte – und auch Libyen nicht außen vor ließ. Frankreichs ehemaliger Präsident Nicolas Sarkozy war geladen, genauso wie Bayerns einstiger Landeschef Edmund Stoiber, Österreichs Ex-Kanzler Wolfgang Schüssel sowie der frühere tschechische Außenminister Karel Schwarzenberg. Und auch Altbekannte waren laut *Focus*-Recherche wieder mit dabei: der ehemalige Militärberater der Bundesregierung und Marsalek.

Die Anwesenden lauschten aufmerksam, was der Ehrengast Sarkozy zu sagen hatte. Was er in seinem rund 15-minütigen Vortrag zur Europapolitik aber wohl nicht thematisierte, war die zweifelhafte Rolle, die er selbst in Libyen zuvor gespielt haben soll.[319] Späteren Berichten zufolge soll er von Gaddafi 50 Millionen Euro Schmiergeld für seinen Wahlkampf erhalten haben – ein Vorwurf, den Sarkozy bestreitet. Dennoch erhob die französische Finanzstaatsanwaltschaft 2023 Anklage wegen Verdacht der Veruntreuung öffentlicher Gelder, Bestechlichkeit, Mitgliedschaft in einer kriminellen Vereinigung sowie illegaler Wahlkampffinanzierung; der Prozess ist für September 2025 angesetzt.[320] Marsalek, so wurde berichtet, soll dafür gesorgt haben, dass Sarkozy der Einladung nach München folgte. Im Wirecard Untersuchungsausschuss verwies ein Ex-Mitarbeiter des Konzerns auf eine möglicherweise schon frühere Verbindung zwischen beiden. Demnach war Marsalek bereits zu einer Veranstaltung mit Sarkozy geladen worden, als dieser noch Präsident Frankreichs war.

Sarkozys Besuch 2017 in München wurde nun nobel zelebriert, mit teurem Wein, bezahlt mutmaßlich vom Wirecard-Manager. Niemand schien sich zu fragen, was der Manager eines deutschen Zahlungsunternehmens bei dem hochkarätigen Polit-Treffen zu suchen hatte. Welche Rolle er dort spielte, ist bis heute nicht klar. Diente er sich den Anhänger einer europäischen Außen- und Sicherheitspolitik vielleicht als finanzstarker Akteur an, um nach Wegen zu suchen, mit Russland in der Außenpolitik zu kooperieren? Plante der österreichische Wirecard-Manager etwa, von München aus eine politische Achse zu schmieden, die Russland über Wien in ein sicherheitspolitisches Projekt zur Absicherung der europäischen Außengrenzen in Libyen einbinden sollte? Das weitere Vorgehen legt diese Marschroute nahe.

Für die gesellige Münchner Runde hatte sich Marsalek, laut Aussage einer Quelle, die nicht genannt werden möchte, um einen weiteren Gast bemüht. Er wollte, dass ein hochrangiger Ex-Brigadegeneral aus Österreich geladen wurde, ein anerkannter Regierungsvertreter, der im dortigen Verteidigungsministerium stellvertretend die Direktion für Sicherheit leitete und das Ministerium im nationalen Sicherheitsrat vertrat. Der österreichische Militärexperte machte kein Geheimnis daraus, dass Kontaktpflege nach Russland sein Anliegen war. Als Mitglied der Österreichisch-Russischen Freundschaftsgesellschaft lag es auf der Hand, dass er, wie der Namen der Gesellschaft nahelegte, um freundschaftliche Beziehungen bemüht war. Ihn wollte Marsalek in sein Libyen-Vorhaben einspannen. Das Treffen in München war ein Erfolg und das Projekt nahm auch politisch Fahrt auf.

Libyen rückte damals in Österreich ganz oben auf die politische Agenda. Der damalige Bundeskanzler Christian Kern ließ zu jener Zeit vom Innenministerium eine Migrationsstudie für Libyen aufsetzen, die im Juni präsentiert werden sollte. Und so dauerte es nicht lange, bis auch die Konservativen von der ÖVP das nordafrikanische Land für sich entdeckten. Die ÖVP schielte bereits auf einen vorgezogenen Wahlkampf und der damalige ÖVP-Außenminister Sebastian Kurz bereitete sich auf eine Kanzlerkandidatur vor. Eine Libyen-Agenda zur Flüchtlingspolitik konnte im Wahlkampf nützlich sein.

Rund einen Monat nach dem hochkarätigen Münchner Treffen machte sich Kurz im Mai überraschend mit einer Delegation auf den Weg nach Tripolis, wo er mit Vertretern der Einheitsregierung und dem Kommandanten der libyschen Küstenwache zusammentraf. Mit dabei übrigens Rainer Seele, der für den österreichischen Energiekonzern OMV mitgereist war, und dessen Konzern im Libyen-Geschäft laut Wirecard-Unterlagen von jener Osteuropaagentur beraten wurde, die mit Marsalek in Kontakt stand. In Libyen versprach Kurz nun öffentlich bei der Grenzüberwachung helfen zu wollen, um die Mittelmeerroute zu schließen.[321] Gab es hier möglicherweise einen Zusammengang mit der Diskussion, die in München zur Europapolitik und Libyen geführt worden war? Sollte der österreichische Wirecard-Manager vielleicht eine Schnittstelle zwischen München und Wien werden, um über das neutrale Österreich eine politische Brücke nach Moskau zu bauen?

Im Mai sandte der Osteuropaberater im Namen der ORFG eine Nachricht an Marsalek: »Anlässlich der Dienstreise von Mag. Wolfgang Sobotka, Bundesminister für Inneres der Republik Österreich, nach Moskau darf die Österreichisch-Russische Freundschaftsgesellschaft Dich herzlich zu einem gemeinsamen Abendessen mit dem Minister einladen.«[322] Für den darauffolgenden Tag hatte die österreichische Botschaft Marsalek gleich noch zu einem weiteren Empfang mit dem Innenminister in ihre Residenz geladen. Marsalek flog für das Zusammentreffen mit Österreichs damaligem Innenminister nach Moskau, wo man im Restaurant Boris Godunov gediegen zu Abend speiste. Jahre später zirkulierte ein Foto in der Öffentlichkeit, das Sobotka lächelnd als Marsaleks Tischnachbarn zeigte und es stand die Frage im Raum, was Österreichs Innenminister mit seinem Russland-Besuch eigentlich bezweckte. Auch wenn das Foto später für Wirbel in Österreich sorgte, wurden die Hintergründe des Moskau-Besuchs nie aufgeklärt.[323]

Derweil schien Kurz sein Wahlkampfthema gefunden zu haben und steuerte auf einen Wahlsieg zu. Bei seinen öffentlichen Auftritten im Sommer 2017 ließ er kaum noch eine Gelegenheit aus, die Schließung der Mittelmeerroute zu fordern. »Leider vergisst der Minister regelmäßig hinzuzufügen, wie er das Ziel zu erreichen gedenkt«, kommentierte die *Zeit.*[324]

Marsalek hingegen schien eine Vorstellung zu haben, wie das Ziel zu erreichen war. Es fehlte nur noch der nötige Experte, der das Projekt zusammen mit der österreichischen Regierung voranbringen konnte. Der ehemalige deutsche Flüchtlingsexperte der Vereinten

Nationen, Kilian Kleinschmidt, der für die österreichische Regierung die Migrationsstudie entwickelte und auf der Reise nach Tripolis mit dabei gewesen war, schien dafür der Richtige zu sein. Kleinschmidt führte eine noch junge eigene Beraterfirma und war dankbar für jeden Großauftrag, den er an Land ziehen konnte. An dieser Stelle kam einmal mehr der österreichische Berater *Gutmann* ins Spiel, der nicht nur gute Kontakte ins Innenministerium hatte, sondern auch Kontakt zu Kleinschmidt aufnahm. Beim Thema Migration und Flucht wollten die beiden zusammenarbeiten – so hatte *Gutmann* das Vorhaben Kleinschmidt damals angepriesen, wie letzterer sich im U-Ausschuss erinnerte. Als ich *Gutmann* dazu befragte, erklärte er mir, er habe lediglich den Kontakt zwischen Marsalek und Kleinschmidt koordiniert. Für das geplante Entwicklungshilfeprojekt sollte Kleinschmidt nun also den Sponsor treffen. An dieser Stelle trat Marsalek auf die Bühne.

Am 27. Juni traf sich Kleinschmidt mit *Gutmann* und Marsalek im Restaurant Käfer in München. Damals ging es noch um ein Flüchtlingsprojekt zur Stabilisierung der Region. Nebenbei soll Marsalek bereits erwähnt haben, dass er dort in Zementfabriken investiert sei und mit Unterstützung der Russen in Palmyra gewesen war, erinnert Kleinschmidt sich später im Wirecard Untersuchungsausschuss.

Später räumte der deutsche Flüchtlingsexperte ein, dass ihn das damals schon hätte abschrecken müssen. Aber für die Machbarkeitsstudie sollten 200.000 Euro gezahlt werden. Da habe er natürlich zugesagt. Doch die Zahlung schockt, was er *Gutmann* gegenüber auch beklagte. Anfang 2018 nahm die Libyen-Initiative eine deutliche Wende: Eine Reise nach Libyen war geplant und ein Russe sollte dafür eingebunden werden, der sich vor Ort auskannte, so zumindest erinnerte sich Kleinschmidt rückblickend an den Verlauf der Gespräche. Vorgesehen war ein Treffen mit einem russischen Ex-Offizier, den westliche Geheimdienste verdächtigten im Auftrag des Militärgeheimdienstes GRU Milizen in Afrika aufgebaut zu haben – auch wenn der jedwede Tätigkeit für den russischen Militärdienst GRU später vehement bestritt.[325] Zu ihm hatte Marsalek über seinen Kumpel Stan laut Medienberichten längst einen Kontakt aufgebaut,[326] doch wenn Russland in ein europäisches Flüchtlingsprojekt eingebunden werden sollte, mussten russische Vertreter mit europäischen Diplomaten zusammengebracht werden. Marsalek traf den russischen Alt-Offizier mindestens vier Mal – in Moskau, München und Wien, erinnert sich dieser.[327] Gelegentlich nahmen in München nach Angaben des Ex-Offiziers auch ein deutscher und ein österreichischer Diplomat teil, deren Namen er nicht preisgab. Das letzte Zusammentreffen soll 2018 stattgefunden haben.

Im Februar 2018 wurde in München schließlich Tacheles geredet. Bei einem erneuten Treffen mit Kleinschmidt, dem österreichischen Ex-Brigadeoffizier und *Gutmann* lies Marsalek unmissverständlich wissen, dass er kein Aufbauprogramm für Libyen im Sinn hatte, sondern dort eine Söldnertruppe installieren wolle, die die libysche Grenze abriegeln sollte. Sein Ansatz sei ganz klar gewesen. »Man nehme libysche Milizen und verpasst ihnen eine Uniform, bildet sie aus, rüstet sie aus zu Grenzschützern für den libyschen Staat«, so Kleinschmidt.[328]

Für jene, die sich später vielleicht nicht mehr daran erinnern würden, um was es hier ging, folgte eine schriftliche Zusammenfassung, kurz und unmissverständlich auf den Punkt gebracht: »Das Anliegen des Geldgebers ist: JM (Jan Marsalek) will eine Schließung der Grenze, vorzugsweise durch eine 15.000 Mann starke Grenzpolizei, die sich aus ehemaligen Milizionären zusammensetzen würde. Die Schließung der Grenze kann der EU als Lösung der Migrationskrise verkauft werden.« Die EU sollte also beim Aufbau einer Grenzmiliz eingespannt werden und das Projekt womöglich auch noch mitfinanzieren. Nach dem Treffen in München wuchsen nicht nur bei Kleinschmidt die Zweifel. Im Februar 2018 zog sich *Gutmann* aus dem Projekt zurück, es habe sich gezeigt, dass er für die Entwicklungshilfestudie keinen Beitrag leisten könne, erläuterte er mir, eine aktive Rolle habe er in dem Libyen-Projekt nicht gespielt. Welche Rolle er in all dem spielte, wirft bis heute Fragen auf. Im Zuge des Wirecard-Skandals fragte der Linke-Abgeordnete Axel Troost bei der Bundesregierung nach, ob deutsche Sicherheitskreise möglicherweise mit dem Österreicher zusammengearbeitet hätten, wozu der BND sich im Interesse des Staatswohlesinhaltlich nicht äußerte. Eine Kooperation lasse sich aus dieser Antwort aber nicht ableiten, erklärte die Bundesregierung.

Fazit

Das Ergebnis des Libyen-Grenzprojekts scheint auf dem ersten Blick unspektakulär. Die Söldnertruppe gab es nicht und die 200.000 Euro für die Machbarkeitsstudie flossen allem Anschein nach auch nicht. Ein riesiger Skandal war das Projekt dennoch.

Unter dem Deckmantel einer humanitären Mission sollte mit Russlands Hilfe in Libyen der Flüchtlingsstrom nach Europa abgeriegelt werden. Ein zynisches Projekt. Mittendrin Wirecard-Vorstand Marsalek, der gleich mehrere Funktionen zu erfüllen schien, als Gehilfe, Finanzier oder vielleicht auch als Köder eines Projekts, das im Zuge der Flüchtlingskrise Russland in die europäische Außen- und Sicherheitspolitik einzubinden versuchte. Hier war eine Gruppe von Leuten aktiv geworden, die in München und Wien auf höchster Ebene agierten und die bis in die österreichische Regierung hineinwirkte.

Jahre später wunderte sich der Flüchtlingsexperte Kleinschmidt im Rahmen seiner Befragung durch den Wirecard Untersuchungsausschuss, warum deutsche Sicherheitsdienste bei ihm nicht nachfragten, um mehr über Marsaleks Russland-Verbindung zu erfahren. Dem BKA, hatte er doch Informationen zu Marsalek angeboten, die diese Informationen nach eigenen Angaben an das Münchener Polizeipräsidium weitergeleitet hatte[329] – wo diese wohl heute noch schlummern. Tatsächlich schien sich – wenn man den Sicherheitsdiensten Glauben schenkt – kaum eine zuständige Behörde dafür zu interessieren, was alles im Zuge der Treffen der Somary-Stiftung mithilfe von Marsalek in München geplant wurde. Interessanter schien für deutsche Sicherheitskreise dagegen zu sein, was alles unter der politischen Führung in Österreich mit Russland möglich war, wie leicht sich insbesondere der hochrangige Beamte des österreichischen Verteidigungsministeriums von Marsalek für ein russlandnahes Projekt hatte einwickeln lassen. Bei dem hätten doch »alle Alarmglocken schrillen müssen, dass etwas faul ist«, kommentierte 2020 ein deutscher Geheimer gegenüber dem Nachrichtenmagazin *Focus* die Episode. Der Ex-Offizier sah sich später gezwungen, seinen Führungsposten im österreichischen Verteidigungsministerium zu räumen. Denn der Fall hatte längst weitere Kreise gezogen.

Um Marsalek herum hatte sich ein österreichisch-deutsches Netz von Beratern geschart, deren Aktivitäten in der europäischen Außen- und Sicherheitspolitik eine gefährliche Eigendynamik entfalteten. Hier zeigte sich erneut, welcher Wildwuchs im Privatsektor und Clustern der Wirtschaft möglich war, wo man auf Akteure stieß, die bereit waren, russlandnahe Vertreter in eine europäische Sicherheitspolitik einzubinden.

Kapitel 8
Wer ist der vierte Mann?
Alte Herren aus Deutschland, Marsalek und ein neuer Nachrichtendienst für Russland-Freunde

Am 4. März 2018 werden der russische Oppositionelle Sergej Skripal und seine Tochter Julia bewusstlos auf einer Parkbank in Salisbury in Südengland aufgefunden. Beide entkommen nur knapp dem Tod. Skripal, ein Doppelagent, wurde mit einem chemischen Nervenmittel der Nowitschok-Gruppe vergiftet. Die Wirkstoffformeln und ihre chemische Zusammensetzung wurden in den siebziger bis achtziger Jahren in Militärlabors der damaligen Sowjetunion entwickelt. Es handelt sich um eines der tödlichsten Gifte überhaupt, klassifiziert als Kampfstoff.

Das Attentat löst eine diplomatische Krise zwischen Großbritannien und Russland aus – und Stirnrunzeln in Deutschland. Premierministerin Theresa May erklärt im Unterhaus, es sei »höchstwahrscheinlich«, dass Russland dahinterstecke. Der britische Botschafter drängt Berlin zum Handeln: »Wir haben Hackerangriffe auf unsere Ministerien gesehen, wir haben Diebstahl von Daten gesehen, Einmischung in unsere Politik und Wahlen, Verbreiten von Fake News, um unsere Gesellschaften zu spalten und sogar Hass zwischen unseren Gemeinden zu schüren. [...] Deshalb müssen wir alle gemeinsam reagieren.«[330] Die Drähte, die in den Jahren zuvor mit Russland im Sicherheitsbereich bestanden hatten, sollen nun kupiert und russische Diplomaten zahlreich ausgewiesen werden.

Doch die Reaktion aus Deutschland fällt verhalten aus. Hinter den geplanten Sanktionen gegen Russland werden Eigeninteressen vermutet. Statt die Beziehungen zu Putins Entsandten abzubauen, entfalten deutsche Sicherheitsleute in der Folge rege Aktivitäten, um die Verbindung nach Moskau nicht abreißen zu lassen. Die Netzwerke, die über die Wirtschaft und über Österreich nach Russland reichen, werden verteidigt und sogar noch ausgebaut.

Im März 2018 wiesen in einer konzertierten Aktion NATO- und EU-Länder zahlreiche russische Diplomaten aus. Die USA schickten 60 Diplomaten nach Hause, Großbritannien 23. Deutschland erklärte gerade einmal vier Russen zu Personae non gratae. Erst nach Putins Angriffskrieg auf die Ukraine verwies die Bundesregierung 40 Diplomaten wegen Spionageverdachts des Landes. Bis dahin wollte man in Berlin nur ungern auf Leute verzichten, die unter anderem für den weiteren Ausbau der Handelsverflechtungen zwischen Russland und Deutschland von Bedeutung waren.

Die Entscheidung sei nicht »leichtfertig« gefällt worden, erklärte 2018 der damalige Außenminister Heiko Maas, als sich die Bundesregierung nach wachsendem Druck dazu durchgerungen hatte, mit der Ausweisung von 4 Top-Diplomaten den Sanktionskurs der Bündnispartner zu unterstützen.[331] Tatsächlich stieß das Vorgehen seinerzeit ausgerechnet in deutschen Sicherheitskreisen auf wenig Verständnis. Ex-BND-Chef Gerhard Schindler stellte die Bewertung des Falls seitens der Regierung und damit indirekt die Maßnahmen gegen Russland öffentlich in Frage. »Ich glaube, die Sachlage ist sehr komplex und lässt viele Fragen offen«, meinte er in der ARD. »Die Beweislage ist nach meiner Auffassung derzeit nicht so robust, wie getroffene Maßnahmen vermuten lassen.«[332] Auch Kriminelle, meinte er, hätten den Anschlag verüben können.

Man misstraute offenbar den Motiven der Bündnispartner, die von Deutschland eine härtere Gangart gegen Russland forderten und die Verbindungen zum Kreml kappen wollten. Der Russlandexperte bei der Deutschen Gesellschaft für Auswärtige Politik (DGAP), Stefan Meister, meinte kühl: »Man bläst diesen Fall zu einem Kampf des Westens gegen Russland auf, weil er innenpolitisch instrumentalisiert werden kann.«[333]

Ebenso skeptisch war Ex-Geheimdienstkoordinator Bernd Schmidbauer, der später meinte, die Nowitschok-Warnungen seien schlichtweg »Nebelkerzen« gewesen.[334] Man könne nicht sofort sagen: »»Ja, da sind die Russen schuld«, die Briten hätten doch selbst Kenntnis von der Formel gehabt. Die werde wie »auf einem Basar« gehandelt.[335] Auch wenn es niemand offen sagte, so traute man den Briten augenscheinlich zu, den Anschlag gegen Skripal als Vorwand genutzt oder gar selbst inszeniert zu haben, um aus Eigeninteresse, die Sanktionsspirale gegen Russland weiterzudrehen.

»Nicht überall hat die britische Argumentation restlos überzeugt«, schrieb im April 2018 die *Süddeutsche Zeitung*.[336] In ausländischen Geheimdienstkreisen habe sich zwar die Linie der Briten durchgesetzt, »andere Dienste aber sind vorsichtiger«. Und *Zeit Online* kommentierte: »Die britischen Argumente für Putins Verantwortung für das Attentat auf Sergej Skripal und seine Tochter sind nicht stark genug [...] London muss mehr Informationen liefern.«[337] Beide Artikel bezogen sich auf den ehemaligen BND-Chef Schindler.

Nach dem Ende seiner Amtszeit war Schindler zur Beratungsagentur friedrich30 gewechselt, die nicht nur wirtschaftliche und politische, sondern nach eigenen Angaben auch Sicherheitsinteressen vertrat. Mitgründer der Agentur ist der ehemalige Staatssekretär des Innenministeriums, Fritz Rudolf Körper, der einst unter Schröder und Schily Karriere gemacht hatte. Auch der ehemalige Chef des Landesverfassungsschutz Niedersachsens und spätere Geheimdienstkoordinator des Kanzleramtes, Günther Heiß, (der unter anderem seine Karriere als Experte für Glücksspiel in Niedersachsen begonnen hatte) war hier eingestiegen, um »das Netzwerk in die Strukturen der Sicherheitsbehörden auf nationaler und Länderebene« zu erweitern, wie auf der Webseite zu lesen war.

Es bestand kein Zweifel, dass die Agentur ihre guten Verbindungen zu Sicherheitsdiensten ausspielen wollte. Die Webseite warb explizit mit Schindlers »Netzwerk« und dessen »starken Verbindungen zu Sicherheitsbehörden«. Und so trat Schindler in der Öffentlichkeit neben seiner Beratertätigkeit gleichsam als eine Art semioffizielles Sprachrohr der deutschen Sicherheitsdienste auf.

Selbst nach dem Nowitschok-Anschlag auf Alexej Nawalny 2020 und dem Mord an einem Georgier im Berliner Tiergarten antwortete Schindler auf die Frage, ob er seine russlandfreundliche Haltung nicht vielleicht revidieren müsse: »Ich glaube nicht. Man muss neben einer klaren Haltung Russland gegenüber Moskau auch die Hand reichen und kulturell, gesellschaftlich sowie wirtschaftlich zusammenarbeiten.«[338] Aus heutiger Sicht kann man nur staunen über die augenscheinliche Sorglosigkeit, die in relevanten deutschen Sicherheitskreisen vorherrschte. Die privat organisierten Netzwerke in der Wirtschaft, die mit dem Kreml oder Putins Entsandten kollaborierten, sollten nicht ausgehebelt werden.

Eine Giftformel und Deutschlands heißer Draht nach Moskau

In jener Zeit, als das Misstrauen zwischen deutschen und britischen Sicherheitsdiensten wuchs, während eigentlich Einigkeit gegenüber Russland gefragt war, tauchte plötzlich Jan Marsalek in London auf und präsentierte britischen Börsenhändlern die Nowitschok-Formel. Es ist viel spekuliert worden über diesen Auftritt Ende 2018, vielen galt er als Beleg, dass der Wirecard-Manager im Auftrag Russlands unterwegs war. Doch wieso sollte ein russischer Agent in London vor den Augen des MI5 mit Russlands Geheimwaffe schaulaufen?

Eine andere Theorie ergibt vielleicht mehr Sinn: Danach könnte Marsalek sich als Vertreter eines deutsch-österreichischen Netzes russlandfreundlicher Sicherheitsleute verstanden haben, um den Briten schlicht die Message zu überbringen, dass man nicht Putin heißen muss, um im Besitz der Nowitschok-Formel zu sein. Marsalek war im Vereinigten Königreich schließlich kein Unbekannter, Wirecard stand im Visier der britischen Sicherheitsdienste, die Negativpresse aus Großbritannien riss nicht ab. Sein Auftritt in London ließ die westlichen Dienste bei der Suche nach dem Nowitschok-Leak auf jeden Fall enger zusammenrücken und nach Österreich blicken, wo man längst Schwachstellen in der Regierung des mittlerweile zum Kanzler gewählten Sebastian Kurz für Europas Sicherheit ausgemacht hatte.

Mit dem Einzug der rechtspopulistischen FPÖ Ende 2017 in die Regierung von ÖVP-Kanzler Kurz schien Österreich zu einem Sicherheitsrisiko in Europa zu werden. Herbert Kickl, ein rechter Ideologe, der rechtsstaatliche Prinzipien in Frage stellte und einst mit rechtsextremen Gruppen wie der Identitären Bewegung sympathisierte, war zum Innenminister ernannt worden. Damit schien Österreich den Bock zum Gärtner zu machen. Ein Jahr vor dem Einzug in die Regierung hatte die FPÖ unter ihrem damaligen Parteichef und späteren Vizekanzler Heinz-Christian »HC« Strache eine Kooperation mit Putins Partei »Einiges Russland« vereinbart. »Der Fall Skripal bekommt eine österreichische Dimension«, konstatierte der ehemalige österreichische Grünen-Abgeordnete Peter Pilz. »Putins Strategie ist klar: Er kauft europäische Politik.«[339] In Staaten wie Frankreich und Österreich nehme er über deren rechtsextreme Parteien Einfluss. Für Europa gehe es nun um die Frage: »Bleibt Österreich Putins Hintertür in die EU?«

Wo die Gefahr mutmaßlich lauerte, benannte der einstige österreichische Abgeordnete auch: »Dazu kommt eine geheimdienstliche Komponente«, schrieb er. »Seit Ernst Strasser pflegt die ÖVP im Innenministerium eine gut versteckte Achse zu den russischen Diensten FSB und SWR.«[340]

Was Pilz damit meinte, dürfte auch in Deutschland beobachtet worden sein. Der österreichische Inlandsnachrichtendienst, damals

Bundesamt für Verfassungsschutz und Terrorismusbekämpfung (BVT) genannt, wurde unter Strasser zum Teil nach deutschem Vorbild aufgebaut und dem Innenministerium unterstellt. Dadurch sollte eine bessere Zusammenarbeit in Fragen der europäischen Sicherheit nicht zuletzt mit Deutschland möglich gemacht werden. Die Innenministerien wie auch die Polizeien beider Länder sollten sich enger austauschen können. Das BVT war indessen, anders als in Deutschland, als Nachrichtendienst und als Polizeibehörde zugleich konzipiert worden. Vor allem Bayerns Polizei arbeitet eng mit Österreich etwa im Bereich der organisierten Kriminalität zusammen.

Mit der Ernennung Kickls zum Innenminister wuchs innerhalb des Berner Clubs europäischer Inlandsnachrichtendienste die Sorge, dass Informationen, die etwa zur Terrorbekämpfung ausgetauscht wurden, im österreichischen BVT nicht mehr sicher waren. Denn die Sicherheitsbehörden der Alpenrepublik galten als anfällig für politische Einflussnahme.

Der österreichische Inlandsnachrichtendienst musste reformiert werden, darüber waren sich die Sicherheitsexperten in Europa einig. Doch dies drohte die politischen Grabenkämpfe in den österreichischen Behörden anzuheizen und die gewachsenen Strukturen und persönlichen Verbindungen, die seit Strassers Zeiten auf vielfältige Weise zwischen Deutschland und Österreich im Sicherheitsbereich gepflegt wurden, zwangsläufig durcheinanderzuwirbeln.

Im Sommer 2017 zirkulierte in Österreich ein Dossier von gut dreißig Seiten, das mutmaßliche politische Vetternwirtschaft im österreichischen Innenministerium anprangerte. Das anonym verfasste Dossier, das ich einsehen konnte, war an Journalisten, Politiker und Staatsanwaltschaft verschickt worden. Es war konfus zusammengeschrieben, und als Journalisten vom *Standard* und *Profil* sich daranmachten, den Vorwürfen nachzugehen, entpuppten sich viele der geschilderten Geschichten als falsch oder konnten nicht belegt werden. Dennoch blieb das Manuskript nicht ohne Wirkung: Es setzte eine der größten Krisen des österreichischen Nachrichtendienstes in Gang, die schließlich in der Auflösung und Neuaufstellung des Geheimdienstes mündete. Erstmals wurden mutmaßliche Missstände in der österreichischen Sicherheitsarchitektur angeprangert und ins Licht der Öffentlichkeit gerückt.

Auch wenn dem Schriftstück anfänglich wenig Aufmerksamkeit geschenkt wurde, war es sofort für all jene brisant, die darin vorgeführt wurden. Denn es rückte einige der Genannten nicht nur in den Dunstkreis der Vetternwirtschaft, sondern auch in die Nähe eines umstrittenen russlandaffinen ukrainischen Oligarchen. Pikant war das Dossier dabei vor allem auch, weil es auffallend reich an Informationen und mutmaßlichen Kontakten nach Deutschland war. Genannt wurden neben den beiden Privatermittlern Christina Wilkening und Werner Mauss auch ein Urgestein der deutschen Sicherheit, Helmut Kohls ehemaliger Geheimdienstkoordinator Schmidbauer. Behauptet wurde hier, dass Mauss, mit dem Schmidbauer zu Kohls Zeit zusammengearbeitet hatte (siehe Kapitel 4), weiterhin von diesem »gedeckt und geführt« werde. Der Inhalt sei »absoluter Unsinn«, erklärte mir Schmidbauer auf Nachfrage. Der österreichischen Staatsanwaltschaft hatte er erläutert, zwar mit Mauss früher im Rahmen von Einsätzen in Südamerika zu tun gehabt zu haben, aber »weder bei Vorgängen betreffend Russland, noch die Ukraine oder Österreich«. Mauss reagierte nicht auf meine Nachfrage. Schmidbauer – wie sich im folgenden Kapitel zeigt – war in Österreich derweil sehr aktiv.

Doch zunächst einmal zurück zum Dossier: Nicht nur die darin genannten Personen gerieten in Erklärungsnot, sondern auch die Urheber des Schriftstücks sollten aufgedeckt werden. Angesichts der Fülle der Informationen aus dem Innenleben österreichischer Dienste schien klar, dass der Verfasser wohl aus den Sicherheitsdiensten des Landes selbst kommen musste. Als Autor hatten Wiener Ermittler später einen BVT-Beamten ausfindig gemacht, *Aigistos*, ein etwas hemdsärmeliger Beamter, dessen Karriere früh ins Stocken geraten war. *Aigistos* ist nicht sein richtiger Name, sondern sein Pseudonym, das er sich zugelegt hatte. Während sich die Ermittler durch ein sprachwissenschaftliches Gutachten bestätigt sehen, dass der BVT-Mann der Autor des Konvoluts war, bestreitet dieser den Vorwurf bis heute. Mittlerweile geht es jedoch um mehr als einen Urheberstreit. Aus dem Dossier, das als Papiertiger startete, ist ein BVT-Skandal geworden, der in die Annalen der Republik als bislang größter Spionageskandal des Landes eingegangen ist – und bis nach Russland reicht. Verwickelt war einmal mehr Jan Marsalek. Österreichische Ermittler der AG Fama gehen mittlerweile davon aus, dass »ein in Österreich bestens etabliertes, nachrichtendienstlich agierendes Netzwerk [...] um den weiterhin flüchtigen österreichischen Staatsbürger Jan Marsalek« herum entstand.[341] Konkret soll laut österreichischen Presseberichten mithilfe einstiger BVT-Geheimdienstler eine Zelle im österreichischen Nachrichtendienst entstanden sein, die Russland für sich nutzbar machen konnte.

Ein Blick auf die Personen, die in dieser Zelle agierten, lohnt, denn es treten Verwicklungen zu Tage, die nicht nur nach Russland, sondern auch in deutsche Sicherheitskreise hineinreichen. Eine Schlüsselfigur für die Russland-Verbindung soll – neben Marsalek – der besagte *Aigistos* gewesen sein. Der BVT-Mann stand seit langem im Blickfeld interner Ermittlungen. Schon im November 2017 war er vom Dienst suspendiert worden, nachdem die CIA Hinweise weitergeleitet hatte, wonach *Aigistos* in früheren Jahren für Russland spioniert haben soll. Der Vorwurf konnte bislang nicht bewiesen werden, Mitte 2018 hob das österreichische Bundesverwaltungsgericht die Suspendierung auf. Zweimal ging *Aigistos* später noch in Untersuchungshaft, zuletzt für knapp zwei Monate 2024. Der Vorwurf gegen ihn lautete nach Berichten österreichischer Medien nun unter anderem: systematisch nicht für die Öffentlichkeit bestimmte geheime Tatsachen und Erkenntnisse sowie personenbezogene Daten aus polizeilichen Datenbanken zum Zweck der Übermittlung an Jan Marsalek und an unbekannte Vertreter der russischen Behörden gesammelt zu haben. *Aigistos'* Anwalt hat gegenüber der österreichischen Nachrichtenzeitung *Die Presse* alle gegen seinen Mandanten erhobenen Vorwürfe, einschließlich des russischen Spionageverdachts, zurückgewiesen.

2021 wurde ein zweiter BVT-Mann angeklagt wegen Begünstigung, Bestechung, Amtsmissbrauch sowie dem Verrat von Staatsgeheimnissen: *Aigistos'* ehemaliger Vorgesetzter. Wir nennen ihn im Folgenden *John Green,* denn auch er hatte sich diesen Namen als Pseudonym zugelegt. Auf meine Anfrage reagierten alle drei Parteien nicht (*John, Aigistos* und Marsalek). *John* ist mittlerweile in Dubai abgetaucht, Marsalek soll in Chats erklärt haben, die »Evakuierung« des Freundes mit organisiert zu haben.

Bemerkenswert ist: Zu allen drei Verdächtigen hatte Schmidbauer im Laufe der Zeit Kontakt aufgebaut – was er gegenüber *Correctiv* oder dem Wirecard-Untersuchungsausschuss im Einzelfall bestätigte. Wie es zu dieser brisanten Verbindung von Akteuren aus dem deutsch-österreichischen Sicherheitsapparat kam – Personen, die auf den ersten Blick wenig gemeinsam hatten und deren Wege sich dennoch auf merkwürdige Weise in Wien oder München kreuzten –, dieser Frage gehe ich im Folgenden genauer nach.

Die beiden altgedienten Geheimagenten *Aigistos* und *John* verband der Frust über den politischen Einfluss der ÖVP in den österreichischen Sicherheitsdiensten, der ihnen anscheinend die Karriere vermieste. Beide Beamte hatten ihre berufliche Laufbahn bei der Polizei begonnen. Während *Aigistos'* Name schon in den neunziger Jahren im Zuge eines Polizeiskandals auftauchte, wie der *Standard* einst herausgefunden hatte, war *John* tadellos die Karriereleiter hochgeklettert, bis zur Leitung der wichtigen Staatsschutzabteilung. Doch auch der karrierebewusste *John,* der der FPÖ nahestand, musste erfahren, wie seine Laufbahn ins Stocken geriet, nachdem der ehemalige Polizeichefinspektor *Aigistos* sich ihm 2015 als Assistent angedient hatte. Der nannte das politische ÖVP-Netzwerk in internen Chats mit *John* das »schwarze Imperium«, das seine Macht spüren ließ, wenn es um die Besetzung von Führungsposten in den Behörden ging. Er hatte, wie österreichische Ermittlungsakten zeigen, nicht zuletzt den einstigen Strasser-Zögling *Meister* im Innenministerium im Blick, der im Dossier zentral am Pranger gestellt worden war und laut Medienberichten vor allem die ÖVP-

Seilschaften in den Sicherheitsdiensten zusammengehalten haben soll.

Im Jahr, als *Aigistos* zu *John* stieß, weitete sich dessen Radius nach Deutschland aus. An dieser Stelle kommt der ehemalige deutsche Geheimdienstkoordinator Schmidbauer ins Spiel. *John* und Schmidbauer kannten sich schon seit ungefähr 2006, als Europa plante, eine europäische Sicherheitsbehörde aufzubauen. Anfangs war es eine gewöhnliche Arbeitsbeziehung unter Experten. Doch für Schmidbauer wurde daraus schließlich, wie er gegenüber der österreichischen Staatsanwaltschaft erklärte, ein Vertrauensverhältnis. Dass dem BVT-Mann nachgesagt werden würde, Russland gedient zu haben, konnte sich Schmidbauer auch Jahre später in der Befragung durch Parlamentarier des Wirecard U-Ausschusses nicht vorstellen. Wer sich allerdings wundert, welche Rolle Schmidbauer in Österreich spielte, dem könnten seine Äußerungen aus dem U-Ausschuss vielleicht weiterhelfen, wonach er sich ja als Teil eines losen Netzes von altgedienten hochrangigen ehemaligen Sicherheitsleuten beschrieb, die sich auch international austauschten und gelegentlich den offiziellen Stellen zuarbeiteten oder Maßnahmen planten (siehe Kapitel 4).

Wie viele Altherren der deutschen Sicherheit war Schmidbauer nach seinen Amtsjahren nicht bereit, sich zur Ruhe zu setzen. »008«, wie er sich später immer noch nannte, hatte sich mit einer Beratung in Österreich niedergelassen, um unter anderem ausländische Regierungen zu beraten. Er pflegte diverse Kontakte in Österreich, aber auch nach Libyen und Russland, wie er im Untersuchungsausschuss und einer Zeugenvernehmung in Österreich erklärte. Im Jahr 2015, also in dem Jahr, als *Aigistos* zu *John* stieß, wurde der persönliche Draht zwischen *John* und Schmidbauer neu aktiviert. *John* hatte dafür gesorgt, dass der frühere deutsche Geheimdienstkoordinator als Redner auf einer Konferenz über Wirtschaftsspionage in Wien geladen wurde. Bereits zuvor hatte *John* ihn gebeten, Österreich bei der Befreiung einer Geisel in Libyen zu unterstützen – ein Anliegen, dem Schmidbauer gerne nachkam. Auf der Konferenz schließlich lobte *John* öffentlich die gute Zusammenarbeit mit Deutschland im Kampf gegen russische Spionage.

2015 weitete sich *Johns* Kreis von Vertrauten nicht nur auf den einstigen deutsche Geheimdienstkoordinator aus, sondern auch auf einen anderen Mann aus Deutschland mit einem Faible für Geheimdienste und Russland, nämlich Jan Marsalek. Just nachdem Marsalek in München Teil eines Netzwerkes anderer altgedienter hochrangiger Sicherheitsleute geworden war, die sich im Rahmen der Somary-Stiftung zusammenfanden, um drängende Fragen in der internationalen Sicherheits- und Außenpolitik zu beratschlagen (siehe voriges Kapitel), lernte er auf einer Ministeriumsveranstaltung *John* kennen. Nicht nur für Marsalek schienen sich damals ungeahnte neue Möglichkeiten im Sicherheitsbereich aufzutun, auch *Johns* Leben nahm nun eine ungewöhnliche Wende. Nach einem Unfall und inmitten des Frusts über die ÖVP-Seilschaften, die ihm die Karriere im österreichischen BVT vermiest hatten, ließ er sich 2016 krankschreiben und bald darauf karrenzieren, um im Privatsektor wirken zu können. In München tat sich dafür eine Gelegenheit auf.

Nachdem Marsalek mit einem Start-up-Experten die Investmentgesellschaft IMS Capital auf die Beine gestellt hatte und sich auch die Somary-Stiftung dort niederließ, dockte auch *John*, nachdem er wieder Kontakt zu Marsalek aufgenommen hatte, 2018 an die Prinzregentenstraße an.

Schmidbauer beschrieb die Beziehung zwischen *John* und Marsalek später wie folgt: Nun waren hier »Landsleute unter sich und vielleicht auch im Sicherheitsbereich tätig«. Auch wenn *John* später beteuerte, in der Prinzregentenstraße keine Sicherheitsdienste geleistet zu haben, so ließ er keinen Zweifel daran, dass ihn etwas Besonderes mit Marsalek verband. Er habe den Eindruck gehabt, Marsalek wolle auch ein Geheimdienstler sein, gab der Ex-BVT-Abteilungsleiter später in einer österreichischen Vernehmung zu Protokoll.[342]

Ihre Verbindung wurde eng, *John* soll mit Marsalek gemeinsam auf Partys aufgetaucht sein, mindestens einmal in der Woche hat er mit Marsaleks engsten Vertrauten aus der Prinzregentenstraße nach eigener Aussage zu Abend gegessen – sie wurden zum Nukleus einer Verbindung, die man im Nachhinein wohl als gefährlich bezeichnen kann. Als die österreichische Staatsanwaltschaft *John* zu seinen Kontakten befragte, die er in jener Zeit pflegte, erklärte er, dass er und *Aigistos* sich in München wohl zwei- oder dreimal mit einer »deutschen Quelle« getroffen hätten. Wer die war und was mit ihr besprochen wurde, sagte er nicht, nur dass die Treffen entweder bei *John* zu Hause oder in einem Motel One stattgefunden hätten. Die Prinzregentenstraße, wo *John* für gewöhnlich seine Treffen arrangierte, war ihnen, wie ein Zeuge später berichtete, seinerzeit nicht sicher genug. Auf meine Frage an Schmidbauer, ob er vielleicht dabei gewesen war, meinte er, er kenne solche Zusammenkünfte nicht und habe auch nicht daran teilgenommen. Wie dem auch sei, die Begegnungen mit der mysteriösen deutschen Quelle unterlagen offenbar besonderer Geheimhaltung.

»Sie hatten Angst, dass sie verwanzt sind oder gefilmt werden«, erinnerte sich der Zeuge, der auch von der Staatsanwaltschaft zu seinen Kontakten rund um *Aigistos* befragt wurde. In Chats nutze er den Decknamen *Boris*, 2017 hatte er über einen Kontakt *John* kennengelernt, der ihn später anheuerte, die Prinzregentenstraße abhörsicher zu machen. Wie die beiden BVT-Beamten hatte auch *Boris* seine Laufbahn im Polizeidienst begonnen, war später in der Sicherheitsabteilung der amerikanischen Botschaft in Wien tätig und hatte sich schließlich mit einer eigenen Privatdetektei selbstständig gemacht. Für die Münchener Adresse plante er eine abhörsichere Raum-in-Raum-Konstruktion, denn die zuvor aus Rigips gebaute Lösung sei »reiner Pfusch« gewesen, erläuterte er der Wiener Staatsanwaltschaft. Die Villa in der Prinzregentenstraße sollte sich augenscheinlich in eine Art private Geheimdienstzelle verwandeln – mit einer eigenen Reformagenda für Österreich.

Von München aus wurde schließlich die Neuaufstellung des österreichischen BVT weiter vorangetrieben. Der erhoffte öffentliche Druck des an die Presse versandten Dossiers war zwar verpufft. Anfang

2018 schwärmten indessen in Wien rund 80 Ermittler aus, durchsuchten die Büros des Verfassungsschutzes und beschlagnahmten in der Behörde und in Privatwohnungen nachrichtendienstliches Material. Die Wiener Wirtschafts- und Korruptionsstaatsanwaltschaft hatte die Hausdurchsuchung des BVT in einer Nacht- und Nebelaktion angeordnet. Daten europäischer Nachrichtendienste zu Rechtsextremismus wurden ebenso beschlagnahmt wie andere sensible Informationen, die nicht in falsche Hände gelangen durften.

Eine Welle der Empörung brach los. Die umstrittene Hausdurchsuchung verfehlte nicht ihre – vielleicht gewünschte – Wirkung. Nun war das BVT in aller Munde und die Frage des politischen Einflusses auf ihn wurde in der österreichischen Öffentlichkeit diskutiert. Das Schlaglicht fiel zwangsläufig auf den umstrittenen, dem rechten Milieu nahestehenden Innenminister Kickl. Doch die Spur der Drahtzieher der Razzia führte nicht nur zu Kickls Mitarbeiter, sondern wieder einmal zum BVT, genauer gesagt zu *John* und einer ehemaligen BVT-Kollegin. Die beiden und zwei weitere Personen hatten der Staatsanwaltschaft die Gefahrenlage so extrem dargelegt, dass diese die Razzia unter Hochdruck in die Wege geleitet hatte.

Die Aktion schlug auch im Ausland hohe Wellen. Die Razzia schien zu belegen, dass dem österreichischen Dienst nicht zu trauen war. Im Berner Club, dem Verbund europäischer Inlandsnachrichtendienste, sorgte man sich, dass geheime Daten der Terrorbekämpfung vielleicht in falsche Hände geraten waren. Die komplette Festplatte der Chefin der Extremismus-Abteilung war dem Vernehmen nach beschlagnahmt worden.

Nervös reagierten auch deutsche Geheimdienste, die sich sorgten, geheime Informationen könnten bei der Hausdurchsuchung beschlagnahmt worden sein. Wenn dem so sei, müsse »eine neue Prüfung erfolgen, wie die Kooperation mit dem BVT in Zukunft fortgesetzt werden kann«, erklärte das deutsche Bundesinnenministerium.[343] Der Druck auf FPÖ-Mann Kickl, die österreichischen Sicherheitsdienste neu aufzustellen, wuchs.

Mit Hilfe aus Deutschland sollten die Wogen in Österreich nun aber geglättet werden. Im März hatte *Aigistos*, wie Medien später berichteten, einem Vertrauten Kickls mitgeteilt, dass Schmidbauer bereit sei, bei der österreichischen Außenministerin und der österreichischen Staatsanwaltschaft vorstellig zu werden.

Nachdem nämlich ein Journalist der Tageszeitung *Kurier* in Deutschland Nachforschungen angestellt hatte und der Skandal über die Alpen zu schwappen drohte, hatte Schmidbauer sich nach eigener Aussage in das laufende Wiener Verfahren eingeschaltet. In einer Anhörung der österreichischen Staatsanwaltschaft versuchte er nicht nur, die Ermittler, die nun das umstrittene Dossier ins Visier nahmen und dessen möglichen Hintermännern nachgingen, davon zu überzeugen, dass sein guter Bekannter *John* als Autor des Berichts nicht in Frage komme. Der ehemalige Geheimdienstkoordinator versicherte den Österreichern auch, dass er keine Gefahr sehe, dass die »Hausdurchsuchung massive Schwierigkeiten zwischen österreichischen und dem deutschen Nachrichtendienst mit sich bringt«. Was Schmidbauer alles zu wissen schien ist erstaunlich.

Schmidbauer schien zudem im Bilde zu sein, dass sich die zuvor in Berlin geäußerte Sorge, heikle Unterlagen deutscher Geheimdienste könnten in falsche Hände geraten sein, bereits verflüchtigt hatte. Sollten bei der Hausdurchsuchung Unterlagen deutscher Geheimdienste gefunden werden, so dürfte es sich dabei »nicht um hochbrisantes Material« gehandelt haben, wusste Schmidbauer der österreichische Staatsanwaltschaft laut Vernehmungsprotokoll zu berichten.

Baustelle Wien: Ein Schatten-Geheimdienst der Russlandfreunde?

Am selben Tag, als er in Wien bei der Staatsanwaltschaft für *John* in die Bresche sprang, war Schmidbauer auch zu einem Termin mit der damaligen Außenministerin Karin Kneissl geladen. Die Ministerin, so hieß es darauf,[344] sei nicht anwesend gewesen, Schmidbauer dagegen war sich sicher, sie bei der Gelegenheit getroffen zu haben. Auf jeden Fall anwesend aber war Kneissls designierter Generalsekretär (übrigens der Ehemann von *John*s BVT-Kollegin, die mit ihrer Aussage bei der Staatsanwaltschaft die Razzia mit in Gang gesetzt hatte). Als ich bei Schmidbauer nachhorchte, worum es bei dem Treffen im Ministerium ging, meinte er, Russland sei kein Thema gewesen.

Zwei Wochen nach Schmidbauers Termin im Ministerium flog Kneissl jedoch nach Moskau und traf sich dort mit Putin, um inmitten der angespannten Ost-West Beziehungen eine Brücke zum Kreml zu schlagen.

Unter dem Dach der österreichischen Außenministerin wurde nun eine »neue Sicherheitsabteilung« geplant, sprich eine Art Neben- oder Schattennachrichtendienst. Geleitet werden sollte der Dienst laut österreichischen Medien von Kneissls designiertem Generalsekretär, der in den Vorstand der Österreich-Russischen Freundschaftsgesellschaft bestellt worden war. Vorangetrieben wurde das Vorhaben mutmaßlich von *Aigistos*. Und auch *John*, der der FPÖ nahestand, soll laut Medienbericht behilflich gewesen sein.

Noch bevor die Abteilung ins Leben gerufen werden sollte, ging es bereits um die Verteilung der Posten. »Wir werden für alle, die mitgeholfen haben, eine Lösung finden«, berichtete der *Standard* aus einer an *Aigistos* gerichteten Chatnachricht eines FPÖ-Parteifreundes Kickls. *Aigistos* sollte laut Organigramm die Leitung des Referats »Koordinierungsstelle« übernehmen. Der tauschte sich, wie Medien ebenfalls berichteten, zu jener Zeit auch mit Schmidbauer aus. Später tauchten Fotos auf, die laut *SWR*-Informationen Schmidbauer und zwei weitere Personen zusammen mit *Aigistos* bei einem Restaurantbesuch zeigten. Zwar beteuerte Schmidbauer mir gegenüber, er habe nur wenig Kontakt zu *Aigistos* in jener Zeit gehabt und sei nicht in Überlegungen zum Aufbau der Sicherheitsabteilung eingebunden gewesen, – dennoch hatte er eine klare Vorstellung davon, wie der österreichische Dienst organisiert werden sollte: Es sollte »ein Geheimdienst nach deutschem Modell«

entstehen, zitierte der *Kurier* den einstigen deutschen Geheimdienstkoordinator.

Hier zeigte sich das Treiben einer Garde von Ex-Sicherheitsleuten, die auf ungewöhnliche Weise miteinander vernetzt waren. Dreimal soll sich *John* etwa auch mit dem ehemaligen BVT-Chef Gert-René Polli nach Veröffentlichung des Dossiers getroffen haben – der zufällig auch ein guter Bekannter von Schmidbauer war. Schmidbauer und Polli kannten sich seit Jahren. Unter Strasser hatte Polli einst das BVT gegründet und war, wie in Kapitel 4 erwähnt, später als Sicherheitschef von Siemens angeheuert worden, bevor er sich mit einer privaten Sicherheitsagentur im Privatsektor selbstständig gemacht hatte. Im Laufe der Zeit hatte der einstige österreichische Geheimdienstchef eine eigene Sichtweise auf die europäische und vor allem auch deutsche Sicherheitspolitik entwickelt. 2017 veröffentlichte er sein Buch *Deutschland zwischen den Fronten*, in dem er die Ansicht vertrat, dass eine falsch verstandene Partnerschaft mit den USA zu einer umfassenden Kontrolle und Überwachung Europas – insbesondere Deutschlands – durch amerikanische Geheimdienste geführt habe. Während die angelsächsischen Nachrichtendienste das Treiben der russischen Dienste stets mit tiefem Misstrauen beobachteten, zeigte sich Polli seinerzeit als Chef des österreichischen BVT am Austausch auch mit autokratischer Regime interessiert. Mit dem ehemaligen FSB-Chef Nikolaj Patruschew, der bis heute ein einflussreicher Weggefährte Putins ist, verbrachte er einst einen »netten Abend« mit Sektempfang, wie er in seinem späteren Buch *Schattenwelten* beschrieb. Wiens CIA-Mann antichambrierte eines Tages in seinem Vorzimmer, weil Österreich in dessen Augen die Türen für Putins Leute zu weit offenhielt. So überrascht es vielleicht nicht, dass Polli, der der FPÖ nahesteht, Jahrzehnte später, im Zuge der türkis-blauen Regierungsbildung von der FPÖ als Berater angeheuert wurde, nachdem die Partei ein Partnerschaftsabkommen mit Putins Partei *Einiges Russland* geschlossen hatte.

Österreichs Walzer mit Putin – kein Problem für Deutschland

Im August 2018 ließ FPÖ-Außenministerin Kneissl keinen Zweifel mehr daran aufkommen, wie partnerschaftlich ihr Verhältnis zu Putin war. Sie feierte Hochzeit – und geladen war der Kreml-Boss höchstpersönlich. Galant mit Blumenstrauß und Kosakenchor betrat Putin die Festbühne. Alles war bestens inszeniert, um ihn als Stargast auf dem europäischen Parkett glänzen zu lassen. Auf der Terrasse des Lokals tanzte er Walzer mit der Braut. Die bedankte sich artig mit einem Knicks.

Auf das Fest folgte erwartbar ein Aufschrei der internationalen Presse. Mit einer »naiven Geste« habe Kneissl »dem Ansehen ihres Landes Schaden« zugeführt, schrieb die Nachrichtenagentur Reuters.[345] »Eine Verbeugung oder ein Knicks?«, war nun die Frage. Österreich schien jegliche Distanz zum russischen Despoten vermissen zu lassen. Während Russland seine Machtpolitik in Europa rücksichtslos vorantrieb, bespaßte die Außenministerin des Landes Putin auf offener Bühne, als wäre Europas Außenpolitik reine Privatsache.

Am Abend vor der Hochzeit hatte die *Washington Post* einen umfassenden Bericht veröffentlicht, der nicht nur ein Schlaglicht auf österreichische Politiker warf, die eine Nähe zu Russland pflegten, sondern vor allem das BVT als Sicherheitsproblem in den Fokus rückte.[346] Die *Post* veröffentlichte, dass im Zuge der BVT-Affäre einige internationale Partner die Weitergabe sensibler Informationen weitgehend eingestellt hätten. Seit der umstrittenen Razzia teile man keine sensiblen Informationen mehr mit Österreich, weil man fürchte, sie könnten in falsche Hände geraten, wurde ein führender europäischer Geheimdienstler zitiert.[347] Die Aufregung im westlichen Sicherheitsbündnis war in der Tat groß. Im Juli und September hatten der dänische und finnische Dienst BVT-Beamte von einem geplanten Treffen explizit ausgeladen.

Doch während die westlichen Bündnispartner auf Abstand zu Österreich gingen, herrschte in Deutschland inzwischen überraschende Gelassenheit. Die Wogen, die dort im März noch so hochgeschlagen waren, waren im August abgeebbt. Das Innenministerium erklärte Ende des Monats auf eine Anfrage der Linken, ob eine Zusammenarbeit mit dem BVT nach dem Skandal noch angebracht sei: Für das deutsche Bundesamt für Verfassungsschutz (BfV) sei kein Schaden entstanden. »Das BfV betrachtet den Vorgang als erledigt und arbeitet daher weiterhin mit dem österreichischen Bundesamt für Verfassungsschutz und Terrorismusbekämpfung (BVT) zusammen.«[348] Die Sorgen hatten sich anscheinend in Luft aufgelöst.

Bernd Schmidbauer bestärkte diese Haltung in einem kleinen, aber öffentlichen Zwist der grauen Eminenzen. Am 21. August hatte August Hanning in der *Bild*-Zeitung vor einer Zusammenarbeit mit den Österreichern gewarnt: »Da ist nun natürlich beim Informationsaustausch extreme Vorsicht geboten!«[349] Schon einen Tag später antwortete ihm Schmidbauer im österreichischen *Kurier* und ließ keine Zweifel an der Zusammenarbeit deutscher Dienste mit Österreich aufkommen: »Diese Aussage Hannings kann man jeden Tag über jeden beliebigen Nachrichtendienst der Welt treffen.«[350] Gravierender sei doch die Situation in den USA, wo man sich angesichts der Konflikte mit dem damaligen US-Präsidenten Donald Trump nun ebenso fragen müsse, »wie man mit der CIA vertrauensvoll zusammenarbeiten« könne. Das BVT solle nun erst einmal zur Ruhe kommen, um seine operativen Aufgaben weiterverfolgen zu können. »Von den Nachrichtendiensten wird die Notwendigkeit der professionellen Zusammenarbeit durchaus realistisch gesehen und nicht politisch kleinkariert«, wusste Schmidbauer mal wieder aus dem Nähkästchen deutscher Dienste zu berichten.[351]

Dass man beim BND ebenso entspannt war, was die Vorkommnisse beim nachbarlichen Inlandsnachrichtendienst anging, darf angezweifelt werden, denn die desolaten Zustände und die Russlandnähe hatten Sand in das Getriebe der internationalen Zusammenarbeit gestreut. Nach der Snowden-Affäre, die eine Zusammenarbeit des BND mit den Amerikanern beim Spitzeln in Österreich offengelegt hatte, waren dem BND im Nachbarland allerdings die Hände gebunden. Dem Auslandsnachrichtendienst war es explizit nicht erlaubt – selbst bei Verdacht auf Russland-Spionage – Mitarbeitern österreichischer Dienste nachzugehen, wie der einstige Geheimdienstbeauftragte des Bundes, Klaus-Dieter Fritsche, später ausdrücklich bemerkte, der seinerseits langjährige Beziehungen etwa zum damaligen österreichischen Verfassungsschutzpräsidenten pflegte.

Übrigens ruderte Hanning schon einen Tag nach seinen kritischen Äußerungen zurück und stellte klar, dass er seine Informationen allein aus den Medien bezogen habe. Ihm lägen keine Hinweise auf eine gestörte Zusammenarbeit zwischen den beiden Geheimdiensten vor.[352] Auch was Kneissls Walzer mit Putin anging, so hätten die Deutschen kein Problem damit, sagte er der ORF-Nachrichtensendung *ZiB 2*. Womöglich hatte ihm in der Zwischenzeit jemand die deutsche Position nähergebracht.

Baustelle Wien: Die Neuordnung des BVT

Wie nah Kneissl an Putins Linie war, wurde spätestens nach dem Angriff auf die Ukraine 2022 klar, als sie erklärte, Putin habe »die Minimalform an Eskalation« gewählt.[353] Die sich daraus ergebende Frage, was denn die Maximalform gewesen wäre, beantwortete Kneissl, die zu der Zeit eine Kolumne für Putins Propagandafernsehen *RT* (früher *Russia Today*) schrieb, nicht. Später stieg die Ex-Außenministerin beim russischen Staatskonzern Rosneft in den Aufsichtsrat ein und zog nach Sankt Petersburg.

Auch wenn die Deutschen den BVT-Skandal herunterzuspielen versuchten: Der österreichische Verfassungsschutz war 2018 weitgehend vom Informationsfluss des westlichen Sicherheitsbündnisses abgeschnitten, die USA hatten die Zusammenarbeit eingestellt. Schmidbauer war weiterhin sichtlich um Schadensbegrenzung in den deutsch-österreichischen Beziehungen bemüht: Gegenüber der *ZIB 2* äußerte er, bei der Sitzung des Berner Clubs hätten die Nachbarländer – also auch Deutschland – nicht den Rausschmiss von Österreich gefordert. Das hätten ihm seine Freunde aus Deutschland mitgeteilt.[354] Das ist durchaus bemerkenswert, denn was im Berner Club besprochen wird, gilt eigentlich als streng geheim. Schmidbauer schien indessen darüber informiert zu sein, was der damalige Verfassungsschutzpräsident Hans-Georg Maaßen im Kreis europäischer Inlandsnachrichtenchefs äußerte. »Schmidbauer war offenbar mit Billigung eines Teils der Geheimdienste unterwegs«, stellte der damalige Die-Linke-Abgeordnete und heutige BSW-Europaabgeordnete Fabio De Masi im Gespräch mit dem *Cicero* fest.

Im November 2018 wurde Maaßen in den einstweiligen Ruhestand versetzt. Sein Nachfolger Thomas Haldenwang sah nun »erhebliche Risiken« in der Zusammenarbeit mit dem österreichischen Nachbarn und äußerte im Parlamentarischen Kontrollgremium des Bundestages die Sorge, Österreich könne geheime Informationen, die es von den Partnern erhält, an Russland weiterleiten.[355]

Angesichts der wachsenden internationalen Kritik an den Zuständen im BVT konnte sich der umstrittene FPÖ-Innenminister Kickl nicht mehr gegen den Umbau der Behörde sperren. Am 7. September hatte er versprochen, auf Grundlage einer »Schadensanalyse« und mit Blick auf die »Außenwirkungen« der Debatte für sein Land, »vertrauensbildende Maßnahmen« und strukturelle »Reformen« einzuleiten.[356] Und mehr noch: Die Neuausrichtung sollte auf die Expertise externer Berater und ausländischer Nachrichtendienste zurückgreifen, hatte der Verfassungsschutzchef zugesichert, der nach eigener Aussage jahrelang mit seinem deutschen Altherren des Verfassungsschutzes Fritsche bekannt war und sich auch mit Maaßen austauschte.

Und so brach Kickl bei der Gelegenheit eine Lanze für die gute Kooperation mit Deutschland, zitierte gar den damaligen Kanzleramtschefs, wonach Österreich ein wichtiger Partner Deutschlands in der nachrichtendienstlichen Kooperation sei.[357] Während also die USA Österreichs Dienste als Sicherheitsrisiko für Europa in der Russlandpolitik ausgemacht hatten, schien man in Deutschland umso mehr bemüht, die Brücke in das Nachbarland nicht abreißen zu lassen. Und damit auch nach Russland.

Drei Tage zuvor hatte sich der FPÖ-Minister mit Horst Seehofer in Berlin zum bilateralen Gespräch getroffen. Kickl bat den Bundesinnenminister bei dieser Gelegenheit, einen Berater für die geplante Reform des Inlandnachrichtendienstes vorzuschlagen. »Wir haben vereinbart, dass wir weiterhin eng zusammenarbeiten«, versicherte Seehofer nach dem Treffen.[358]

Damit war die Basis gelegt, dass sich deutsche Sicherheitskreise in die Neuaufstellung der österreichischen Sicherheitsdienste einklinken konnten. Der deutsch-österreichische Kreis hatte sich über das Bundesinnenministerium und, wie sich später zeigte, Bayerns Polizei-Connection nach Österreich geschlossen. Dem österreichischen Innenministerium sollte ein alter Herr der deutschen Sicherheit für die Reform des BVT zur Seite gestellt werden. Das Bundesinnenministerium schlug Klaus-Dieter Fritsche als möglichen Berater vor, wie der sich im Wirecard-Untersuchungsausschuss erinnerte.

Nach den Snowden-Enthüllungen hatte Kanzlerin Merkel den früheren BfV-Vizepräsidenten inmitten der Krim-Krise 2014 zum ranghöchsten Beamten der inneren Sicherheit Deutschlands befördert, der darauf achtete, dass die nationale Souveränität Deutschlands und seiner europäischen Partner, etwa in Österreich, nicht etwa durch US-Initiativen verletzt wurde. Nach seiner Pensionierung 2018 war er wie viele andere Altherren weiterhin im Sicherheitsbereich tätig und tauschte sich gelegentlich etwa mit dem ehemaligen bayerischen Landespolizeipräsidenten Waldemar Kindler aus. Der wusste dann auch zu berichten, dass Fritsches Ernennung nach einem Besuch des damaligen Münchner Polizeipräsidenten Hubertus Andrä in Wien zustande gekommen war, wie er im Wirecard-Untersuchungsausschuss darlegte.

Fritsche soll seine Berufung noch einem anderen Protegé zu verdanken haben. Niemand anderes als Marsalek soll behilflich gewesen sein, ihn als Berater in Österreich zu installieren. Das behauptete zumindest der Macher des Ibiza-Videos im U-Ausschuss zu Wirecard; der seine Quellen indessen nicht nennen wollte. Fritsche selbst erklärte im Ausschuss, er wisse nichts von diesem Sachverhalt. Er sei vom Bundesinnenministerium vermittelt worden.

Es steht jedenfalls außer Zweifel, dass Marsalek ein reges Interesse an dem Reformprozess zeigte. Eine grundlegende Strukturreform sei erforderlich, einfache Personalrochaden (wie sie *Aigistos* im Außenministerium plante) reichten nicht, um den Nachrichtendienst besser aufzustellen, habe Marsalek *John* mitgeteilt. Ein nationaler Geheimdienstkoordinator sollte ähnlich wie in Deutschland die Arbeit der österreichischen Dienste kontrollieren.[359] »Gute Ansätze« habe Marsalek verfolgt, meinte *John*. Denn: die Österreicher sollten laut Marsalek auch »proaktiver auf die Wirtschaft zugehen«. Waren ihm diese Ideen, die recht nah ans deutsche System angelehnt waren, vielleicht von einem der alten Herren eingeflüstert worden?

Mit tatkräftiger Unterstützung Fritsches schritt die Reform in Österreich nun voran. Die Aufgabe habe ihn »gereizt«, gab dieser später im Wirecard-Untersuchungsausschuss zu Protokoll. Mit Zustimmung des Kanzleramtes reiste er Anfang 2019 nach Wien. Im Januar fand ein erstes Gespräch mit Kickl statt, im Februar konnte der Beratervertrag unterzeichnet werden.

Ohne Hilfe der Polizei sollte es auch hier nicht gehen. Fritsche tauschte sich in den Beratungen zur Reform nach eigenen Angaben eng mit dem damaligen Salzburger Landespolizeipräsidenten aus, der, wie österreichische Medien berichteten, ein ÖVP-Parteifreund des einstigen Strasser-Zöglings *Meister* aus dem Innenministerium war und in das ÖVP-Netz und die Postenbesetzung mit eingebunden gewesen sein soll. Für ein vertrauliches Tête-à-Tête zur BVT-Reform lud Fritsche laut Aussage im U-Ausschuss den Salzburger Polizeibeamten auch gerne mal zu sich nach Hause ein.

Wenige Wochen später zog der deutsche Ex-Geheimdienstkoordinator mit seinen langjährigen Polizei-Verbindungen einen weiteren lukrativen Auftrag an Land. Über Waldemar Kindler bekam Fritsche 2019 einen Wirecard-Beratervertrag mit einem Tagessatz von

1500 Euro vermittelt. Er sollte die Aschheimer in Sicherheitsfragen beraten. Im Vertrag hieß es recht allgemein: »Diese Beratungsvereinbarung richtet sich auf die Beratung und umfassende Betreuung des Auftraggebers im Bereich der strategischen Beratung des Wirecard-Konzerns im Bereich Security.«

Schmidbauer zeigte sich später im U-Ausschuss etwas pikiert, dass Fritsche für die Reform des österreichischen Nachrichtendienstes eingespannt worden war. »Da habe ich mich hinterher ein bisschen gewundert«, meinte er. Zumal er doch selbst Vorträge, »über Neustrukturierung von Nachrichtendiensten« gehalten habe.[360]

Doch Kohls Ex-Geheimdienstkoordinator war, wie sich zeigte, längst mit einer anderen Aufgabe betraut. Im Oktober war Marsalek, vermutlich über das russlandfreundliche Netz in Österreich, die Nowitschok-Formel zugespielt worden. Die Formel wurde laut Festnahmeanordnung, die dem *Standard* vorliegt, schließlich auf *Aigistos'* Handy gefunden. Ermittler der österreichischen AG Fama, die dem Verdacht nachgingen, *Aigistos* habe den Generalsekretär des Außenministeriums angestiftet, den Nowitschok-Bericht zu besorgen, wurden eingestellt, eine Anstiftungshandlung konnte nicht nachgewiesen werden. Wie auch immer Marsalek an das Dokument gekommen war, jedenfalls prahlte er kurz nachdem der Bericht das Außenministerium verlassen hatte vor britischen Brokern mit seinem Besitz.[361]

Am 18. November war nun ein Treffen zwischen Schmidbauer und dem Wirecard-Manager geplant. Wer das Treffen angestoßen hatte und wieso sich Schmidbauer mit Marsalek traf, konnte auch im Untersuchungsausschuss nicht aufgeklärt werden. Der »erste Schritt« ging von »jemand« aus, der meinte, dass Schmidbauer doch mal mit »Marsalek reden sollte, könnte, müsste, dürfte«, erklärte Schmidbauer etwas kryptisch den Hintergrund des Treffens. Dass Marsalek mit der Nowitschok-Formel rumgewedelt hatte, »das wussten wir«. Im U-Ausschuss ließ »008« keinen Zweifel, dass hinter dem »Wir« sein Netzwerk hochrangiger ehemaliger Sicherheitsleute stand, zu dem auch ehemalige Behördenchefs zählten.

Schmidbauer schien also wieder einmal bestens informiert zu sein, was in den Diensten diskutiert wurde. Die Nowitschok-Formel war aber anscheinend nicht das Einzige, was jene interessierte, die Schmidbauer entsandten. Er sollte »drei, vier Punkte« ansprechen, die »die Sicherheit unseres Landes« betroffen hätten. »Es stand die Frage im Raum, mit welchen Geheimdiensten arbeitet Marsalek eigentlich eng zusammen.«

Trieb den BND oder die Spionageabwehr des Verfassungsschutzes wenige Tage nach Maaßens Abgang nun etwa die Frage um, ob der freilaufende Privatagent Marsalek, den man so lange hatte gewähren lassen, vielleicht nicht nur eine Brücke für Europa nach Russland baute, sondern sich für Russlands Sache hatte einkaufen lassen?

Schmidbauer ahnte, dass Marsalek unter Beobachtung stand, wie er später im U-Ausschuss berichtete. Und so wollte er in alter Geheimdienstmanier das Gespräch nutzen, um zu testen, wie dieser »auf bestimmte Dinge« reagieren würde. Doch weder Marsaleks Libyen-Projekte noch dessen Kontakte nach Russland schienen Schmidbauer zu beeindrucken. Für ihn waren Wirecards Möglichkeiten im technischen Bereich, die Marsalek ihm erläutert hatte, viel interessanter, wie auch die Investitionen in Start-ups, wo Deutschland im Vergleich zu den Amerikanern hinterherhinkte. Da hätte es »vielversprechende Dinge« gegeben, sagte er im Untersuchungsausschuss. Die Strukturen der Dienste und die Entwicklung der Technologie der Dienste – »das war eigentlich das Hauptthema« des Gesprächs mit Marsalek.

Fazit

Die Abteilung Spionageabwehr des BfV, die nach Marsaleks mutmaßlicher Flucht nach Russland den Vorwürfen der Russlandspionage nachging, konnte auch später noch »keine Belege für dessen Anbindung an russische Nachrichtendienste« finden.[362] Der Sonderbeauftragte des Parlaments, Wolfgang Wieland, der sich ebenfalls mit der Frage befasste, hat die Sachlage etwas differenzierter dargestellt und meinte, eine Verpflichtungserklärung habe Marsalek wohl nicht unterschrieben, aber die notwendigen Kontakte nach Russland habe er gehabt. Im Fachjargon nennt man die Rolle jener, die wissentlich oder unwissentlich im Interesse von Geheimdiensten Einfluss nehmen, sogenannte Einflussagenten, die zwar nicht offiziell als Spione agieren, aber in ihrer Funktion als Marionetten des Kremls nutzbar gemacht werden können. Ein ernstzunehmendes Sicherheitsrisiko schien in Deutschland lange Zeit niemand in Marsalek sehen zu wollen.

Während Schmidbauer gegenüber der Staatsanwaltschaft in Wien noch den Eindruck erweckt hatte, dass deutsche Behörden mit dem, was in Österreich und in Wirtschaftskreisen ablief, nichts zu tun gehabt hätten, wurde er im Wirecard-Ausschuss bezüglich einer möglichen Involvierung deutscher Geheimdienste mit Blick auf Marsaleks Treiben etwas deutlicher. Dass Verfassungsschutz und BND nichts von dessen Aktivitäten gewusst hätten, konnte er sich nicht vorstellen: »Jeder Nachrichtendienst, der etwas auf sich gehalten hat, muss Marsalek auf dem Schirm gehabt haben.« Das müsse indessen nicht im negativen Sinne gewesen sein, fügte er an, was wohl so viel bedeutet, dass BND und Verfassungsschutz Marsalek nicht verfolgten, sondern ihn für ihre Zwecke genutzt haben könnten. »Jeder Dienst, der Einfluss hatte«, so Schmidbauer, wollte damals mit Marsalek »reden über den Zugriff und die Zugriffsmöglichkeiten, die technisch vorhanden waren, um bestimmte Geldwäschevorgänge, organisierte Kriminalität fein zu beobachten.«

Bekannt ist, dass das BKA Wirecard jahrelang für Ermittlungen im Bereich der organisierten Kriminalität nutzte und auch im Geldwäschebereich 2013 mit den Aschheimern zusammenarbeitete. Der BND räumte ebenfalls ein, das Kartensystem von Wirecard für eine Operation genutzt zu haben.

Nach Schmidbauers offenen Worten im U-Ausschuss und ähnlichen Äußerungen in der Presse führte der damalige Staatssekretär des Kanzleramtes als Beauftragter der Nachrichtendienste im August

2021 ein offenes Gespräch mit dem Ex-Geheimdienstler. Der ungemütliche Anlass des Termins wurde ausnahmsweise öffentlich gemacht: Laut einer Antwort der Bundesregierung auf eine parlamentarischen Anfrage wurde Schmidbauer an seine Verschwiegenheitspflicht erinnert. Das wäre meiner Ansicht nach viel früher angebracht gewesen, als er offensichtlich über Interna deutscher Dienste informiert worden war.

Der damalige FDP-Abgeordnete und ehemalige Staatssekretär Florian Toncar fragte BND-Chef Bruno Kahl im Frühjahr 2021 in geheimer Sitzung des U-Ausschusses, ob Schmidbauer bei Themen wie dem Anschlag auf Skripal vielleicht doch »eine sehr russisch inspirierte Sichtweise« vertreten habe. Die wunderliche Antwort: Es gäbe doch »einen Skandal«, so Kahl, »wenn der BND ehemaligen Bundesministern, Staatssekretären oder Sonstigen in ihrem Ruhestand hinterherspionieren würde«. Das, so Kahl, sei nicht seine Aufgabe.[363] Den verdienten Granden der deutschen Dienste, die im In- und Ausland offenbar auch nach dem Ruhestand als Berater deutsche Sicherheitspolitik betrieben, wollte man wohl nicht auf die Füße treten.

Bernd Schmidbauer hielt *Aigistos* und *John* auch dann noch für tadellose Beamte, als österreichische Ermittler Hinweise hatten, dass *John* Jan Marsalek bei der Flucht geholfen hatte. *John* war für Schmidbauer eine »völlig integre Persönlichkeit«. Und *Aigistos* ein »sehr verdienter Beamter«, und ein russischer Agent schon »gar nicht«. Laut Schmidbauer soll *Aigistos* sogar eine bedeutende Rolle für Deutschland gespielt haben. In einem Interview erklärte er 2019: »Der war eine große Stütze, auch für deutsche Dienste.«[364] Was damit gemeint war, ist unklar. Auf meine Nachfrage, inwiefern *Aigistos* den deutschen Diensten nützlich gewesen sein mag, reagierte er nicht.

Ob und welche Rolle *Aigistos* genau in den Beziehungen zu Russland spielte, ist bis heute nicht geklärt. Ebenso unklar ist aber auch die Natur der Verbindungen des ehemaligen österreichischen Polizeichefinspektors zu deutschen Sicherheitsdiensten. 2019 zeigte auch das BKA ein überraschendes Interesse an *Aigistos* und erkundigte sich in Österreich über den Stand der Ermittlung zu mutmaßlichem Amtsmissbrauch.

In Österreich hat die Staatsanwaltschaft mittlerweile gegen Schmidbauer ein Verfahren wegen möglicher Anstiftung zur Verletzung des Amtsgeheimnisses eingeleitet. Schmidbauer wies den Vorwurf über seinen Anwalt von sich und meinte laut Tagesschau.de, es werde versucht, sein Verhalten zu kriminalisieren.

In Deutschland scheinen die Altherren dagegen immer noch eine Art Freifahrtschein zu genießen. Sie können Netzwerke bilden, eigene Agenden in der deutschen Sicherheitspolitik verfolgen. Und das taten sie möglicherweise auch. Die Rolle deutscher Sicherheitsdienste in Österreich ist bislang, wie zu erwarten, völlig im Dunkeln geblieben. Inwieweit die deutschen Dienste das Netz aus Wirtschaft und Sicherheitskreisen, das seit den Strasser-Jahren über Österreich nach Russland führte, selbst mit aufgebaut, genutzt oder geschützt haben, kann nur vermutet werden. Nur eines dürfte nach einem jahrelangen Krieg in der Ukraine klar sein: zur Sicherheit Europas haben solche Netzwerke letztendlich wohl kaum beigetragen.

Kapitel 9
Das Ende von Wirecard
Eine fatale Verbindung von Moskau nach Washington

In seinem Büro bei Wirecard stellte Jan Marsalek eine außergewöhnliche Sammlung russischer Matrjoschka-Puppen aus: Moskaus Führung von Lenin bis Putin. Nach Donald Trumps Amtsantritt 2017 gesellte sich ein übergroßer Pappaufsteller des neuen US-Präsidenten dazu. Denn Marsalek schätzte den neuen Mann im Weißen Haus. Trump war ein Deal-Maker – sowohl in der Wirtschaft als auch in der Außen- und Sicherheitspolitik. Unter seiner Regierung schien sich auch im Sicherheitsbereich einiges über die Wirtschaft bewegen zu lassen. Wirtschaftsinteressen wurden zur Leitlinie der America-First-Politik, die Grenzen zur Sicherheitspolitik verschwammen – auch zu Putin suchte Trump Kontakt. Die Einigkeit des westlichen Verteidigungsbündnisses zählte für den neuen Mann im Weißen Haus nicht viel. Und so spaltete Trumps erste Präsidentschaft nicht nur das westliche Bündnis, sie forcierte paradoxerweise auch ungeahnte neue Allianzen. Russlands Freunde sahen ihre Chance gekommen, mit Washington Deals zu machen. Mithilfe von Beratern und Investoren entstanden neue Netzwerke, die versuchten, allerlei Verbindungen nach Washington zu knüpfen; Verbindungen, die schlussendlich auch Putin zugutekommen sollten.

Mit dem neuen US-Präsidenten schien denkbar, was fast zwanzig Jahre lang unmöglich aussah: eine europäische Achse, die Washington und Moskau verbinden konnte. Um die Aschheimer herum bildete sich ein mächtiges Netz, das für Deals bereit war, egal ob mit Trump oder mit Putin. Und in München liefen mal wieder viele Fäden zusammen. Der deutsche Zahlungsdienstleister wurde offiziell zur Bank des einstigen Gazprom-Partners Dmytro Firtasch, während Marsalek gleichzeitig versuchte, für die Trump-Regierung Finanzdeals einzustielen. Das Netz der Russlandfreunde rückte bedenklich nah an die Regierungsspitze in Berlin heran. Putins Strategie, im Westen ein prorussisches, politisches Netzwerk zu knüpfen, um das westliche Verteidigungsbündnis zu entzweien, schien aufzugehen.

Ein Offizier, Geld in Plastiktüten und die Hoffnung auf den »Deal«

Schon als Trump sein Wahlkampfteam aufstellte, ging Wirecard mit Washington auf Tuchfühlung. Im Februar 2016 kündigten zwei ranghohe Ex-Offiziere an, Trump zu unterstützen. Einer von ihnen war der frühere CIA-Offizier Gary B., der sich im Nahen Osten im Kampf gegen al-Qaida einen Namen gemacht hatte. Die Unterstützung von Gary sei ihm sehr wichtig«, hatte Trump laut US-Medien erklärt, nachdem der Ex-CIA-Agenten in sein Wahlkampfteam für Außen- und Sicherheitspolitik berufen worden war. Damit schienen nun nicht mehr die Geldwäschejäger des FBI den Kurs gegenüber Russland bestimmen zu können, sondern eine Garde von Veteranen, die sich weniger um Russland sorgten, sondern Trumps America-First-Politik gegenüber China umsetzen wollten.

Wenige Wochen, nachdem der Ex-CIA-Agent in den ausgewählten Kreis von Trumps Sicherheitsleuten eingeführt worden war, nahm Marsalek Kontakt zu einem seiner langjährigen amerikanischen Geschäftspartner auf. Ray A. war jemand, dem wohl nur wenige zugetraut hätten, Kontakte zur amerikanischen Sicherheit zu pflegen. Eine Mitarbeiterin Marsaleks berichtete später im Untersuchungsausschuss, sie habe Plastiktüten mit Bargeld in Höhe von rund

200.000 Euro bei der Wirecard Bank in Empfang genommen, die wohl für Ray A. bestimmt gewesen seien. Schon 2012 soll er Marsalek eingespannt haben, um für seine Geschäfte ein Partnerinstitut aufzutreiben, wozu er gelegentlich auch die russlandnahe Federal Bank of the Middle East (FBME) genutzt haben soll.[365] Die Bank geriet im Zuge der Ermittlungen zur russischen Einflussnahme auf die US-Wahlen 2016 ins Visier des FBI und des Sonderermittlers Robert Mueller. In den FinCEN-Akten der amerikanischen Finanzbehörde tauchten schließlich zahlreiche Firmen auf, die mit Ray A. in Verbindung standen und verdächtigt wurden, Geldwäsche zu betreiben oder Geldflüsse zu verschleiern. Einige dieser Firmen fanden sich auch in den Wirecard Händlerlisten wieder. Gemeinsam mit einem deutschen Komplizen wurde Ray A. später wegen Bankenbetrugs in New York angeklagt und verurteilt.[366] Vertreten ließ er sich dabei von einem prominenten Strafverteidiger, der mehrere Trump-Insider – darunter Trumps früheren Chefstratege Steve Bannon – im Zuge der Sonderermittlungen zur russischen Wahlbeeinflussung verteidigt hatte.[367]

Während Ray A. und mögliche Russland-Connections die US-Geldwäschejäger des FBI und US-Finanzministeriums elektrisierten, schien der Ex-CIA Agent Gary B. offener gegenüber dessen Verbindungen zu sein. Ray A. soll den Ex-CIA-Offizier mit Marsalek in Verbindung gesetzt haben, woraufhin ein Treffen der beiden in München anvisiert wurde, wie in einer E-Mail zu lesen ist, über die der *Stern* und *Capital* einst berichteten. Der alte Herr der CIA sah Spielraum zum »Verhandeln«, hatte er Marsalek versichert. Später erklärte er gegenüber Journalisten, nicht in Kontakt mit Marsalek »zu stehen«, auch ein Treffen in München habe nicht stattgefunden. Doch das war vielleicht gar nicht mehr nötig, denn mindestens ein Treffen soll Gary, wie er gegenüber *Forensic News* bestätigte, für Marsalek und A. mit dem US-Justizministerium arrangiert haben.

Die Wogen der Justiz schienen sich in den USA für Wirecard nun zu glätten. Wirecards Finanzvorstand war schon im Januar 2016 mit einer Juristin in die USA geflogen und hatte sich dort, wie er in einer

Mail schrieb, »sehr weit aus dem Fenster gelehnt« und Unterlagen zugesagt, die einer Verständigung mit dem dort zuständigen New Yorker State Attorney den Weg ebnen sollten (siehe Kapitel 3). Als ich ihn dazu fragte, erklärte er über seinen Anwalt, eine Non-Disclosure-Vereinbarung unterschrieben zu haben, sodass eine Stellungnahme dazu nicht möglich sei. Aus internen Wirecard-Mails geht derweil hervor, dass Wirecard aus den USA eine Liste zu konkreten Suchabfragen erhalten hatte, 2017 folgte eine weitere Liste. Wenn Wirecard den US-Wünschen bei Abfragen aus der Kundendatenbank nachkomme, werde damit eine »sehr gute Vertrauensbasis geschaffen«, schrieben die Wirecard-Berater im März 2017.

Zwei Monate später meldeten die Anwälte, dass die »Präsentationsrunde der Investigation-Findings bei T. [Name des State Attorney gestrichen] sehr erfolgreich verlief«. In den USA öffneten sich seit 2016 immer mehr Türen. Auch eine Kooperation mit der Citibank schritt voran. 2016 übernahm Wirecard von der Citi das Pre-paid-Kartensystem, also eines jener Systeme, das laut einer Ex-CIA-Agentin ein perfektes Instrument für Geldwäsche darstellte (siehe Kapitel 3). Damit war Wirecard nun auch in Nordamerika vertreten. Und im Frühjahr 2017 segneten die US-Behörden die Übernahme von 20.000 Citi-Händlerkunden aus dem Asien-Pazifik-Raum ab. Im Folgejahr zogen die Amerikaner schließlich das Rechtshilfeersuchen zum mutmaßlich unerlaubten Glücksspiel zurück, und Anfang 2019 wurden sämtliche sichergestellten Daten, wie die Anwälte Wirecard mitteilten »zurückgegeben und/oder gelöscht«. Es lief rund für die Aschheimer. Unter der Trump-Regierung schien Wirecard in den USA Deals machen zu können.

Wirtschaftsinteressen diktierten nun ganz offen den Kurs der US-Sicherheitspolitik. Während der Präsident schon damals per Twitter (heute X) gegen deutsche Autos polterte, die seine Administration gar als Sicherheitsrisiko identifizierte und von Berlin mehr Ausgaben für die Verteidigung verlangte, bemühten sich Unternehmensberater, Sicherheitsagenturen und Investoren, eine gemeinsame Basis für eine Verständigung mit Trump zu finden. Was vorher politisch tabu war, schien unter Trumps neuer Außen- und Sicherheitspolitik nun möglich zu sein: die Expansion der deutschen Wirtschaft in Länder, die unter Sanktionen standen – vor allem nach Russland.

Das große Geld und ein Faible für Geopolitik

Im Januar 2017 flatterte ein »VIP Trump Dossier« in Brauns Postfach – es klang geheimnisvoll. *Strictly confidential* war fettgedruckt zu lesen. Absender war der Start-up-Investor Christian Angermayer. Er habe, so schrieb er in der Rundmail, mit zehn Personen gesprochen, die der neuen US-Administration nahestünden und ein gutes Gefühl bekommen, wohin Trump steuere: »Donald Trump und sein Team arbeiten an einem radikalen Wandel.« Praktisch hätten »drei Gruppen zusammen die Führung Amerikas übernommen: Wall Street, das Geld der Industrie und Silicon Valley,« schlussfolgerte er. Mit deren Hilfe sollte die US-Regierung wie ein Unternehmen geführt werden. Das sei, so Angermayer, eine große Chance. Christian Angermayer war der Shooting-Star der deutschen Investorenszene und lebte den amerikanischen Traum vom »Tellerwäscher zum Millionär«. Genauer gesagt, zum Milliardär.

Schon früh hatte er sich in Richtung USA orientiert. Beim World Economic Forum war er 2010 in Davos aufgetreten, wo man ihn ein Jahr später zum Young Global Leader kürte.[368] Im Laufe der Jahre dehnte er den Radius seines Wirkens kontinuierlich weiter aus: 2012 besuchte er das Wirtschaftsforum in Sankt Petersburg,[369] und für Investorenfreunde hatte er für das selbe Jahr, einen vorläufigen Programmplan entworfen, wie er später erklärte, – mit einem Besuch beim World Economic Forum in China und einem Gespräch mit dem damaligen russischen Ministerpräsidenten Dmitri Medwedew.[370] Nun sah er Chancen in der Trump-Regierung.

Trumps Leute, so hatte der Entrepreneur in seiner Rundmail wissen lassen, blickten hundert Jahre in die Zukunft, wenn Russland für die USA nicht mehr von Bedeutung sei, China hingegen schon.

Dabei befinde man sich, so sein Credo, in einem »War of Innovation«,[371] der in erster Linie von den USA und China ausgetragen werde.

»Er ist ein Investor, der die Bedeutung der Geopolitik für eine langfristige Strategie verstanden hat«, lobte Benedikt Franke, stellvertretender Vorsitzende der Münchner Sicherheitskonferenz, Angermayers Gespür für die weite Welt.[372] Am Rande der SiKo organisierte Angermayer exklusive Runden mit Politikern und Investoren aus aller Welt, die Businessinteressen mit Sicherheitspolitik vernetzten.[373] Es war vielleicht dieses geopolitische Gespür, das ihn auf den Deutsch-Amerikaner Peter Thiel setzen ließ, jenen schwerreichen US-Investor, der einst mithilfe der CIA den Datenanalyse-Giganten Palantir mitgegründet hatte. Thiel sei ein enger Freund und Business Partner und, wie er meinte, aktuell eine der interessantesten Persönlichkeiten, hatte Angermayer in einer Mail, die auch an Braun ging, den Tech-Milliardär angepriesen. Interessant dürfte nicht nur Thiels libertäre und staatskritische Unternehmerphilosophie gewesen sein, sondern auch der politische Einfluss, den er auszuüben vermochte. Wenige Wochen vor der US-Wahl hatte sich Thiel auf dem Parteitag der Republikaner öffentlich hinter Trump gestellt und nach gewonnener Wahl zählte er zum erlesenen Kreis seiner Berater. Dank Angermayer öffneten sich für den US-Milliardär neue Türen – auch in Berlin und Moskau. 2016 besuchte Thiel das Kanzleramt, wo er gemeinsam mit Angermayer Merkels damaligen Kanzleramtschef traf. Zwei Jahre später war er zu Angermayers prunkvoller Geburtstagsfeier in Wien geladen, bei der er einem Moskauer Diplomaten vorgestellt wurde, einem früheren Handelsattaché der russischen Botschaft in Berlin, vor dem der deutsche Verfassungsschutz gewarnt hatte. Der Diplomat des Kremls lud Thiel prompt zum Wirtschaftsforum in Sankt Petersburg ein, wo er Putin persönlich kennenlernen könne, wie *Business Insider* einst berichtete. Zu dem Treffen kam es jedoch nicht. Später übergab Thiel die Informationen dem FBI und erklärte, es habe den Anschein gehabt, als solle er in Kreise eingebunden werden, die die Interessen des Kremls förderten.[374]

Ein US-Investor und die Wirecard-Connection

Am 19. Februar 2017 plante Angermayers Apeiron-Holding anlässlich der Münchner Sicherheitskonferenz ein großes Get-Together – einen Roundtable im Münchner Charles Hotel. Das Treffen war bis ins Kleinste organisiert. Dresscode: Business casual, es sollte locker zugehen. Stargast war Thiel. Auch Markus Braun sollte bei dem Treffen nicht fehlen, er hatte eine Erinnerungsmail bekommen. Der Radius von Wirecard weitete sich damals entsprechend aus. Als ich Angermayer über seine Investmentgesellschaft um Stellungnahmen zu seinen Kontakten befragte, antwortete er nicht.

Schon vor dem Side Event vom 19. Februar soll es aber noch zu einem anderen Zusammentreffen gekommen sein, genauer gesagt zwischen Thiel und Ex-Bundesverteidigungsminister und Nun-Berater (Spitzberg Partners) Karl-Theodor zu Guttenberg. Bei einem Frühstückstermin habe Guttenberg Wirecard gegenüber Thiel als einen starken innovativen Technologieplayer angepriesen, kommunizierte Guttenbergs Business Partner damals in einer Mail an Wirecard. Als ich Guttenberg dazu befragte, kommentierte er dies nicht. In einer Mail vom März 2017 an Thiel und den damaligen Finanzchef von Wirecard lässt sich aber ablesen, wie es wohl weiterging. Man habe gemeinsame Interessen identifiziert, schrieb Guttenberg den beiden Herren und fügte hinzu. »Gentlemen, ich überlasse es Ihnen, hier anzusetzen«. (Original-Mail auf Englisch)

Bei Wirecard schien man Spitzbergs Dienste nun wertzuschätzen. »Wir zahlen immer noch jeden Monat 10.000 EUR an die, ist das richtig?«, wunderte sich der Wirecard-Prokurist 2018 über die hohen Honorare, die jeden Monat abflossen. Die Antwort ließ keinen Zweifel, wie wichtig die Beratung für Wirecard geworden war. »Gott sei Dank haben wir Spitzberg!!! Wird noch erweitert«, hieß es in Aschheim. Als ich Guttenberg zu seiner Rolle bei Wirecard befragte, verwies er auf seine Äußerungen im Untersuchungsausschuss, wo er meinte: »Wir wurden offensichtlich arglistig getäuscht.«[375] Guttenbergs Agentur arbeitete für Wirecard ab März 2018 an einem China-Projekt, später Heron genannt, das Wirecard den Einstieg in den chinesischen Markt ermöglichen sollte.

Just zu dieser Zeit, im Juni 2018, wurde in den USA ein weiteres auf IT spezialisiertes Unternehmen gegründet, die Augustus Intelligence, ein, wie es damals hieß, »Promi-Start-up«, das damit warb, Business-to-Business-Lösungen im KI-Bereich anzubieten. Persönlichkeiten aus Politik und Wirtschaft engagierten sich hier, auch Guttenberg investierte im März 2018 in das Intelligence-Unternehmen. Die Firma hatte sich im New Yorker One World Trade Center niedergelassen, wo auch Spitzberg seinen Sitz hatte. Zwei Monate nach Guttenbergs Investition zog er in den Vorstand der Intelligence-Firma und war zuständig für General Affairs. Während der Ex-Verteidigungsminister mir auf Nachfrage versicherte, nicht im Sicherheitsbereich tätig gewesen zu sein, schien Augustus auf Expertise aus deutschen Sicherheitskreisen nicht verzichten zu wollen. Ex-BND-Chef August Hanning und Hans-Georg Maaßen, als Verfassungsschutzpräsident im November 2018 in den Ruhestand versetzt, wurden, wie Medien später berichteten, hier als Berater tätig. Maaßen versicherte, keine Bezahlung, sondern nur uneingelöste Aktienoptionen erhalten zu haben.[376] Auch Hanning hatte Aktienoptionen erhalten, Kontakte habe er aber nie vermittelt, erklärte er gegenüber der Presse, seine Beraterfunktion für das Unternehmen bestätigte er.[377] Auf seltsame Weise schienen sich hier Investment-Optionen mit Sicherheitsexpertise zu verbinden.

Augustus war nicht das einzige Unternehmen, wo Investitionen und Beratung zusammenliefen und Hanning sich engagierte. Schon 2016 war er in der Geschäftsleitung der im vierten Kapitel erwähnten strategischen Unternehmensberatung system 360 AG eingestiegen, eine Schweizer Firma, die laut Firmenregistereintrag Unternehmen forensische Untersuchung anbietet. Im Jahr 2018 wurde in der Schweiz zusätzlich eine Beteiligungsgesellschaft namens Pluteos gegründet, die sich an der Beratungsfirma system 360 Deutschland beteiligte und wo Hanning Präsident des Verwaltungsrats wurde. Drei Monate bevor er das Amt antrat, war die Firma mithilfe eines Unternehmers gegründet worden, dem gute Kontakte nach Russland nachgesagt wurden[378] – und der hier als Direktor fungierte. 2019 nahm der wie auch Hanning für Pluteos an einer Veranstaltung in Moskau teil, die Wege für eine Zusammenarbeit mit Russland abseits der westlichen Sanktionspolitik eruierte. Die Beteiligungsgesellschaft zog weitere Altherren deutscher Sicherheitsdienste an. Auch Ex-Verfassungspräsident Maaßen war hier als Berater tätig, wie er dem *Stern* gegenüber bestätigte.[379] Und mit Hannings Einstieg war auch ein Hamburger Polizeikommissar in das Gremium miteingezogen, der bei der system 360 AG 2016 den Vorsitz der Geschäftsleitung übernommen hatte und der nach der Jahrtausendwende eine Sicherheitsfirma mitgegründet hatte, wo Hanning als Berater eingestiegen war. Zur Erinnerung, der Ex-Polizeibeamte hatte einst die umstrittene Sicherheitsfirma Prevent mitgegründet, die Unternehmen im In- und Ausland beriet, bis sie im Zuge eines Skandals rund um einen Bankmitarbeiter in den USA Insolvenz anmelden musste.

Im April 2021 meldete auch Augustus nach einer Phase der Agonie und einem Skandal über politischen Lobbyismus Insolvenz in den USA an. Die Agentur hatte, wie sich später zeigte, zwischenzeitlich Millionen des eingesammelten Kapitals, das übrigens zum Teil in einem Trust in Liechtenstein verwaltet wurde, in den Sand gesetzt.

Doch um Geld allein ging es offensichtlich nicht bei Augustus Intelligence, sondern das Unternehmen wollte die Entwicklung neuester sicherheitsrelevanter Technologien vorantreiben. Laut einer Zeugenaussage im US-Insolvenzverfahren verfolgten die Gründer eine »Mission«: in den USA sollte KI-Software-Technologie entwickelt werden zum Aufbau eigener Datencenter.[380] Daraus wurde bekanntlich nichts.

Das Kartenhaus wackelt, doch es hält

Während Wirecard an Trumps Entourage heranrückte, suchte der Konzern auch an Deutschlands Regierungsspitze, damals Angela Merkel, anzudocken. Der Zahlungsdienstleister war im September

2018 in den renommierten DAX aufgestiegen und das sollte Vorstandschef Braun nun auch in jene Liga hieven, die einen Draht zum Kanzleramt hat. Wieder half Ex-Polizeipräsident Waldemar Kindler, der für Wirecard einen Kontakt zu Bayerns ehemaligem Innenminister und Ministerpräsidenten Günther Beckstein aufbaute, den er seit 40 Jahren kannte. Beckstein spannte für einen daraufhin geplanten Besuch in Aschheim wiederum die damalige Digitalministerin Dorothee Bär ein, die für Braun schließlich einen Termin bei Merkel einzufädeln versuchte. Mitte November fragte Braun über Bär im Kanzleramt einen Termin an, der jedoch platzte. Ein ins Kanzleramt vorübergehend entsandter Beamter hatte von dem Treffen mit Braun abgeraten, angeblich aus Termingründen. Der Kontaktversuch war fürs Erste gescheitert. Für Wirecard brachen nun turbulente Zeiten an.

Ab Ende 2018 wurde es ungemütlich. Die *Financial Times* berichtete über neue dubiose Machenschaften bei Wirecard und groben Fehlern in den Bilanzen. Zwei Wirecard-Mitarbeiter in Singapur hatten zweifelhafte Zahlungen aufgedeckt. Ende Januar und gleich darauf noch einmal Anfang Februar 2019 berichtete die *FT* im Detail über ominöse Transaktionen in Singapur, in die auch das Wirecard-Management involviert zu sein schien.[381] Der Börsenkurs rutschte in den Keller und die Polizei des Stadtstaates schwärmte aus, um die Büros von Wirecard zu durchforsten. Die Chefetage war im Schockzustand.

Am 4. Februar erfuhr die Hausjuristin, wie geladen die Stimmung auch bei der Staatsanwaltschaft in München gewesen sein soll. Aufgebracht schien man dort aber nicht wegen Wirecard zu sein, sondern wegen der *Financial Times*, die Nachfragen stellte. »Die STA war fassungslos ob der Dreistigkeit […] ich auch«, schrieb die Juristin an Marsalek, als die *FT* nicht aufhörte zu bohren.[382] Marsalek wiederum berichtete, dass ein Junior-Redakteur des Blattes bei der Polizei nachgeforscht hatte. Der Wirecard-Manager schien mal wieder auf dem Laufenden zu sein, was Informationen aus Polizeikreisen betraf.

Wenn ein Spionage-Clown enttarnt werden soll und die Fernsprechanlage zum Feind wird

Das Wirecard-Debakel drohte Anfang 2019 in der Öffentlichkeit eine neue Wende zu nehmen – aus dem Skandal um ein Zahlungsunternehmen drohte eine Spionagegeschichte zu werden. Die *Financial Times* hatte Wind davon bekommen, dass ihre Büros in London aus der Ferne observiert wurden, und kurz darauf ein Foto der Aktion unter dem Titel »Die Enttarnung eines Spionage-Clowns?« auf ihrer Webseite veröffentlicht (im Original auf Englisch).[383]

Am 5. Februar war Marsalek auf mehreren Kanälen gleichzeitig im Gespräch mit einer Juristin des Hauses und den »Jungs«, wie er schrieb. Bei den Jungs handelte es sich laut Telegram-Nachricht um seine mutmaßlichen BND-Kontakte. Auch wenn der BND einen Kontakt mit Marsalek nie bestätigt hat, in diesem entscheidenden Moment, als Wirecard an den Finanzmärkten unter Druck geriet und dubiose Spionagemethoden öffentlich zu werden drohten, schien Marsalek zumindest überzeugt, mit BND-nahen Informanten in Kontakt zu stehen. Die sorgten sich nun laut Marsalek, dass die *FT* eine weitere Geschichte, eine »Räuberpistole« veröffentlichen könnte, die Jungs vom BND »sagen die wollen quasi eine Spionagegeschichte schreiben«, erklärte er seiner Kollegin im Chat. Um 17:59 Uhr am 5. Februar schrieb er laut mir vorliegendem Nachrichtenverlauf zudem: »BND sagt, Gauweiler soll die *Zeit* angehen«. Als ich Gauweiler um Stellungnahme bat, erklärte er, niemals für Wirecard tätig geworden zu sein. Welche Verbindung Wirecard zu seinem 2022 verstorbenen Kanzleipartner Bub gepflegt hat, sei ihm nicht bekannt. Das Gauweiler nicht eingeweiht war, mag so gewesen sein, er taucht in den Wirecard-Unterlagen auch nicht auf. Mir stellt sich an diesem Punkt aber eine andere Frage: Wurden hier etwa aus BND-nahen Sicherheitskreisen Tipps gegeben, mit wem Wirecard sich in Verbindung setzen sollte? Wurden im Zuge dessen jene Berater oder Kanzleien empfohlen die bestens aufgestellt waren, dem Konzern aus der Klemme zu helfen, wenn es im Ausland ungemütlich wurde? Schon nach den ersten Meldungen aus Großbritannien 2016 im Zusammenhang mit dem Zatarra-Bericht hatte die Kanzlei Bub Gauweiler & Partner die Rechtsberatung für Wirecard übernommen (siehe Kapitel 3). Jetzt waren allerdings die Tipps, die die Jungs Marsalek gaben, viel zu »gefährlich«, wie die Mitarbeiterin gleich messerscharf bemerkte. Die Gefahr war tatsächlich groß, dass die Journalisten der *Zeit* nach einer Intervention von Gauweilers Kanzlei erst recht kritisch nachbohren könnten und für öffentlichen Wirbel sorgen würden. Auch Marsalek meinte: »Ist BND-Vorschlag, bin aber nicht deren Meinung«. Tatsächlich schien der BND oder wer auch immer, Wirecard geradewegs ins Unheil laufen zu lassen. Bei Wirecard ließ man den Vorschlag zumindest im Ansatz sausen.

Marsalek und die Wirecard-Mitarbeiterin entschieden, dem üblichen Pfad der ihnen bekannten Berater zu folgen und eine PR-Dame einer Berliner Agentur einzuschalten, die »auf Vermittlung von Bub Gauweiler tätig ist« und alle notwendigen Infos bekommen habe, hieß es in einer Nachricht. Man befürchtete längst, wie im Chat zu lesen war, dass es irgendwo in einer ihrer Beratungsfirmen oder andernorts ein Leak gab, das Informationen nach außen durchstach.

Sorgten sich Marsalek und seine Vertrauten vielleicht, dass der BND nun endlich die Vorwürfe der Briten aufgriff und den dubiosen Verbindungen nachging, die nach Russland führten? Misstrauen gegenüber dem BND war in Aschheim durchaus angebracht. Die Zusammenarbeit zwischen Deutschland und Großbritannien lief geschmeidiger als mit den Amerikanern; im Sicherheitsbereich arbeiteten die beiden Dienste traditionell eng zusammen. Meldungen, die aus Großbritannien nach Deutschland herüberschwappten, hatten also eine Chance, vom BND aufgegriffen zu werden. Erst vier Monate zuvor hatte Marsalek in London mit der Nowitschok-Formel posiert, sodass beim Bundesnachrichtendienst die Rauchzeichen aus Großbritannien wohl angekommen sein dürften. Und nach Schindlers Abgang im Juni 2016 war die neue Führung nicht mehr so darauf bedacht, den Russen bei aller berechtigter Sorge die

Hand in Wirtschaft und Gesellschaft zu reichen. Während der BND nach der Krim-Annexion verstärkt vor den Gefahren russischer Aggression warnte und der Blick auf die Netzwerke der Wirtschaft, die nach Russland führten, sensibler wurde, schien der ehemalige Verfassungsschutzpräsident Hans-Georg Maaßen das Problem woanders zu sehen, vor allem in den USA. Später machte Maaßen gar die Amerikaner für den Ukraine-Krieg verantwortlich, der aus seiner Sicht ein »Stellvertreterkrieg der USA gegen Russland« sei.[384] Wie weit sich der BND und der Verfassungsschutz unter seiner Führung in dieser Zeit offenbar voneinander entfernten, zeigte sich, als Maaßen im Nachhinein die Existenzberechtigung des BND in Frage stellte: »Da muss ich sagen, da braucht man solche Dienste auch nicht mehr, wenn sie im Ausland betteln müssen für Informationen, die man selbst generieren könnte, wenn wir es denn dürften.«[385] 2019 traten nicht nur in den USA verstärkt Spannungen zwischen Inlands- und Auslandsnachrichtendienst, also zwischen FBI und CIA auf; auch in Deutschland drifteten die Ansichten der Dienste auseinander, wo die Gefahren zu suchen waren.

Die Trennung zwischen In- und Ausland, die lange Zeit im Fall Wirecard sichergestellt hatte, dass Geldwäscheverfahren unter der Kontrolle der Inlandsdienste und demnach in Bayern liefen, funktionierte allmählich nicht mehr. Die *FT*-Berichte schienen den Geldwäscheverdacht bei Wirecard erneut aufzuwerfen und machten unmissverständlich klar, dass das dubiose Wirecard-Geschäft über Asien im Ausland lief – und dafür waren nun mal nicht die Inlandsdienste, sondern der Auslandsnachrichtendienst zuständig.

Nicht nur kamen die Einschläge, die aus dem Ausland auf Wirecard einprallten, immer häufiger. Auch in Deutschland wurde es zunehmend unbehaglich. Die teilstaatliche Commerzbank plante 2019 den geordneten Rückzug aus dem Wirecard-Geschäft und deren Compliance-Abteilung schickte nun Mails, die den Wirecard-Prokuristen aufhorchen ließen; der Tonfall wurde »unverschämt«, wie er meinte. In der deutschen Presse erschienen zunehmend kritische Berichte. Mitarbeiter wunderten sich, wie nervös Braun zuweilen wirkte. Jemand solle daran denken, »MB ein paar Tropfen Baldrian ins Glas zu geben«, schlug eine Mitarbeiterin vor. Ständig habe er Angst gehabt, er könne abgehört werden, wusste die *Süddeutsche Zeitung* zu berichten.[386] Sein Auto und sein Büro habe er sogar nach Wanzen absuchen lassen. Ahnte der Wirecard-Manager vielleicht, dass die Geschlossenheit bröckelte und sein Konzern in schwieriges Fahrwasser geraten würde, wenn deutsche Sicherheitsdienste mal einen kritischen Blick ins Innere des Unternehmens und die Auslandskunden werfen würden?

Der BND, so berichtete eine Wirecard-Vorständin später, wollte 2019 Einsicht in die Transaktionsdaten erhalten und habe von Marsalek den gesamten Jahresdatensatz aller Kundentransaktionen angefordert. Das sei nichts Ungewöhnliches gewesen, kommentierte sie den mutmaßlichen Austausch mit dem BND. Den Jahresdatensatz habe sie entsprechend zusammenstellen lassen. Der BND sei ein Kunde gewesen wie jeder andere. Man bemerke: der BND ein Wirecard-Kunde? Auf Anfrage beim BND bekam ich keine Antwort. Als der parlamentarische Sonderprüfer für Geheimdienste, Wolfgang Wieland, beim BND nachhorchte, hieß es, »der BND schließt nachprüfbar aus, einen solchen Satz erhalten zu haben«. In seinem Abschlussbericht stellte Wieland daraufhin süffisant fest, »sodass die Frage bleibt, wer ihn dann erhielt«.

Verschiedene Erklärungsansätze sind möglich, warum der BND den Datensatz nachweisbar nicht erhielt. Falls der BND sich im Zuge der britischen Veröffentlichungen einen Überblick über die Wirecard-Geschäftspartner verschaffen und nun endlich dem Verdacht der Geldwäsche im Ausland nachgehen wollte, dürfte der von Wirecard vorbereitete Datensatz von wenig Nutzen gewesen sein. Alle Transaktionen über alle Wirecard-Plattformen hinweg waren für 2018 zusammengestellt worden, aber die Kunden waren anonymisiert, wie die Wirecard-Vorständin später erklärte. Wer immer die Daten möglicherweise zur Vorabprüfung in Empfang genommen hat – über private Agenturen oder sonst welche Kanäle –, dürfte wenig Sinn darin gesehen habe, sie offiziell und damit nachweisbar an den BND weiterzuleiten, denn es fehlten die Informationen zu den fragwürdigen Geschäftspartnern im Ausland. Eine andere Erklärung ist auch möglich, wonach der Datensatz das Haus von Wirecard möglicherweise nie verlassen hat und von Marsalek abgefangen wurde. Dessen langjährige Vertraute aus dem Vertrieb hatte intern spitzbekommen, dass eine Liste vorbereitet wurde, in der auch die Kunden der Drittpartner aus dem Ausland aufgeführt und weitergegeben werden sollten. Aufgeregt schrieb sie eine Mail an Marsalek. Es sei doch »wahnsinnig«, eine Kundenliste zusammenzustellen. Eine solche Liste dürfe auf keinen Fall zirkulieren, auch intern nicht. Man sorgte sich offensichtlich, dass Kundendaten von einem Insider nach außen gelangen könnten. Marsalek sah das ähnlich. Man müsse: »höllisch aufpassen« mit diesen Daten, nur der damalige Chefbuchhalter und die besagte Vertriebsleiterin dürften die Daten sehen, und letztere auch nur zum Teil. Wer immer die Liste über den konkreten Kundenstamm im Ausland bekommen hat, sie ist bis heute ganz offensichtlich unter Verschluss und weiterhin ein wohlbehütetes Geheimnis.

Auf wen ist Verlass – US-Berater oder Bayern-Connection?

Als die Nervosität nach den *Financial-Times*-Veröffentlichungen im Februar in Aschheim am Siedepunkt war, meldete sich bei Wirecard eine Sicherheitsagentur, die ihre Dienste bei der Aufklärung anbot. »Jan – Nach dem heutigen *FT*-Artikel zu urteilen, scheint es, dass wir eine gründliche multijurisdiktionale Untersuchung durchführen müssen«, schrieb der Geschäftsführer der Londoner Investment- und Sicherheitsagentur in einer Mail (im Original auf Englisch). Er bot Wirecard »nachrichtendienstlich geleitete Ermittlungen« an und eine forensische Untersuchung, die das Rückgrat für eine Vermittlung mit den Strafermittlungsbehörden werden sollte. Der Geschäftsführer war jahrelang für die US-Regierung als Investment-

und Sicherheitsberater tätig gewesen, bevor er sich Ende der neunziger Jahre selbstständig gemacht hatte, als die CIA sich verstärkt des Privatsektors für Sicherheitsdienstleistungen bediente. Er hatte zuerst eine eigene Investmentfirma gegründet, später eine Investment Holding sowie eine investigative Sicherheitsfirma, die forensische Untersuchungen im Finanzsektor anbot. Übersetzt hieß sie »das Geheime«. Laut Firmenpräsentation wurde sie unterstützt von »hochrangigen Vertretern der mächtigsten Nachrichtendienste und Regierungsbehörden der Welt«, insbesondere aus den USA, Großbritannien und Israel.

Die private Londoner Sicherheitsagentur erweckte den Eindruck, eine Art verlängerter Arm westlicher Nachrichtendienste zu sein. Die Agentur hatte schon 2014 Russland kritisch im Blick. Sie war in einem Londoner Zivilverfahren gegen Oleg Deripaska aufgetreten und ihr Chef hatte nach der Krim-Annexion öffentlich eine härtere Gangart mit schärferen Finanzsanktionen gegen Moskau gefordert.

Statt der anvisierten 600.000 Euro Beratungsgebühr überwies Wirecard im März 12.619,87 Euro an die Agentur. Der Betrag müsse »dringend« bezahlt werden, denn die Leistung sei bereits erbracht worden, schrieb eine Mitarbeiterin Marsaleks. Mit dem angelsächsischen Investigativ-Team wollte man offensichtlich keine Schwierigkeiten haben. Schon 2016 hatte der Investmentarm der Gesellschaft von Dubai aus die Fühler nach Marsalek ausgestreckt und ein gemeinsames »Mobile Money«-Projekt in Bangladesch geplant, danach hatte der Londoner Berater hin und wieder mal eine Presseerklärung an Marsalek weitergeleitet, die die hochkarätige Besetzung seiner Investigativagentur mit Altherren der US-Sicherheitsdienste eindrucksvoll darlegte. Einen multijurisdiktionalen, forensischen Blick in die Bücher wollte Marsalek von dem Team Anfang 2019 offensichtlich nicht durchführen lassen. Wirecard verließ sich lieber auf die langjährige Bayern-Connection und hier lief es für die Aschheimer anscheinend mal wieder bestens.

Es läuft wie geschmiert

Am 15. Februar 2019 um 7:30 Uhr meldete sich ein Münchener Staranwalt bei der Staatsanwaltschaft. Für die Kanzlei Bub Gauweiler & Partner hatte er die großen Wirtschaftsskandale betreut, die Metro hatte er genauso vertreten wie die Deutsche Bank und so kannte er seit einem Jahrzehnt die zuständigen Staatsanwältin persönlich – für besondere Fälle hatte er sogar ihre Handynummer.

Im Untersuchungsausschuss des Bundestages gab die Staatsanwältin später wieder, was der Münchener Anwalt ihr per Fax durchgegeben hatte: Wirecard werde erpresst, solle sechs Millionen Euro zahlen, sonst würden die Negativmeldungen der angelsächsischen Medien nicht abreißen. Es brauchte scheinbar nur eine Nachricht des in München gut verdrahteten Rechtsanwalts, um ohne Umschweife eine Kaskade von Gegenmaßnahmen in Gang zu setzen, die Wirecard wieder einmal gegen jeden noch so handfesten Beleg, der aus dem Ausland und über den Finanzmarkt gegen den Konzern vorgebracht wurde, abschirmten. Noch am selben Morgen leitete die Staatsanwältin die Information an die BaFin mit dem für jeden Beamten unmissverständlichen Hinweis weiter, dass die Staatsanwaltschaft die Drohung als »glaubhaft« einschätze. In der behördlichen Praxis gilt ein solcher Hinweis als inoffizielle Aufforderung, entsprechend aktiv zu werden.

Am 18. Februar erließ die BaFin ein historisches Shortseller-Verbot, das Investoren daran hinderte, auf fallende Wirecard-Kurse zu spekulieren. Der Staat schien seine schützende Hand über Wirecard zu halten. Es war das erste Mal, dass die deutsche Finanzaufsicht in dieser Weise gegen Shortseller vorging. Nach der Finanzkrise 2008 hatte die BaFin auf der BKA-Herbsttagung angekündigt, Flagge zu zeigen gegen Marktteilnehmer, die abgestimmt und bewusst Unternehmen am Finanzmarkt unter Druck setzten (siehe Kapitel 2). Mit dem Leerverkaufsverbot war nun für alle Welt sichtbar ein Exempel statuiert worden. Für Investoren dürfte die Message klar gewesen sein: Deutschland würde es nicht zulassen, dass Unternehmen im

Zuge von Betrugs-, Korruptions- oder Geldwäschevorwürfen von amerikanischer oder britischer Seite an den Finanzmärkten von Shortsellern unter Druck gesetzt würden.

Ein Leerverkaufsverbot ist ein scharfes Schwert, das für gewöhnlich nicht leicht durch die Instanzen der Bürokratie zu bringen ist. Die Entscheidung bedarf politischer und administrativer Vorarbeit und einer Reihe interner Abstimmungsprozesse. Doch wie der Zufall es wollte, war just an dem Freitag, an dem das historisch erste Leerverkaufsverbot entschieden werden sollte, der dafür zuständige Referatsleiter nicht im Haus. Stattdessen telefonierte die Münchener Staatsanwältin mit einem Referenten für Marktmanipulation, der die FT-Berichterstattung im Blick hatte. Dessen Vorgesetzte brachte gemeinsam mit der Exekutivdirektorin, ohne viel Bürokratie, gewissermaßen per Notlage, das Leerverkaufsverbot noch am selben Tag auf den Weg, sodass es gleich am Montag in Kraft treten konnte. Wirecard konnte einmal mehr den Kopf aus der Schlinge ziehen.

Wenige Tage nach dem Erlass traf sich die Staatsanwältin persönlich mit Marsalek. Jetzt lauschte sie, was der ihr zu erzählen hatte. Freimütig schilderte er seine Version der Geschichte. Die hatte sich in der Zwischenzeit aber schon weiterentwickelt. Die neue Version lautete, dass ein gewisser Ali K. sich bei Marsalek als Mittelsmann gemeldet habe und die Zahlung der erpressten Summe auf das Konto eines Rennstalls verlangte. Ali K., so stellte sich später heraus, war ein in Großbritannien verurteilter Drogendealer. Es muss viel guter Wille bei der Staatsanwaltschaft im Spiel gewesen sein, um diese Erpressungsgeschichte derart ernst zu nehmen, angesichts der dubiosen Charaktere und der Widersprüche, die sich hier innerhalb von nur einer Woche aufgetan hatten.

Der Münchener Rechtsanwalt wurde später im Untersuchungsausschuss gefragt, ob er Kontakte zu Nachrichtendiensten gepflegt habe, was er verneinte. Er habe sich aber manchmal durchaus gewundert, wie gut Marsalek informiert gewesen sei. Welche Rolle Marsalek in all dem zu spielen gedachte, hatte er der Staatsanwältin während des Treffens ausschweifend erläutert. Er sei für »Feindaufklärung« bei Wirecard zuständig und wolle nun darlegen, was er herausgefunden habe und wer hinter den Veröffentlichungen der *Financial Times* stecke, die so hohe Wellen geschlagen hatten.

Seine Geschichte ging so: Ein britischer Wirecard-Mitarbeiter aus Singapur habe Informationen an die *Financial Times* gegeben, dieser Mitarbeiter sei dann nach London geflogen. Bezahlt worden sei der Flug von einem Investor. Mit Flugdaten versuchte Marsalek zu belegen, wie sich das Netz um Wirecard gesponnen hatte: »Abflug in Singapur am 13. Februar 2019, Flugnummer SQ322. Ankunft am 14. Februar 2019, 06.45 Uhr«, lautete der Ablaufplan.[387] Die Belege der Flugverbindung seien ihm von einem Bekannten gegeben worden, der für einen ausländischen Staat arbeitete. Letzteres schien die Staatsanwältin nicht sonderlich zu beunruhigen, auch wenn Misstrauen vielleicht angebracht gewesen wäre, denn Marsalek war einst im Zuge des US-Rechtshilfeersuchens aktenkundig geworden: Zahlreiche Geldwäscheverdachtsmeldungen waren gegen das Unternehmen eingegangen und nun bestätigte Marsalek auch noch Kontakte zu einem ausländischen Staat, was auf Russland hätte schließen lassen können.

Passte seine Geschichte der »Feindaufklärung« vielleicht in ein eigens zusammengebasteltes Passepartout, wer Täter und wer Opfer in diesem nun seit Jahren juristisch ausgefochtenen Fall zu sein schienen? Waren der »Feind«, den man aufzuspüren versuchte, dabei vielleicht aber nicht Wirecard oder Russland, sondern Finanzmarktakteure, die von amerikanischen oder britischen Geheimdiensten mit Informationen gefüttert worden sein konnten? Am 15. Februar, also wenige Tage vor dem Treffen mit Marsalek, war eine Geldwäscheverdachtsmeldung der Unicredit Bank gegen Marsalek und den Wirecard-Vorstandschef Braun bei der Staatsanwaltschaft München eingegangen. Passte auch die vielleicht in das Bild, wonach der »Feind« auf den Finanzmärkten zu suchen war? Auf die Frage, warum so viele Geldwäscheverdachtsfälle ins Leere liefen, erklärte die Staatsanwältin im U-Ausschuss, dass eine Vortat vorliegen müsse und aus Erfahrung heraus der Tatbestand der Geldwäsche oft nicht zutreffe.

Während die mutmaßlichen BND-Jungs laut Chatverkehr Marsalek noch Tipps für eine Medienoffensive gegeben hatten, übernahm drei Tage nach dem Treffen mit Marsalek die Staatsanwältin quasi die Medienkommunikation und gab dem *Handelsblatt* folgendes Interview: »Wir haben am Freitag vor einer Woche um 7:30 Uhr ernstzunehmende Informationen von Wirecard erhalten, dass eine neue Shortattacke geplant ist und dass mit viel Geld versucht wird, Medienberichterstattung zu beeinflussen«, erklärte sie.[388] Beeindruckend, welches Engagement von Seiten der Staatsanwaltschaft im Medienbereich hier an den Tag gelegt wurde.

Die öffentliche Äußerung der Staatsanwaltschaft verfehlte ihre (vielleicht beabsichtigte) Wirkung nicht. Wirecard schien aus dem Fokus. Mit nahezu beispielloser Härte in der jüngeren deutschen Geschichte ging der Staat nun gegen jene Journalisten und Finanzmarktakteure vor, die Wirecard an den Pranger gestellt und unter Druck gesetzt hatten. Im April leitete die BaFin eine Strafanzeige gegen zwei *FT*-Journalisten ein und beschuldigt diese, mit Shortsellern gemeinsame Sache gemacht zu haben, um gegen Wirecard zu spekulieren. Journalisten wurden von Staatsseite verfolgt, für eine Recherche, die nichts anderes als die Wahrheit offenlegte. Ein harter und weitreichender Eingriff in die Pressefreiheit.

Während die bayerische Landesregierung den umstrittenen Konzern weiter hofierte und ein einflussreicher Anwalt ihm half den Kopf aus der Schlinge zu ziehen, drohte die Stimmung aufgrund der nicht abreißenden Negativpresse in Berlin zu kippen. Ein einfaches »Weiter so« war nicht mehr möglich. Das sahen zumindest die Berater so, die nun zahlreich für die Aschheimer von Berlin aus lobbyierten und Medienstrategien entwickelten, die sich explizit gegen kritische Journalisten richteten.

Bei Wirecard schienen nun alle Hemmungen zu fallen. Was vorher tabu war, sollte jetzt möglich werden. Marsalek setzte alles auf zwei Karten. Neben seiner Vorliebe für US-Präsident Donald Trump war er nun auch bereit, für Wirecard eine Geschäftsbeziehung mit dem in Österreich festsitzenden Oligarchen Dmytro Firtasch einzufädeln, dessen Kontakte nach Deutschland schon den Untergang der Privatermittlerin Christina Wilkening besiegelt hatten. Der umstrittene ukrainische Gasmilliardär geriet in jener Zeit in Wien zusehends unter Druck. Die österreichische Raiffeisen Bank International, in dessen Verbundsystem seit Jahrzehnten Firtaschs Gasgeschäfte abgewickelt wurden, sah sich gezwungen, die Reißleine zu ziehen.[389] Firtasch saß in der Klemme. Mithilfe der Raiffeisen Invest AG hatte er einst zusammen mit Russlands Gazprom das Gemeinschaftsunternehmen RosUkrEnergo gegründet. Das Gemeinschaftsunternehmen mit Gazprom war zwar 2015 aufgelöst worden, aber Firtasch war in der Lage gewesen, ein weit verzweigtes Firmenimperium aufzubauen und ein Netz von Geschäftspartnern zu führen. Dafür war ein komplexes Kontengefüge mit zahlreichen Tochtergesellschaften entstanden. Eine neue Hausbank zu finden, die bereit war, einen Oligarchen zu übernehmen, über dem ein US-Auslieferungsersuch (siehe Kapitel 6) schwebte, war eigentlich aussichtslos.

Wirecard sprang ein. Schon 2015 hatte ein Institut der österreichischen Raiffeisen Gruppe laut Wirecard-Mails angefragt, ob die Aschheimer Händlerportfolios aus dem Osten übernehmen würden. Nun aber sollte die Wirecard Bank das ukrainische Sorgenkind übernehmen. Und damit schienen bei den Aschheimern jene Dämme in der Compliance-Prüfung zu brechen, die die Verantwortlichen bis zuletzt zu halten versucht hatten. »Was haben wir davon?«, fragte der Geldwäschebeauftragte, als Marsalek Anfang März eine Kontoeröffnung für Firtasch ins Gespräch brachte. Dem Ukrainer würden »Kontakte zur russischen Mafia« nachgesagt, namentlich zu dem Russen Semjon Mogilewitsch, der auf der FBI-Liste der meistgesuchten Kriminellen auftauchte, mahnte er. Auch wenn Firtasch solche Verbindungen bestreitet (siehe Kapitel 6), schien die politische Brisanz des Falles allen klar. Wenn Wirecard mit dem einstigen Gazprom-Partner eine Geschäftsbeziehung einging, war der Clinch mit den US-Geldwäschejägern vorprogrammiert. Doch die Einwände prallten an Marsalek ab.

Der Geldwäschebeauftragte kam aus dem Staunen nicht mehr heraus: War er zunächst davon ausgegangen, dass es bei all den internen Diskussionen »um ein Privatkonto für Firtasch selbst« ging, äußerte er sich entsetzt darüber, dass es »zehn Konten für einen Gaskonzern werden«. Er wusste, was Wirecard damit blühte: Wegen zu erwartender »negativer Presse« und den »hohen Risiken« möglicher Ukraine-Sanktionen riet er »zum aktuellen Zeitpunkt« von Konten für Öl- und Gastransaktionen ab. Ihm war offensichtlich klar, dass dieser Kunde nicht wie einige andere inkognito geführt werden konnte. Zwei Bankvorstände äußerten anfänglich Bedenken. Doch weder Braun noch der zuständige Finanzvorstand stoppten das waghalsige Projekt.

Als ich bei Firtasch nachfragte, wollte dessen Rechtsvertreter spezifische Geschäftsbeziehungen weder bestätigen noch kommentieren. Die US-Vorwürfe betrachte Firtasch, wie er einst *Stern* und *Capital* übermitteln ließ, »als konstruiert, substanzlos und letztlich politisch motiviert«.[390]

Allein innerhalb eines Tages – am 27. April – eröffnete Wirecard für sechs Gesellschaften, die mutmaßlich aus dem Firtasch-Imperium stammten, Konten, unter anderem für Ukrinvest Aviation und in den Folgewochen Centragas und Zangas Hoch und Tiefbau GmbH Wien. Wirecard soll laut ORF-Recherche eine Kontoführungsgebühr von 2,5 Millionen Euro erhalten haben, 40-mal mehr als üblich.[391]

Eine Reihe der Firmen, die Firtasch zugeordnet werden, tauchten schließlich in der US-Anklageschrift zum Indien-Projekt auf. Über Zangas lief schon am 7. Juni eine erste Auszahlungsanweisung in Höhe von 848.064 Euro für einen Gaslieferanten. Die Firtasch-Transaktionen blieben, wie man erwarten konnte, nicht unbemerkt. Bereits im Juli 2019 ging bei der BaFin ein anonymer Hinweis ein, wonach über die Wirecard Bank täglich große Transaktionen im Ausland für eine Firtasch-Firma abgewickelt würden. Zuvor hatte die BaFin eine Sonderprüfung bei Wirecard eingeleitet und bei einem der Firtasch-Konten eine strengere Kontrolle gefordert. Der anonyme Hinweis war dann aber laut Geldwäscheabteilung der Behörde

»aufsichtsrechtlich nicht relevant«, es fehlten, wie es hieß, verwertbare Informationen. Die deutsche Aufsicht schritt einmal mehr nicht ein.

Ungefähr zur gleichen Zeit, als Wirecard zur Hausbank von Firtasch wurde, traf sich laut Medienberichten Dimitry T., ein Bekannter des Oligarchen, mit Trumps persönlichem Anwalt Rudy Giuliani im Mai 2019 in Paris.[392] Wie die *Washington Post* und die *New York Times* später berichteten, wollte Giuliani in der Ukraine an belastendes Material kommen, um es im Wahlkampf gegen Joe Biden einsetzen zu können.[393] Im Juli 2019 hatte Trump den neugewählten ukrainischen Präsidenten Wolodymyr Selenskyj telefonisch kontaktiert und ihn aufgefordert, gegen Bidens Sohn, der zwischen 2014 und 2019 im Verwaltungsrat eines ukrainischen Unternehmens saß, Ermittlungen wegen Korruptionsverdacht einzuleiten. In der österreichischen Presse wurde später über ein mögliches Treffen zwischen Giuliani und Firtasch in Wien spekuliert, was beide vehement bestritten.[394] Firtaschs Rechtsberater wiederholte mir gegenüber frühere Äußerungen, wonach Firtasch in keine Schmutzkampagne gegen Joe Biden oder seine Familie involviert gewesen sei. Wie der *Focus* später berichtete, soll Firtaschs Unternehmen allerdings die Unterkunftskosten eines Mannes übernommen haben, der Giuliani nahestand und im Sommer 2019 im Wiener Hyatt Hotel residierte. Gegenüber dem Magazin erklärte Firtaschs Anwalt, die Group DF habe den Mann ausschließlich in seiner Funktion als juristischen Berater bezahlt, ein Zusammenhang mit den Bidens oder Trump habe nicht bestanden.[395] Als beim Geldwäschebeauftragten von Wirecard die Firtasch-Verbindung jedoch für Nervosität sorgte, versuchte dieser im Januar 2020 zu klären, ob der Wirecard-Vorstand bereit sei, »das Risiko eines Einbezugs in die negative Berichterstattung und die brisante Nähe zum US-Wahlkampf zu tragen.«

Während derart der US-Präsidentschaftswahlkampf anlief, streckte Wirecard die Fühler erneut ins Bundeskanzleramt aus. Das China-Projekt Heron, das mithilfe von Guttenbergs Strategieberatung aufgesetzt worden war, sollte 2019 nun auch dem Kanzleramt schmackhaft gemacht werden.

Mit Merkels Hilfe wollte Wirecard den chinesischen Zahlungsdienstleister Allscore erwerben, um in den chinesischen Markt einzusteigen. Ein genauer Blick auf das Unternehmen weckt jedoch Zweifel am Geschäftsmodell. Allscore schien, wie ein Analyst später bemerkte, nicht mehr als eine Webseite zu sein, die in China Kreditkartenzahlungen möglich zu machen schien.

Im Vorfeld eines geplanten Staatsbesuchs in Peking hatte sich Guttenberg Anfang September mit der Kanzlerin zu dem China-Einstieg persönlich ausgetauscht und am selben Tag ihrem Wirtschaftsberater eine Mail zukommen lassen, die Merkel »die richtige Formulierung« für den China-Einstieg an die Hand geben sollte.[396]

Mir drängt sich an dieser Stelle der Eindruck auf, dass mithilfe von Wirecard eine sicherheitspolitisch verriegelte Tür in den streng kontrollierten chinesischen Finanzsektor geöffnet werden sollte.[397] Was immer der Zweck gewesen sein mag: Nachdem sich Merkel auf ihrer Reise in Peking tatsächlich für Wirecard eingesetzt hatte, sollte das Projekt vom Kanzleramt weiter betreut werden. Merkels Wirtschaftsberater versicherte Guttenberg in einer Nachricht, die dem Wirecard-U-Ausschuss vorgelegt wurde, das Vorhaben auch künftig flankieren zu wollen.

Kurz darauf erschienen Wirecards frühere Finanzchefs zu einem Gespräch mit Merkels Wirtschaftsberater im Kanzleramt, die den deutschen Zahlungsdienstleister dort endlich einmal vorstellen wollten. An ihrer Seite war ein alter Bekannter des Hauses, der Ex-Verfassungsschützer und Geheimdienstkoordinator des Bundeskanzleramtes, Klaus-Dieter Fritsche, der Wirecard nach Kindlers Vermittlung laut Vertrag in Fragen der Sicherheit beriet. Auch wenn Fritsche später erklärte Wirecard nicht in Sicherheitsangelegenheiten beraten zu haben, so bestätigte er im U-Ausschuss, im Gespräch mit dem Kanzleramt sei auch China damals zur Sprache gekommen. Anfang November 2019 verkündeten die Aschheimer den Markteintritt in China der Öffentlichkeit als Erfolgsmeldung.[398] Nach Wirecards

Einstieg machte das Unternehmen in China dann aber vor allem Negativschlagzeilen.[399] Wegen mutmaßlicher Bereitstellung einer illegalen Plattform verurteilte die People's Bank of China (PBOC) den Allscore-Chef später zu einer Geldstrafe.

Es wird »verflucht eng« – aber bis zuletzt am großen Rad gedreht

Schon im Oktober 2019 wurde es für die Aschheimer wieder ungemütlich. In der *Financial Times* erschienen weitere Berichte, die jetzt im Detail das dubiose Drittpartnergeschäft in Asien dokumentierten. Die *FT* hatte dargelegt, dass ein Großteil von Wirecards Gewinnen in Asien über den Drittpartner Al Alam in Dubai erzielt wurde, und riesige Fehlbeträge in der Bilanz ausgemacht. Kurz darauf, im Dezember 2019, erschien zudem eine Spionagegeschichte in der *Financial Times* unter dem Titel »Wirecard-Kritiker in London im Visier einer Spionageoperation«. (Original in englischer Sprache)[400]

Es gab keinen Ausweg mehr. Nach den Enthüllungen der *FT* sahen sich die Aschheimer nun auch in Deutschland gezwungen, einer umfassenden Sonderprüfung ihrer Bilanzen stattzugeben. Im Oktober 2019 sollten Prüfer von KPMG den Vorwürfen aus Großbritannien nun forensisch auf den Grund gehen, im In- wie im Ausland. Während die bayerische Landesregierung im Dornröschenschlaf zu verweilen schien, hatte Kindler im November auf einer Veranstaltung den Leiter der bayerischen Staatskanzlei Florian Herrmann getroffen und bei der Gelegenheit einen Vorstellungstermin für Wirecard in der Staatskanzlei angeregt, wie er dem U-Ausschuss erklärte. Der Staatskanzleichef stand in jener Zeit im intensiven Austausch mit Russlands Botschafter in Berlin, Ministerpräsident Markus Söder plante eine Reise nach Moskau. Allein viermal telefonierte Herrmann zwischen Oktober und Januar mit dem russischen Botschafter Sergej Netschajew. Auf allen Ebenen war Bayern damals bemüht, die Drähte nach Russland nicht abreißen zu lassen, selbst im Sicherheitsbereich. Im Dezember besuchte eine Delegation des russischen Innenministeriums die bayerischen Polizeipräsidenten in München, und zwei Monate später reiste Bayerns Innenminister Joachim Herrmann seinerseits zusammen mit dem Landespolizeipräsidenten nach Moskau für einen »Austausch zu Fragen der öffentlichen Sicherheit und Ordnung«. Trotz des engen Terminkalenders der Landesregierung hatte Kindler ein Treffen mit der Staatskanzlei möglich gemacht, wo die Aschheimer ihre Geschäftsaussichten präsentierten konnten. Und die schienen wie immer rosig. Kindler, der damalige Wirecard Finanzchef und der längst ausgeschiedene ehemalige Finanzvorstand des Konzerns nahmen an dem Treffen teil. Keine ungemütlichen Fragen wurden zur KPMG-Prüfung gestellt, so erinnerten sich die Teilnehmer später. Von Spannungen, Zweifel oder gar Drängen, die Ungereimtheiten aufzuklären, keine Spur. Das Treffen verlief so, wie ein Treffen im besten Fall läuft, wenn Kindler in der Landesregierung einen Termin einfädelte: glatt. Wenn die bayerische Staatskanzlei nicht aufmuckte, dann schien die politische Rückendeckung für Wirecard selbst in turbulenten Zeiten intakt.

Braun gab sich öffentlich siegessicher und beteuerte, wenn er danach gefragt wurde, die KPMG-Prüfung werde alle Zweifel an Wirecard ausräumen. Doch die forschen Worte konnten nicht über die schlechte Stimmung hinwegtäuschen. »Doghouse« nannte Marsalek die Chefetage, wo es laut zu werden schien, wenn die Nachrichten nicht mit dem Saubermann-Image übereinstimmten, das Braun dem Konzern so lange verlieh. Marsalek wurde schon mal zum Rapport zu Braun gerufen; Handys mussten bei Treffen des Wirecard-Vorstands draußen bleiben, wie dessen Assistentin später erläuterte. Braun schien tatsächlich immer nervöser zu werden, die KPMG-Prüfer hatten der Konzernspitze längst klargemacht, dass sie sich nicht mit faulen Ausreden oder Papieren zufriedengeben würden.

In all dem Wirbel blieb Marsalek überraschend gelassen. Die Mitarbeiterin, mit der er sich regelmäßig austauschte, wenn die Prüfer mal wieder nachbohrten, schien zu wissen, was ihn bei Laune hielt. Eine Tasse mit Putins und Trumps Konterfei reichte, um ihn zu erheitern. Und mehr noch: Ein Durchbruch, ja, gar eine Kooperation mit dem amerikanischen Finanzministerium, das Wirecard jahrelang gejagt hatte, bahnte sich an. Denn der Londoner Berater, dessen Agentur wenige Monate zuvor noch die Wirecard-Bücher forensisch durchforsten wollte, bot den Aschheimern Ende 2019 nun eine neue Form der Zusammenarbeit an: Wirecard sollte als Investor in einen von seiner Gesellschaft gemanagten Fonds einsteigen. Die forensische Prüfung der Bücher war vom Tisch. Bei der Londoner Agentur hatte sich die Stimmung zwischenzeitlich augenscheinlich gedreht.

Wohin sich der Wind drehte, konnte man einer Rede von Admiral i.R. Dennis Blair, einem Berater der Intelligence-Firma, Ende Juli 2019 vor der Oxford Union entnehmen. Unter Ex-Präsident Barack Obama hatte er die US-Geheimdienstbehörden geleitet und Russland jahrelang kritisch im Blick gehabt, nun sympathisierte er mit Trumps China-Politik. Nach seinem frühzeitigen Abgang als Geheimdienstchef war er nicht nur zu einem scharfen Kritiker von Obamas Nahostpolitik geworden. Blair sorgte sich ähnlich wie Trump vor allem um China und unterstützte 2019 öffentlich dessen Außenpolitik.[401] Auch bei der mit ihm verbundene Intelligence-Firma schienen die Prioritäten neu sortiert worden zu sein – nun legte sich der Investmentarm des gemeinsamen Mutterkonzerns für Wirecard ins Zeug.

Der Vermögensverwalter entwickelte ein 500 Millionen bis eine Billion Dollar schweres Fondsmodell, in das Wirecard als Ankerinvestor, also Hauptinvestor, einsteigen sollte. Der von der Londoner Agentur gemanagte Fonds sollte laut einem Planungsmodell dann etwa in junge IT-Firmen von Schwellenländern investieren und als strategisches Investment zudem einen Einstieg in China möglich machen. Ein Projektplan gab die mögliche Richtung vor: »Wirecard-[M…] Strategic Fund: Übernahme von 10% von Sinochem Capital«.

Die Sinochem Corporation ist ein chinesisches staatliches Konglomerat, das neben dem Handel mit Chemikalien auch Öl, etwa für militärische Zwecke, förderte und sich im Finanz- und Immobilienbereich engagierte. Wenn es die Absicht war, in Chinas sicherheitssensible Infrastruktur einzusteigen, war Sinochem wohl ein passendes Anlageobjekt. Einer der Projektentwürfe sah nicht nur eine finanzielle Beteiligung des WM-Fonds an dem chinesischen Konglomerat vor. Wirecard sollte auch als Zahlungsdienstleister für das Unternehmen tätig werden und somit Zugang zu Interna erhalten.

Anfang 2020 schien Marsalek guter Dinge, dass die Aschheimer trotz der mühseligen KPMG-Prüfung nichts zu befürchten hatten. Der Wirecard-Mitarbeiterin, die sich mit immer neuen Anfragen der Prüfer konfrontiert sah, schickte er zur Aufmunterung Bilder von Trump und Putin. Doch die konnte sich kaum noch darüber amüsieren. »Nochmal für's Protokoll – ich nehme es nicht persönlich, wenn Du mir Trump oder Putin schickst. Ich weiß, Du findest die gut.« Sie aber brauchte keine Bilder, sondern Marsaleks Hilfe, um die Zweifel der Prüfer an den Wirecard-Bilanzen aus dem Weg zu räumen. Denn die Mitarbeiterin machte sich, wie die Kopie eines Telegram-Chats zeigt, mittlerweile ernsthafte Sorgen, ob es »noch was zu retten gibt«, da die KPMG-Prüfer so »klar in ihren Aussagen« waren, dass es »jetzt verflucht eng« werde.

Marsaleks Prioritäten lagen offensichtlich woanders, genauer gesagt, in der weiten Welt der Sicherheitspolitik. Aus der unerfreulichen KPMG-Prüfung klinkte er sich im Februar erst einmal aus, er hatte Wichtigeres zu tun, denn die Münchner Sicherheitskonferenz stand an. Angermayer hatte für den 13. Februar am Rande der Konferenz einen elitären kleinen Kreis von 25 ausgewählten Gästen ins Hotel Kempinski eingeladen. Mithilfe der geopolitischen Strategieberatungsagentur Agora, gegründet vom damalige Vorsitzenden der Münchener Sicherheitskonferenz Wolfgang Ischinger, hatte er seine Randveranstaltungen 2020 geplant. Als Redner bestellt war der damalige Trump-nahe US-Botschafter Richard Grenell, Marsalek durfte in einer der ersten Reihen Platz nehmen. Den Gästen sollte ein »sehr intimer Rahmen« für vertrauliche Gespräche geboten werden, hieß es im Einladungsschreiben.[402] Alles mal wieder strengstens geheim. Seiner Mitarbeiterin hatte Marsalek laut Wirecard-Nachrichtenprotokoll dennoch mitgeteilt, dass er am Nachmittag »beim amerikanischen Botschafter zum Kaffee« verabredet sei.

Grenell bestritt später, Marsalek persönlich getroffen zu haben. Wenige Tage später ernannte Trump Grenell zum kommissarischen Chef der US-Nachrichtendienste. Das sorgte nun auch bei der Wirecard-Mitarbeiterin für gute Laune. Mit der Beförderung Grenells, meinte sie, würden dessen Geheimdienstkontakte jetzt noch besser werden.

Unterdessen hatte der Londoner Berater Anfang 2020 das US-Projekt mit seinem Investmentteam weiterentwickelt. Neben dem geplanten Einstieg in China sollte Wirecard vor dem Hintergrund der sich anbahnenden Corona-Krise nun auch mittels virtueller Karten Sozialgelder an US-Steuerzahler auszahlen können. Das Zahlkartenprojekt sollte möglichst gebührenfrei für den amerikanischen Steuerzahler werden, schrieben die Berater. Jetzt musste es nur noch den Beamten des US-Finanzministeriums präsentiert werden. Den sorgfältig gestalteten Vorschlag schickte die Londoner Beratung im April an die US-Treasury und konnte in einer Mail schon bald verkünden: »Wir haben gleich positives Feedback bekommen.« Das Projekt schien auf Kurs. »Von der Policy-Seite her haben wir volle Unterstützung bekommen.« Jetzt komme es nur noch auf »die kleinen Details an«, hieß es in einer Mail, die an Wirecard ging und mir vorliegt.

Doch aus kleinen Details wurde ein großes Problem. Die US-Financial Conduct Authority (FCA), die Geldwäschejäger, hatte sich eingeschaltet, wie die Berater Wirecard am 21. April mitteilten. Sie wollten Details zu den laufenden Untersuchungen in Singapur in Erfahrung bringen, und Marsalek solle das O.K. für die Weitergabe der Informationen an die US-Finanzkontrolleure geben, drängelten die Berater.

Am 1. Mai erreichte Marsalek eine weitere Mail der Berater: »Importance High« – »US-Treasury möchte Montag um 11 Uhr ein Treffen. […] Wir können dieses Treffen nicht verpassen«, ließen sie Marsalek wissen. Der sollte nun persönlich an dem Call teilnehmen und sich damit in die Höhle des Löwen wagen. Schließlich war es das US-Finanzministerium, das Wirecard und insbesondere Marsalek seit Jahren auf dem Kieker hatte. Ein paar Tipps gaben die Berater für den Call noch mit auf dem Weg: Es sei zu erwarten, dass der Beamte wohl ein typischer Karrierebeamte, also etwas »stachelig« sei, sicher werde etwas Küchenporzellan zerschlagen, das sei aber nur Teil des Prozesses.

Am Montag, dem 4. Mai, fand der Call statt. Gleich vier US-Beamte nahmen teil. Und die Berater versprühten im Anschluss wieder Optimismus. Das Gespräch, meinten sie, lief »gut«. Die Amerikaner hätten ernstes Interesse gezeigt. Doch so gut schien das alles dann doch nicht mehr zu laufen. Das Projekt geriet ins Stocken. Am 7. Mai zeigte sich, welches Interesse das US-Finanzministerium wohl verfolgte: Es forderte Aufklärung, die der KPMG-Bericht liefern sollte. All jene, die die Berichterstattung der *Financial Times* verfolgt hatten und Zweifel am Wirecard-Geschäftsmodell hegten, warteten mit Spannung auf die Ergebnisse des Prüfberichts, der endlich alles aufklären sollte. Behörden, Analysten und Investoren wollten wissen, was die monatelange Prüfung der Vorwürfe zu Unregelmäßigkeiten in den Bilanzen und im Asiengeschäft zutage gefördert hatte. Die Berater schickten eine Mail an Marsalek mit der Aufforderung, konkrete Informationen zum KPMG-Gutachten zu liefern. Der Bericht war Ende April veröffentlicht worden – verspätet, was die Bedenken der Kritiker weiter schürte.

Wirecard versuchte der Öffentlichkeit den Bericht einmal mehr als Entlastung der Vorwürfe zu verkaufen. Doch wer den Report las, stieß, wie der *Spiegel* titelte, in Wahrheit auf ein »Dokument des Grauens«.[403] Auch die Berater meinten, dass die von Wirecard präsentierte Zusammenfassung »sehr undurchsichtig« sei und drängten, eine von KPMG autorisierte Übersetzung vorzulegen. Immer wieder hakten sie nach, die von der FCA geforderten Informationen endlich zu liefern, während sie weiterhin Optimismus versprühten, dass aus dem geplanten US-Steuerzahler-Sozialprogramm noch etwas werde. Sie sahen sogar eine Chance, direkt beim damaligen US-Finanzminister Steven Mnuchin zu intervenieren, hieß es in einer Mail.

Und so hoffte Marsalek offensichtlich immer noch, mit Trumps Finanzminister einen Deal machen zu können. Am 18. Mai bat er eine Mitarbeiterin, die geforderten Unterlagen zusammenzustellen. Die hatte nach dem Wirbel um den miesen KPMG-Bericht dafür aber jetzt kaum Nerven. »Hi Jan«, schrieb sie. Da sie sich gerade um BaFin-Anfragen, Ermittlungen der Staatsanwaltschaft, den Jahresabschluss und die Hauptversammlung kümmern müsse, habe sie keine freien Kapazitäten. Zudem würden hier Sachen nachgefragt, die schwierig seien zu liefern. Davon abgesehen. »Lohnt sich das zum jetzigen Zeitpunkt?«, fragte sich nach. Für Marsalek schien sich das auf jeden Fall noch zu lohnen, so nah war er wohl noch nie an einem US-Deal dran.

Doch dazu sollte es nicht mehr kommen. Auch eine geplante größere Russland-Transaktion stieß bei Wirecard nun auf unüberwindbare bürokratische Hürden. »Hallo Jan, für die Transaktion in Russland wird von allen Führungskräften der WDAG [Wirecard AG] und WDAI [Wirecard Asien/Indien] ein Auszug aus dem Gewerbezentralregister benötigt. Analog zum Führungszeugnis,« schrieb eine andere Mitarbeiterin. Die Unterlagen, die aus Russland geliefert worden waren, seien nicht akzeptiert worden. Vor allem *Golubew* wurde ungeduldig. Schon im März war eine geplante Reise nach Moskau wegen Covid für ihn gecancelt worden und nun drängelte er: Es handele sich schließlich um eine »wichtige Angelegenheit.« Ohne Erfolg.

Um es kurz zu machen: Weder der Deal mit dem US-Finanzministerium noch die offenbar so wichtige Russland-Transaktion gingen durch. Beim BND war mittlerweile eine Meldung zu Wirecard aus Dubai eingegangen. Anfang Juni leitete die Münchner Staatsanwaltschaft Ermittlungen ein. Eine irreführende Ad-hoc-Mitteilung an die Finanzmärkte zum KPMG-Bericht reichte nun, um Polizeibeamte ausschwärmen zu lassen und die Wirecard-Zentrale sowie die Wohnung von Marsalek zu durchsuchen. Braun war zu diesem Zeitpunkt zufällig in Österreich und blieb verschont.

Die Aschheimer schienen indessen wieder einmal gut über den Stand der Untersuchungen und die drohende Razzia informiert gewesen zu sein. Schon am 21. Mai war eine anonyme Nachricht eingetroffen. Eine Mitarbeiterin leitete diese gleich ihrem Kollegen *Golubew* weiter. Die Nachricht ließ keinen Zweifel, dass die laufende Untersuchung diesmal auch für Mitarbeiter gefährlich werden könnte. So hieß es darin: »Die Untersuchungen resultieren aus ernsthaften Bedenken, ob einige der Aktivitäten von Einzelpersonen innerhalb der Wirecard kriminell waren oder gegen Vorschriften oder Gesetze verstoßen haben.«

Damit hatten alle Betroffenen noch die Gelegenheit möglichst schnell belastendes Material beiseitezuschaffen. Am 18. Juni 2020 um 10:43 Uhr dann der Donnerschlag: Über die Finanzticker lief nun eine etwas andere Ad-hoc-Mitteilung, Wirecard räumte erstmals »unrichtige Saldenbestätigungen« zu »Täuschungszwecken« ein.[404]

Es war ein Offenbarungseid. Alles, was bis dahin in der britischen Presse berichtet worden war, schien sich zu bestätigen. In einer Videobotschaft an die Investoren erklärte Wirecard an diesem Tag gleich zwei Mal, dass die fraglichen Gelder wohl nicht existierten. Man schien bemüht zu sein, die unerklärlichen Geldflüsse so schnell wie möglich in Luft aufzulösen. Sollte hier schon frühzeitig vom Verdacht der Geldwäsche abgelenkt werden, sodass niemand auf die Idee kommen würde, dass die fehlenden 1,9 Milliarden Euro über Asien möglicherweise zu russischen Geldgebern oder internationalen Kriminellen führen könnten? Es war der Anfang vom Ende des einstigen Börsenstars und der Beginn einer Mythenbildung über Geld, das angeblich nie existierte, und Verantwortliche, die von nichts gewusst haben wollen.

Braun, dem am 18. Juni 2020 bereits bekannt war, dass in Kürze ein Haftbefehl gegen ihn vollstreckt werden sollte, hatte mit diesem Wissen noch am selben Tag ein Wirecard-Aktienpaket verkauft. Um 12:48 Uhr erhielt er, wie im Wirecard Untersuchungsausschuss berichtet wurde, eine Nachricht, in der es hieß, »um 14:30 Uhr wird der Haftbefehl vollstreckt, höre ich gerade aus der Staatsanwaltschaft, (don't ask, ist so, sorry.) Also ab durch die Hecke, mein Lieber. Und schredder die Akten.« Staatsanwaltschaft und Polizei haben nach Angaben des Münchner Staatsministeriums der Justiz erfolglos versucht, den Urheber der Mail zu ermitteln.

Christian Angermayer hatte wie aus der Wirecard-Kommunikation ersichtlich ist, zu Beginn der Woche noch spontan für den 18. Juni am Nachmittag zu einem Zoom-Call mit dem US-Geheimdienstchef Grenell geladen, für eine, wie es in der Einladung hieß, ganz besonders kleine Runde. Mit dem Hinweis, man sei in der Lage, die Einwahldaten nachzuverfolgen. Nur die Geladenen waren zugelassen. Eine Einladung wurde am Tag auch an Marsalek weitergeleitet. Der Wechsel in der Führungsetage von Wirecard war derweil beschlossen und vollzog sich geschmeidig. Am 19. Juni übernahm der US-Amerikaner James Freis den Chefsessel des Münchner Zahlungsdienstleisters. Freis hatte seine Karriere im Finanzministerium der USA in der Abteilung zur Bekämpfung von Geldwäsche begonnen, jener Behörde, die schon seit mehr als zehn Jahren versuchte, das Wirecard-System auffliegen zu lassen.

Ein Ende – mit Schrecken

Am gleichen Tag gelang es Marsalek noch, sich aus dem Staub zu machen. Gegen ihn lag zu dem Zeitpunkt noch kein Haftbefehl vor. Laut Staatsanwaltschaft habe es dafür kein ausreichendes Verdachtsmoment gegeben.

Marsaleks Flieger landete in Minsk, Weißrussland. Nach seinem Abgang, der, wie es damals hieß, dazu diente, die fehlenden Milliarden einzutreiben, schickte er noch eine etwas grimmige Nachricht, wonach seine »Bereitschaft, 1,9 Milliarden zurück zu Wirecard zu bringen« minütlich sinke.[405] Zweifel an der Existenz der Gelder schien er jedenfalls nicht zu haben. Wo er unterkommen würde, schien ihm allerdings auch noch nicht klar zu sein. Mal verortete er sich auf den Philippinen, auch China war urplötzlich für ihn eine

Option, und schließlich spielte er mit dem Gedanken, sich nach Russland abzusetzen. In Minsk soll schließlich jene Reiseagentur dem Gestrandeten ausgeholfen haben, die sein russischer Kumpel Stan für Trips nutzte.[406]

Anfang Juli 2020 rückten in München erneut 33 Polizisten für eine Hausdurchsuchung aus; der Einsatz im Juni war personell so dünn besetzt gewesen, dass die Beamten ihre Arbeit noch zu Ende bringen mussten. Wer also belastendes Material zu vernichten hatte, hatte bis dahin Zeit gehabt. Die Ermittlungen gingen in Trippelschritten voran.

Im September 2020 zogen abermals Polizeibeamte aus. Nun, um auch Unterlagen für eine Geldwäsche-Untersuchung sicherzustellen. Das berichtete damals zumindest die *Süddeutsche Zeitung*.[407] Die Staatsanwaltschaft wollte die angebliche Geldwäsche-Untersuchung später nicht bestätigen. Laut einer Sprecherin sollte lediglich dem Verdacht auf Betrug nachgegangen werden.

Und so lässt sich feststellen: Wie in all den Jahren zuvor wurde auch jetzt Geldwäsche nicht zur Anklage gebracht. Markus Braun wie auch Dubai-Statthalter Oliver Bellenhaus, Chefbuchhalter Stephan von Erffa und später der ehemalige Finanzvorstand Burkhard Ley wurden wegen Verdacht auf gewerbsmäßigem Bandenbetrug, Untreue, Marktmanipulation und unrichtiger Darstellung der Bilanzen seit 2015 vor Gericht gestellt. Von Erffa wies den Vorwurf der persönlichen Bereicherung im Verfahren zurück, räumte Fehler ein, wollte dies aber nicht als Geständnis verstanden sehen. Braun wie auch von Leys Anwälte wiesen jede Schuld von sich. Brauns Anwältin forderte im Prozess, dass die Hintergründe, insbesondere auch die vermuteten Spionage- und Geheimdienstaktivitäten, aufgeklärt werden. Marsalek wird mittlerweile in Russland vermutet, Belege für seinen Aufenthaltsort gibt es allerdings nicht. Nach seiner Flucht soll er im Ausland weiterhin aktiv gewesen sein. In Großbritannien wurden später Bulgaren verurteilt, die Marsalek mutmaßlich halfen, Material an den russischen Inlandsgeheimdienst FSB weiterzuleiten.[408]

Während der Prozess in München noch läuft, muss man leider feststellen, dass die Aufklärungsarbeit über die Russland-Verbindungen, die Rolle der Geheimdienste in der Causa sowie mögliche Geldwäscheverwicklungen auf halber Strecke steckengeblieben zu sein scheinen. Der für die Rolle der Sicherheitsdienste eingesetzte Sonderermittler Wolfgang Wieland, bemängelte in seinem Abschlussbericht, der mir vorliegt, den stockenden Informationsfluss von Seiten des bayerischen Justizministeriums, insbesondere mit Blick auf das Ansinnen, die Rolle der österreichischen BVT-Beamten aufzuklären. »Es besteht hier eine erkennbare Diskrepanz zwischen den Vorwürfen [...], sowie dem Tempo und Intensität der Aufklärungsbemühungen der deutschen Behörden«, so sein Votum.

Ähnlich sieht es die österreichische Justiz, die versuchte, den Verwicklungen der Sicherheitskreise nach Russland nachzugehen, und dabei auf Unterstützung der Münchner Staatsanwaltschaft hoffte. Auch sie musste resigniert feststellen, dass die deutschen Behörden trotz wiederholter Bemühungen geringes Interesse an einer Zusammenarbeit gezeigt hätten, berichteten später österreichische Medien.[409] Und als aus Russland dem Bundesnachrichtendienst ein Angebot übermittelt wurde, mit Marsalek zu sprechen, lehnte auch der BND überraschend die Offerte ab, angeblich aus Angst, in eine Falle zu tappen. Der deutsche Nachrichtendienst hielt es anfangs nicht einmal für nötig, die ermittelnde Münchner Staatsanwaltschaft über das russische Angebot zu informieren. Bedürfte es hier nicht eines weiteren, vertieften Untersuchungsauftrages à la Wieland, um die sicherheitspolitische Dimension aufklären zu können? Um Wirecard herum hatte sich ein ganzes Netz von Akteuren aus Politik, Wirtschaft und Sicherheitskreisen gebildet, das den Konzern systematisch über fast zwei Jahrzehnte schützte und, so mein Fazit, die Aufklärungsarbeit auch weiterhin verhindert. Aufstieg und Fall von Wirecard spiegeln ein strukturelles Versagen deutscher Sicherheitspolitik wider. Wirtschaftsinteressen und ihre Akteure zersetzten das Rechtssystem und gefährden bis heute die Sicherheit Deutschlands und Europas.

Resümee
Russland und Deutschland: Systemisches Versagen und ein Blick nach vorn

Am 19. Februar 2022 trat der damalige Bundeskanzler Olaf Scholz auf der Münchner Sicherheitskonferenz auf und hoffte, den Russland-Ukraine-Konflikt durch Verhandlungen lösen zu können. Vier Tage zuvor hatte er bei einem Besuch in Moskau erlebt, wie Putin in Großmachtphantasien schwelgte. An der ukrainischen Grenze standen russische Soldaten bereit, die nur auf den Befehl aus dem Kreml warteten, um in das Nachbarland einzumarschieren. Moskaus Kriegsmaschine lief längst auf Hochtouren, Scholz aber setzte immer noch darauf, Putin durch Verhandlungen zum Frieden in Europa verpflichten zu können.[410] Die damalige US-Vizepräsidentin und spätere Präsidentschaftskandidatin Kamala Harris hielt dagegen: »Wie wir die ganze Zeit gesagt haben, gibt es ein Drehbuch für die russische Aggression. […] Russland wird unter falschem Vorwand einmarschieren.«[411]

Nur fünf Tage später, am 24. Februar, überfielen Putins Truppen die Ukraine. Erst jetzt, als Panzer sich auf den Weg nach Kiew machten, erkannte auch die Bundesregierung die Gefahr. »Putin hat die europäische Sicherheitsordnung zertrümmert, wie sie fast ein halbes Jahrhundert bestand«, konstatierte Scholz in seiner Zeitenwende-Rede im Bundestag. »Die Welt danach ist nicht mehr dieselbe wie die Welt davor. Im Kern geht es um die Frage, ob Macht das Recht brechen darf. […] Oder ob wir die Kraft aufbringen, Kriegstreibern wie Putin Grenzen zu setzen.«

Scholz genauso wie Kamala Harris sind mittlerweile Geschichte. Mit der Wahl von Donald Trump zum US-Präsidenten ist es zur Zäsur gekommen. Die USA streben unter ihrem neuen Präsidenten einen Frieden mit Putin an. Zu Beginn seiner Präsidentschaft zeigte Trump sich Putin gegenüber äußerst nachgiebig, er kannte Putin schon lange, gemeinsam hätten sie, wie er meinte, viel durchgemacht[412]. Möglichst zügig wollte Trump mit Putin einen Frieden in der Ukraine aushandeln, ohne besondere Rücksicht auf die Ukraine oder die europäischen Partner zu nehmen. Ohne Erfolg wie sich schnell zeigte. Historiker werden sich der Frage widmen, an welchem Punkt der Westen es verpasste, den Ost-West-Beziehungen eine andere Richtung zu geben, um Russlands Aggression in Europa zu stoppen. Klar jedenfalls ist, die Sicherheitspolitik der vergangenen Jahrzehnte gegenüber Russland ist gescheitert. Der Versuch, eine gemeinsame Verteidigungsstrategie mit den USA gegen Putin zu verfolgen, lief ins Leere. Dem Kreml war es gelungen, Differenzen im westlichen Verteidigungsbündnis zu seinen Gunsten zu nutzen. Dies mag viele überraschen, doch wer die Beziehungen zwischen Deutschland und den USA im Wirtschafts- und Sicherheitsbereich genauer betrachtet, den dürfte die Entwicklung nicht verwundern. Ein deutsch-amerikanischer Wirtschaftskonflikt spaltete die Bündnispartner im Umgang mit Russland. Misstrauen prägte die Beziehungen zu den USA. Wenn Washington vor den Gefahren russischer Aggression in Europa und vor der wirtschaftlichen Verzahnung von Geld und Gas warnte, vermuteten hiesige Sicherheitsleute dahinter wirtschaftliche Eigeninteressen der Amerikaner.

Es gibt berechtigte Gründe, misstrauisch zu sein, was die Motive der US-Sicherheitspolitik angeht, wie man nicht erst mit Blick auf Trumps America-First-Kurs erkennen kann. Ja, mit ihrer Sanktionspolitik verfolgten die USA eigene wirtschaftliche Interessen, um etwa Flüssiggas nach Europa liefern zu können. Ja, sie treten kaltschnäuzig auf, definieren ihre eigenen Wahrheiten, übergehen bei Bedarf internationale Vereinbarungen und handeln nach dem Prinzip, der Zweck heiligt die Mittel. Und richtig ist auch, sie nutzen ihre wirtschaftliche Stärke, um sich geopolitisch als Supermacht zu positionieren. Aber klar ist auch, die USA waren in Europa die einzige Supermacht, die freie demokratische Gesellschaften zu schützen vermochte, gegen Diktaturen, die gewaltsam versuchen, ihre Macht in der Welt zu mehren. Berechtigte Bedenken hinsichtlich der Motive und Methoden der US-Politik sollten nicht darüber hinwegtäuschen, dass die Warnungen des Bündnispartners vor Putins wachsender Aggression gerechtfertigt waren und dass letztendlich Sicherheitsinteressen die US-Außenpolitik leiteten.

Wer allein die USA für das Scheitern einer geeinten Verteidigungspolitik gegenüber Russland verantwortlich macht, verkennt die Hintergründe. Während die Amerikaner Wirtschafts- mit Sicherheitsinteressen verbinden, dominierten Unternehmensinteressen den Kurs deutscher Sicherheitspolitik. Nach 2014, als Putin in der Ukraine mit Gewalt die Grenzen verschob und eigentlich Einigkeit im westlichen Verteidigungsbündnis gefragt war, war man hierzulande auf allen Ebenen bemüht, die engen Verflechtungen mit Russland zu bewahren und sogar zu stärken. Warnungen aus Washington und von europäischen Partnern wurden beiseitegeschoben, um mit Moskau im Geschäft bleiben zu können. Berlin folgte dabei der Regieführung des Kremls, erklärte Nord Stream zu einem rein wirtschaftlichen Projekt und suchte sich der politischen Verantwortung zu entziehen. Wirtschaft und Sicherheitspolitik sollten strikt voneinander getrennt werden, um Freiraum zu haben, mit Putins Russland zu kooperieren.

Während die Wirtschaftsbeziehungen zu Russland ausgebaut wurden, hatte man es sich unter dem Schutzschirm der NATO bequem eingerichtet. Deutschland wollte sich die sogenannte Friedensdividende sichern, ohne nennenswert mehr in die Verteidigung zu investieren, um das damalige 2 Prozent Ziel der Nato zu erreichen. Doch eine Politik, die die Gefahren verkennt, Warnungen der Partner missachtet und sich gleichzeitig weigert, sich an den Kosten der Friedenssicherung in Europa zu beteiligen, kann nicht darauf hoffen, langfristig vom Schutzschirm der Partner zu profitieren. Und so dürfte es niemanden überraschen, dass eine neue US-Regierung nicht mehr bereit ist, für Deutschland und Europa uneingeschränkt den Frieden zu sichern. Deutschland hatte nicht die Kraft oder den Willen aufgebracht, Grenzen im Umgang mit Russland zu setzen. All das, was ich zu den Verwicklungen der deutschen Wirtschafts- und Sicherheitspolitik recherchiert habe, steht mittlerweile in einem neuen, beängstigenden Kontext. Deutschland und Europa sind auf sich selbst gestellt, um sich gegen einen aggressiven Putin zu verteidigen.

Dessen Plan ging auf. Mit billigem russischem Gas und dem freien Fluss von russischem Geld ließ sich Deutschland von Moskau einwickeln, als Putin sein Gewaltbereitschaft in Europa längst demonstrierte. Die Bundesregierung hielt am Ausbau der Wirtschaftsverflechtung mit dem geplanten Bau von Nord Stream 2 auch dann noch fest, als der Kreml-Chef in der Ostukraine bereits einen Krieg führte. Die deutsche Politik und Sicherheitsdienste ließen zu, dass Deutschland in eine gefährliche Abhängigkeit manövriert wurde, die Putin in seinem Machtkalkül so sehr bestätigte, dass Berlins diplomatische Bemühungen nicht in der Lage sein konnten, ihn zu bremsen. Die Grünen fordern zu Recht einen Untersuchungsausschuss, der die politische Entscheidung zu Nord Stream 2 hinterfragen soll. Gleichgültig, welche Völkerrechtsverstöße Putin beging oder wie perfide er versuchte, seine Macht in Europa auszuweiten, die wirtschaftspolitisch tragende Achse der deutsch-russischen Beziehungen wurde nicht in Frage gestellt. Als der Westen versuchte, Russland nach der Krim-Annexion mittels Sanktionen Einhalt zu gebieten, schienen Teile der deutschen Industrie nach Kräften bemüht, diese Maßnahmen zu konterkarieren. Ihnen war es möglich, mit Russlands Freunden Beziehungen zu knüpfen, die die deutsche Wirtschaft noch enger an Russland banden. So wurde die westliche Verteidigungs- und Sanktionspolitik sukzessive von russlandfreundlichen Netzwerken unterlaufen.

Die EU-Sanktionspolitik gegenüber Russland, die Angela Merkel unterstützte, blieb zahnlos, denn eine von langer Hand von Putin vorbereitete strategische Partnerschaft mit der Industrie zeigte nun ihre volle Wirkung.

Merkels politische Vermittlungsversuche, den Kreml zu einem Waffenstillstand in der Ukraine zu bewegen, liefen unter diesen Umständen wenig überraschend ins Leere. Ungeachtet der wirtschaftlichen wie politischen Entwicklungen waren Vertreter der deutschen Industrie im Rahmen der strategischen Partnerschaft bereit, den Wünschen Putins und seinen Handlangern nachzukommen, auch in politischen Krisen. Großkonzerne wie Siemens, BASF, Bosch und VW hielten auch nach 2014 an ihren Engagements in Russland fest.

Wie bedeutend etwa die Achse zwischen Siemens und Russlands Energieriesen Gazprom war, zeigte sich acht Jahre später nach dem Überfall auf die Ukraine. Über die Wartung russischer Gasturbinen durch Siemens brach plötzlich ein Streit aus, der zum Zünglein an der Waage wurde, ob der Kreml den Gashahn in Europa abstellt.[413] Nun stand die Frage im Raum, ob Russland weiterhin auf die Partnerschaft mit der deutschen Industrie bauen konnte. Für die Freunde Russlands sei Moskau bereit, die vertraglichen Verpflichtungen der Lieferung einzuhalten, hatte Gazprom-Chef Alexej Miller nach dem Angriff erklärt.[414]

Im August 2022 gab Siemens unter wachsendem politischem Druck den Rückzug aus dem gemeinsamen Joint Venture SGTT bekannt und kündigte damit den Kern der 2009 vereinbarten strategischen Energiepartnerschaft mit Gazprom auf. Ende August 2022 kappte Russland vollends den Gasfluss durch Nord Stream 1 nach Deutschland. Bis dahin hatte man sich aufgrund der engen wirtschaftlichen Verbindungen bis in höchste Kreise der Bundesregierung und Sicherheitsbehörden nicht vorstellen können, dass Putin sich auch gegen Deutschland wenden könnte.

Spätestens mit Russlands Krieg in der Ukraine sollte klar sein: Eine Sicherheitspolitik, die sich über die Wirtschaft von Diktaturen in langfristige machtpolitische Strategien einbinden lässt, gefährdet die Sicherheit nicht nur des eigenen Landes, sondern von ganz Europa.

Zu einer wirksamen gemeinsamen Außen- und Sicherheitspolitik gehört, dass die größte Volkswirtschaft der Europäischen Union bereit ist, wirtschaftlich wie auch politisch Verantwortung für Europas Sicherheit zu übernehmen.

Mittlerweile ist auf bittere Weise klar geworden, welchen Preis eine von Unternehmensinteressen dominierte Sicherheitspolitik am Ende auch für Wachstum und Wohlstand fordert. Die Wirtschaft in Deutschland steht vor einer massiven Umwälzung. In kürzester Zeit müssen die Versäumnisse der Vergangenheit aufgeholt werden, an erster Stelle die Diversifizierung der Energiequellen, die schon vor mehr als 20 Jahren mit dem ersten Atomausstieg hätte eingeleitet werden können.

Während die Weltwirtschaft moderat wächst, stagnierte das Wachstum in Deutschland in den vergangenen drei Jahren. Bereits 2023 warnte Friedrich Merz vor der Gefahr einer Deindustrialisierung und eines wirtschaftlichen Abstiegs.[415] Die Zukunft des Wirtschaftsstandorts ist ungewiss. Das ist die fatale Bilanz einer jahrzehntelang auf Unternehmensinteressen fixierten Außen- und Sicherheitspolitik.

Im Nachhinein sehen auch die beteiligten Diplomaten die Nähe zu Russlands Machtelite kritisch. Gelegentlich habe man sich in einem Schattenreich bewegt, erklärte einer der Top-Diplomaten im Auswärtigen Amt, der die deutsche Russland-Politik maßgeblich mitbestimmt hat. Nach dem einen oder anderen Treffen hätte man sich lieber gründlich die Hände gewaschen.

Keine Regierung und kein Nachrichtendienst des westlichen Verteidigungsbündnisses pflegten so enge Beziehungen zu Moskau und Putins Entsandten wie die Bundesregierung und der BND. Doch beide hatten bis zuletzt den Krieg nicht kommen sehen. BND-Chef Bruno Kahl reiste noch einen Tag vor dem Überfall, als die Partner längst warnten, dass Putin losschlagen werde, nach Kiew. Er musste Kiew übereilt auf dem Landweg verlassen. Die Nähe zu Russland hatte ganz offensichtlich nicht zu einer besseren Gefahrenabschätzung und weitsichtigen Politik geführt, sondern eine Verklärung des vermeintlichen Partners im Osten begünstigt. Das Ergebnis: Politik und deutsche Sicherheitsdienste waren völlig unvorbereitet auf den Krieg, den Putin in Europa plante, Deutschland hatte es verpasst, sich gegen die wachsende Bedrohung zu wappnen.

Später versicherte Kahl gegenüber dem Parlamentarischen Kontrollgremium, seine Behörde habe die Politik vor Russlands Aggression gewarnt. »Bedauerlicherweise« sei es üblich gewesen, Bedrohungen zu ignorieren und Warnungen der Sicherheitsbehörden als Panikmache abzutun.[416] Auch Gerhard Schindler, der Vorgänger Kahls an der Spitze des BND, meinte, deutsche Sicherheitsbehörden hätten der Politik die Bedrohung durch russische Geheimdienste versucht zu vermitteln. Doch es mangelte an einer Sicherheitskultur. »Und dieser geringe Stellenwert von Sicherheit in unserem politischen Alltag fällt uns jetzt auf die Füße«, so Schindler im Oktober 2022.[417]

Obwohl deutsche Sicherheitskreise bemüht waren, die Politik für die Bedrohungslage zu sensibilisieren, deuten Aussagen eines ehemaligen CIA-Mannes darauf hin, dass die Bemühungen eher halbherzig ausfielen. John Sipher, der 28 Jahre bei der CIA in der Spionageabwehr tätig war, zeigte sich 2022 in einem Interview gänzlich desillusioniert über die Zusammenarbeit.[418] »Obwohl Deutschland der Mittelpunkt der europäischen Wirtschaft ist, sind die deutschen Geheimdienste in Bezug auf Russland absolut keine verlässlichen Partner.« Bei der Aufgabe, das Land gegen eine Staatsgefährdung zu verteidigen, konnte er sich »wirklich an kein einziges Mal erinnern, bei dem die Zusammenarbeit mit den Deutschen funktionierte«. »Wenn es um Russland ging, haben sowohl das BfV als auch der BND jahre- beziehungsweise jahrzehntelang bewusst beide Augen zugedrückt.« »Man bekam den Eindruck, sie gingen deshalb so lax mit Russland um, weil sie Angst hatten, etwas herauszufinden, was sie nicht sehen wollten. Denn dann hätten sie ja vielleicht mal etwas tun müssen. Und sie wussten, das war vom Kanzleramt und der deutschen Regierung nicht erwünscht.« Wer glaubt, dass der Frust über Deutschland nur die Wahrnehmung eines eigensinnigen US-Präsidenten ist, irrt. Die Äußerungen des Ex-CIA-Mannes sind ein Indiz, wie zerrüttet das Verhältnis zwischen den deutschen und den amerikanischen Sicherheitsdiensten im Umgang mit Russland jahrelang war. Die deutschen Dienste schienen Hinweise des Bündnispartners schlicht zu ignorieren, wenn es darum ging, Russlands Freunde zu stoppen, die über die Wirtschaft versuchten, in Deutschland Einfluss zu nehmen.

Angesichts der Tatsache, dass trotz wiederholter Mahnungen Politik wie auch Sicherheitsdienste der Wirtschaft freie Hand ließen, wenn es um den Aufbau von Kontakten nach Russland ging, stellt sich mir die Frage, inwieweit deutsche Sicherheitskreise diese Kontaktpflege nicht nur tolerierten, sondern für ihre Zwecke nutzten, und damit die so entstandenen Netzwerke letztendlich jahrelang schützten.

Rolf Nickel, der Deutschlands Außen- und Sicherheitspolitik von Helmut Kohl über Gerhard Schröder bis Angela Merkel unter anderem im Kanzleramt und später als Botschafter in Warschau begleitete, fordert eine Aufarbeitung der Hintergründe.[419] »Wir brauchen eine Enquete-Kommission, die untersucht, wie wir in eine derart prekäre Abhängigkeit von Russland geraten konnten.«[420] Nickel gehörte wie viele andere zu jenen, die frühzeitig vor Russland warnten. Die Zahl derjenigen, die Russlands perfide Methoden durchschauten, war nicht nur im Ausland phänomenal groß, sondern auch im Inland. In den Ministerien, den Sicherheitsdiensten, den Parteien und auch in der öffentlichen Debatte meldeten sich die Mahner und Warner zahlreich zu Wort. Umso ernüchternder ist die Feststellung: Die Sicherheitsbedenken drangen nicht durch.

Es sind nicht einzelne Verantwortliche, denen man das Scheitern der deutschen Sicherheitspolitik gegenüber Russland anlasten kann. Als Putin begann, die Grenzen in Europa mit Gewalt zu verschieben, hatten sich seit 2006 längst Strukturen gebildet, die entsprechend des Weißbuchs der Bundesregierung zur vernetzten Sicherheit den Akteuren der Wirtschaft ein so großes Gewicht in der deutschen Sicherheitsarchitektur verliehen, dass sie den sicherheitspolitischen Kurs der Bundesrepublik gegenüber Russland entscheidend beeinflussen konnten. Wie Putin später beim Besuch des damaligen Wirtschaftsministers Sigmar Gabriel in Moskau zufrieden bemerkte, hatte er in Deutschland mittlerweile sehr »viele Freunde«, auf die er bauen konnte.[421] Ungeniert knüpften diese die Wirtschafts-Connections zu Putins Leuten enger, als sich das politische Klima abkühlte und eigentlich mehr Distanz und klare Grenzen gefordert waren.

Erst als Putin mit dem Angriff auf die Ukraine Europa im Kern bedrohte, stoppte die Bundesregierung die Fertigstellung der von Anfang an umstrittenen Gaspipeline Nord Stream 2, mit der Russland die Ukraine von Beginn an wirtschaftlich isolieren und Deutschland irreversibel an sich binden wollte. Und erst als die neue US-Regierung von Donald Trump die Sicherheitsgarantien für Deutschland und Europa in Frage stellte, war Berlin bereit, für die Finanzierung der europäischen Sicherheit nun sogar 5 Prozent des BIPs in die Verteidigung zu investieren. Fakten mussten geschaffen werden, bis Deutschland sich der Verantwortung für Europas Sicherheit stellt. Es sollten nicht weitere Fakten geschaffen werden müssen, bis Deutschland auch die letzte Lehre aus seiner gescheiterten Russland-Politik zieht und den Netzwerken der Wirtschaft Grenzen setzt.

Die in Sofia ansässige Denkfabrik Center for the Study of Democracy (CSD) kam 2023 zu dem Schluss, dass ausgerechnet im größten Land der Europäischen Union große Unternehmen zu lange an Russland festgehalten und damit die Wirkung der Sanktionen vermindert hatten. Der Kreml baute in der Bundesrepublik widerstandsfähige Einflussnetzwerke im Umfeld von Russlands Energiekonzernen und kremltreuen Oligarchen auf. Umfassende politische Veränderungen seien notwendig, um Deutschland »vollständig von den russischen Staatsunterwanderungs-Netzwerken abzukoppeln, die die Kriegsmaschinerie des Kremls antreiben und weiterhin die wirtschaftliche Sicherheit und die demokratischen Institutionen sowohl Deutschlands als auch der EU bedrohen«.[422] An der Schnittstelle von Wirtschaft und Sicherheit agierten – wie in diesem Buch beschrieben – privatwirtschaftliche Akteure, die auf undurchsichtige Weise Beziehungen zwischen Ost und West pflegten. Darunter etwa die ehemalige Privatagentin Christina Wilkening oder der frühere Wirecard-Topmanager Jan Marsalek, deren Aktivitäten tief in den Sicherheitsbereich hineinwirkten.

Wie weit die Aktivitäten reichten, zeigt unter anderem die in Kapitel 7 geschilderte Episode in Libyen: Im internationalen Krisenherd Libyen, wo Russland gezielt Konflikte befeuerte und so einen Flüchtlingsstrom in Richtung Europa verstärkte, plante der Wirecard-Manager eine Miliz zur Grenzkontrolle aufzubauen, mutmaßlich mit Unterstützung aus Russland. Ob auch Zahlungen an die russische Söldnertruppe Wagner über Wirecard abgewickelt wurden, ist bislang nicht geklärt – und bedarf weiterer Untersuchungen.

Die ehemalige CIA-Agentin Seunghye Lim ist sich sicher. Der Wirecard Fall »legt die operativen Methoden eines russischen Nachrichtendienstes und den Umgang mit Agenten offen, von der Rekrutierung [...] über die Planung geheimer Treffen, den Ausbau eines gut vernetzten Kontaktnetzes, die Einbindung von Politikern mit oder ohne Wissen und die Ausnutzung bestehender politischer Spaltungen.« Und: »Der Wirecard-Skandal könnte sich als seltene Gelegenheit für die USA und die westlichen Verbündeten erweisen, russische Aktivitäten, die ausschließlich auf die Destabilisierung westlicher liberaler Demokratien abzielen, geschlossen zu verurteilen.«[423]

Tatsächlich ist Wirecard wohl das plakativste Beispiel einer gescheiterten deutschen Sicherheitspolitik, die der Wirtschaft derart freie Hand ließ, dass Warnungen westlicher Bündnispartner konsequent abprallten. Der Konzern konnte in die Top-DAX-Liga aufsteigen, mit einem Geschäftsmodell, das möglicherweise als größte börsennotierte Geldwäschemaschine in die Geschichtsbücher eingeht. Und was noch erschreckender ist: Nach wie vor stockt die Aufklärung. Bis heute ist Geldwäsche im laufenden Verfahren nicht zur Anklage gekommen, und in Bayern, dem Geburtsort des Konzerns, ist bis heute kein Untersuchungsausschuss eingesetzt worden. Dabei wäre eine solche Untersuchung dringend nötig, nicht nur um Licht in die politischen Hintergründe zu bringen, sondern auch um möglichen Verbindungen und Verflechtungen in Wirtschaft, Politik und

Sicherheitskreisen nachgehen zu können, die möglicherweise nach Russland führten.

Jahrzehntelang konnte Wirecard agieren, ohne dass die zuständigen deutschen Sicherheitsdienste eingriffen. Neben anderen Ungereimtheiten ist auffällig, wie viele Altherren deutscher Sicherheitsdienste eine ungewöhnliche Nähe zu Wirecard oder Marsalek pflegten. Es stellt sich die Frage, welche Rolle sie letztendlich spielten. Für wen sie tätig waren und wessen Interessen sie bedienten, ist genauso unklar wie die Verbindungen, die einige von ihnen auch Jahre später noch zu offiziellen Stellen pflegten.

Nur eines ist klar: Wenn ehemals hochrangige Sicherheitsverantwortliche sich im Gefüge zwischen Wirtschaft und Sicherheit tummeln und wie vom ehemaligen Geheimdienstkoordinator Bernd Schmidbauer beschrieben auch noch gelegentlich den offiziellen Stellen zuarbeiten, dann werden die ohnehin beschränkten parlamentarischen und richterlichen Kontrollen der Sicherheitsdienste ausgehöhlt. Viele ehemalige Sicherheitsleute, die in Schröders Jahren eine Politik verfolgten, die Russland wirtschaftlich in eine europäische Friedensordnung einbinden sollte, nutzten Jahre nach ihrem Ausscheiden aus offiziellen Ämtern noch ihre Kontakte in den Behörden nicht nur im Interesse deutscher Sicherheit, sondern auch im Interesse ihrer zahlenden Kunden aus der Wirtschaft. Wenn sich die Altherren dabei in Netzwerken treffen, um die Interessen ihrer Kunden auf einträgliche Weise voranzutreiben, dann ist die Gefahr groß, dass solche Netze ein Eigenleben entwickeln, das selbst zur Gefahr für Sicherheit und Demokratie wird. Nach dem militärischen Angriff Russlands auf die Ukraine mahnte das Parlamentarische Kontrollgremium, es sei vor dem Hintergrund der veränderten Sicherheitslage nicht hinnehmbar, dass ehemalige Geheimdienstmitarbeiter ihr Wissen frei vermarkten könnten.[424]

Die Russland-Politik hat gravierende Fehlentwicklungen offengelegt, die ohne Aufarbeitung Gefahr laufen, sich zu wiederholen. Denn was noch schwerer wiegt: Die Netzwerke der Wirtschaft, die über Beratungen, Stiftungen, Verbände und Vereine unter anderem mit ausländischen Mächten und Geschäftspartnern interagierten, wirken weiter. Sie können immer noch ungehindert Strategien entwickeln, die angeblich wirtschaftlichen Benefits dienen, letztendlich jedoch Deutschland wirtschaftspolitisch in eine Abhängigkeit manövrieren. Unverändert hat die Wirtschaft freie Hand, mit ausländischen Mächten zu kooperieren, niemand kontrolliert sie, eine Transparenzpflicht gibt es nicht.

Für eine effektive europäische Sicherheitspolitik ist eine grundlegende Neujustierung erforderlich. Eine wirksame Sicherheitspolitik braucht Grenzen, die Lobbyinteressen standhält. Diejenigen, die bereit waren, für russlandnahe Akteure Deals oder sogenannte strategische Partnerschaften zu vereinbaren, sind bei der nächsten Gelegenheit bereit, für andere Diktaturen Strategien zu entwickeln, die Deutschlands und Europas Sicherheit gefährden. Ohne eine breite Diskussion und einen konsequenten politischen Kurswechsel, in dem sich die Bundesregierung ihrer Verantwortung der Friedenssicherung stellt, ist Deutschland in einer Welt wachsender wirtschaftlicher Interdependenzen im besonderen Maße verwundbar. Offene Gesellschaften stehen angesichts der globalen und technologischen Herausforderungen von innen wie außen unter Druck. Eine grundsätzliche Debatte über die Herausforderungen und Grenzen offener Demokratien ist überfällig.

Der deutsche Sicherheitsforscher Christian Mölling fordert ein »neues Primat für die Sicherheit«. Die Verknüpfung von Machtressourcen – Politik, Wirtschaft und Technologie – sei zu lange unterschätzt worden. Jetzt gehe es um eine Neuordnung im Verhältnis zwischen Wirtschaft und Politik. Denn Deutschland befinde sich inmitten eines globalen Systemkonflikts in dem Krieg und Krisen »the new normal« seien.[425]

Wer in diesem Systemkonflikt einen Mittelweg sucht, läuft Gefahr, die Fehler der Vergangenheit zu wiederholen. Eine Regierung, die im tagespolitischen Spannungsfeld zwischen Wirtschafts- und Sicherheitsinteressen nicht bereit ist, der Wirtschaft klare Grenzen zu setzen, riskiert den Aufbau neuer, komplexer Abhängigkeitsstrukturen – mit potenziellen Risiken für die internationale Sicherheit.

Drei Jahre nach Beginn des russischen Angriffskrieges und unter dem Druck westlicher Sanktionen verlagern sich Russlands Handelsströme zunehmend in Richtung Asien – zu Gunsten Chinas. Unter Pekings Führung entsteht ein neuer Wirtschaftsblock, in dem China und Russland wirtschaftlich enger verflochten sind als je zuvor. Staats- und Parteichef Xi Jinping erhebt derweil, ähnlich wie Russland gegenüber der Ukraine, einen historischen Anspruch auf Taiwan – und signalisiert mit zunehmender militärischer Präsenz in der Region die Bereitschaft, diesen Anspruch gewaltsam durchzusetzen. Es besteht wenig Zweifel, dass China – mehr noch als Russland – willens und in der Lage ist, wirtschaftliche Abhängigkeiten dabei systematisch für seine Ziele zu nutzen. Mit ihrer »Made-in-China«-Strategie verfolgt die chinesische Führung eine Industriepolitik, die das Land gezielt mit westlichen Demokratien über Knotenpunkte der Infrastruktur vernetzt, was China in die Lage versetzt, diese als politisches Druckmittel zu nutzen. Indem Peking gezielt Abhängigkeiten schafft, wächst das Risiko, dass es seine geostrategischen Ziele mit Gewalt verfolgt – im Kalkül, dass westliche Staaten aus wirtschaftlichem Interesse von einer Intervention absehen. Die sogenannte Belt-and-Road-Initiative dient dem strategischen Ziel, globale Wertschöpfungsketten zu integrieren und zu kontrollieren, um unentbehrlich für seine Wirtschaftspartner zu werden. Im Rahmen seiner Fünfjahresstrategie plant China eine Reform des staatlichen Kapitals und staatlicher Unternehmen, um das Management sowie die Schlüsselfunktion der Unternehmen auf Sektoren auszurichten, die für die Sicherheitspolitik des Landes von Bedeutung sind.[426]

Ähnlich wie Russland nutzt China dabei gezielt wirtschaftliche Beziehungen, um politisch Einfluss zu gewinnen – auch innerhalb westlicher Institutionen. So berichtete Reuters im April 2025, ein chinesischer Technologiekonzern habe ein Netzwerk von Unternehmen aufgebaut, das unter anderem ehemalige Mitarbeitende der US-Bundesverwaltung rekrutieren soll.[427] Laut Angaben von US-Geheimdiensten operiert China dabei auch mit verdeckten Strukturen wie Beratungsfirmen oder Denkfabriken, um Zugang zu Regierungs-Insidern zu gewinnen. China wendet somit ähnliche Methode wie Russland an.

Auffällig ist vor allem auch, dass Peking – ähnlich wie zuvor Moskau – auf eine enge Allianz mit der deutschen Industrie setzt, um Einfluss auf den politischen Diskurs zu nehmen. Inmitten des Handelskonflikts mit den USA empfing Xi Jinping im Frühjahr 2025 in Peking hochrangige Vertreter internationaler Konzerne, darunter Siemens-Chef Roland Busch, Mercedes-Benz-Chef Ola Källenius und BMW-Chef Oliver Zipse. »Transnationale Unternehmen spielen eine wichtige Rolle bei der Sicherung der Weltwirtschaftsordnung«, meinte Xi und forderte die Manager auf, die »Stimme der Vernunft« zu erheben.[428] Die Botschaft ist klar: Die Industrie soll der Politik die Richtung vorgeben, wobei Sicherheitsbedenken im Umgang mit China Nebensache werden.

Einige Vertreter der deutschen Industrie sind offensichtlich bereit, dem Kurs Pekings zu folgen. Ebenfalls im Frühjahr 2025 erhöhten deutsche Unternehmen laut Berichten der *FAZ* und Reuters den Druck auf die Bundesregierung, weniger kritisch gegenüber Peking aufzutreten und die Volksrepublik als Partner, nicht als Rivalen zu behandeln.[429] Der Vorstoß wirft für die Politik eine grundsätzliche Frage auf: Erlaubt die Politik der Wirtschaft freies Spiel, mit Diktaturen Partnerschaften zu pflegen, die uns in immer neue Abhängigkeiten manövrieren, oder stellt sie sich ihrer Verantwortung, der Wirtschaft im Umgang mit Diktaturen Regeln vorzugeben. Es geht um eine Richtungsentscheiden, um den Primat der Sicherheitspolitik gegenüber kurzfristigen Wirtschaftsinteressen. Es darf kein Zweifel bestehen, dass Sicherheit nicht verhandelbar ist. Es geht letztendlich um nicht weniger als jene grundlegende Frage, die Altkanzler Scholz in seiner Zeitenwende-Rede umrissen hat und die sein Nachfolger Friedrich Merz erst noch beantworten muss. »Erlauben wir, dass die Macht des Stärkeren siegt, dass Gewalt zum Maß aller Dinge wird – oder ist unsere Demokratie in der Lage und stark genug, Despoten die Grenzen aufzuzeigen?«

Danksagung

Ein Buch wie dieses entsteht nie allein. Es entsteht aus Papierstapeln, Gesprächen, Momenten des Zweifelns – und dem »Jetzt erst recht«. Und es lebt von Menschen, die ihr Wissen und ihr Vertrauen geteilt haben, manchmal nur in einem Satz – aber einer der vieles erklärte.

Ein besonderer Dank gilt all jenen – von Berlin über Hamburg und München bis nach Wien –, die mir auf unterschiedliche Weise Einblicke ermöglichten. Insbesondere auch den Abgeordneten des Untersuchungsausschusses: Allen voran Fabio De Masi, Lisa Paus, Danyal Bayaz, Jens Zimmermann, Cansel Kiziltepe, Florian Toncar, Matthias Hauer und Hans Michelbach. Ein großes, ganz persönliches Danke geht an meine Tochter Anna, die mich nicht nur geduldig ertragen hat, wenn ich geistig mal wieder in einer anderen Welt war, sondern auch mit mir mitfieberte – gerade in den schwierigen Phasen. Ohne dich wäre dieses Buch nie möglich gewesen.

Das gilt auch für André Molderings, der mir nicht nur daheim den Rücken freihielt, sondern das Manuskript bis zur letzten Seite durchackerte. Sein feines Gespür für Zwischentöne hat vieles geschärft. Ohne den intensiven Austausch mit ihm – ebenso wie mit Joachim von Zeppelin, der mir immer wieder neue Impulse gab – wären viele Gedanken vielleicht nie zu Papier gebracht worden.

Das Gleiche gilt für meine Kollegen Arne Meyer-Fünffinger und Thomas Steinmann. Mit ihnen habe ich nicht nur Informationen ausgetauscht, sondern gemeinsam versucht, die verflixten Verzweigungen dieser Geschichte zu entwirren – sodass einige Fragezeichen im Manuskript gestrichen werden konnten.

Natürlich konnte ich immer wieder auch auf die sorgfältig recherchierten Berichte vieler Kolleginnen und Kollegen zurückgreifen, die das Thema über Jahre hinweg begleitet haben. Durch ihre Recherche ließen sich Entwicklungen heute noch nachvollziehen. Vieles, was inzwischen bekannt ist, ist nur durch ihre Arbeit öffentlich geworden.

Last but not least: Mein herzlicher Dank gilt meinem Agenten Thomas Schmoll – fürs Dranbleiben und fürs Mutmachen, wenn ich nicht mehr weiterwusste. Und dem Deutschen Wirtschaftsbuch Verlag, insbesondere Georg Hodolitsch, der mit Weitsicht und großem Elan dafür gesorgt hat, dass dieses Buch schließlich den Weg zu euch Leserinnen und Lesern findet. Ich wünsche mir, dass es hilft, offene Fragen zu klären und aus der Geschichte die richtigen Schlüsse für die Zukunft zu ziehen.

Anmerkungen

1 Geheimidentität von Jan Marsalek aufgedeckt, *ZDF heute*, 01. März 2024, https://www.zdf.de/nachrichten/politik/deutschland/marsalek-wirecard-russland-spion-priester-pass-100.html
2 Conversations with History: R. James Woolsey, Gespräch mit Harry Kreisler, UC Berkeley, 2011, https://www.youtube.com/watch?v=t7UdtMPxjsw
3 Ebenda.
4 R. James Woolsey, Why We Spy on Our Allies, *Wall Street Journal*, 17. März 2000.
5 Conversations with History: R. James Woolsey, Gespräch mit Harry Kreisler, UC Berkeley, 2011, https://www.youtube.com/watch?v=t7UdtMPxjsw
6 The sick man of the euro, *The Economist*, 03. Juni 1999.
7 Ansprache von Bundeskanzler Gerhard Schröder zur Eröffnung des »Petersburger Dialogs« in Sankt Petersburg, 9. April 2001. Nachzulesen in: Deutsche politische Reden, Bundesregierung, Text #249; https://politische-reden.eu/BR/t/249.html
8 Roger Cohen, The German Complaint, *New York Times*, 01. Juni 2000.
9 Die Rede ist nachzulesen unter: https://www.bundestag.de/parlament/geschichte/gastredner/putin/putin_wort-244966
10 BND und CIA streiten über Irak-Informanten »Curveball«, *Der Spiegel*, 31. März 2004.
11 Terra X History, Geheimnisse des BND – Die Schattenwelt der Spione, ZDF-Dokumentation, 13. August 2023.
12 BND-Chef Hanning sieht Irak im Chaos, *taz.de*, 8.10.2004, https://taz.de/BND-Chef-Hanning-sieht-Irak-im-Chaos/!689975/
13 https://wirtschaft.com/ex-bnd-praesident-hanning-gruende-fuer-irakkrieg-waren-falsch, *Welt*, 22. April 2025
14 Gert R. Polli, *Schattenwelten: Österreichs Geheimdienstchef erzählt*, Ares Verlag, 2022.
15 Bernd Schmidbauer im Wirecard-Untersuchungsausschuss, 15. April 2021
16 Hannings Geheimmission: BND-Chef auf eigene Initiative in Tschetschenien, *Der Spiegel*, 12. April 2000.
17 Martin Klingst, Schlapphuts heiße Reise, *Die Zeit*, 13. April 2000.
18 Siehe dazu: Deutscher Bundestag, 1. Untersuchungsausschuss, Hanning: NSA-Hilfe war für BND unentbehrlich, 2015; unter https://www.bundestag.de/webarchiv/textarchiv/2015/kw40_pa_nsa-388552
19 Lauschangriff: Neues von Echelon, *Der Spiegel*, 21. Mai 1999.
20 Dirk Walter, Wer hört mit in Bad Aiblings Abhöranlagen?, Merkur, 5. Juli 2013.
21 R. James Woolsey, Why We Spy on Our Allies, *Wall Street Journal*, 17. März 2000.
22 Der offizielle Echelon-Bericht von Gerhard Schmid an das EU-Parlament, nach *Der Spiegel*, 7. November 2001.
23 High-Tech-Land Bayern besonders betroffen, *IHK-Magazin WiM*, Ausgabe 10/2001.
24 Moskauer Privatgipfel: Schlittenfahrt und Schuldenstreit, *DER SPIEGEL*, 5.1.2011, https://www.spiegel.de/politik/ausland/moskauer-privatgipfel-schlittenfahrt-und-schuldenstreit-a-110743.html
25 Behörden in USA und Russland ermitteln wegen Korruption, *Die Welt*, 28. August 1999.
26 Europol, Money Laundering, https://www.europol.europa.eu/crime-areas/economic-crime/money-laundering.
27 Transparency International, Geldwäschebekämpfung in Deutschland. Probleme, Lösungsvorschläge und Beispielfälle, 2021. https://www.transparency.de/fileadmin/Redaktion/Publikationen/2021/Studie_Geldwa__sche-in-Deutschland_210826.pdf

28 Wirtschaftskriminalität – Ein niemals endender Kampf, PwC, 2020, https://www.pwc.de/de/consulting/forensic-services/wirtschaftskriminalitaet-ein-niemals-endender-kampf.pdf
29 Stasis beim Verfassungsschutz, *Der Spiegel*, 6. September 1998.
30 Matthias Warnig: Dieser Deutsche genießt Putins Vertrauen, *Die Welt*, 3. August 2014, https://www.welt.de/politik/deutschland/article130829736/Dieser-Deutsche-geniesst-Putins-Vertrauen.html
31 Jens Høvsgaard, *Gier, Gas und Geld – Wie Deutschland mit Nord Stream Europas Zukunft riskiert*, Europa Verlag, 2019.
32 Der junge Putin und das Intercommerz-Rätsel, *Die Welt*, 3. November 2022.
33 Die Deutschen in dem Leak, *tagesschau.de*, 6. November 2017.
34 Die *ZDF*-Dokumentation Zeit der Gier. Putins Bank, Folge 2. Ist online nicht mehr abrufbar
35 Deutsche Bank kooperiert mit größtem russischen Geldhaus, *Der Spiegel*, 28. Juni 2008.
36 Die Deutsche Bank und der Danske-Skandal, *Capital*, 25. September 2019.
37 Geldwäsche-Ermittlungen gegen Deutsche Bank eingestellt, *Handelsblatt*, 13. Oktober 2020.
38 Danske-Ermittlungsverfahren gegen Mitarbeiter der Deutschen Bank eingestellt – Geldbuße von 13,5 Millionen Euro, Webseite der Deutschen Bank, 13. Oktober 2020.
39 Der Montag an der Spitze: Josef Ackermann, Körber-Stiftung, 30. Januar 2013, https://www.youtube.com/watch?v=WfL_5jP5GHk
40 Zeit der Gier – Der Fall Deutsche Bank: Putins Bank (2), *ZDF*, 2022.
41 Jörg Ziericke: Aktuelle Entwicklungen der Wirtschaftskriminalität, BKA-Herbsttagung 2008. Die Rede ist auf der Homepage des BKA einsehbar: https://www.bka.de/SharedDocs/Downloads/DE/Publikationen/Herbsttagungen/2008/herbsttagung2008zierckeLangfassung.html?nn=54332.
42 »Russland hat die Deutsche Bank infiltriert«, Interview mit Luke Harding, *n-tv*, 7. Dezember 2017.
43 Deutsche Bank's $10-Billion Scandal, *The New Yorker*, 22. August 2016.
44 Ebenda.
45 Zeit der Gier – Der Fall Deutsche Bank: Putins Bank (2), *ZDF*, 2022.
46 BND-Chef: Russisches Schwarzgeld auf Zypern gibt zu denken, *Handelsblatt*, 24. März 2013.
47 Bundesregierung weiß nichts über russisches Schwarzgeld, *Cicero*, 14. März 2013.
48 Deutsche Bank's $10-Billion Scandal, *The New Yorker*, 22. August 2016.
49 »Das ist für Russland keine echte Krise«, Interview mit Andrej Kostin, *Handelsblatt*, 12. Oktober 2015.
50 Craig Unger: »Trump in Putins Hand« – Ein Big-Business-Großmaul, knietief im Morast, 3.11.2018, https://www.deutschlandfunkkultur.de/craig-unger-trump-in-putins-hand-ein-big-business-grossmaul-100.html
51 Do Trump's criticisms of Putin mark a turning point in his Russia policy? – *Atlantic Council*, 27. Mai 2025, https://www.atlanticcouncil.org/blogs/new-atlanticist/do-trumps-criticisms-of-putin-mark-a-turning-point-in-his-russia-policy/?utm_source=chatgpt.com
52 Trump spricht über »Biden-Betrug«: Selenskyj-Eklat eine Rache?, *Frankfurter Rundschau*, 4.3.2025, https://www.fr.de/politik/trump-spricht-ueber-biden-betrug-selenskyj-eklat-eine-rache-zr-93607471.html
53 Trump-Sonderermittler Mueller fordert Unterlagen bei Deutscher Bank an | finanzen.net, *Dow Jones*, 5.12.2017, https://www.finanzen.net/nachricht/aktien/vorladung-erhalten-trump-sonderermittler-mueller-fordert-unterlagen-bei-deutscher-bank-an-5851155
54 FinCEN Files: How Deutsche Bank let Dirty Clients Run Rampant, *BuzzFeed News*, 20. September 2020.
55 Ebenda.
56 FinCEN Files: Verdächtige Deutsche Bank, *Deutsche Welle*, 20. September 2020, https://www.dw.com/de/fincen-files-zweifelhafter-spitzenreiter-deutsche-bank/a-54996984
57 Deutsche Bank to Pay $16 Million for Improper Hiring Practices, *Wall Street Journal*, 23.8.2019
58 Deutsche Bank wird in Russland zu Mini-Strafe verdonnert – *Business Insider*, 15. 12.2015, https://www.businessinsider.de/wirtschaft/deutsche-bank-wird-in-russland-zu-mini-strafe-verbrummt-2015-12/?utm_source=chatgpt.com

59 Beitrag aus dem Jahresbericht 2018 der BaFin; Bafin verschärft Geldwäsche-Aufsicht bei der Deutschen Bank, *Der Spiegel*, 30. April 2021.
60 Polizeilich erfasste Fälle von Geldwäsche bis 2022, Statista
61 Schattenfinanzindex 2022: USA erklimmen Spitze, Vienna Institute for International Dialogue and Cooperation (VIDC), https://www.vidc.org/fileadmin/martina/2022_financial_secrecy_index/fsi_2022_pa_final.pdf
62 Bundesfinanzministerium, Geldwäsche effektiv bekämpfen: Neufassung des Geldwäsche-Tatbestands im Strafgesetzbuch https://www.bundesfinanzministerium.de/Content/DE/Pressemitteilungen/Finanzpolitik/2020/08/2020-08-11-PM-Geldwaesche-Strafgesetzbuch.html
63 Anna-Elisabeth Krause-Ablaß, Korruptions- und Geldwäschebekämpfung aus Sicht der (Europäischen) Staatsanwaltschaft, Wistev, *WIJ*, Ausgabe 4/2021, https://wistev.de/journal/2021/12/15/dekorruptions-und-geldwaeschebekaempfung-aus-sicht-der-europaeischen-staatsanwaltschaft/
64 Rede von Lisa Paus, Bericht Untersuchungsausschuss »Wirecard«, 25. Juni 2021, https://www.gruene-bundestag.de/parlament/bundestagsreden/bericht-untersuchungsausschuss-wirecard
65 An Agent for Russia? The Double Life of Former Wirecard Executive Jan Marsalek, Der Spiegel, 5. März 2024, https://www.spiegel.de/international/business/jan-marsalek-an-agent-for-russia-the-double-life-of-the-former-wirecard-executive-a-7e667c03-6690-41e6-92ad-583d94ba97e0
66 Marsaleks Netzwerk in Berlin, *Süddeutsche Zeitung*, 2. April 2024, https://www.sueddeutsche.de/politik/marsalek-wirecard-geheimdienst-informationen-russland-berlin-1.6513099?reduced=true
67 Reporter des Fachmagazins *WirtschaftsWoche* begleiten den Fall Wirecard und den Prozess gegen die Spitzen-Manager seit acht Jahren in einem Online-Live-Blog (im Folgenden benannt als *WirtschaftsWoche Blog*), hier *WirtschaftsWoche Blog* 13. Februar 2023, 9:26 Uhr.
68 *WirtschaftsWoche Blog* 13. Februar 2023, 9:42 Uhr.
69 *WirtschaftsWoche Blog*, 13. Februar 2023, 9:46 Uhr.
70 Cornelius Granig, *Böses Geld: Bitcoin, Wirecard & Co. – die digitale Finanzwelt zwischen Heilsversprechen und Kriminalität*, Kremayr & Scheriau, 2021; siehe auch https://books.google.de/books?id=fl8rEAAAQBAJ&pg=PT14&lpg=PT14&dq=Granig+Markus+Braun+Walentina+Hummelbrunner&source=bl&ots=W355AabByP&sig=ACfU3U0coca6PQbtmG_7RJcErMochORmjQ&hl=en&sa=X&ved=2ahUKEwis--KM7tOFAxU44gIHHcHPCtcQ6AF6BAgPEAM#v=onepage&q=Granig%20Markus%20Braun%20Walentina%20Hummelbrunner&f=false
71 IHK Karlsruhe, Geldwäsche: Hochrisikostaaten, https://www.ihk.de/karlsruhe/fachthemen/recht/gewerberecht/geldwaeschepraevention/geldwaesche-neues-bafin-rundschreiben-zu-hochrisikostaaten-5595016
72 Wie bei Wirecard das Geld verschwand, *Capital.de*, 17. Juli 2020 https://www.capital.de/wirtschaft-politik/wie-bei-wirecard-das-geld-verschwand; https://www.igamingnews.com/article/former-bingoworkz-execs-file-suit-over-alleged-forced-merger-185590/
73 Wie bei Wirecard das Geld verschwand, *Capital.de*, 17. Juli 2020, https://www.capital.de/wirtschaft-politik/wie-bei-wirecard-das-geld-verschwand
74 Wirecard: Milliardenbluff, Spionagethriller, Politaffäre, *Der Spiegel*, 17. Juli 2020.
75 Hanno Bender: Wirecard: »Dafür habe ich noch keine Erklärung«, *BargeldlosBlog*, 15. März 2021.
76 Sonya Seunghye Lim: What the Wirecard Scandal Tells us about Russian Intel Operations, The Cipher Brief, 4. März 2021, https://www.thecipherbrief.com/column_article/what-the-wirecard-scandal-tells-us-about-russian-intel-operations
77 Früh durchgeblickt, *taz*, 21. Juni 2021.
78 Wirecard-Affäre: Ermittler durchsuchen SdK, *manager magazin*, 29. Juli 2008, https://www.manager-magazin.de/finanzen/artikel/a-568926.html
79 Wirecard Bank AG wegen Geldwäsche angezeigt, GoMoPa, März 2010
80 Der Artikel ist online nicht mehr abrufbar
81 Wirecard-Kurssturz: Wenn Short-Seller Jojo spielen, Handelsblatt, 31. März 2010, https://www.handelsblatt.com/finanzen/maerkte/aktien/wirecard-kurssturz-wenn-short-seller-jojo-spielen/3402446.html
82 Ebenda.

83 Stellungnahmen der Staatsanwaltschaft vom xxxx auf eine Anfrage vom xxxx
84 Staatsanwaltschaft ermittelte schon 2010 gegen Wirecard, *Capital.de*, 15. Juli 2020, https://www.capital.de/wirtschaft-politik/staatsanwaltschaft-ermittelte-schon-2010-gegen-wirecard
85 BKA hält Bankdaten-Transfer in die USA für unsinnig, *Der Spiegel*, 2. Januar 2010.
86 Razzia blamiert Anlegerschützer, *Der Spiegel*, 24. September 2010, https://www.spiegel.de/wirtschaft/unternehmen/vorwurf-der-kursmanipulation-razzia-blamiert-anlegerschuetzer-a-719380.html
87 Fall SdK: Ex-Aktionärsschützer wieder auf freiem Fuß, *Der Spiegel*, 20. März 2012, https://www.spiegel.de/wirtschaft/urteil-im-insider-prozess-um-sdk-affaere-um-straub-und-bosler-a-822498.html; https://www.juve.de/verfahren/marktmanipulation-prozess-in-sdk-affare-gestartet-erster-angeklagter-kundigt-gestandnis-an/
88 Vgl. Jörn Leogrande, *Bad Company: Meine denkwürdige Karriere bei der Wirecard*, Penguin Verlag, 2021, S. 53ff.
89 Das Doppelleben von Ex-Wirecard-Chef Jan Marsalek, *Der Spiegel*, 2.3.2024
90 Der Fall Wirecard, Der Spiegel, 17. Juli 2022; https://www.spiegel.de/wirtschaft/unternehmen/wirecard-milliardenbluff-spionagethriller-politaffaere-a-00000000-0002-0001-0000-000172071795
91 »Marsalek wollte, dass die schwarz-blaue Koalition funktioniert«, *Profil*,10. April 2024.
92 Ebenda.
93 Marsalek koordinierte Spionageaktionen, *ZDFheute*, 10. April 2024, https://www.zdf.de/nachrichten/politik/jan-marsalek-chats-spionage-russland-wirecard-100.html
94 Das Doppelleben von Ex-Wirecard-Manager Marsalek, *Der Spiegel*, 2. März 2024.
95 Ebenda
96 Jan Marsalek's behind-the-scenes role in Wirecard's most contentious deal, *ft.com*; Wirecard-Prozess in Singapur: Marsaleks Kumpel kämpft um seine Freiheit, *Süddeutsche Zeitung*, 31. Juli 2023, https://www.sueddeutsche.de/wirtschaft/singapur-wirecard-marsalek-osullivan-1.6083072?reduced=true; Wirecard: Früher Phantom, heute Gefängnis, *Süddeutsche Zeitung*, 1. September 2021, https://www.sueddeutsche.de/wirtschaft/wirecard-skandal-news-1.5398423?reduced=true
97 Wirecards »Mr. Teflon« – Wie Ex-Finanzchef Burkhard Ley das Finanzressort steuerte, *handelsblatt.com*, 10. März 2021, https://www.handelsblatt.com/finanzen/banken-versicherungen/banken/bilanzskandal-wirecards-mr-teflon-wie-ex-finanzchef-burkhard-ley-das-finanzressort-steuerte/26986000.html
98 Der Chatverlauf stammt aus den nicht öffentlichen Unterlagen des Wirecard-Untersuchungsausschusses.
99 OCCRP – Organized Crime And Corruption Reporting Project, The Russian Laundromat, 22. August 2014, https://www.occrp.org/en/russianlaundromat/russian-laundromat/
100 Nord-Politiker lobbyierten für Wirecard, *NDR.de*, 28. Januar 2021, https://www.ndr.de/nachrichten/investigation/Nord-Politiker-lobbyierten-fuer-Skandalbank,gluecksspiel340.html
101 Ebenda.
102 Ebenda.
103 Joachim Herrmann MdL, Verabschiedung Kindler – Amtseinführung Dr. Schmidbauer, 28. Juni 2013, https://www.joachimherrmann.de/index.php?ka=1&ska=1&printit=1&idn=1682
104 Wirecard-Skandal: Ex-Polizeipräsident als Türöffner, *Süddeutsche Zeitung* 1. Oktober 2020, https://www.sueddeutsche.de/bayern/aschheim-wirecard-kindler-herrmann-1.5053308
105 Vgl. Deutscher Bundestag, 3. Untersuchungsausschuss, Wirecard agierte in Bayern weitgehend unbehelligt, https://www.bundestag.de/dokumente/textarchiv/2021/kw04-pa-3ua-donnerstag-818574
106 BKA-Kooperation mit Wirecard: »Den Bock zum Gärtner gemacht«, *BR24*, 13. April 2021.
107 Ebenda.
108 Bundeskriminalamt machte Wirecard »vom Bock zum Gärtner«, sagt Sonderermittler Wolfgang Wieland, *FinanzBusiness*, 15. April 2021, https://finanzbusiness.de/nachrichten/regulierung/article12900458.ece; Was wussten die Geheimdienste über Wirecard?, *Süddeutsche Zeitung*, 17. Juni 2021, https://www.sueddeutsche.de/wirtschaft/wirecard-jan-marsalek-untersuchungsausschuss-1.5323856?reduced=true

109 »Ansonsten bitte ich um Diskretion«, *Berliner Zeitung*, 28. Januar 2021.
110 ZDF Interview mit De Masi und Duffy, veröffentlicht 8.12.2022: De Masi: »Wirecard war ›Geldwäscheanlage‹«
111 Geldstrafe, aber kein Gefängnis für Isai Scheinberg, *hochgepokert.com*, 1. Oktober 2020, https://www.hochgepokert.com/2020/10/01/geldstrafe-aber-kein-gefaengnis-fuer-isai-scheinberg/
112 Rupee do: what is Wirecard buying?, *Financial Times*, 12. November 2015, www.ft.com/content/61934fe6-7447-37ae-98bc-a0c03edee377
113 Lithuania revokes licence of fintech implicated in Wirecard scandal, *Financial Times*, 8. Juni 2021; Wirecard, Finolita Unio, and the Lithuanian Connection, *FinTelegram News*, 17. Mai 29021, https://fintelegram.com/wirecard-finolita-and-the-lithuanian-connection/
114 Siehe: www.federalregister.gov/documents/2014/07/22/2014-17172/imposition-of-special-measure-against-fbme-bank-ltd-formerly-known-as-federal-bank-of-the-middle
115 FBI investigates Russian-linked Cyprus bank accused of money laundering, *The Guardian*, 14. Dezember 2017, https://www.theguardian.com/us-news/2017/dec/24/fbi-investigates-russian-linked-cyprus-bank-accused-of-money-laundering
116 Wirecard – Chronik eines Skandals, *BR24*, 10. Dezember 2022.
117 Der oberster Bankenaufseher der Bafin räumt Fehler im Wirecard-Skandal ein, *Handelsblatt*, 8. Januar 2021.
118 Vgl.: Wie die Ermittler die Wirecard-Chefs vom Haken ließen, *Capital*, 18. November 2020.
119 Neue Hinweise auf Geldwäsche bei Wirecard, *Deutschlandfunk*, 21. September 2022, https://www.deutschlandfunk.de/neue-hinweise-auf-geldwaesche-bei-wirecard-dlf-56251514-100.html
120 Wirecard-Datenanalyse: Wie Millionen im Ausland versickerten«, *BR24*, 13. Dezember 2023; https://www.br.de/nachrichten/wirtschaft/wirecard-datenanalyse-wie-millionen-im-ausland-versickerten,THze1BR
121 OCCRP, Prosecutors Drop Investigation Into Millions Missing From Montenegro Bank, 7. November 2019, https://www.occrp.org/en/investigations/prosecutors-drop-investigation-into-millions-missing-from-montenegro-bank
122 https://www.justiz.bayern.de/gerichte-und-behoerden/staatsanwaltschaft/muenchen-1/presse/2024/4.php
123 Verlustgeschäfte mit Wirecard: Gutachter sieht keine Schuld beim Commerzbank-Vorstand, *Handelsblatt*, 24. Juni 2021; Wegen verdächtiger Transaktionen: Commerzbank begann schon im Mai 2019 mit Ausstieg aus Wirecard-Geschäft, *Stern*, 13. Januar 2021.
124 FinCEN Leaks: DBS, CIMB and Deutsche among banks in S'pore that handled about $6 billion in suspicious transactions, *The Strait Times*, 21. September 2020.
125 Ebenda.
126 Compliance-Abteilung bei Wirecard? »Ich«, *Die Welt*, 23. März 2023, https://www.welt.de/wirtschaft/article244428826/Wirecard-Prozess-Compliance-Abteilung-bei-Wirecard-Ich.html
127 Deutscher Bundestag, 19. Wahlperiode, 3. Untersuchungsausschuss, Stenografisches Protokoll der 47. Sitzung, 7. Mai 2021, https://dserver.bundestag.de/btd/19/CD30900/Protokolle/2021-05-07_47.%20Sitzung_Endg.%20Stenogr.%20Protokoll.pdf
128 Sonya Seunghye Lim, What the Wirecard Scandal Tells us about Russian Intel Operations, *The Cipher Brief*, 4. März 2021.
129 Im Reich der Schattenmänner, *Stern*, 16. Dezember 2010.
130 Ebenda.
131 Ex-Polizisten im Visier, *Hamburger Abendblatt*, 4. November 2011.
132 HSH-Affäre spitzt sich zu. Erneute Razzia, *Süddeutsche Zeitung*, 3. November 2010, https://www.sueddeutsche.de/wirtschaft/hsh-affaere-spitzt-sich-zu-erneute-razzia-1.1019275; HSH-Affäre: Ex-Senatssprecher lieferte Kinderporno-Gerüchte, *Der Spiegel*, 25. September 2010, https://www.spiegel.de/wirtschaft/unternehmen/hsh-affaere-ex-senatssprecher-lieferte-kinderporno-geruechte-a-719526.html; »Keine Verbindung zu Kinderpornographie«: HSH Nordbank entschuldigt sich bei ehemaligem Manager, *Frankfurter Allgemeine Zeitung*, 20. März 2011, https://www.faz.net/aktuell/wirtschaft/unternehmen/keine-verbindung-zu-kinderpornographie-hsh-nordbank-entschuldigt-sich-bei-ehemaligem-manager-1608401.html.

133 Folgen der HSH-Affäre: Skandal-Sicherheitsfirma Prevent ist pleite, *Der Spiegel*, 17. Februar 2011, https://www.spiegel.de/wirtschaft/unternehmen/folgen-der-hsh-affaere-skandal-sicherheitsfirma-prevent-ist-pleite-a-746082.html
134 Der Investigativ-Blog: Neues von den Schattenmännern, *stern.de*, 26. Juni 2012, https://www.stern.de/panorama/investigativ/der-investigativ-blog-neues-von-den-schattenmaennern-6825334.html.
135 Private Kapazitäten werden die Sicherheitsschere schließen, Interview mit Gert R. Polli, *Spartanat*, 16. März 2017.
136 Stefan Aust, *Mauss – Ein deutscher Agent*, Hoffmann und Campe, 1988; Ignacio Gómez/Peter Schumacher, *Der Agent und sein Minister – Mauss und Schmidbauer in geheimer Mission*, Elefanten Press, 1997.
137 Villa abgebrannt: Werner Mauss war das bestgehütete Geheimnis des BKA, *bild.de*, 3. November 2022.
138 Das Briefkasten-Imperium des Werner Mauss, *tagesschau.de*, 20. Juli 2016, https://www.tagesschau.de/ausland/panamapapers-159.html; Steuerbetrug: Ex-Kanzleramtschef bestätigt Existenz von Geheimfonds, *Zeit Online*, 9. Januar 2017, https://www.zeit.de/gesellschaft/zeitgeschehen/2017-01/steuerbetrug-kanzleramt-fonds-werner-mauss; Werner Mauss: Das Phantom. Deutschlands geheimster Agent, *Die Welt*, 24. September 2016, https://www.welt.de/politik/deutschland/article158342177/Das-Phantom-Deutschlands-geheimster-Agent.html
139 Stefan Aust, *Mauss – Ein deutscher Agent*, Hoffmann und Campe, 1988; siehe auch Anklage zu Steuerhinterziehung: Ex-Geheimagent Mauss ist halt ein toller Typ, *Frankfurter Allgemeine Zeitung*, 21. November 2023, https://www.faz.net/aktuell/feuilleton/medien/landgericht-verbummelt-prozess-gegen-ex-geheimagent-mauss-19327563.html
140 Geheimdienstexperte über Abhöraffäre: »Guter Zeitpunkt zur Gegenwehr«, *taz*, 24. Oktober 2013, https://taz.de/Geheimdienstexperte-ueber-Abhoeraffaere/!5056449/
141 Antwort der Bundesregierung auf eine Kleine Anfrage der Abgeordneten Christian Görke und der Linksfraktion zu den Kontakten der Bundesregierung und Sicherheitsbehörden, BT-Drucksache 20/2888.
142 Norbert Pütter, Private und staatliche Kriminalisten. Konvergenzen, Kooperationen, Gefahren, Bürgerrechte & Polizei/CILIP 97, 3/2010: Private und staatliche Ermittlungen: Ein Fall für zwei?, https://archiv.cilip.de/Hefte/CILIP_097.pdf, S. 10.
143 W&S-Interview mit BKA-Präsident Jörg Ziercke, siehe: Nur die Drogenmafia ist schlimmer, *Protector*, 20. August 2012, https://www.protector.de/nur-die-drogenmafia-ist-schlimmer
144 Randalf Neubert, Netzwerke der Information. Wirtschaft und Staat als »Sicherheitspartner«?, Bürgerrechte & Polizei/CILIP 97, 3/2010: Private und staatliche Ermittlungen: Ein Fall für zwei?, https://archiv.cilip.de/Hefte/CILIP_097.pdf, S. 47; Das verschwiegene Netzwerk, *Frankfurter Rundschau*, 30. Januar 2019.
145 Ebenda.
146 https://www.baks.bund.de/de/aktuelles/zusammenarbeit-von-behoerden-und-wirtschaft-in-krisen-0
147 Randalf Neubert, Netzwerke der Information. Wirtschaft und Staat als »Sicherheitspartner«?, Bürgerrechte & Polizei/CILIP 97, 3/2010: Private und staatliche Ermittlungen: Ein Fall für zwei?, https://archiv.cilip.de/Hefte/CILIP_097.pdf, S. 47; Das verschwiegene Netzwerk, *Frankfurter Rundschau*, 30. Januar 2019.
148 Wirecard-Untersuchungsausschuss, Zeugenbefragung Stephan von Erffa, 18. März 2021.
149 Online-Durchsuchung: Zypries und Ziercke uneins über »staatliches Hacken«, *Frankfurter Allgemeine Zeitung*, 13. Februar 2007.
150 Ebenda.
151 https://www.cilip.de/2010/12/07/netzwerke-der-information-wirtschaft-und-staat-als-sicherheitspartner/
152 Ebenda.
153 Unternehmen Datenklau, *Deutsche Welle*, 6. August 2013.
154 NSA-Untersuchungsausschuss, Zeugenvernehmung August Hanning, 2. Oktober 2015.

155 Stoibers kühler Gast sucht Anschluss, *Der Spiegel*, 11. Oktober 2006.
156 Ebenda
157 Rückblick auf Putin-Besuch in Aying: Nur die Bier-Pipeline bleibt, *Merkur.de*, 3.3.2022
158 Besuch von Putin in München ein Wechselbad der Gefühle – Russischer Präsident lobt Bayern – ...: Langes Warten und warme Worte, *Onetz*, 12. Oktober 2006. Der Artikel ist online nicht mehr verfügbarRussland-Wahl: Putins beste Sprüche, Wirtschaftswoche online. 1.3.2012
159 Wie Wirtschaft und Politik in die Russland-Falle schlitterten | *report München* | *BR24* , Mai 2022
160 Ein zerstörtes Leben, *Kontext:Wochenzeitung*, 29. Mai 2013.
161 Wladimir Putin, Rede auf der Münchner Sicherheitskonferenz 2007, https://www.youtube.com/watch?v=pbYDJoR6jwc
162 Ebenda.
163 Siemens und Power Machines vertiefen Zusammenarbeit – Lizenzabkommen fuer fortschrittliche Gasturbinen-Technologie unterzeichnet, *PresseBox*, 24. Juni 2008.
164 Russische Bahn schrumpft Schnellzug-Auftrag für Siemens, *Handelsblatt*, 30. September 2005.
165 Jan Hildebrand, Hochgeschwindigkeit: Russland an weiteren Siemens-Zügen interessiert, *Die Welt*, 22. Juli 2007.
166 Russen bauen riesige Autometropole für VW & Co, *Die Welt*, 8. Februar 2008.
167 Andreas Umland, Russland vorm Abgrund? Putins Wahlkampfrede vom November 2007 als Gezeitenwechsel der postsowjetischen Politik, *russlandanalysen*, 151/07, https://laender-analysen.de/russland-analysen/151/russland-vorm-abgrund-putins-wahlkampfrede-vom-november-2007-als-gezeitenwechsel-der-postsowjetischen-politik/, S. 15.
168 VW entdeckt seine russische Seele, *Der Spiegel*, 20. Oktober 2009.
169 Ebenda.
170 Wie Siemens Russland im Alleingang modernisiert, *Die Welt*, 25. Oktober 2010 (auch *Hamburger Abendblatt*, 25. Oktober 2010).
171 Ebenda
172 Siemens beendet Hängepartie mit Areva und erwägt Beteiligung am russischen Atomkonzern, *Süddeutsche Zeitung*, 28. Januar 2009.
173 Siemens hat große Nuklear-Pläne, *Handelsblatt*, 25. Februar 2009. Der Artikel ist online nicht mehr verfügbar
174 Siemens: Löschers Atomflirt mit Putin, *Manager Magazin*, 3. Februar 2009.
175 Deutsch-russischer Gipfel in München: Medwedew bezaubert Merkel, *Der Spiegel*, 16. Juli 2009.
176 https://press.siemens.com/global/de/pressemitteilung/siemens-winken-russland-milliarden-auftraege-fuer-bahn-und-wind
177 Matthias Warnig: Dieser Deutsche genießt Putins Vertrauen, *Die Welt*, 3. August 2014, https://www.welt.de/politik/deutschland/article130829736/Dieser-Deutsche-geniesst-Putins-Vertrauen.html
178 So ging Schröder mit Putin Austern essen, *B.Z.*, 25. November 2010.
179 Wandel durch Verflechtung, *Der Spiegel*, Gastbeitrag von Gerhard Schröder, 20. Mai 2007, https://www.spiegel.de/politik/wandel-durch-verflechtung-a-da99a64e-0002-0001-0000-000051644671
180 https://fragdenstaat.de/anfrage/konzeptpapier-fur-die-ostpolitik-unter-frank-walter-steinmeier/
181 Annähern und Verflechten, Spiegel. 1. Oktober 2006, https://www.spiegel.de/politik/annaehern-und-verflechten-a-0058a0ea-0002-0001-0000-000049067595
182 Gazprom-Leak: Wie die Unternehmensberater von McKinsey dabei halfen, Deutschland von russischem Gas abhängig zu machen, *Business Insider*, 23. Juli 2022.
183 Ackermann, der Staatsmann, *Süddeutsche Zeitung*, 26. November 2010.
184 https://www.baks.bund.de/sites/baks010/files/suea2010_1.pdf
185 Volkswagen und GAZ vereinbaren Auftragsfertigung, *Auto-Medienportal*, 14. Juni 2011, https://www.auto-medienportal.net/artikel/detail/10353
186 https://www.deutschland.de/de/topic/wirtschaft/innovation-technik/auf-dem-weg-in-die-zukunft
187 VW investiert 1,2 Milliarden Euro bis 2018, Automobilwoche, 27. November 2013, https://www.automobilwoche.de/agenturmeldungen/vw-investiert-12-milliarden-euro-bis-2018

188 Globales Siemens-Fertigungsnetz für Gasturbinen erhält Standort in Sankt Petersburg, Pressemeldung, *Innovations Report*, 1. Dezember 2011.
189 Michael Inacker, Staatsbesuch in Russland. Unternehmer erleichtern Merkel die Gespräche, *Handelsblatt*, 16. November 2012.
190 Ebenda
191 Wolfgang Ischinger, Die Ukraine-Krise und die Sicherheit Europas, *Frankfurter Allgemeine Zeitung*, 31. August 2014.
192 Putins Rede zum Anschluss der Krim und Sewastopols – Wortlaut der Rede (deutsche Übersetzung, Volltext), *Eurasisches Magazin*, 18. März 2014, https://www.eurasischesmagazin.de/ticker/Wladimir-Putin-zum-Anschluss-der-Krim-Rede-im-Wortlaut-Volltext/121
193 NATO veröffentlicht Satellitenbilder, *Deutsche Welle*, 11.April 2014, https://www.dw.com/de/nato-ver%C3%B6ffentlicht-satellitenbilder-von-russischen-truppen/a-17559719
194 James Bindenagel, Matthias Herdegen, Karl Kaiser (Hg.), Internationale Sicherheit im 21. Jahrhundert: Deutschlands internationale Verantwortung, V&R unipress, 2016, S. 101.
195 Wolfgang Ischinger, Eine Aufgabe für Generationen. Der Westen muss gegenüber Russland auf eine neue Doppelstrategie setzen, *Internationale Politik*, Januar/Februar 2015, S. 30–35, https//internationalepolitik.de/system/files/article_pdfs/ip_01-2015_ischinger.pdf
196 Wolfgang Ischinger, Mit Russland reden, aber wie?, *Cicero*, 6. November 2015.
197 Wolfgang Ischinger, Eine Aufgabe für Generationen. Der Westen muss gegenüber Russland auf eine neue Doppelstrategie setzen, *Internationale Politik*, Januar/Februar 2015, S. 30–35, https//internationalepolitik.de/system/files/article_pdfs/ip_01-2015_ischinger.pdf
198 Die Geschichte des Nord-Stream-Projekts, *Deutsche Welle*, 25. Juli 2021.
199 Migranten, China, Nord Stream 2: Geschasster BND-Chef kritisiert Regierung scharf, *Focus*, 12. Oktober 2020, https://www.focus.de/politik/deutschland/memoiren-zensiert-jetzt-gibt-es-streitschrift-migranten-china-nord-stream-2-geschasster-bnd-chef-rechnet-mit-regierung-ab_id_12529152.html
200 Ebenda.
201 »Russland nicht in die Knie zwingen«, Interview mit Frank-Walter Steinmeier, *Der Spiegel*, 19. Dezember 2014.
202 Steinmeier: »Ich habe mich geirrt«, *Frankfurter Allgemeine Zeitung*, 4. April 2022.
203 Ministerpräsident Stephan Weil besucht die Russische Förderation [sic] – Besuch im VW-Werk Kaluga, Pressemitteilung des Landes Niedersachsen, https://www.niedersachsen.de/startseite/aktuelles/ministerpraesident-stephan-weil-besucht-die-russische-foerderation---besuch-im-vw-werk-kaluga-120054.html
204 VW investiert 1,2 Milliarden Euro bis 2018, Automobilwoche, 27. November 2013, https://www.automobilwoche.de/agenturmeldungen/vw-investiert-12-milliarden-euro-bis-2018
205 Vertrauliches Treffen zwischen Altkanzler Schröder und russischem Botschafter auf Höhepunkt der Krim-Krise. Widersprüchliche Rolle Schröders in der Kritik, SWR Presseportal, 25. März 2014, https://www.presseportal.de/pm/75892/2696628
206 https://www.bundesregierung.de/breg-de/suche/regierungserklaerung-von-bundeskanzlerin-merkel-443682
207 Siemens-Chef verteidigt Geschäfte mit Russland, *Der Spiegel*, 27. März 2014.
208 Siemens-Chef Kaeser bei Putin: »Wertepartnerschaft«, *Die Welt*, 26. März 2014; siehe auch *heute-journal* vom 26. März 2014.
209 *Die Welt*, ebenda.
210 Joe Kaeser: »Glaube nicht, dass meine Karriere heute noch möglich wäre«, Augsburger Allgemeine, 11. Juli 2024, https://www.augsburger-allgemeine.de/wirtschaft/industrie-joe-kaeser-ich-werde-nie-afd-waehlen-102861670
211 Matthias Warnig: Dieser Deutsche genießt Putins Vertrauen, *Die Welt*, 3. August 2014, https://www.welt.de/politik/deutschland/article130829736/Dieser-Deutsche-geniesst-Putins-Vertrauen.html
212 Gerhard Schröder: Besondere Geburtstagsfeier mit Putin, *Zeit Online*, 29. April 2014, https://www.zeit.de/politik/2014-04/Geburstag-Schroeder-Putin

213 Russland: Im Auftrag Ihrer Majestät, *Die Zeit*, 28. Mai 2014.
214 Ebenda.
215 Ebenda.
216 Moskaus Einflussnahme in Deutschland: Manuela Schwesig und der russische Geheimdienstler, *Tagesspiegel*, 4. Januar 2023; https://www.zdf.de/nachrichten/politik/flug-mh17-absturz-urteil-niederlande-100.html
217 Partnerschaftsvereinbarung zwischen Legislativversammlung des Oblastes Leningrad und Landtag MV (spd-fraktion-mv.de), 5. September 2019.
218 https://de.rbth.com/wirtschaft/2016/05/26/russlandtag-in-rostock-vorbereiten-auf-die-zeit-nach-den-sanktionen_597607
219 https://www.bild.de/politik/inland/russland/alt-kanzler-gerhard-schroeder-ich-bin-stolz-ein-russland-versteher-zu-sein-37962280.bild.html; https://www.youtube.com/watch?v=CMHU6Z9fsyg; https://www.faz.net/aktuell/politik/inland/gerhard-schroeder-auf-dem-russland-tag-ich-bin-ein-russland-versteher-13184205.html
220 Russlandtag_Mecklenburg_Vorpommern.pdf (ostinstitut.de): Ein subjektiver Tagungsbericht von Dr. Hans Janus
221 https://de.rbth.com/wirtschaft/2016/05/26/russlandtag-in-rostock-vorbereiten-auf-die-zeit-nach-den-sanktionen_597607
222 ERKLÄRUNG des Vorstands des Deutsch-Ukrainischen Forums e.V. – Deutsch-Ukrainisches Forum e.V., 25. Januar 2014, https://www.d-u-forum.de/erklaerung-2
223 Elke Opielka im Gespräch mit Alexander Rahr, »Die Ukraine hat die letzten 25 Jahre völlig verschlafen«, *Deutsche Welle*, 4. März 2014; ERKLÄRUNG des Vorstands des Deutsch-Ukrainischen Forums e.V. – Deutsch-Ukrainisches Forum e.V., 25. Januar 2014, https://www.d-u-forum.de/erklaerung-2
224 Andreas Heinemann-Grüder, Russland-Politik in der Ära Merkel, Sirius – Zeitschrift für strategische Analysen, 4/6, 2022, https://www.degruyter.com/document/doi/10.1515/sirius-2022-4002/html
225 BASF Roundtable Oil & Gas 2014, Q&A Session, https://www.basf.com/global/de/investors/calendar-and-publications/calendar/2014/basf-roundtable-oil-gas-2014.html
226 Russlandkrise: Schwacher Rubel trifft auch deutsche Firmen, *Stern*, 21. Dezember 2014.
227 »Der Konflikt wird härter«. Eckhard Cordes im Gespräch, Ost-Ausschuss der Deutschen Wirtschaft, 5. Dezember 2014, https://www.ost-ausschuss.de/de/node/773
228 »Wir sollten es uns nicht zu leicht machen«. Matthias Platzeck im Gespräch mit Friedbert Meurer, *Deutschlandfunk*, 17. November 2014.
229 http://www.bundestag.de/resource/blob/536718/54595d92714e1eb4ec85cb5a387ae945/wd-5-088-17-pdf-data.pdf
230 »Der Konflikt wird härter«. Eckhard Cordes im Gespräch, Ost-Ausschuss der Deutschen Wirtschaft, 5. Dezember 2014, https://www.ost-ausschuss.de/de/node/773
231 Ebenda.
232 Umstrittene russische Denkfabrik in Berlin, *Deutsche Welle*, 1. Juli 2016, https://www.dw.com/de/umstrittene-russische-denkfabrik-in-berlin/a-19371765
233 Ebenda.
234 https://www.spiegel.de/politik/deutschland/wladimir-jakunin-putin-vertrauter-weiht-denkfabrik-in-berlin-ein-a-1100927.html
235 Kremlnaher Thinktank mit besten Verbindungen, *Der Spiegel*, 29. Juli 2020, https://www.spiegel.de/ausland/kreml-naher-thinktank-doc-russland-im-haus-a-630f4385-e868-4207-a8ec-f971da903530
236 Putin-Vertrauter wirft Westen »Ethno-Faschismus« vor, *Der Spiegel*, 15. Mai 2014, https://www.spiegel.de/politik/ausland/ukraine-putin-vertrauter-jakunin-zu-ethno-faschismus-des-westens-a-969612.html
237 Kremlnaher Thinktank mit besten Verbindungen, *Der Spiegel*, 29. Juli 2020, https://www.spiegel.de/ausland/kreml-naher-thinktank-doc-russland-im-haus-a-630f4385-e868-4207-a8ec-f971da903530

238 https://www.spiegel.de/panorama/nord-stream-2-cdu-politiker-friedbert-pflueger-und-seine-naehe-zu-gazprom-a-5eadb64d-cc15-4ef1-b3ce-d3077aa042e1; https://lobbypedia.de/wiki/Friedbert_Pfl%C3%BCger
239 Gemma Pörzgen: »Soft Power« und Imagepflege aus Moskau: Leichtes Spiel für PR-Offensive in der Medienkrise, *Osteuropa* 64/1, Januar 2014, S. 73.
240 https://correctiv.org/top-stories/2022/09/20/gas-gazprom-lobby-deutschland/
241 https://www.ostinstitut.de/documents/Tsigankov-Zusammenfassung_2012_-_OI_FINAL.pdf
242 Antwort auf eine Kleine Anfrage der Fraktion DIE LINKE Drucksache 19/283
243 Gazprom-Chef Alexej Miller warnt auf einer Konferenz in Berlin vor steigenden Gaspreisen | Geld | BILD.de; 14.4.2015
244 Antwort der Bundesregierung auf eine Kleine Anfrage der Fraktion DIE LINKE Drucksache 19/283
245 Ebenda
246 Wintershall Dea: Ein deutsches Gas-Unternehmen als Agent Putins?, Monitor, 28. Juli 2022, https://www1.wdr.de/daserste/monitor/sendungen/wintershall-dea-100.html
247 Bundesregierung stützte Übergabe der deutschen Gasspeicher an Gazprom mit 1,8 Milliarden Euro, *Correctiv,* 30.Juni 2022 https://correctiv.org/aktuelles/russland-ukraine-2/2022/06/30/bundesregierung-stuetzte-abgabe-von-gasspeichern-an-gazprom-mit-milliardenbuergschaft/
248 BASF-Tochter Wintershall: Grüne fordern Stopp des Gazprom-Deals, *Berliner Zeitung*, 24.3.2014
249 Bundesregierung stützte Übergabe der deutschen Gasspeicher an Gazprom mit 1,8 Milliarden Euro, *Correctiv,* 30.Juni 2022 https://correctiv.org/aktuelles/russland-ukraine-2/2022/06/30/bundesregierung-stuetzte-abgabe-von-gasspeichern-an-gazprom-mit-milliardenbuergschaft/Correctiv»›Gazprom-Lobby‹-Recherche: Gabriel zieht gegen CORRECTIV vor Gericht«, 2. November 2022.
250 https://www.profil.at/oesterreich/ex-omv-ceo-roiss-rechnet-mit-putin-verstehern-ab/401927401
251 Bundesregierung stützte Übergabe der deutschen Gasspeicher an Gazprom mit 1,8 Milliarden Euro Gazprom Russland Gasspeicher BASF, *Correctiv*, 30. Juni 2022.
252 Nord Stream 2: Macht euch keine Sorgen! – SZ.de, 16.Mai 2025
253 Ebenda
254 http://continental.com/de/presse/pressemitteilungen/2014-06-05-kaluga 5. Juni 2014
255 Continental eröffnet in Russland neues Hightech-Werk für Motor-Komponenten, Pressemitteilung Continental AG, 5. Juni 2014.
256 VW setzt auf russischen Markt: Mit Motoren gegen die Krise, *Handelsblatt*, 13. Dezember 2015.
257 https://www.n-tv.de/wirtschaft/Daimler-knackt-Absatzrekord-article13735721.html
258 Daimler baut Werk in Moskau, *Deutsche Welle*, 20. Juni 2017.
259 Russland rollt Autobauern den roten Teppich aus, *Handelsblatt*, 20. Juni 2017.
260 »Wir haben eine großartige Zukunft vor uns, wenn …«, Interview mit Hansjürgen Overstolz, *Moskauer Deutsche Zeitung*, 10. Juni 2019.
261 Siemens-Turbinen auf der Krim: Wie naiv war Gabriel?, *Süddeutsche Zeitung*, 21. Juli 2017.
262 www.spiegel.de/wirtschaft/unternehmen/siemens-krim-staatsanwaltschaft-erhebt-anklage-gegen-vier-mitarbeiter-a-225004f4-e2c6-4039-9236-27d06b23ff35
263 Interview mit Angela Merkel: »Jetzt bin ich frei« (rnd.de) http://www.berliner-zeitung.de/news/merkel-verteidigt-entscheidung-zu-nord-stream-2-li.237619 https://www.youtube.com/watch?v=RtgpwTZG7PQ; Merkel im Gespräch mit Giovanni di Lorenzo, 2023
264 »Nord Stream 2 war ein richtiges Projekt«, Interview mit Sigmar Gabriel, *Wirtschaftswoche*, 3. Februar 2022.
265 Wie das System »Nina« aufflog, *Addendum,* 6.Mai 2018 Die Rechercheplattform *Addendum* wurde im September 2020 eingestellt, die Website 2023 vom Netz genommen.
266 Ebenda
267 Caught between Russia and the US? The curious case of Ukraine's Dmytro Firtash, *The Guardian*, 23. Januar 2016.
268 Gert. R. Polli, *Schattenwelten: Österreichs Geheimdienstchef erzählt*, Ares Verlag, 2022, S. 271.

269 Ebenda.
270 Kehrtwende im Geldwäschereifall: Bundesstrafgericht spricht ukrainischen Oligarchen Mykola Martynenko frei, *Neue Zürcher Zeitung*, 28. Juni 2024.
271 OMV zahlte 9,1 Millionen Euro für umstrittenes Rumänien-Projekt, *Profil*, 6. Juli 2020.
272 https: www.tagesanzeiger.ch/fahnder-liess-sich-von-ex-stasi-mitarbeiterin-schmieren-76242375 2928
273 https://www.parlament.gv.at/dokument/XXVII/AB/3170/fnameorig_845196.html?utm_source
274 Wie das System »Nina« aufflog«, *Addendum. 6.Mai.2018 Die Webseite wurde 2023 eingestellt.*
275 Gert. R. Polli, *Schattenwelten: Österreichs Geheimdienstchef erzählt*, S. 131.
276 Liebesgrüße aus Moskau, Österreichisch-Russische Freundschaft, *Profil*, 14.3.2022; Nach Krach in Freundschaftsgesellschaft, Neue, alte Freunde für Russland, *Standard*, 30. Otkober 2020
277 https://www.diepresse.com/5309200/omv-chef-seele-tauschen-ukraine-gegen-deutschland-aus, 8. Februar 2018
278 Dossier Center, From Munich to Moscow, досье, 19. Juli 2022.
279 Generalbundesanwalt ermittelt gegen Jan Marsalek – Spionageverdacht, Der Spiegel, 28. Juni 2024.
280 VTB-Chef Andrej Kostin: »Das ist für Russland keine echte Krise«, *Handelsblatt*, 12. Oktober 2015.
281 Ernst Strassers Russland-Connection, *Die Presse*, 22. März 2011.
282 Schwarze Netzwerke, *Profil*, 5. Oktober 2011.
283 Jan Marsalek: Most Wanted! Wirklich?, Welt am Sonntag, 23. Mai 2022.
284 Auf den Spuren eines Generalkonsuls – Spionage-Verdacht gegen Putin-Diplomat, ZackZack, 19. Juli 2022, https://zackzack.at/2022/07/19/auf-den-spuren-eines-generalkonsuls-spionage-verdacht-gegen-putin-diplomat; siehe auch Jan Marsalek und der Russe aus dem Spionagenest, *Die Welt*, 19. Juli 2020, https://www.welt.de/politik/deutschland/plus239986963/Ein-Bekannter-von-Jan-Marsalek-galt-offenbar-frueh-als-russischer-Spion.html
285 Auf den Spuren eines Generalkonsuls, ZackZack, 19. Juli 2022, https://zackzack.at/2022/07/19/auf-den-spuren-eines-generalkonsuls-spionage-verdacht-gegen-putin-diplomat
286 Wie ein Putin-naher Oligarch zum »A+-Kunden« bei Wirecard wurde, *Capital.de*, 27. Januar 2021, https://www.capital.de/allgemein/wie-ein-putin-naher-oligarch-ein-a-kunde-bei-wirecard-wurde
287 Wie die Wirecard Bank dem Konzern beim Bilanzbetrug half, *Capital*, 22. Februar 2021.
288 Ebenda.
289 Ebenda.
290 Österreich – Geheimdienste in Erklärungsnot, *tagesschau.de*, 24. Juni 2022.
291 Wie ein Putin-naher Oligarch zum »A+-Kunden« bei Wirecard wurde, *Capital.de*, 27. Januar 2021, https://www.capital.de/allgemein/wie-ein-putin-naher-oligarch-ein-a-kunde-bei-wirecard-wurde
292 https://www.stern.de/politik/deutschland/wirecard-vergab-millionenkredite-an-dubiose-firma-zweier-russen-9526146.html, 10. Dezember 2020.
293 Wirecard: Wir sehen einander ja heute Abend, *Profil*, 6. Februar 2021.
294 Comepay, Inc. Subsidiary, Chek-Online, Announces Recently Signed Agreements With Bosch for Fiscal Cash Registers in Its Data Center, Pressemitteilung, *MarketScreener*, 12. Dezember 2018, https://www.marketscreener.com/quote/stock/COMEPAY-INC-111314297/news/Comepay-Inc-Subsidiary-Chek-Online-Announces-Recently-Signed-Agreements-With-Bosch-for-Fiscal-Ca-27742716/
295 Wie ein Putin-naher Oligarch zum »A+-Kunden« bei Wirecard wurde, *Capital.de*, 27. Januar 2021, https://www.capital.de/allgemein/wie-ein-putin-naher-oligarch-ein-a-kunde-bei-wirecard-wurde
296 Merkel – Abhören von Freunden geht gar nicht, *Reuters*, 24. Oktober 2013.
297 Gerhard Schröder zu Edward Snowden und NSA-Skandal: »Bin immer davon ausgegangen, dass die ›Brüder‹ mithören«, *VOL.AT*, 7. November 2013.
298 Spähaffäre: Siemens verniedlicht den NSA-Spionagevorwurf, *Die Welt*, 1. Februar 2014.

299 Majid Sattar: »Ja, meine Freunde, wir spionieren euch aus!«, *Frankfurter Allgemeine Zeitung*, 1. Juli 2013.
300 Interview Bernd Schmidbauer, »Wir müssen uns vor unseren Freunden schützen« Deutsche Welle, 3. Juli 2013; NSA-Spionage: Ex-Geheimdienstchef gibt EU und Deutschland Mitschuld an Ausspähung, *Der Spiegel*, 1. Juli 2013.
301 Wer kommt da eigentlich zu uns?, *Frankfurter Allgemeine Zeitung*, 21. September 2015.
302 Bayern droht Merkel mit Verfassungsklage, *Die Welt*, 9.10.2015
303 Sicherheitsexperten entsetzt über deutsche Politik, *Welt am Sonntag*, 25. Oktober 2015, https://www.welt.de/politik/deutschland/article148000968/Sicherheitsexperten-entsetzt-ueber-deutsche-Politik.html; der Artikel enthält die zehn Punkte im Wortlaut.
304 Banken aus Deutschland und Österreich in der Russland-Falle, *Capital.de*, 23. Mai 2024, https://www.capital.de/wirtschaft-politik/banken-aus-deutschland-und-oesterreich-in-der-russland-falle-34733050.html
305 From payments to armaments: the double life of Wirecard's Jan Marsalek, *Financial Times*, 10. Juli 2020.
306 Libya Holdings Group to acquire Libyan Cement Company, *Liquid Africa*, 5. Mai 2015.
307 Ebenda.
308 Manager, Spion, »Priester«: Das unheimliche Doppelleben des Jan Marsalek, *Der Standard*, 1. März 2024.
309 Ebenda.
310 Jan Marsalek an Agent for Russia? The Double Life of the former Wirecard Executive, *Der Spiegel*, 5. März 2024, https://www.spiegel.de/international/business/jan-marsalek-an-agent-for-russia-the-double-life-of-the-former-wirecard-executive-a-7e667c03-6690-41e6-92ad-583d94ba97e0
311 Exclusive: Russian private security firm says it had armed men in east Libya | Reuters, 13. März 2017
312 A most wanted man: Fugitive Wirecard COO Jan Marsalek exposed as decade-long GRU spy, The Insider. 1.März 2024, https://theins.ru/en/politics/269612
313 https://www.tagesschau.de/investigativ/report-muenchen/wirecard-marsalek-101.html, 16.3.2021
314 twitter.com/JMJalel_H/status/1630471720065744896; Ben Taub: How the Biggest Fraud in German History Unravelled, The New Yorker, 27. Februar 2023.
315 Marsalek und seine Russland-Kontakte, *tagesschau.de*, 16. März 2021.
316 Jan Marsalek an Agent for Russia? The Double Life of the former Wirecard Executive, *Der Spiegel*, 5. März 2024, https://www.spiegel.de/international/business/jan-marsalek-an-agent-for-russia-the-double-life-of-the-former-wirecard-executive-a-7e667c03-6690-41e6-92ad-583d94ba97e0
317 Ex-Kumpel rechnet mit Marsalek ab, 5. August 2021 https://www.wiwo.de/my/unternehmen/dienstleister/jan-marsalek-hat-mich-betrogen-ex-kumpel-rechnet-mit-marsalek-ab/27486098.html
318 https://www.ft.com/content/d94c938e-1a84-11ea-97df-cc63de1d73f4_Wirecard critics targeted in London spy operation, 11-12.2019
319 Schwere-Vorwuerfe-gegen-Sarkozy, *n-tv*, 9. April 2012; https://www.spiegel.de/ausland/nicolas-sarkozy-in-libyen-affaere-angeklagt-a-dc60d709-7bbe-40c3-94e1-8f214f8dcf2e
320 https://www.tagesschau.de/ausland/europa/sarkozy-aussage-libyen-affaere-100.html 25.8.2023
321 Nationaler Sicherheitsrat tagt zu »Wirecard-Miliz«: Was machte Kurz 2017 in Libyen?, *ZackZack*, 28. Juli 2020. »Kurz sagt Libyen bei Kurzbesuch in Tripolis Unterstützung zu«, *Der Standard*, 2.Mai 2017
322 Liebesgrüße nach Moskau: Österreichisch-Russische Freundschaftsgesellschaft, *Profil*, 14. März 2022, https://www.profil.at/wirtschaft/liebesgruesse-nach-moskau-oesterreichisch-russische-freundschaftsgesellschaft/401936653
323 https://www.falter.at/seuchenkolumne/20201218/sobotka-und-marsalek-in-moskau-ein-bild-wie-ein-gestaendnis, 18.12.2020
324 »Schließen!« Echt?«, *Die Zeit*, 13. Juli 2017.
325 Maxim Kireev. »Die Moskau Connections des Jan Marsalek«, Wirtschaftswoche, 25. Juli 2020
326 «A most wanted man: Fugitive Wirecard COO Jan Marsalek exposed as decade-long GRU spy«, *The Insider*, 1.März 2024

327 Die Moskau-Connections des Jan Marsalek, *WirtschaftsWoche*, 25. Juli 2020.
328 https://www.br.de/nachrichten/deutschland-welt/ex-wirecard-manager-jan-marsalek-und-seine-russland-kontakte,SRkM2nW, 16.3.2021
329 Wirecard-Skandal: Marsalek und seine Russland-Kontakte | tagesschau.de, 16.3.2021
330 Skripal-Affäre – Britischer Botschafter spricht von Novichok-Geheimprogramm, Interview mit Sir Sebastian Wood, *Deutschlandfunk*, 6. April 2018.
331 Fall Skripal – Wie reagiert Putin?, *tagesschau.de*, 27. März 2018.
332 Großbritannien erweitert C-Waffen-Vorwürfe gegen Russland, *Reuters*, 6. April 2018.
333 Warum das Ausweisen von Diplomaten heikel ist, *t-online*, 27. März 2018.
334 Wirecard Untersuchungsausschuss. Schmidbauer Anhörung, 15. April 2021.
335 Parlamentarischer Untersuchungsausschuss zu Wirecard am 15. April 2021.
336 Russlands Rolle im Fall Skripal. London unter Zugzwang, *Süddeutsche Zeitung*, 4. April 2018.
337 Theo Sommer, Auch Geheimdienste irren sich, *Zeit Online*, 10. April 2018.
338 »Wer mit Holzgewehren gegen Kalaschnikows antreten will, hat keine Chance«. Interview mit Ex-BND-Chef Schindler, *Neue Zürcher Zeitung*, 25. Oktober 2020.
339 Peter Pilz, Aktueller denn je – Putins rot-weiß-rote Hintertür, *fisch+fleisch*, 30. März 2023 (zuerst 29. März 2018), https://www.fischundfleisch.com/dolm/aktueller-denn-je-putins-rot-weiss-rote-hintertuer-81810
340 Ebenda.
341 Geheimidentität von Jan Marsalek aufgedeckt, *ZDFheute*, 01. März 2024, https//www.zdf.de/nachrichten/politik/deutschland/marsalek-wirecard-russland-spion-priester-pass-100.html
342 Vernehmungsprotokoll des Zeugen » John Green« durch die Ermittlungsbehörden im österreichischen Untersuchungsverfahren.
343 BVT: Deutscher Geheimdienst überprüft Kooperation mit Österreich, *Die Presse*, 21. März 2018.
344 Akte BVT: Die mysteriöse Entführung des Alexander H., *Kurier*, 18. Mai 2018;
345 A bow or a curtsey? Austrian minister's gesture to Putin sparks furor, *Reuters*, 21. August 2018.
346 https://www.washingtonpost.com/world/national-security/austrias-far-right-government-ordered-a-raid-on-its-own-intelligence-service-now-allies-are-freezing-the-country-out/2018/08/17/d20090fc-9985-11e8-b55e-5002300ef004_story.html
347 »Washington Post« nimmt BVT-Affäre aufs Korn, *Die Presse*, 20. August 2018.
348 BVT: Deutsches Innenministerium sieht Zusammenarbeit intakt, *Die Presse*, 4. September 2018.
349 Ex-BND-Chef warnt vor Info-Austausch mit Österreich!, *Bild*, 21. August 2018.
350 BVT-Skandal. Nach Razzia ist Verfassungsschutz im Ausland angezählt, *Kurier*, 22. August 2018.
351 Ebenda.
352 Ex-BND-Chef warnt weiter vor Informationsaustausch mit BVT, *Der Standard*, 22. August 2018.
353 Kneissl: Russen-Skandal um Ex-Ministerin, oe24.at, 23. Februar 2022.
354 Rauswurf des BVT aus »Berner Club« war nicht geplant, *Kurier*, 2. November 2018.
355 Haldenwang spricht österreichischen Behörden sein Misstrauen aus, *Die Welt*, 18. Mai 2019.
356 Rauswurf des BVT aus »Berner Club« war nicht geplant, *Kurier*, 2. November 2018.
357 53 Blitzantworten von Kickl, *ORF.at*, 7. September 2018, https://orf.at/stories/3007763/
358 Österreichischer Innenminister Kickl zu Gast im BMI, www.bmi.bund.de/SharedDocs/kurzmeldungen/DE/2018/09/besuch-aut-im-kickl.html
359 »Marsalek wollte, dass die schwarz-blaue Koalition funktioniert«, *Profil*, 10. April 2024.
360 Wirecard-Untersuchungsausschuss: Zeugenvernehmung Schmidbauer, 15. April 2021.
361 Das staatsanwaltschaftliche Ermittlungsverfahren gegen den früheren BVT-Beamten rund um die vermutete Weitergabe streng geheimer Dokumente mit der Formel des Nervengifts Nowitschok an den Ex-Wirecard-Manager Jan Marsalek war am 24. Juni eingestellt worden.
362 Bericht des Ermittlungsbeauftragten (Sicherheitsbehörden) des 3. PUA – Wirecard, Stand 12.04.2021; https://dserver.bundestag.de/btd/19/CD30900/Ausgew%C3%A4hlte%20Beweismaterialien/Dokument%201%20Ausschussdrucksache%2019%2830%29418.pdf
363 Früherer Geheimdienstkoordinator arbeitet als Lobbyist für Spähsoftware-Hersteller, *Die Welt*, 26. Januar 2023.
364 Deutscher Experte spricht zu Spionage-Krimi im BVT, Politik-Live, *oe24*, 30. Oktober 2019.

365 Wie Marsalek und seine Freunde »Game of Thrones« spielten, *Capital.de,* 2. Februar 2021, https://www.capital.de/wirtschaft-politik/wie-marsalek-und-seine-freunde-game-of-thrones-spielten

366 https://www.justice.gov/usao-sdny/pr/two-architects-fraudulent-scheme-sentenced-processing-over-150-million-through-us

367 US Investigators Probe Massive Global Financial Crime Network, *Forensic News*, 9. Juli 2020.

368 Der Investor, die Kanzlerin und der Finanzminister, *Stern*, 9. Dezember 2014.

369 SPIEF 2012: Putin Gives Investors an Ombudsman – The Moscow Times, 21.6.2012

370 Christian Angermayers Kontakte: Mißfelder, Minister und das große Geld | STERN.de, *9.1.2.2014*

371 Florian Rinke, Weshalb Investor Christian Angermayer immer noch an den Erfolg von Northern Data glaubt, OMR Podcast, https://omr.com/de/daily/christian-angermayer-northern-data-omr-podcast 6.2.2022

372 https://www.cash.ch/news/politik/psychedelika-bitcoin-und-spacs-angermayers-milliarden-anlagen-470805, Cash, 26. April 2021.

373 Die politischen Kontakte von Investor Angermayer – Capital.de, 2.2.2023

374 Er bombardierte Altmaier mit Mails: Investor Christian Angermayer und seine Kontakte zu Wirtschaftsministerndes Investors, *Stern*, 2. Februar 2023, https://www.stern.de/wirtschaft/christian-angermayer--die-politischen-kontakte-des-investors-33159362.html; Tech Mogul Peter Thiel Told FBI About Two

Kremlin Invites to Meet Putin - Business Insider, 10.11.2023

375 Wirecard-Untersuchungsausschuss: Guttenberg stellt sich als Betrugsopfer dar, *n-tv*, 7. Dezember 2020.

376 Nach Amthor Lobbyismusvorwürfen: Auch Ex-BND-Chef erhielt Augustus-Intelligence-Aktien, *RND*, 17. Juni 2020, https://www.rnd.de/politik/nach-amthor-lobbyismusvorwurfen-auch-ex-bnd-chef-erhielt-augustus-intelligence-aktien-OWMN4HMOCVHAVPX6ZW6W3M66O4.html

377 Augustus-Intelligence-Affäre: Nachspiel für Amthor, *tagesschau.de*, 13. Mai 2023

378 Was die zwei Ex-Chefspione Hanning und Maaßen mit einer obskuren Firma verbindet, *Stern*, 12. März 2020.

379 Ebenda.

380 https://bankruptcy-proxy-api.dowjones.ai/cases/Delaware_Bankruptcy_Court/1--21-bk-10744/Augustus_Intelligence_Inc/docs/3.pdf

381 Executive at Wirecard suspected of using forged contracts. Internal presentation pointed to possible »falsification of accounts«, *Financial Times*, 30. Januar 2019, https://www.ft.com/content/03a5e318-2479-11e9-8ce6-5db4543da632

382 https://www.welt.de/politik/deutschland/plus230869815/Wirecard-Enger-Draht-zur-Staatsanwaltschaft.html

383 A clown spy bust?, *Financial Times,* 11. Dezember 2019 (zuerst Februar 2019).

384 Strategie für Deutschland – mit Gerhard Schindler und Hans-Georg Maaßen, *tvberlin*, 23. März 2023, https://www.youtube.com/watch?v=8oJU7VwToJA

385 Ebenda.

386 https://media.djp.de/article/articledetailsv2.php?id=7838&eecVotingSubID=16&eec%20VotingListYearShow=2021

387 Der Mann, der Wirecard jagte, *Süddeutsche Zeitung*, 2. Februar 2021. htttps://www.sueddeutsche.de/wirtschaft/wirecard-dan-mccrum-1.5193416?reduced=true

388 Neue Attacke gegen Wirecard geplant, *Handelsblatt*, 24. Februar 2019.

389 Wie der Ex-Oligarch Firtasch aus seinem Wiener Exil heraus bei Wirecard landete – DiePresse.com, 29.1.2021

390 Wie ein Putin-naher Oligarch zum »A+-Kunden« bei Wirecard wurde, *Capital.de*, 27. Januar 2021, https://www.capital.de/allgemein/wie-ein-putin-naher-oligarch-ein-a-kunde-bei-wirecard-wurde

391 Neue Details zu Firtasch-Wirecard-Verbindung, *ORF.at*, 24. April 2021.

392 How Giuliani's outreach to Ukrainian gas tycoon wanted in U.S. shows lengths he took in his hunt for material to bolster Trump, *The Washington Post, 15.1.2020* https://www.washingtonpost.com/politics/how-giulianis-outreach-to-ukrainian-gas-tycoon-wanted-in-us-shows-

lengths-he-took-in-his-hunt-for-material-to-bolster-trump/2020/01/15/64c263ba-2e5f-11ea-bcb3-ac6482c4a92f_story.html

393 Ebenda.

394 Firtasch bestreitet, Trump-Anwalt Giuliani nach Wien eingeladen zu haben, *Der Standard*, 15. Oktober 2019.

395 AUSLAND: Die Trump-Putin-Wirecard-Wien-Ukraine-Connection – FOCUS online, 11.2.2022, Der Focus Artikel ist nur noch im Archiv erhältlich

396 So hofierte das Kanzleramt Wirecard, *FragDenStaat*, 9. Oktober 2020, https://fragdenstaat.de/artikel/exklusiv/2020/10/wirecard-merkel-guttenberg-china-lobbyismus/

397 Kanzleramt setzte sich offenbar für Wirecards Markteintritt in China ein, *Frankfurter Allgemeine Zeitung*, 18. Juli 2020; Augustus Intelligence: Kanzleramt hielt Lobbytreffen zwischen Guttenberg und Merkel geheim, *abgeordnetenwatch.de*, 26. August 2020.

398 https://www.caixinglobal.com/2020-05-08/central-bank-imposes-another-record-penalty-on-payment-provider-101551756.html

399 Ebenda; https://finance.ifeng.com/c/7wBtTzqTnma

400 «Wirecard critics targeted in London spy operation«, *FT, 11.12.2019*

401 Admiral Dennis Blair, Trump's Foreign Policy is Preferable to Obama's (3/6), Oxford Union, *OxfordUnion*, 30. Juli 2019, https://www.youtube.com/watch?v=ilqojYWgsa4

402 Grenell, Marsalek und ein Treffen in »sehr intimem Rahmen«, *Capital.de*, 19. Februar 2021, https://www.capital.de/wirtschaft-politik/grenell-marsalek-und-ein-treffen-in-sehr-intimem-rahmen

403 Dokument des Grauens, *Der Spiegel*, 28. April 2020.

404 https://www.wirecard.com/wp-content/uploads/2021/01/AH_2020_06_18_Verschiebung-JA-2019_Verdacht-Saldenbest.pdf

405 Die graue Eminenz von Wirecard: Rätsel um den schillernden Herrn Marsalek, RND, 17. Juli 2020, https://www.rnd.de/wirtschaft/wirecard-manager-ratsel-um-den-schillernden-herrn-marsalek-EA5N46WDAFFOXKMCNYTACZNBRI.html

406 Ebenda.

407 Neue Razzia bei Wirecard, *Süddeutsche Zeitung*, 29.9.2020

408 Wirecard-Prozess: Braun-Verteidigerin fordert Aufklärung der Spionage-Vorwürfe, *manager-magazin.de*, 10. Juni 2024, https://www.manager-magazin.de/politik/deutschland/wirecard-prozess-braun-verteidigerin-fordert-aufklaerung-der-spionage-vorwuerfe-a-d19cc195-e4ac-4204-848e-0135c5490935

409 Wirecard-Skandal: Deutschland soll Spionage-Ermittlungen in Wien behindert haben, Telepolis, 15. April 2024, https://www.telepolis.de/features/Wirecard-Skandal-Deutschland-soll-Spionage-Ermittlungen-in-Wien-behindert-haben-9685658.html

410 Münchner Sicherheitskonferenz, Rede von Olaf Scholz, *phoenix*, 19. Februar 2022, https://www.youtube.com/watch?v=rE1fvRYGVOU

411 Münchner Sicherheitskonferenz, Rede von Kamala Harris, *phoenix*, 19. Februar 2022, https://www.youtube.com/watch?v=w9BE3gFeaZg

412 Do Trump's criticisms of Putin mark a turning point in his Russia policy? – Atlantic Council, 27. Mai 2025 Trump spricht über »Biden-Betrug«: Selenskyj-Eklat eine Rache?, *Frankfurter Rundschau*, 4.3.2025

413 Gazprom liefert weniger Gas: Ist wirklich die Wartung einer Siemens-Turbine in Kanada schuld?, *RND*, 16. Juni 2022.

414 Ukraine-Krieg: Gazprom-Chef sieht »keine Lösung« für gedrosselte Gaslieferungen, *Der Spiegel*, 17. Juni 2022.

415 »Schleichender Prozess«: Merz warnt vor wirtschaftlichem Abstieg | BR24, *dpa*, 30.7.2023

416 Deutscher Bundestag, Dienste warnen vor Gefahren durch Russland und China, 17. Oktober 2022.

417 Russlands Spione und Auftragskiller: Wie gefährlich sind Putins Geheimdienste für Europa?, *SWR Kultur*, 16. Oktober 2022.

418 https://www.focus.de/politik/ausland/interview-mit-geheimdienst-experte-arrogant-unfaehig-buerokratisch-nutzlos-cia-experte-zerlegt-deutsche-spione_id_141194052.html

419 Die Lage am Abend: Kommt die Schröder-Putin-Connection vor eine Kommission im Bundestag?, *Der Spiegel*, 7. September 2023.
420 tps://www.bild.de/politik/inland/politik/panzer-krimi-ex-botschafter-erklaert-warum-uns-die-polen-nicht-mehr-trauen-82608798.bild.html
421 Vizekanzler Gabriel bei Putin: Ein angenehmer Gast, *Der Spiegel*, 22. September 2016.
422 Studie zeigt, wie geschickt Putin Deutschlands Wirtschaft unterwandert, *Head Topics*, 14. September 2023.
423 What the Wirecard Scandal Tells us about Russian Intel Operations, *TheCipher Brief*, 4.3.2021
424 Parlamentarisches Kontrollgremium schlägt Alarm, *bundeswehr-journal*, 3. Mai 2023.
425 Globaler Systemkonflikt: Das deutsche Geschäftsmodell ist am Ende, *n-tv*, 10. Oktober 2024.
426 China hat die Wirtschaftsstrategie geändert: Was Unternehmen erwarten können, *Deutsche Wirtschaftsnachrichten*, 8. August 2024, https://deutsche-wirtschafts-nachrichten.de/710590/china-hat-die-wirtschaftsstrategie-geaendert-was-unternehmen-erwarten-koennen
427 US-Geheimdienst warnt: China versucht, Regierungsmitarbeiter anzuwerben, *Reuters*, 9. April 2025, https://de.marketscreener.com/boerse-nachrichten/nachrichten/US-Geheimdienst-warnt-China-versucht-Regierungsmitarbeiter-anzuwerben-49567214/
428 Chinas Präsident Xi hofiert von Trump attackierte deutsche Autobosse, *Frankfurter Allgemeine Zeitung*, 28. März 2025, https://www.msn.com/de-de/politik/auslandsbeziehungen/chinas-pr%C3%A4sident-xi-hofiert-von-trump-attackierte-deutsche-autobosse/ar-AA1BP3Vl
429 Deutsche Wirtschaft will China wieder mehr als »Partner« sehen, *Reuters*, 16. April 2025, https://www.msn.com/de-de/finanzen/top-stories/deutsche-wirtschaft-will-china-wieder-mehr-als-partner-sehen/ar-AA1D0Gjf

Über die Autorin

Birgit Jennen ist seit über 25 Jahren als internationale Wirtschafts- und Politikjournalistin tätig. Sie schrieb für führende Nachrichtenagenturen – zunächst aus Bonn, später als Büroleiterin aus Berlin. Darüber hinaus berichtete sie für die Financial Times Deutschland über ein Jahrzehnt als Auslandskorrespondentin aus Brüssel, Buenos Aires und Madrid. Heute gibt sie ihr Wissen als freie Dozentin im Bereich Journalismus weiter.

Warum wurde sie Journalistin? Dieses Buch gibt die Antwort: um Klarheit zu schaffen, Hintergründe zu beleuchten und die komplexen Zusammenhänge hinter den Schlagzeilen zu erklären.